1945

1933 1949

32

Annegret Kotzurek · Rainer Redies

Stuttgart *von Tag zu Tag*

1900–1949

1900-

Annegret Kotzurek
Rainer Redies

Stuttgart
von Tag zu Tag

1949

Eine Chronik

Silberburg-Verlag

Dr. Annegret Kotzurek, Jahrgang 1967, studierte Kunstgeschichte und Germanistik in Stuttgart. Nach einigen Jahren in der Denkmalpflege arbeitet sie heute als freie Autorin vor allem zu Themen der südwestdeutschen Landes- und Kunstgeschichte.

Dr. Rainer Redies, Jahrgang 1936, studierte Pädagogik und Psychologie in München. Er war über ein Jahrzehnt im Lektorat und Management großer Verlage tätig, machte sich dann als Verlagsredakteur und Buchautor selbstständig. Seit einigen Jahren im Ruhestand, beschäftigt er sich mit der Stadtgeschichte und widmet sich insbesondere dem Projekt Stolpersteine für Bad Cannstatt.

Umschlagvorderseite links:
Der zerstörte Königin-Olga-Bau am Schloßplatz
Umschlagvorderseite rechts:
Der 1927 vollendete Hauptbahnhof

1. Auflage 2009

Schönbuchstraße 48,
D-72074 Tübingen.

Umschlaggestaltung:
Christoph Wöhler, Tübingen.
Druck: Gulde-Druck Tübingen
Printed in Germany.

ISBN 978-3-87407-842-9

Inhalt

Vorwort

50 Jahre – diese Zeitspanne erscheint kurz in der rund 1000-jährigen Geschichte Stuttgarts. Doch haben die Jahre zwischen 1900 und 1949 das Leben in der Stadt verändert wie keine andere Epoche zuvor. Um 1900 war aus dem einst beschaulichen Residenzstädtchen der württembergischen Könige eine moderne Großstadt mit Industrieunternehmen von Weltrang geworden. Der Erste Weltkrieg unterbrach jäh die wirtschaftliche und kulturelle Blüte. Der verlorene Krieg brachte nicht nur das Ende der Monarchie, sondern auch große Not und Hunger über die Stadt. Fast 10 000 Stuttgarter Soldaten hatten ihr Leben verloren, unzählige Kriegsversehrte, Witwen, Waisen, Arbeitslose und verarmte Rentner waren auf öffentliche Unterstützung angewiesen, und die Wirtschaft steckte in einer tiefen Rezession. Es folgten die unruhigen Jahre der Weimarer Republik. Auf der einen Seite konnten bedeutende Leistungen auf dem Gebiet des Städte- und Wohnungsbaus, der Infrastruktur und des kulturellen Lebens erreicht werden, doch trieben Inflation, Weltwirtschaftskrise und Massenarbeitslosigkeit immer mehr Menschen in die Arme der extremen linken oder rechten Parteien.

Auch in Stuttgart wehten 1933 die Hakenkreuzfahnen auf den öffentlichen Gebäuden. Die Nationalsozialisten kontrollierten bald alle Bereiche des öffentlichen Lebens, und die Verfolgung politischer Gegner, behinderter und jüdischer Menschen begann. Nach dem Ausbruch des Zweiten Weltkriegs wich die anfängliche Begeisterung für Hitler bei vielen der Ernüchterung. Etwa 18 000 Stuttgarter starben im Bombenhagel und auf den Schlachtfeldern, große Teile der Stadt und der überwiegende Teil ihrer historischen Bauten wurden vernichtet. Nach dem Krieg kam der Wiederaufbau nur schleppend in Gang. Fast fünf Millionen Kubikmeter Schutt waren zu räumen, Wohnhäuser, öffentliche Gebäude, Fabriken und Infrastruktur mussten wieder aufgebaut werden. Französische und amerikanische Besatzung waren zu überstehen und schließlich der demokratische Neubeginn zu wagen.

Tag für Tag will dieses Buch diese bewegten 50 Jahre wieder lebendig machen. Es soll zugleich historisches Nachschlagewerk und spannendes Lesebuch für den an der Stadtgeschichte Interessierten sein. In chronologischer Folge schildert es nicht nur die bedeutenden politischen, wirtschaftlichen, gesellschaftlichen und kulturellen Ereignisse, auch der Alltag der Stuttgarter sollte nicht zu kurz kommen. Dabei fiel die Auswahl oft schwer, denn die Materialfülle war groß, und nicht jedes Ereignis konnte berücksichtigt werden.

Unser Dank gilt allen, die zum Entstehen dieses Buches beigetragen haben, vor allem all jenen Personen und Institutionen, Firmen und Vereinen, die uns so bereitwillig Informationen, Material und Bilder überließen.

Von der Residenz zur Republik | 1

1900–1918

Im Jahre 1900 war Stuttgart die Residenzstadt des letzten württembergischen Königs Wilhelm II. Die Gründung des Deutschen Reiches hatte 1871 die politische Autonomie des Königreichs Württemberg weitgehend beseitigt, nur in innen- und kulturpolitischen Belangen hatte das Land sich eine gewisse Eigenständigkeit erhalten können. Die »große Politik« wurde nun in Berlin gemacht. Wilhelm II. akzeptierte diese Entwicklung und stand loyal zu Reich und Kaiser. Er bemühte sich aber dennoch, die württembergischen Belange zu schützen – was angesichts von Politik und Auftreten des Kaisers nicht immer einfach war, dem der württembergische König manchmal allzu liberal und demokratisch erschien. So konnten sich zum Beispiel die Sozialdemokraten, die sich in weiten Teilen des Deutschen Reiches im späten 19. Jahrhundert Repressalien ausgesetzt sahen, in Württemberg verhältnismäßig frei betätigen.

König Wilhelm II. sah eine wichtige Aufgabe im behutsamen Umbau Württembergs zu einem modernen Staatswesen. Er hatte bedeutenden Anteil an der längst überfälligen und 1906 verabschiedeten Verfassungsreform, die aus der zweiten Kammer des Parlaments eine durch allgemeine Wahl besetzte Abgeordneten- oder Volkskammer machte. Zudem wurde nun die erste Kammer, die zuvor aus Standesherren und vom König Ernannten bestanden hatte, um Vertreter von Berufsständen und der Stuttgarter Technischen Hochschule erweitert. In der Bevölkerung war König Wilhelm II. hoch geachtet. Die Württemberger schätzten seine bescheidene und freundliche Art, seinen großen Sachverstand und seine kluge Politik, seine Förderung von bildender Kunst, Architektur, Theater, Schulwesen und Wissenschaft (nicht zuletzt mit den Mitteln seiner Privatschatulle).

Nach der Ermordung des österreichischen Thronfolgers Franz Ferdinand am 28. Juni 1914 durch serbische Nationalisten in Sarajewo erklärte das mit Österreich verbündete Deutsche Reich im August zunächst Russland und wenig später auch England und Frankreich den Krieg. Auf den siegesgewissen Aufbruch in den Kampf folgte bald die Ernüchterung. Abertausende deutscher – darunter allein 83 000 württembergische – Soldaten verloren ihr Leben, und in der Heimat lösten Missernten und britische Handelblockaden große Not

Links: König Wilhelm II., ein großer Liebhaber der schönen Künste, kehrte bei seinem Besuch der Stuttgarter Bauausstellung 1908 im Weinhaus am See ein.

Rechts: Obwohl König Wilhelm II. die bürgerliche Kleidung der Uniform vorzog, war er den Belangen des Militärs gegenüber aufgeschlossen, sorgte für eine moderne Ausstattung der Truppen und den Bau neuer Kasernen.

Links: König Wilhelm inspizierte jedes Jahr – hier zusammen mit Kronprinz Wilhelm von Preußen – die württembergischen Truppen und überprüfte ihre Kriegstüchtigkeit.

Rechts: Von 1906 bis 1909 erfolgte auf Initiative des Vereins zum Wohl der arbeitenden Klassen ein teilweiser Umbau der Stuttgarter Altstadt. Anstelle des mittelalterlichen Stadtquartiers entstanden zwischen Geiß-, Stein- und Schreinerstraße 34 neue Gebäude. So sah es nach der Sanierung in der Geißstraße mit dem neuen Hans-im-Glück-Brunnen aus.

aus. Nach dem Kriegseintritt der USA im Jahre 1917 schwand die Hoffnung auf einen deutschen Sieg immer mehr.

Der katastrophale Verlauf des Ersten Weltkrieges führte dazu, dass sich 1918 im ganzen Deutschen Reich eine revolutionäre Stimmung ausbreitete. Eine noch im Oktober 1918 in Berlin gebildete provisorische parlamentarische Reichsregierung konnte die Entwicklung nicht mehr stoppen. In den ersten Novembertagen entwickelten sich überall im Reich aus Massendemonstrationen revolutionäre Aufstände. In Württemberg sahen die immer zahlreicheren Befürworter einer parlamentarischen Demokratie zunächst keine Notwendigkeit für einen Systemwechsel, zu groß war das Ansehen König Wilhelms. Doch schon bald griff das gewaltsame Aufbegehren gegen die alte Ordnung auch auf Württemberg über. Anfang November 1918 zog die Stuttgarter Linke demonstrierend und die Revolution fordernd durch die Straßen.

Am 9. November 1918 drangen bewaffnete Revolutionäre in das Wilhelmspalais ein und hissten die rote Fahne auf dem Dach. Der schutzlose und vom Militär alleingelassene König Wilhelm II. musste tatenlos zusehen und verließ Stuttgart noch am selben Tag für immer. Bei einer Versammlung der Arbeiter- und Soldatenräte im Landtag bildete sich währenddessen eine provisorische Regierung unter dem Sozialdemokraten Wilhelm Blos. Zur gleichen Zeit erlebte auch Berlin die Ausrufung der Republik und die Abdankung von Kaiser Wilhelm II. Zwei Tage später endete der Erste Weltkrieg am 11. November 1918 mit dem Waffenstillstand von Compiègne. Der württembergische König entschloss sich am 30. November zur Abdankung, hatte aber zuvor schon das Kabinett aufgelöst, um die neue republikanische Regierung handlungsfähig zu machen und einen Bürgerkrieg zu vermeiden.

Dem bedächtigen Handeln vieler Politiker wie auch der großen Beliebtheit des Königs war es zu verdanken, dass der Übergang von der Monarchie zur Demokratie in Württemberg 1918 relativ friedlich verlief. Die Arbeiter- und Soldatenräte, die maßgeblich an der Revolution beteiligt gewesen waren, waren in Württemberg sozialdemokratisch geprägt und stellten sich dem parlamentarischen System nicht in den Weg. Sie lehnten das von der extremen Linken geforderte Rätesystem nach russischem Vorbild ab und unterstützten die provisorische Regierung. Diese setzte sich aus Mehrheits- und Unabhängigen Sozialdemokraten sowie Repräsentanten des bürgerlichen Lagers zusammen. Dennoch verbreiteten einige radikale Revolutionäre und heimkehrende Freikorpstruppen Chaos auch in Stuttgart, und der Regierung gelang es erst nach vier Monaten, endgültig für Ruhe und Ordnung zu sorgen.

Die Gründung des Deutschen Reiches 1871 hatte Stuttgart in die politische Bedeutungslosigkeit versinken lassen, andererseits brachte sie der Stadt aber einen enormen wirtschaftlichen Aufschwung. Um die Wende vom 19. zum 20. Jahrhundert war sie von der überschaubaren Residenz des württembergischen Königs zu einer modernen Großstadt herangewachsen. Um 1800 hatten die rund 21 000 Bürger ihre Haupteinnahmequellen noch in Weinbau und Handwerk gefunden. Die Industrialisierung veränderte das Leben in Stuttgart zunächst nur langsam. Das Fehlen von Rohstoffen und Kohle, die fehlende Möglichkeit zur Erzeugung von Energie durch Wasserkraft sowie die ungünstige Lage im Talkessel abseits der großen Fernhandelswege und Wasserstraßen behinderten die Ansiedlung von Industriebetrieben. Erst mit dem Anschluss an das Eisenbahnnetz im Jahre 1846 kam die Industrialisierung in Gang und ließ Stuttgart innerhalb weniger Jahre zur damals einzigen württembergischen Großstadt anwachsen. Zählte sie um 1850 nur rund 50 000 Einwohner, so waren es 1870 schon fast 100 000. Kurz nach der Jahrhundertwende lebten hier dann schon 200 000 Menschen, und beim Ausbruch des Ersten Weltkrieges waren es mehr als 300 000. Damit hatte sich die Einwohnerschaft im Laufe von rund 45 Jahren verdreifacht, doch war der demographische Wandel längst nicht so gewaltig wie in anderen deutschen Städten, so waren zum Beispiel in Ludwigshafen zwischen 1870 und 1910 rund 675 und in Charlottenburg sogar 845 Prozent Bevölkerungszuwachs zu verzeichnen.

Neben der Anziehungskraft der Industrie trugen aber auch die Vereinigung mit Cannstatt sowie die Eingemeindung von Gaisburg, Untertürkheim, Wangen und Degerloch in den ersten Jahren des 20. Jahrhunderts zum Bevölkerungswachstum bei. Hierdurch vergrößerte sich die Gemarkung der Stadt zudem von knapp 3000 Hektar im Jahre 1899 auf über 6500 Hektar. Obwohl Stuttgart in der zweiten Hälfte des 19. Jahrhunderts begonnen hatte, sich immer weiter auf die umgebenden Talhänge auszudehnen, war Wohnraum immer noch knapp und teuer, sodass viele Erwerbstätige im Umland wohnten und täglich in die Stadt pendelten. Davon zeugt der Umstand, dass der Personenverkehr auf den Stuttgarter Bahnhöfen zwischen 1880 und dem Ausbruch des Ersten Weltkrieges um fast 500 Prozent zunahm. Aufschlussreich ist in diesem Zusammenhang auch, dass der Anteil der Industriearbeiter 1907 in der Stadt selbst 50, im Amtsbezirk Stuttgart aber sogar 59 Prozent betrug.

Mit den steigenden Einwohnerzahlen stieg auch die Wohndichte stark an. Kamen um 1850 noch weniger als 1000 Menschen auf einen Quadratkilometer, so waren es 1900 schon 3362 und 1910 sogar 4390. Die Bodenpreise und Mieten verteuerten sich ständig. Die Wohnverhältnisse in der

Links: Der Schloßplatz war lange Zeit ein wichtiger Verkehrsknotenpunkt. Nur wenige Schritte vom alten Bahnhof in der heutigen Bolzstraße entfernt, kreuzten sich hier mehrere Straßenbahnlinien.

Rechts: Die Altstadtsanierung verbesserte die Wohnverhältnisse entscheidend. Der Preis war, dass etliche Gebäude, die zu den ältesten Stuttgarts gehörten, der Spitzhacke zum Opfer fielen. Hier die Alte Eichstraße vor dem Umbau.

Links: Für den Rathausneubau mussten der Vorgängerbau (links im Bild mit Glockentürmchen) und zahlreiche Wohngebäude in der Metzger- und Hirschgasse abgerissen werden. Den Marktbrunnen versetzte man auf den Wilhelmsplatz, erst 1974 kehrte er zurück.

Rechts: Hinter den Personifikationen der vereinigten Städte ist links die Altstadt von Stuttgart zu erkennen, rechts Cannstatt und der Neckar.

Stadt waren dementsprechend heterogen. Den Villen in Höhenlage und bürgerlichen Neubauvierteln standen beengte und ungesunde Altstadtquartiere gegenüber, in denen die unteren sozialen Schichten hausen mussten. Größere Wohnungen waren für Arbeiter unerschwinglich, und so lebten viele Familien mit mehreren Kindern zusammengedrängt in Ein- oder Zweizimmerwohnungen, oft ohne fließendes Wasser, Sanitäreinrichtungen und separate Küche. Aber auch die kleinen Wohnungen waren knapp und teuer, folglich waren nicht wenige Familien gezwungen, auch noch Untermieter aufzunehmen, um sich die hohen Mieten überhaupt leisten zu können. Die Stadt versuchte zu Beginn des 20. Jahrhunderts, durch die Gründung eines Wohnungsamtes und eine Altstadtsanierung die schlimmsten Missstände abzustellen. Noch wichtiger war eine private Initiative, der von Eduard Pfeiffer gegründete und weitgehend finanzierte Verein für das Wohl der arbeitenden Klassen, der zum Beispiel zwischen 1891 und 1903 die mustergültige Arbeitersiedlung Ostheim nach dem Baugenossenschaftsprinzip errichtete.

Nicht nur der Wohnungsbau für die stark angestiegene Einwohnerzahl, auch die entsprechende Infrastruktur und Versorgung bedeuteten große Herausforderungen für die Stadt. Zahlreiche neue Straßen mussten gebaut werden, das Schienennetz der seit Mitte der 1890er-Jahre elektrifizierten Straßenbahn wurde in den Jahren bis 1915 um rund 70 Kilometer erweitert. Zwischen 1911 und 1927 entstand der neue Hauptbahnhof nach Plänen der Architekten Paul Bonatz und Friedrich Scholer. Die Stadt besaß seit 1896 ein eigenes Elektrizitätswerk, übernahm zudem 1899 die Gaserzeugung im Gaisburger Gaswerk in eigene Regie, baute 1907 eine Kläranlage, nahm 1909 das Dampfkraftwerk Münster und den neuen Schlachthof in Gaisburg in Betrieb, errichtete bis 1905 ein neues Rathaus und 1914 eine neue Markthalle.

Die Eingemeindung von Cannstatt brachte Stuttgart zudem erstmals in seiner Geschichte einen direkten Zugang zum Neckar. Dessen lange geplanter Ausbau zur Großschifffahrtsstraße zwischen Heilbronn und Stuttgart sollte der heimischen Industrie den Zugang zu Kohle und Rohstoffen erleichtern und die Transportkosten deutlich senken, konnte aber erst nach dem Ersten Weltkrieg in Angriff genommen werden. Bedingt durch Inflation, Weltwirtschaftskrise und den Ausbruch des Zweiten Weltkrieges wurde der erste Abschnitt zwischen Mannheim und Heilbronn erst 1935 und die Weiterführung nach Stuttgart sogar erst 1958 vollendet.

Die mangelhafte Anbindung an das Verkehrsnetz war schon lange hinderlich für die Entwicklung der Stuttgarter Industrie gewesen. Dies und die hohen Bodenpreise hatten viele Firmen veranlasst, vom Stadtzentrum in die Vororte oder die benachbarten Gemeinden wie Cannstatt, Feuerbach, Untertürkheim, Münster, Zuffenhausen oder Kornwestheim zu ziehen. Die Stuttgarter Industrie zeichnete sich um 1900 durch einen breiten Branchenmix aus: So stellte man unter anderem chemische und elektromechanische Produkte, Automobile, Werkzeuge und Maschinen, Verlagserzeugnisse, Musikinstrumente, Möbel, Textilien und Schuhe, Nahrungs- und Genussmittel her. Aber auch Dienstleistungsunternehmen, Banken und Versicherungen gaben zahlreichen Menschen Lohn und Brot. Die meisten Firmen waren von überschaubarer Größe. 1907 beschäftigten nur zwei Unternehmen mehr als 1000 Menschen: die Daimler-Motoren-Gesellschaft und die Firma Robert Bosch. 1914 hatten dann auch die Dampfbackofenfabrik Werner & Pfleiderer, die Textilunternehmen Bleyle und Benger, die Schuhfabriken Sigle und Haueisen, die Zigarettenfabrik Waldorf-Astoria, die Verlagsgesellschaft Union sowie der Allgemeine Deutsche Versicherungsverein mehr als 1000 Belegschaftsmitglieder.

Wenn es auch immer wieder zu einzelnen Streiks kam, so blieb die Stuttgarter Industrie von schweren Arbeitskämpfen weitgehend verschont. Gründe hierfür waren die liberale Politik in Württemberg, die Sympathie, die Teile des Bürgertums hier den durchaus maßvollen Forderungen der Arbeiter nach höheren Löhnen und kürzeren Arbeitszeiten entgegenbrachten, sowie sozial eingestellte Unternehmer – zum Beispiel Robert Bosch, der als einer der ersten Großindustriellen Deutschlands 1906 den Achtstundenarbeitstag einführte –, die mit guten Arbeitsbedingungen, werkseigenen Kranken- und Rentenkassen sowie Stiftungen zum Wohl ihrer Arbeiter und der ganzen Stadt beitrugen.

Schon in den 1890er-Jahren wurde Stuttgart zu einem Zentrum der Arbeiterbewegung, es war immer wieder Schauplatz von Maikundgebungen und -umzügen, und 1907 fand hier sogar der erste Internationale Sozialistenkongress auf deutschem Boden statt. Wenn sie auch von vielen Nationalliberalen und Konservativen argwöhnisch beobachtet wurden, so entschlossen sich die Stuttgarter Demokraten und Sozialdemokraten doch schon vor der Jahrhundertwende zur konstruktiven Mitarbeit im Stuttgarter Gemeinderat. Hier hatte lange Zeit ein königstreuer, konservativ-pietistischer

Links oben: Mit diesem Plakat von Henri Rudaux warb die Daimler-Motoren-Gesellschaft um 1911 für den Mercedes 14/30 PS.

Mitte oben: Die vom Union-Werk Mea hergestellten Zündapparate konnten sich gegen die zuverlässigere und billigere Konkurrenz von Bosch nicht auf dem Markt durchsetzen, sodass die Firma in den 1920er-Jahren verkauft werden musste.

Rechts oben: Die bereits in den 1840er-Jahren in Degerloch von Wilhelm Benger gegründete Trikotwarenfabrik stellte schon vor dem Ersten Weltkrieg auf modernsten amerikanischen Feinrippmaschinen gemusterte Wirkwaren der Marke »Ribana« her.

Unten: Kurz vor 1900 war die Belegschaft der Firma Robert Bosch noch sehr überschaubar, wie dieses Bild eines Betriebsausfluges zeigt (Robert Bosch in der hinteren Reihe mit Bart). Aufgrund der großen Nachfrage nach dem neuen Magnetzünder für Automobile stieg die Zahl der Mitarbeiter von 1901 bis 1907 sprunghaft von 45 auf fast 1000 an.

Geist geherrscht. Schon bei der Gemeinderatswahl von 1907 konnten die Sozialdemokraten dann mehr als 38 Prozent der Stimmen auf sich vereinen, und bei der Oberbürgermeisterwahl 1911 setzte sich Karl Lautenschlager nur knapp gegen den SPD-Kandidaten Hugo Lindemann durch.

Die Zeit zwischen Jahrhundertwende und Erstem Weltkrieg war günstig für die Wissenschaften und Künste in Stuttgart. Die Königliche Öffentliche Bibliothek (die heutige Württembergische Landesbibliothek) zählte zu den größten in Deutschland. An der Technischen Hochschule, die 1900 das Promotionsrecht erlangt hatte, richtete man neue Lehrstühle für Luftfahrt, Flugtechnik und Kraftfahrzeugwesen ein. Mit Leopold von Kalckreuth, Adolf Hölzel, Bernhard Pankok, Theodor Fischer und Paul Bonatz lehrten bedeutende Maler und Architekten ihrer Zeit an den Stuttgarter Hochschulen. Das Interesse der Bürger auch an moderner Kunst wuchs, die jährlichen Ausstellungen in der Akademie der Bildenden Künste zogen ein großes Publikum an, und mit dem 1913 eröffneten Kunstgebäude am Schloßplatz bekam die zeitgenössische Kunst eine eigene Heimstatt in Stuttgart. Schauspiel und Oper genossen unter der Intendanz von Joachim Gans Edler zu Putlitz einen deutschlandweit guten Ruf. Großer Beliebtheit erfreuten sich auch die Konzerte der von Carl Wendling geleiteten Hofkapelle in der Liederhalle. Das gesellige Leben der Stadt prägten außerdem mehr als 1300 Vereine (1906) mit zahlreichen Veranstaltungen, Vorträgen, Ausstellungen, Tagungen und Kongressen.

Der zunächst auch von den Bürgern begeistert aufgenommene Ausbruch des Ersten Weltkriegs im August 1914 sollte das städtische Leben drastisch ändern. Auf die ersten mit großer Freude gefeierten Siege folgten schon bald hohe Verluste an Menschenleben und Mangel an allerlei Gütern und Nahrungsmitteln. Obwohl die Stadt durch ein System der Zwangsbewirtschaftung eine gerechte Verteilung der Waren gewährleisten wollte und die Familien der im Feld stehenden Soldaten, die Hinterbliebenen und Kriegsversehrten unterstützte, litten weite Teile der Bevölkerung nach einer katastrophalen Kartoffelmissernte im Winter 1916/17 blanken Hunger. Zur Demoralisierung trug zudem bei, dass Stuttgart zwischen 1915 und 1918 einige Male zum Ziel französischer und britischer Bomber wurde. Glücklicherweise hielten sich die Verluste mit 22 Toten und 78 Verletzten aber in Grenzen. Weitaus schwerer wogen die Opfer unter den Stuttgarter Soldaten: 9868 von ihnen waren gefallen, und Tausende kehrten als Schwerbeschädigte heim. Und die, die nach Hause zurückkehrten, fanden ein verändertes Stuttgart vor: Die Monarchie war gestürzt, der bescheidene Glanz als Residenzstadt nur noch Geschichte, Hunger, Mangel an allen Gütern des täglichen Lebens und ein daniederliegendes Wirtschaftsleben waren an die Stelle des einstigen Wohlstandes getreten.

Links: Der Königin-Olga-Bau am Schloßplatz enthielt neben Läden und Büros auch einen Konzertsaal und ein pompös eingerichtetes Café-Restaurant, das »Rendezvous der vornehmen Welt sowie aller Fremden«.

Rechts: Während des Ersten Weltkrieges gerieten rund 2,5 Millionen Soldaten in deutsche Kriegsgefangenschaft. Bereits am 1. August 1914 trafen die ersten von ihnen, etwa 100 verwundete Franzosen, in Stuttgart ein. In den Gefangenenlagern I und II sowie in einigen Reservelazaretten waren insgesamt fast 9000 Soldaten interniert.

1900

Ein Jahrhundert bricht an

»Der Übergang vom alten ins neue Jahr, womit offiziell die Feier der Jahrhundertwende verknüpft war, vollzog sich diesmal in besonders festlicher Weise. Zum Jahresschluss am Sylvesterabend fanden in allen evang. und kath. Kirchen der Stadt Dankgottesdienste statt. Die Zahl der weltlichen Sylvesterfeiern ist von Jahr zu Jahr in der Zunahme begriffen; den Hauptanziehungspunkt bildeten die Reunionen in der Liederhalle, wo die Prehm'sche Kapelle ein heiteres Programm in gewohnt tüchtiger Weise zur Aufführung brachte, im Dinkelacker'schen Saalbau, wo die Schober'sche Kapelle unter Mitwirkung des Konzertsängers J. Müller mit großem Erfolg konzertierte, sowie in der Stuttgarter Bürgerhalle, in der die Kapelle Sonntag wohlverdienten Beifall erntete. (...) Von 11 Uhr ab begann das Schießen; etwa 1/4 Stunde vor dem Beginn des neuen Jahres ertönten von verschiedenen Kirchtürmen feierliche Choräle. Als die Uhr die 12. Stunde verkündete, erklangen die Glocken der Kirchen. In den feierlichen Glockenklang mischte sich das kräftige Rufen ‚Prosit Neujahr', das jedoch heuer viel rascher als sonst verstummte, weil es gerade zur Jahreswende einige Stunden lang unaufhörlich goss.« *(»Schwäbischer Merkur«, 2. Januar 1900)*

22. Januar | Die Technische Hochschule erhält das Recht, Diplom-Ingenieure zu promovieren und die Würde eines »Dr.-Ing.« auch ehrenhalber zu verleihen.

---

24. Februar | Stadtschultheiß Gauß erhält »vermöge allerhöchster Entschließung« den Titel eines Oberbürgermeisters verliehen.

---

6. März | Der Automobilpionier Gottlieb Daimler stirbt im Alter von 65 Jahren in Cannstatt.

---

23. und 24. April | Rund ein Drittel der 1200 zum Pferdemarkt gebrachten Tiere wurde verkauft. Der Umsatz betrug 380 000 Mark. Beim parallel abgehaltenen Hundemarkt wechselten 236 kleine und 174 große Hunde sowie 14 Hundefamilien den Besitzer.

Bereits zwei Jahre nach seinem Tod ehrte Cannstatt seinen Bürger Gottlieb Daimler mit einem von Emil Kiemlen geschaffenen Denkmal im Kurpark.

18. Mai | Durch den Kauf von Grundstücken am Neckar hat sich die Stadt schon vor Jahren Zugriff auf die Wasserkraft gesichert. Mit großen Feierlichkeiten wird jetzt die Wasserkraftanlage in Marbach eingeweiht.

---

25. Mai | Nach durchgreifendem Umbau wird das 1838 bis 1840 erbaute und seit rund 40 Jahren ungenutzte Wilhelma-Theater in Gegenwart des Königspaares feierlich wiedereröffnet.

---

30. Mai | Für die Rechte der Mieter will der Mieterverein eintreten, dessen erste Mitgliederversammlung im großen Saal des Bürgermuseums eine Satzung verabschiedet und einen Vorsitzenden wählt.

---

17. und 18. Juni | Mit Festkonzert und Festspiel in der Liederhalle und einem Festakt in der König-Karl-Halle begehen die Stuttgarter Buchdrucker unter lebhafter Beteiligung der Bevölkerung den 500. Geburtstag Johannes Gutenbergs.

Mineralheilbad Cannstatt
Das am 21. Juni 1900 eröffnete Schwimmbad, »eine hohe und lichte Halle, macht einen vortrefflichen Eindruck: alles so solid und geschmackvoll, so sauber und appetitlich und zweckentsprechend (...) 48 Einzelkabinen und auf der Galerie noch eine Anzahl offener Entkleidungsplätze für Knaben, Vorreinigungseinrichtungen und ein schönes, helles Mineralwasser in dem 22 Meter langen und 8 Meter breiten Bassin, das einem Löwenrachen in starkem Strahle entströmt, machen den Besuch ebenso einladend als genussreich. An der westlichen Front sind untergebracht die Dampfkastenbäder und die Wannenbäder 1. Klasse – alles blitzblank und nichts vergessen, was der Bequemlichkeit dient; die sehr schönen Wannen füllen sich nach Belieben mit Mineral- oder Süßwasser, ein am Apparat angebrachter Thermometer lässt die Temperatur nach Verlangen aufs Genaueste regulieren, da das Wasser, schon ehe es zur Wanne strömt, sich in der gewünschten Weise und Temperatur mischt. Eine treffliche Einrichtung sind auch die ›Wäschewärmer‹, und die Sanduhr versinnbildlicht die entrinnenden Minuten, die Kürze oder die Länge des erlaubten Genusses.« *(Aus: Harald Schukraft und Wolfgang Kress, »Bäderstadt Stuttgart«)*

1. September bis 1. Dezember | Im Verlauf des Mostobstmarkts auf dem Wilhelmsplatz werden 150 000 Zentner vorwiegend einheimisches Obst umgeschlagen. Der Zentnerpreis für Äpfel steigt von zunächst ca. 2,50 Mark bis 3,80 Mark gegen Ende.

---

27. bis 30. September | Beim Landwirtschaftlichen Hauptfest setzt die schwäbische Turnerschaft mit sonntäglichen Vorführungen einen besonderen Akzent. U. a. zeigen 70 Mann des Turnvereins Cannstatt Leiter- und Barrenpyramiden.

Three Men on the Bummel in Stuttgart
»Stuttgart ist eine reizende Stadt, sauber und hell, Dresden en miniature. Es besitzt außerdem die Attraktion, wenig zu bieten, was einen Umweg lohnt: eine mittelprächtige Gemäldegalerie, ein kleines Museum mit Altertümern und ein halbes Schloß; damit hat man alles gesehen – und kann sich amüsieren.« *(Aus: Jerome Klapka Jerome, »Three Men on the Bummel«)*

Oktober | Die Architekten Ludwig Eisenlohr und Carl Weigle haben für die Stuttgarter Lebensversicherungs- und Ersparnisbank einen monumentalen Neubau entworfen. Das 36 Meter breite und 52 Meter lange Gebäude Ecke Reinsburg- und Silberburgstraße wird seiner Bestimmung übergeben.

---

9. und 15. November | Ministerpräsident Hermann von Mittnacht wird auf eigenes Ersuchen in den Ruhestand versetzt. Mit Verleihung der Ehrenbürgerwürde würdigt der Gemeinderat seine Verdienste um gerechte Vertretung der Stadt im Landtag.

---

12. November | Mit einer Volksversammlung im Bürgermuseum wendet sich der württembergische Goethebund an die Öffentlichkeit. Er hat sich die Verteidigung von wissenschaftlicher und künstlerischer Freiheit zur Aufgabe gemacht.

---

1. Dezember | Für eine nach fünf Jahren turnusgemäß von meist ehrenamtlichen Helfern durchgeführte Volkszählung ist die Stadt in 641 Bezirke eingeteilt worden.

---

3. Dezember | Mit der konstituierenden Sitzung einer Stuttgarter Handwerkskammer gelangt die Neuorganisation des Handwerks zum Abschluss.

---

5. und 18. Dezember | Aus der Landtagswahl geht die Sozialdemokratie gestärkt hervor. In einer Stichwahl obsiegt ihr Vertreter über den von der Deutschen und der Konservativen Partei aufgestellten Kandidaten.

Zahlenspiegel | Die Stadt hat 176 699 Einwohner, 84 980 männliche (48,1 %) und 91 719 weibliche (51,9 %). 145 815 (82,5 %) sind evangelischen, 27 207 katholischen (15,4 %) Glaubens, außerdem wurden 3677 Sonstige (2,1 %) gezählt. 3851 Ausländer leben in der Stadt. 5101 Lebendgeborenen stehen 3428 Gestorbene gegenüber. Auf 20 903 angebotene Stellen kommen 22 750 Arbeitsuchende (726 mehr als im Vorjahr). Bei der Städtischen Sparkasse wurden 5 452 438 Mark hinterlegt. In der Stadt sind 52 526 Glühlampen, 1109 Bogenlampen und 947 Elektromotoren installiert. Die Straßenbahn hat 14 094 173 Personen befördert, 23 Prozent mehr als im Vorjahr. Am Hauptbahnhof wurden 7 378 371 Reisende registriert. In der Stadt werden 3634 Pferde, 1065 Rinder, 755 Schweine, 406 Ziegen, 11 Esel und 368 Bienenvölker gezählt.

1901

3. Januar | Die von Friedrich Wilhelm Hackländer gegründete, skurrilem Brauch verpflichtete Künstlergesellschaft »Bergwerk« begeht im »Schacht« des Königsbaus ihr 50. Stiftungsfest. »Bergmeister« ist Hoftheaterintendant von Putlitz.

18. Januar | Bei W. Kohlhammer erscheint, von der Gemeindeverwaltung herausgegeben, die Nummer 1 des *»Amts- und Anzeigenblatt der Stadt Stuttgart«*. Es liegt unentgeltlich an Verteilungsstellen aus.

19. Februar | Die Karnevalsgesellschaft »Möbelwagen« bringt mit ihrem Fastnachtsumzug »halb Stuttgart auf die Beine«. In 50 Abteilungen mit mehr als 30 Wagen werden auch städtische Fragen wie der Ausbau des Neckars aufs Korn genommen.

10. März | Mit drei Jahren Verspätung feiert der Stuttgarter Gewerbeverein in Anwesenheit des Königs sein 50-jähriges Bestehen.

19. März | Der Schwäbische Frauenverein weiht ein zweites Vereinshaus mit je einer Haushaltungs-, Koch- und Handelsschule sowie einem Fröbelschen Kindergarten ein.

1. April | Die Gemeinde Gaisburg, per Gesetz dem Stadtdirektionsbezirk Stuttgart zugeteilt, übergibt in ihrem Rathaus die Verwaltung an Gemeinderat Rettich, der OB Gauß vertritt.

8. bis 12. Juni | Die Schützengilde, älteste Korporation der Stadt, blickt auf 400 Jahre ihres Bestehens zurück. Der König eröffnet das Jubiläumsfestschießen und besucht mit der Königin die Festaufführung mit lebenden Bildern in der Liederhalle.

21. Juni | Eine große Menschenmenge kommt zur studentischen Bismarckfeier auf den Gähkopf. Die Festrede schließt mit »begeistert aufgenommenem Hoch« auf den vormaligen Kanzler.

Das imposante neue Rathaus kündete eindrucksvoll von Wachstum und florierender Wirtschaft der Stadt Stuttgart in den ersten Jahren des 20. Jahrhunderts.

16. Juli | 3164 evangelische Christen gehören seit heute nicht mehr der Hospitalparochie, sondern der neuen Gedächtniskirchengemeinde an.

27. bis 30. September | Beim Landwirtschaftlichen Hauptfest werden neben Maschinen und Geräten auch »höchst elegant ausgestattete Automobile« gezeigt. Zu den Attraktionen der Budenstadt zählen Kinematographen, Kolossalmädchen und ein Karussell, das die Bewegungen des Pferdes nachahmt.

10. Oktober | Im provisorischen Sitzungssaal des neuen, von den Architekten Johannes Vollmer und Heinrich Jassoy in Formen der Gotik und deutschen Renaissance gestalteten Rathauses findet die erste Sitzung statt.

12. November | Zur Einweihung der von Architekt Josef Cades am Bismarckplatz errichteten Elisabeth-Kirche zelebriert Bischof von Keppler ein Pontifikalamt, dem der König und die Königin beiwohnen.

19. November | Ihren heute eröffneten, durch die Architekten Ludwig Eisenlohr und Carl Weigle errichteten Neubau in der Silberburgstraße verdankt die Stuttgarter Volksbibliothek dem Mäzen und Verleger Engelhorn.

Winter ohne Schnee

»Als das alte Jahr schloss, war das Land noch immer schneefrei. Erst die Neujahrsnacht brachte in der Temperatur eine Wendung, aber vorerst doch noch keinen Schnee. Die Kälte im Januar, die in der ersten Woche alsbald ziemlich streng auftrat, traf sonach ungeschützten Boden. (...) Am 17. und 18. Januar traten wiederholt ziemlich strenge Fröste auf, in Stuttgart bis zu –9 °C. Darnach ließ die Kälte nach, und am 19. kam ein Umschlag zu trübem und für kurze Zeit auch mildem Wetter. Der Rückschlag am 26. brachte endlich auch kalte Niederschläge, teilweise in Form von Schnee, im Gefolge von schweren Winden und Stürmen. Ein so spätes Eintreten des Schneefalls ist unerhört. Seit 1894 hat sich allerdings in jedem Spätjahr der Eintritt des ersten Schnees gegenüber dem mittleren Zeitpunkt stark verspätet, im Jahrgang 1898 sogar um 39 Tage. Das diesmalige Vorkommnis, Verspätung vom 11. November bis zum 26. Januar um 76 Tage lässt den Schluss zu, dass gelegentlich auch einmal ein Winter ganz ohne Schnee vorkommen könnte.« *(»Chronik der Kgl. Haupt- und Residenzstadt Stuttgart«, 1901)*

29. November | Der Eingemeindungsvertrag zwischen Wangen und Stuttgart wird in der Bürgerstube des Wangener Rathauses unterzeichnet.

30. November | Am heutigen Samstag brennt in der St. Leonhardskirche erstmals elektrisches Licht.

Zahlenspiegel | Die Markung hat sich durch die Eingemeindung Gaisburgs von 2980 ha auf 3231 ha vergrößert, die Einwohnerzahl ist auf 181 463 gestiegen. Ungeachtet dieser Zunahme wurden nur 3034 Sterbefälle registriert, 16,5 ‰ gegenüber 18 ‰ der Bevölkerung im Vorjahr. 5505 Lebendgeborene und 1727 Eheschließungen wurden verzeichnet. Die Zahl der Telefonverbindungen hat um 3 175 452 auf 14 855 532 zugenommen, die Zahl der Sprechstellen von 4716 auf 6312.

1902

Hoftheater und Lusthaus

Das Innere des alten Theaters, notiert der Stadtchronist nach dem Brand vom 19. und 20. Januar, »stellte ein unglücklich ineinandergeschachteltes Winkelwerk dar, welches für viele ein Entrinnen unmöglich gemacht hätte. Von diesem Standpunkte aus ist die Katastrophe, welche das auch äußerlich wenig würdige Theater betroffen hat, nicht allzusehr zu beklagen.« Die Stuttgarter, soweit nicht auf den »in tiefster Glut stehenden Nachthimmel« aufmerksam geworden, erfuhren erst am 20. Januar morgens von dem Ereignis. »Von da ab bildete der Brandplatz für Hiesige und Auswärtige das Ziel einer wahren Völkerwanderung. Zahlreiche Architekten, Ingenieure, Feuerwehrkommandanten usw., die teilweise aus weiter Ferne herbeigeeilt waren, machten auf dem Brandplatze Studien. (...) Die Abräumungsarbeiten förderten wertvolle Überreste des von Herzog Ludwig erbauten alten ›Lusthauses‹ zutage. Dieser im Renaissancestil erstellte herrliche Bau wurde unter König Wilhelm bis auf die Grundmauern zerstört. Auf diesen wurde 1845/46 durch die Baumeister Gabriel und von Gaab das nunmehr abgebrannte Hoftheater erstellt. Besonders gut erhalten war ein Teil des um das alte Lusthaus führenden, von schlanken jonischen Säulen belebten Arkadenumgangs. Der Abbruch der Ruinen wurde von Hofwerkmeister Hangleiter besorgt, welcher die geretteten Baumaterialien zur Erstellung des Interimstheaters verwendete, während die künstlerisch wertvollen Lusthausüberreste dem Staate überlassen wurden.« *(»Chronik der Kgl. Haupt- und Residenzstadt Stuttgart«, 1902)*

19. und 20. Januar | Die Besucher haben nach einer Aufführung der »Meistersinger« das königliche Hoftheater am Schloßplatz schon verlassen, da brennt es bis auf die Grundmauern nieder. Beim Abräumen der Brandruine kommen Überreste des einstigen »Lusthauses« zutage.

1. Mai | Rund 3000 Teilnehmer sind dem Aufruf der sozialistischen Arbeiterschaft zur Demonstration für den Achtstundentag gefolgt.

5. Mai | In öffentlicher Sitzung gründen Hausbesitzer zur Wahrung ihrer Rechte und Förderung ihrer Interessen den Stuttgarter Hausbesitzerverein.

Mit der Übergabe des Schlüssels an OB Gauß wird die Schwabschule eingeweiht. Sie trägt, wie die Straße, an der sie liegt, den Namen Gustav Schwabs.

7. Juni | Die Stuttgarter Stadtgarde zu Pferd begeht ihr 250-jähriges Bestehen mit einem Festzug von der Altstadt zum Neuen Schloss, wo der Kommandant, neben dem König stehend, den Vorbeimarsch abnimmt.

20. Juni | Das städtische Wohnungsamt beginnt seine Arbeit mit Veröffentlichung aller vermietbaren Wohnungen unter Angabe von Größe, Anschrift und Preis im *»Amts- und Anzeigenblatt der Stadt Stuttgart«*. Die vordringliche Aufgabe der Wohnungsinspektionen unter hygienischen Gesichtspunkten wird vorbereitet.

1. Juli | Im Bereich Reuchlin-, Schwab-, Augustenstraße nimmt die Straßenbahn ein Depot für 80 und mehr Motorwagen in Betrieb. Auch 21 Familienwohnungen sind bezugsfertig geworden.

25. September | Die königliche Hofbank blickt auf 100 Jahre ihres Bestehens zurück.

12. Oktober | In sechs Monaten Bauzeit ist unter Verwendung brauchbarer Materialien aus den Trümmern des ausgebrannten Hoftheaters im Schlossgarten ein Interimtheater errichtet worden, das mit »Tannhäuser« eröffnet wird.

16. November | Die Petruskirche in Gablenberg, von Baurat Theophil Frey in frühgotischen Formen gestaltet, wird in Anwesenheit des Königspaares eingeweiht.

29. November | Den 100. Geburtstag von Wilhelm Hauff begehen der Liederkranz und der Literarische Klub mit Erinnerungsfeiern. Letzterer hat des Dichters Geburtshaus, Eberhardstraße 23, wieder ausfindig gemacht und bringt dort eine Erinnerungstafel an.

18. und 29. Dezember | Die bürgerlichen Kollegien beider Gemeinden verabschieden einen Vertrag zur Vereinigung Untertürkheims mit Stuttgart.

Zahlenspiegel | Die acht Linien der Stuttgarter Straßenbahnen mit jetzt 30,5 Kilometer Bahnlänge werden von 112 Motorwagen mit 83 Anhängern befahren. Sie haben im Berichtsjahr 17 231 590 Personen befördert, 152 000 Kilometer zurückgelegt und knapp 2,7 Millionen Kilowattstunden verbraucht. Für die

Links: Das kurz nach Mitternacht ausgebrochene Feuer konnte trotz des heldenhaften Einsatzes der Feuerwehr erst gegen 7 Uhr morgens gelöscht werden, als das Hoftheater schon bis auf die Grundmauern zerstört war. Diese Postkarte verbreitete die Kunde vom Unglück bis nach Chicago.

Rechts: Wie wichtig dem Königlichen Haus das Hoftheater war, zeigt sich auch daran, dass man unweit des Neuen Schlosses, etwa dort, wo heute der Landtag steht, ein großzügiges Interimtheater errichtete, um ohne Zeitdruck das neue Opern- und Schauspielhaus planen zu können.

öffentliche Beleuchtung sorgen 107 Laternenanzünder, die einem Beleuchtungsinspektor und zwei Beleuchtungsaufsehern unterstehen. Die Beherbergungen haben gegenüber dem Vorjahr um 65 003 auf 269 858 zugenommen.

1903

»Eine idyllische Ruhe umgibt das Haus, und zu den Fenstern herein grüßen die uralten Bäume des Schlossgartens«, vermerkte 1903 die Stadtchronik über das neue Katharinenstift. Heute ist die Schillerstraße wohl eine der verkehrsreichsten in ganz Stuttgart.

21. Januar | Das Feuersee-Eisbahnkomitee veranstaltet zum 200-jährigen Bestehen des Sees ein Eisfest mit Mummenschanz.

26. Februar | Aus der Küche des Bürgerspitals werden 599 Arme auf Kosten der Stadt gespeist.

1. April | Auf Beschluss der bürgerlichen Kollegien vom Juli 1900 wurden das Katharinenstift und das Olgastift von der Stadt übernommen, nun untersteht das höhere Mädchenschulwesen vollständig der Stadt.

4. Mai | In Ostheim, dessen Bevölkerung stark angewachsen ist, wird Ecke Schwarenberg- und Landhausstraße ein neues Schulhaus im Stil der Spätrenaissance eingeweiht. Die Baukosten beliefen sich auf 325 000 Mark.

3. September bis 30. November | Beim Mostobstmarkt auf dem Nordbahnhof werden erstmals marktamtliche Erhebungen durchgeführt: Insgesamt wurden 2573 Eisenbahnwaggons Mostobst vor allem aus Italien, Ungarn und der Schweiz umgeschlagen. Knapp die Hälfte der angelieferten Ware wurde nach auswärts weiterverkauft. Die Preise für 10 000 Kilogramm Mostäpfel schwankten bei waggonweiser Abnahme zwischen 700 Mark (Oktober) und 1420 Mark (November).

8. September | Das Eberhard-Ludwigs-Gymnasium feiert Abschied aus seinem alten und mit einem Festzug Einzug ins neue Schulhaus an der Holzgartenstraße. Zum Abschluss umfangreicher Feierlichkeiten spielen Schüler »Agamemnon« von Aischylos in der Liederhalle.

11. und 12. September | Der Neubau des Königin-Katharina-Stifts in den Anlagen wird eingeweiht. Mit einem Familienabend heißt der Bürgerverein der unteren Stadt die Schule willkommen. Tags darauf wandern Lehrer und Schüler auf den Rotenberg (heute Württemberg), um am Sarg von Königin Katharina einen Kranz niederzulegen.

25. bis 28. September | Schönes Wetter beschert dem Volksfest einen Rekordbesuch. Die Straßenbahn verzeichnet 413 156, die Eisenbahn 67 308 Fahrgäste. Eine Ausstellung über landwirtschaftliches Bauen ergänzt das landwirtschaftliche Hauptfest.

Ganz andere Ziele

Als das Königin-Katharina-Stift sein neues Schulhaus in den Anlagen bezog, sagte OB Gauß in seiner Ansprache, die Schule könne »nicht auf eine gleiche oder ähnliche Vergangenheit zurückblicken wie die andere Stuttgarter Bildungsstätte, die in den letzten Tagen in ein neues Heim übergesiedelt ist und dabei mit berechtigtem Selbstgefühl ihre an Erfolgen reiche

Geschichte sich wieder vergegenwärtigt hat. Nicht über Jahrhunderte dehnt sich die Wirksamkeit des Katharinenstifts aus, wenn sie auch die stattliche Ziffer von ungefähr 85 Jahren umfasst. Aber auch in der Art seiner Wirksamkeit, in seiner Stellung zu der Einwohnerschaft und zu den anderen Lehranstalten unserer Stadt kann es sich mit dem Eberhard-Ludwigs-Gymnasium nicht messen – nicht weil es seiner Aufgabe nicht gerecht worden wäre, weil es etwa an tüchtigen, geistig hervorragenden Lehrern gefehlt hätte, sondern weil ihm als einer Schule für die weibliche Jugend von vornherein wesentlich andere Ziele gesteckt waren als einem Gymnasium.« *(»Chronik der Kgl. Haupt- und Residenzstadt Stuttgart«, 1903)*

28. Oktober | Frau Johanna Klinckerfuß, eine Schülerin Franz Liszts, hat ein Denkmal für den Meister gestiftet, das in den königlichen Anlagen enthüllt wird. Adolf Fremd hat es aus rötlich-braunem Muschelkalk und weißem Marmor geschaffen.

Zahlenspiegel | Die Bevölkerung ist auf über 195 000 angewachsen. Es wurden 6591 Lebendgeburten und 3092 Sterbefälle registriert. 1994 Ehen wurden geschlossen. Die Jahresmieten in Stuttgart / Heslach / Gablenberg betrugen durchschnittlich für 1 Zimmer 179 / 145 / 114, für 3 Zimmer 493 / 395 /296, für 4 Zimmer 730 / 488 / 474 Mark. Das städtische Asyl für Obdachlose beherbergte 20 890 Personen.

1904

4. Januar | Die Nachricht, ein tollwütiger Hund habe mehrere Personen gebissen, versetzt Behörden und Bürger in höchste Aufregung. Bald zeigt sich aber: Das Tier war nicht krank, sondern schwer misshandelt worden.

---

24. Februar | Die landwirtschaftliche Akademie Hohenheim wird Hochschule. Abiturienten können jetzt außer dem Diplomstudiengang auch ein sechssemestriges Studium absolvieren.

März | Zum ersten Mal in Stuttgart legen vier Schülerinnen ihr Abitur am Königin-Charlotte-Gymnasium (heute Hölderlin-Gymnasium) ab; drei von ihnen beginnen ein Studium in Tübingen.

---

11. April | Der vordere Teil des neuen Rathauses ist fertiggestellt. Alle den Neubau betreffenden Beschlüsse der bürgerlichen Kollegien, aktuelle Listen ihrer Mitglieder und heutige Tageszeitungen werden in den Turmknopf eingelötet.

---

12. Juli bis 24. November | Auf dem Kartoffelgroßmarkt auf dem Leonhardsplatz wurden 39 000 Zentner, 7000 weniger als im Vorjahr, umgeschlagen. Die Preise betrugen 3,50 bis 6 Mark im Juli und sanken im Oktober auf 2,40 bis 4 Mark.

---

16. Juli | Die Bismarcksäule auf dem Gähkopf, von der Stuttgarter Studentenschaft nach dem Entwurf »Götterdämmerung« des Dresdener Architekten Wilhelm Kreis errichtet, wird eingeweiht. Abends kommen Tausende, um dem Schauspiel der »Flammenweihe« beizuwohnen.

Der Bismarckturm wurde weitgehend aus Spenden finanziert: Die Studenten der Technischen Hochschule sammelten Geld und organisierten Schauspiele und Vorträge, das Grundstück stellte die Stadt Stuttgart unentgeltlich zur Verfügung.

Ein baugeschichtliches Zeugnis

1904 wurden die Reste des Neuen Lusthauses im mittleren Schlossgarten aufgestellt. An seinen ursprünglichen Standort wurde erinnert, als 1811 die Baugrube für das Kunstgebäude ausgehoben wurde. Dabei wurde am 8. März der Grundstein des Renaissancebaus von Georg Beer gefunden. Er war ins Fundament des südöstlichen Turmes eingemauert. In den Sandsteinblock von 107 x 89 x 60 cm Kantenlänge war eine zweikammerige, so genannte Kreuzschnabelflasche aus mattem weißem Glas eingelassen, die in beiden Kammern eine helle Flüssigkeit enthielt. Außerdem waren dem Grundstein neun Münzen beigegeben.

8. September | Zu Eduard Mörikes 100. Geburtstag hat der Literarische Klub dessen Grabmal auf dem Pragfriedhof erneuern lassen. Der Vorsitzende hält eine Weiherede, der Liederkranz singt den Chor »Ins stille Land«.

Der Ratskeller
»Im Ratskeller, der das gesamte Untergeschoss der Vorderfront einnimmt, besteht die Hauptdekoration aus einer Kachelwandbekleidung, deren Motive dem Wein- und Obstbau entlehnt sind. Er ist eingeteilt in eine Haupthalle und daran anschließende Einzelräume. An der Ecke Eichstraße und Marktplatz befindet sich die Ratsherrntrinkstube, welche ähnlich ausgeschmückt ist, aber als Hauptschmuck noch eine Reihe schädelechter Geweihe erhalten hat. Küchenanlage und Nebenräume des Ratskellers sind in die Hirschstraße gelegt. Unter der Haupthalle des Ratsweinkellers befindet sich, durchgehend von der Hirsch- nach der Eichstraße, der Weinlagerkeller mit seinen schönen Fässern.« *(Der Architekt Heinrich Jassoy)*

2. Oktober | Hofrat Eduard Pfeiffer hat dem Verein für Ferienkolonien ein Erholungsheim für Kinder gestiftet. Der auf der Botnanger Höhe gelegene Neubau wird im Beisein des Königs eingeweiht.

---

23. Oktober | Eine grundlegende Erneuerung der Hospitalkirche ist abgeschlossen. Böden, Gestühl, Brüstungen, Altar und Wandbemalung wurden erneuert, elektrische Beleuchtung und Zentralheizung eingerichtet, die Orgel überarbeitet.

---

29. Oktober bis 1. November | Nach einem Pressempfang und einem Festmahl für die bürgerlichen Kollegien steht der Rathauskeller auch dem Publikum offen. In den ersten vier Wochen werden dort 243 hl offene Weine und 1508 Flaschen getrunken.

Zahlenspiegel | Stuttgart hat jetzt mehr als 200000 Einwohner. 1801 Ehen wurden geschlossen. Lebendgeborene wurden 5587 registriert, Sterbefälle 3124, darunter 1064 Kinder im ersten Lebensjahr. Noch immer fordern Scharlach, Diphterie und Masern einen hohen Tribut. Der Personenverkehr auf den drei Staatsbahnhöfen hat um 6,6 Prozent auf 8880510 Personen zugenommen, dagegen haben die Fremdenübernachtungen um 1,9 Prozent auf 232008 abgenommen. Abgenommen hat auch der Bierverbrauch von 385829 hl im Vorjahr auf 369791 hl (-4,2%). Mit 90 Neugründungen erlebt das Vereinswesen eine Blüte, rund 80 schon bestehende Vereine haben rund 370 öffentliche Vorträge veranstaltet.

1905

19. März | Die spätgotische Cannstatter Stadtkirche ist restauriert worden und wird wieder eingeweiht.

März | Als neue Wohlfahrtseinrichtung nimmt eine »Brockensammlung« Haushaltsballast entgegen. Die instand gesetzten »Brocken« werden dann gegen geringes Entgelt an Bedürftige abgegeben.

---

1. April | Nach jahrelangen Verhandlungen haben sich Cannstatt, Untertürkheim und Wangen mit Stuttgart vereinigt. Die Fernsprechnetze wurden zusammengelegt, es gilt der Ortstarif.

Das neue Stuttgarter Rathaus ist vollendet und steht in vollem Umfang zur Verfügung.

---

7. bis 9. Mai | Mit Schillerfestabenden in allen verfügbaren Sälen hat sich die Stadt auf den 100. Todestag des Dichters vorbereitet. Heute um 9 Uhr legt das Königspaar Lorbeerkränze am Denkmal nieder, nachmittags findet ein Festzug, abends ein Festakt in der Liederhalle statt. Einem abendlichen Festspiel auf dem alten Theaterplatz folgen Glockengeläut, Festbeleuchtung und Höhenfeuer.

Der Täter war nicht der Gärtner
»Der Stadtgarten ist heute nacht der Schauplatz eines schändlichen Bubenstücks, einer abscheulichen Zerstörung gewesen, auf die die Gärtner und die Vorübergehenden schon in al-

ler Frühe aufmerksam geworden sind. Der Attentäter hatte es auf einige besonders wertvolle und seltene Prachtstücke des Gartens abgesehen und begann sein Werk an den erst kürzlich aufgestellten riesigen Agaven, die von unersetzbarem Wert sind und von allen Fremden stets bewundert wurden. Die meterlangen fleischigen Blätter sind offenbar mit einem großen Pomologenmesser vollständig abgeschnitten oder in blinder Wut kreuz und quer zerstückelt worden. Von den hochstämmigen zähholzigen Juccapflanzen ist ihm gelungen, eine abzuschneiden, während andere nur angeschnitten sind. Eine riesige Phönixpalme, im Wert von einigen hundert Mark, ist ihrer mehrere langen Blätter beraubt worden, soweit der Täter sie erreichen konnte. Das Wetterhäuschen ist vollständig demoliert. (...) Im Parterre sind einige Rosenbäumchen entweder abgeschnitten oder umgetreten. Die 8 Juccapflanzen rings um das Bassin des Springbrunnens wurden alle mit fachmäßigem scharfen Schnitt abgetrennt. Im Fischwasser des Bassins mit den vielen Goldfischen ist der Versuch der Vergiftung wahrgenommen worden. In einem Gebüsch des Gartens wurde ein aus einem Notizbuch herausgerissenes Blatt gefunden, das den Verdacht auf einen kürzlich entlassenen Gärtner lenkte, der bei seinem Abgang schon Drohungen ausgesprochen habe.« – Tatsächlich wurde dann aber der 19-jährige Baugewerkeschüler A. Bauer aus Cannstatt als Täter ermittelt und zu 8 Monaten Haft verurteilt. *(»Schwäbischer Merkur«, 19. Mai 1905)*

Seit 1871 ziehen prächtige Pflanzen, Palmenhaus, Restaurant, Musikkapellen und Varietékünstler die Besucher in den neben der Technischen Hochschule gelegenen Stadtgarten.

26. und 27. Mai | Schon Schiller habe den Schwaben den Sinn für eine starke Seemacht eingepflanzt, begrüßt OB Gauß die Hauptversammlung des Deutschen Flottenvereins, der Admiral Prinz Heinrich von Preußen, ein Bruder des Kaisers, beiwohnt. In einer Resolution werden beschleunigter Ausbau und Verstärkung der Flotte um große Kreuzer- und Torpedobootsdivisionen befürwortet.

Um die Wende vom 19. zum 20. Jahrhundert waren Postkarten ein gebräuchliches Mittel, um wichtige Ereignisse, aber auch allerlei Skurrilitäten publik zu machen.

---

2. September | In den Bopseranlagen wird, vom Landesverein der württembergischen Verkehrsbeamten gestiftet, ein Denkmal für Friedrich Liszt enthüllt.

---

24. bis 27. September | In Verbindung mit dem Volksfest finden eine allgemeine deutsche Militärbrieftaubenausstellung und ein Wettflug mit 7000 Brieftauben statt. Beim Volksfest durfte erstmals bis 21 Uhr ausgeschenkt werden, die von manchen befürchteten Ausschreitungen blieben aus.

---

4. Oktober | An der Königstraße eröffnet die Firma H. Tietz (später: Hertie) ein neues, neunstöckiges Kaufhaus.

---

19. Oktober | Stuttgart wird Mitglied im Deutschen Städtetag.

Der Blumenmarkt rund um das 1839 von Bertel Thorvaldsen geschaffene Schillerdenkmal. Im Hintergrund (von links nach rechts) das ehemalige Gasthaus »König von England«, Stiftskirche und Stiftsfruchtkasten.

Das Cannstatter Volksfest

In seinen Lebenserinnerungen schreibt der Schausteller Robert Thomas: »Trotz dem schlechten Wetter erfreute sich das Volksfest eines guten Besuchs, und besonders die damit verbundnen Pferderennen lockten viel Publikum aus Cannstatt, Stuttgart und der weitern Umgegend an. Die Wiese verwandelte sich in einen Morast, sodass wir um unser Dampfkarussell herum den Schmutz zu großen Haufen zusammenkratzen mussten. Schließlich kauften die Schaugeschäfte gemeinsam eine Fuhre Stroh, womit die Wege bedeckt und einigermaßen passierbar gemacht wurden. Einer sehr elegant gekleideten Besucherin des Dampfkarussells widerfuhr das Unglück, beim Abspringen in einen Schlammberg hineinzufallen, in den sie sich weich bettete. Am Neckar hatte sich eine große Anzahl von Frauen etabliert, die mit dem Abwaschen der beschmutzten Stiefel ein gutes Geschäft machten.« *(Aus: Robert Thomas, »Unter Kunden, Komödianten und wilden Tieren«)*

8. November | Mit einem Festgottesdienst gedenkt der Lokalwohltätigkeitsverein seiner Gründung durch 15 Bürger vor 100 Jahren.

Märkte

Für das Verkehrswesen und die Lebensmittelversorgung waren zu Beginn des Jahrhunderts Märkte noch von großer Bedeutung. Auf dem Pferdemarkt auf dem Hegelplatz, der im April abgehalten wurde, wurden oft 1500 und mehr Tiere zum Kauf angeboten. Davon wurde jedoch mehr als die Hälfte nur abgesetzt, wenn die Nachfrage sehr lebhaft war. Der durchschnittliche Preis für ein Pferd lag bei 700 bis 800 Mark.
Mostobst wurde bis in den November auf dem Wilhelmsplatz angeboten. Je nach Ernte fiel die Zufuhr sehr unterschiedlich aus: Im obstreichen Jahr 1900 wurden 150000 Zentner Äpfel, Bratbirnen und gemischtes Obst angeboten, dagegen fiel das Angebot 1901 mit 11000 Zentnern sehr knapp aus. Dementsprechend schwankten die Zentnerpreise für Äpfel zwischen 2 und 6 Mark, für Bratbirnen zwischen 4 und 10 Mark. Beim Filderkrautmarkt auf dem Charlottenplatz wurden im Oktober je nach Ernte für 100 Stück zwischen 10 und 20 Mark erzielt. Der Kartoffelgroßmarkt wurde auf dem Leonhardsplatz abgehalten. Nach der üppigen Ernte des Jahres 1903 bezahlte man im Juli pro Zentner zwischen 2,50 und 5 Mark, im September fielen die Preise bis unter 2 Mark.

10. November | Der Stuttgarter Schutzverein für Geschäftsleute und Hausbesitzer und der Stuttgarter Hausbesitzerverein schließen sich zusammen.

1. Dezember | Frauen dürfen mit königlicher Genehmigung fortan an der Technischen Hochschule studieren.

Allgemeine Volkszählung unter Einschluss von Gaisburg, Cannstatt, Untertürkheim und Wangen.

5. und 6. Dezember | Mit Feldgottesdienst, Parademarsch vor dem König, Festessen und Bankett begeht das Dragonerregiment »König« sein 100-jähriges Bestehen.

Zahlenspiegel | Mit 249286 Einwohnern ist Stuttgart auf Rang zwölf unter den deutschen Städten gerückt. 54951 Haushaltungen wurden registriert. Der weibliche Bevölkerungsanteil beträgt 51,5 Prozent, der männliche 48,5 Prozent. Evangelisch sind 203045 Einwohner (81,4%), katholisch 40024 (16,1%), israelitischen Glaubens 3895 (1,6%). 5216 Ausländer (2,1%) leben in der Stadt.

1906

16. Januar | Das zur evangelischen Diakonissenanstalt gehörige Wilhelms-Hospital mit 125 Betten wird in der Rosenbergstraße eröffnet.

20. Januar | Um die »naturgemäß beschränkte Dotierung der Gemäldegalerie durch Ankauf und Darleihung von Gemälden zu ergänzen«, konstituiert sich unter Schirmherrschaft des Königs der Galerieverein. Umgehend werden bedeutende Ankäufe getätigt, u. a. »Felder im Frühling« von Claude Monet.

21. Januar | Im Festsaal des Rathauses findet eine Versammlung zur Erhaltung der deutsch-englischen Beziehungen statt – und das in einer Zeit, als Deutschland sich durch seine Kolonialpolitik und den Bau von Großkampfschiffen politisch isoliert.

17. Februar | Die Abgeordnetenkammer verabschiedet eine Hoftheatervorlage: bis zu vier Millionen Mark für das Opernhaus und 350 000 Mark Baukostenzuschuss für das Interimtheater. Die Stadt stellt 1,2 Millionen Mark für den Bau eines Schauspielhauses innerhalb 20 Jahren bereit.

1. April | Der Verein für das Wohl der arbeitenden Klassen beginnt den Umbau der Altstadt: Im Quartier zwischen Geiß-, Stein- und Schreinerstraße werden Häuser abgerissen, die zu Stuttgarts ältesten zählen.

19. Mai | Die Fertigstellung des zehntausendsten Dynamos wird bei C. & E. Fein mit einem Festakt und einer Ausstellung gefeiert, die den Entwicklungsgang des Dynamos nachzeichnet.

30. Juni | Von anderen Städten angeregt, veranstaltet der Verein für Fremdenverkehr im Sommer tägliche Rundfahrten durch Stuttgart und Cannstatt. Mitglieder der bürgerlichen Kollegien nehmen an der Eröffnungsfahrt teil.

1. Juli | Der Kinematograph Edison, das erste Kino in Stuttgart, öffnet seine Pforten.

19. Juli | Gemeinderat und Bürgerausschuss beschließen, dass Bücher, Schreib- und Zeichen- sowie Handarbeitsmaterialien den Stuttgarter Volksschülern künftig unentgeltlich zur Verfügung stehen.

Ein treuer Diener

Ein seltenes Jubiläum vermeldet die *»Chronik der Kgl. Haupt- und Residenzstadt Stuttgart«* für 1906. Der 75-jährige Louis Wolf blickte auf 60 Jahre Kellnerdienst zurück. Seit einem Vierteljahrhundert stand er schon in Diensten des Hotel »Marquardt«, wo er weiterhin unverdrossen von morgens sieben bis abends 23 Uhr den Gästen zu Diensten war.

Im Jahre 1906, als diese Aufnahme entstand, führte Robert Bosch für seine mehr als 1000 Mitarbeiter den Achtstundenarbeitstag ein.

1. August | Als dritter deutscher Unternehmer führt Robert Bosch den Achtstundenarbeitstag ein; im Jahr darauf dann den arbeitsfreien Samstag und den bezahlten Maifeiertag. In einer Zeit, als die 60-Stunden-Woche noch die Regel war, brachten diese Wohltaten dem Unternehmer den Spitznamen »der rote Bosch« ein.

---

15. August | Zwei Arbeiter kommen ums Leben, als die 1904 erbaute Zuckerfabrik Münster auf Cannstatter Gemarkung niederbrennt. Es entstand ein Schaden von ca. 2,5 Millionen Mark.

---

16. bis 22. September | Mehr als 550 Vorträge beleuchten den Stand der Wissenschaft bei der 76. Versammlung deutscher Naturforscher und Ärzte. Glanzpunkt der gesellschaftlichen Veranstaltungen ist ein Empfang, den die Stadt den Kongressteilnehmern im Rathaus gibt.

---

27. bis 30. September | Beim Volksfest macht ein Automobilkarussell Furore. Am letzten Tag kommen Zehntausende zu einem von der Stadt veranstalteten Wettrennen von Arbeitspferden.

---

10. Oktober | Am ersten Todestag Gustav von Siegles stellt dessen Familie der Stadt 500 000 Mark zur Verfügung, die auf Vorschlag des Gemeinderats für ein Volksbildungshaus verwendet werden sollen.

---

31. Oktober | Die Berliner »Gesellschaft für elektrische Unternehmungen« hat eine Aktienmehrheit der Stuttgarter Straßenbahnen AG erworben. Damit die öffentlichen Interessen gewahrt bleiben, ist das Unternehmen Verpflichtungen zum Ausbau des Netzes, zur Betriebszeit, zum Fahrplan usw. eingegangen.

---

11. August bis 1. Dezember | Auf dem Charlottenplatz wird der alljährliche Filderkrautmarkt abgehalten. Rund 70 000 Krautköpfe sind im Angebot. Die Preise für 100 Stück betragen im August 25 bis 40 Mark und fallen im Oktober/November auf 16 bis 25 Mark.

Zahlenspiegel | 482 Verkehrsunfälle ereignen sich auf Stuttgarts Straßen. Dabei kommen 9 Menschen zu Tode, 286 erleiden Verletzungen.

1907

12. März | Fehlendes Verständnis für Satire wird dem Publikum nach dem Faschingsumzug der Gesellschaft »Möbelwagen« vorgeworfen: »Ein Trauerkondukt wäre nicht stiller und würdevoller aufgenommen worden.«

---

6. April | Das städtische Krematorium auf dem Pragfriedhof wird seiner Bestimmung übergeben. Nachdem Württemberg als erster deutscher Bundesstaat die Feuerbestattung erlaubt hat, wurden rund zwei Drittel der Baukosten durch Stiftungen, letztwillige Verfügungen und Zeichnung von Anteilscheinen aufgebracht.

---

28. April | Auf der Doggenburg wird ein kleiner Tiergarten eröffnet, der mit Konzerten, Kinderfesten, Ponyreiten und dergleichen um Besucher wirbt.

---

17. bis 22. Juni | Die Markuskirche in der Filderstraße geht ihrer Vollendung entgegen. Bildhauer Lindenberg hat den kupfernen, 2,7 Meter langen Markuslöwen modelliert, der auf dem Langschiff seinen Platz findet. Bei Heinrich Kurtz wurden die Glocken gegossen, die am 21. aufgezogen, am 22. eingeläutet werden.

---

27. und 28. Juni | Die Museumsgesellschaft, »Sammelpunkt der gebildeten Stände« und »vornehmste Pflegestätte von Bildung und edler Geselligkeit«, feiert ihr 100-jähriges Bestehen. Einem Festmahl im Museumsgebäude folgt am zweiten Tag ein Gartenfest auf der Silberburg, dem das Königspaar die Ehre gibt.

---

29. Juni | Mit einer Feier und Kranzniederlegung am Denkmal für Friedrich Theodor Vischer gedenkt die Technische Hochschule ihres einstigen Literatur- und Ästhetikprofessors am Vorabend seines 100. Geburtstages.

---

18. bis 24. August | Der erste Internationale Sozialistenkongress auf deutschem Boden zieht 886 Deputierte aus über 20 Ländern und zahllose Zuhörer an (genaue Zahlen existieren nicht – die Schätzungen schwanken zwischen 20 000 und 100 000). Die württembergische

Regierung behindert die Veranstaltung nicht, sondern stellt sogar den Wartesaal des Bahnhofs und die Liederhalle als Tagungsort zur Verfügung.

Der Sozialistenkongress

Er war Lenin noch in lebhafter Erinnerung, als er zehn Jahre später einen jungen Stuttgarter Gymnasiasten im Zug traf: »Eine wichtige Sektion der Internationale tagte, lange vor diesem Krieg in besagter Liederhalle, mit Benito Mussolini und Angelica Balabanoff am Rande. Ein toller Laden, diese Liederhalle: Im großen Saal probten sie die Neunte von Beethoven. Hier übte die letzte kulturfeiste Qualle des Bürgertums den großen weltrevolutionären Gesang – und in einem kleinen Nebenzimmer tagt ein kleiner Kreis der Internationale. Es war wie eine Leichenöffnung der Zeit. Droben also, im pompösen Kulturbesitzer-Saal die vertrauensvolle Hingabe an etwas, das ja nie Wirklichkeit werden dürfe, und unten im Nebenzimmer, nicht weit vom Ausschank, das politische Fußvolk der Neunten, die debattierenden und abstimmenden Vorbereiter der Wirklichkeit. In einer kleinen, schlechtbeleuchteten Ecke werden kommende Geschehnisse ausgebrütet, lieferbar gemacht, und darüber, im strahlenden Festsaal, wird sorglos die Hymne dazu geprobt, ahnungslos darüber, in welche greifbare Nähe sie bereits gerückt ist. In der Stuttgarter Liederhalle habe ich den Geschichts-Zynismus auf frischer Tat ertappt.« *(Aus: Emil Belzner, »Die Fahrt in die Revolution«)*

Zu den Teilnehmern am Sozialistenkongress zählten auch Wladimir Iljitsch Lenin, Rosa Luxemburg und August Bebel.

In dem nach Plänen von Wilhelm Scholter errichteten städtischen Krematorium waren jetzt auch in Stuttgart Feuerbestattungen möglich. Juristen hatten sich lange dagegen gesträubt, da durch Verbrennung die Exhumierung und gerichtsmedizinische Untersuchung Verstorbener verhindert wird.

27. bis 30. September | Durch Zukäufe konnte die Stadt das Volksfestgelände vergrößern. Eine neue Attraktion waren turmartige Aufbauten mit spiralförmiger Rutschbahn. Lebensmittelkontrolleure fanden Saitenwürstchen mit bis zu 80 Prozent Wassergehalt oder Zusatz von Kartoffelstärke.

Zahlenspiegel | Eine durch Reichsgesetz vorgeschriebene Zählung am 12. Juni ergibt: Die Stadt hat 260 714 Einwohner und 18 288 gewerbliche Betriebe, 17 683 Haupt- und 605 Nebenbetriebe. Drei Betriebe beschäftigen mehr als 1000 Mitarbeiter, 290 mehr als 50, alle anderen liegen darunter. 28 120 von 104 237 Beschäftigten sind Frauen (27 %). 8173 Erwerbstätige gehören zur Gruppe Land- und Forstwirtschaft (12,6 % weniger als 1895). In Industrie und Bauwesen werden 128 256 (+ 40,6 %), in Handel und Verkehr 62 658 (+ 53,2 %) Erwerbstätige registriert. Der Viehbestand wurde am 2. Dezember wie folgt ermittelt: 4968 Pferde, 31 Esel und Maultiere, 1561 Rinder, 629 Schafe, 1652 Schweine; 1183 Ziegen, 874 Gänse, 1331 Enten, 18 984 Hühner, 113 Truthühner, 558 Bienenstöcke.

1908

9. Januar | Zum großen Hofball im Neuen Schloss sind als Vertreter der Bürgerschaft OB Gauß und der Vorsitzende des Bürgerausschusses eingeladen.

11. Februar | Karl Kloß, der erste Sozialdemokrat, der je in den Gemeinderat gewählt wurde, stirbt. Sein Begräbnis mit dem längsten Leichenzug, den Stuttgart bislang gesehen hat, wird zu einer eindrucksvollen Sympathiekundgebung der Bürger.

24. und 25. Februar | Ein großer Zapfenstreich am Vorabend leitet die Feiern zum 60. Geburtstag König Wilhelms II. ein. Auf einen Festgottesdienst in der Stiftskirche folgen ein Festzug und ein Festmahl mit den bürgerlichen Kollegien im Rathaus. Der König ordnet Begnadigungen an, die Königin lässt in den Volksküchen Arme speisen.

Die Bilanz der Zeppelinkatastrophe bei Echterdingen: ein total zerstörtes Luftschiff, ein Toter und ein Schwerverletzter. Doch löste der Spendenaufruf eines Augenzeugen eine Welle der Hilfsbereitschaft aus: Innerhalb weniger Wochen kamen über 6 Millionen Reichsmark zusammen.

20. März | Unter königlichem Protektorat konstituiert sich der Württembergische Verein für Luftschifffahrt und erwirbt alsbald ein Luftschiff, das nach gelungener Probefahrt im Juni den Namen »Württemberg« erhält.

29. März | Die Markuskirche wird eingeweiht. Heinrich Dolmetsch hat mit Eisenbeton ein Gewölbe geschaffen, das weitgehend ohne tragende Säulen auskommt.

1. April | Ein neuer Ortstarif tritt in Kraft: Briefe kosten fünf, Postkarten und Drucksachen bis 50 g drei, Warenproben bis 50 g fünf Pfennige. In der Innenstadt werden die Briefkästen werktags zehnmal geleert, in Ostheim und Berg sechsmal, in Gaisburg und Gablenberg fünfmal.

Die Tagelöhne für Arbeiter werden von 3 auf 3,50 Mark bei Männern und von 1,80 auf 2,30 Mark bei Frauen angehoben – damit werden in Stuttgart die höchsten Löhne im Reich gezahlt.

27. April | Der so genannte Kleine Kursaal in Cannstatt wird eingeweiht.

4. Juni | In der Gewerbehalle, im Garten der Handelskammer und einem Teil des Stadtgartens beginnt die Bauausstellung der »Kgl. Zentralstelle für das Baugewerbe«. Modelle, Pläne und ausgeführte Bauten sollen den Stand der bürgerlichen Baukunst demonstrieren und diese befruchten.

25. bis 30. Juni | Alle Arten von Haustieren, Feldfrüchten, Milchprodukten, Weinen, Futtermitteln, Maschinen und Geräten zeigt eine international frequentierte Ausstellung der Deutschen Landwirtschaftsgesellschaft.

7. Juli | Graf von Zeppelin wird Ehrenbürger. Er hat, wie die Ernennungsurkunde vermerkt, »dem schwebenden Vogel und dem schwimmenden Fisch, dem Flug und der Flosse ihre Geheimnisse abgelauscht«.

1. August | Mit der Eingemeindung Degerlochs gewinnt Stuttgart 4197 Einwohner und 718 ha hinzu. Die bürgerlichen Kollegien beider Gemeinden feiern das Ereignis im Rathauskeller.

5. und 6. August | Schaulustige stehen auf allen Höhen, als mit den ersten Sonnenstrahlen der Zeppelin über Stuttgart schwebt. Nachmittags, nachdem ein Motorschaden bei Echterdingen behoben ist, reißt ein Sturm den Zeppelin los und treibt ihn fort, bis er in einem Baum hängen bleibt, explodiert und ausbrennt. Eine nationale Woge der Hilfsbereitschaft setzt ein. Die Stuttgarter Gemeindekollegien bewilligen 20 000 Mark zum Ausgleich des Schadens.

Noch am selben Tag eröffnet am Kernerplatz ein Zeppelin-Museum, in dem Überreste des Luftschiffs, eine Zeppelin-Büste und andere Devotionalien ausgestellt sind.

26. bis 29. September | Beim Volksfest werden 213 500 Liter Bier und 8500 Liter Wein ausgeschenkt. Ein Kinderheim nimmt »verlorene« Kinder auf. Die Straßenbahn hat 5,6 Millionen Volksfestbesucher transportiert.

8. November | Die Erlöserkirche an der Birkenwaldstraße, ein Werk Theodor Fischers, wird eingeweiht. »Massig, grau und schmucklos«, schreibt die Stadtchronik, stehe sie »mitten im Weinberg«.

Zahlenspiegel | Mit der Eingemeindung Degerlochs umfasst die Gesamtgemarkung Stuttgarts 6521 ha 59 Ar. Davon sind 3185 ha landwirtschaftlich genutzt, auf 729 ha wird Wein angebaut.

1909

2. März | Die »christliche und ehrliche Mahlzeit«, von Bürgermeister Wolff Friedrich Lindenspür 1648 gestiftet, wird turnusgemäß nach 20 Jahren im Festsaal des Rathauses für Regierungsvertreter, die bürgerlichen Kollegien und städtischen Beamten ausgerichtet. In der Folge erlischt diese Tradition.

12. und 13. Mai | Der Verein für das Wohl der arbeitenden Klassen hat die Erneuerung eines Teils der Altstadt abgeschlossen. Einen feierlichen Schlusspunkt setzt die Enthüllung des von Joseph Zeitler geschaffenen Hans-im-Glück-Brunnens am Geißplatz. Tags darauf wird der Vereinsvorsitzende, Hofrat Eduard von Pfeiffer, in Würdigung seiner Verdienste, besonders um Wohnungsreform und Erneuerung der Altstadt, zum Ehrenbürger ernannt.

15. und 16. Mai | Zweiter Deutscher Friedenskongress. Bei der Eröffnung im Bürgermuseum spricht Ludwig Quidde über »Die internationale Politik der Gegenwart«.

Eine unvergleichlich schöne Feier

»Um 10 Uhr vormittags fuhren Sigfried, Sarle, Julius, Karl, Estherle und ich mit der Straßenbahn nach Cannstatt, wo in

Links: Die von der Königlichen Zentralstelle für Gewerbe und Handel unter Leitung der Beratungsstelle für das Baugewerbe veranstalteten Württembergische Bauausstellung zeigte von Juni bis Oktober 1908 Beispiele für zeitgenössische Einfamilien- und Arbeiterhäuser sowie künstlerisch und praktisch gestaltete Wohnräume.

Rechts: Die 22. Wanderausstellung der Deutschen Landwirtschaftsgesellschaft zeigte vor allem Geräte und Maschinen, aber auch allerlei Tiere und landwirtschaftliche Produkte. Obwohl der Eintritt immerhin 3 Mark betrug, kamen bis zu 95 000 Besucher am Tag.

den Kuranlagen das Auerbachdenkmal eingeweiht wurde. Sarle und ich hatten die Cremekleider und die weißen Hüte an. (...) Wir bekamen eine Einladung von Hofrat Dr. Günter, eine große Ehre, denn wenig Geladene gabs. Es scheint, das Comité wurde deshalb auf uns aufmerksam, weil unsre Herren über Auerbach einen Artikel im Tagblatt schrieben. Es war eine unvergleichlich schöne Feier an diesem strahlend herrlichen Maientag, die uns tief ergriff und die wir unser Leben lang nie vergessen werden. Dieses imposante Fest ist deshalb ganz besonders hervorzuheben, weil es einem Juden galt, der hoch geehrt wurde von den Ersten und Größten und nicht wie die meisten seiner Glaubensgenossen um seinen Ruhm geschmälert wurde. (...) ›Wovon das Herz voll ist, davon läuft der Mund über‹, so könnte ich stundenlang erzählen von den tiefen Eindrücken dieser weihevollen Stunden; aber die Zeitungsausschnitte können eine weit bessere Beschreibung geben, als es meine schwache Feder zu schildern imstande ist. Wir gingen, als wir das Denkmal, das so idyllisch emporragt vis à vis der Auerbachlinde, als letzte verließen, in den Kurgarten, um bei leiblichen Genüssen noch die geistigen an uns vorübergleiten zu lassen. Oben im Kursaal wurde das Festessen gehalten, begleitet von Musik und Festreden. Da hätten wir kein Opfer gescheut, das mitzumachen, wenns koscher gewesen wäre. Gegen 4 Uhr kamen wir begeistert heim.« *(Gretchen Kahn, Tagebucheintrag vom 23. Mai 1909)*

König Wilhelm II., ein großzügiger Förderer der Künste, empfing die Jahresversammlung des allgemeinen deutschen Musikvereins im Maurischen Saal der Wilhelma.

1909

23. Mai | In den Cannstatter Kursaalanlagen wird zur Erinnerung an Berthold Auerbach eine Bronzebüste in doppelter Lebensgröße auf einem Sockel aus Schwarzwälder Granit aufgestellt.

2. bis 6. Juni | Tonkünstlerfest anlässlich der Jahresversammlung des allgemeinen deutschen Musikvereins. Zur Eröffnung hat der König in den maurischen Saal der Wilhelma geladen. Abends dirigiert Richard Strauss im Hoftheater das musikalische Drama »Maja« von Adolf Vogt.

14. Juni | Die Hofpianofortefabrik Schiedmayer & Söhne besteht seit 100 Jahren. Fabrikant Adolf Schiedmayer wird vom König zum Geheimen Kommerzienrat ernannt.

16. Juli | Ecke König- und Marienstraße, am verkehrsreichsten Punkt der Stadt, wird der Wilhelmsbau mit einem Restaurant im Erdgeschoss und einem Café im ersten Stock eröffnet.

30. August | Als Zentralstelle für die Fleischversorgung der Stadt und Mittelpunkt des württembergischen Schlachtviehhandels geht der Städtische Schlacht- und Viehhof in Gaisburg in Betrieb. Die Baukosten betrugen 5,6 Millionen Mark.

6. und 7. September | Das Kaiserpaar kommt zu Besuch. Den Weg vom Bahnhof zum Schloss säumt ein doppeltes Soldatenspalier. Enormer Andrang und stürmische Ovationen. Zum Empfang im reich geschmückten Rathaus wird der städtische Silberschatz aufgestellt. Den Ehrentrunk, Untertürkheimer Riesling von 1904, reicht OB Gauß dem Kaiser in einem Humpen, der dem Stuttgarter Rössle nachgebildet ist. Am zweiten Tag führt Herzog Albrecht von Württemberg auf dem Wasen das württembergische Armeekorps vor.

19. September | Die Straßenbahn nimmt die Strecke zwischen Nordbahnhof und Zuffenhausen in Betrieb. Mit weiteren Vorortlinien wurden zuvor schon die Verbindungen Wilhelma–Münster, Nordbahnhof–Feuerbach und Cannstatt–Feuerbach hergestellt. Damit wurde das Streckennetz um 14,1 Kilometer erweitert.

24. bis 27. September | Von der Stadtgarde geleitet, fährt das Königspaar beim Landwirtschaftlichen Hauptfest vierspännig vor, um den Preisträgern prämiierter Tiere ihre Auszeichnungen zu überreichen. Die Sportvereine zeigen beim Volksfest Eilbotenlauf, Vierkampf, Massenstabübungen, Radreigen, Radpolo und Fußball.

---

6. November | In kaum sieben Monaten haben die Architekten Eitel & Steigleder unter beengten, komplizierten Platzverhältnissen das Schauspielhaus in der Kleinen Königstraße geschaffen. Zur Eröffnung wird »Die Revolutionshochzeit« von Sophus Michaelis gespielt.

Geschmacksverirrungen

So lautete der Titel einer 1909 von Direktor Gustav Edmund Pazaurek im Gewerbemuseum zusammengestellten Ausstellung. Viele Jahre lang konnte dann dort das »Museum des Kitsches« bestaunt werden. »Dass ein unter Glas gerahmtes Chrysanthemensträußchen aus – Fingernägeln grausam wenig mit Kunst zu tun hat, leuchtet ein. Warum aber eine griechische Vase geschmacklos ist? Sie besteht aus Porzellan – doch Porzellan kannten die Griechen nicht. Einem fiel es ein, eine Uhrkette aus Menschenhaaren zu flechten. Wahrscheinlich ein liebes Erinnerungsstück: aus den Haaren seines holden Eheweibs, die er im Laufe der Jahre aus der gemeinschaftlichen Suppe gefischt hat. Ein mehr flotter als kunstverständiger Draufgänger war der Kunstschmied, der ein Tintenzeug in assyrischem Stil schuf. Dass man zur Keilschrift keine Tinte brauchte, hat der Gute nicht bedacht. Ob der Senf zum Braten aus einem pot de chambre en miniature besonders fein schmeckt? Welch herrliche Illusionen muss man beim Trinken aus einem zinnernen Bierkrug haben, der die Form eines Fasses mit Reifen besitzt! Metallene Kerzenleuchter sind so mannigfaltig verziert, dass man sie vor lauter Drum und Dran überhaupt nicht anfassen, Stuhllehnen mit solch reicher Ornamentik versehen, dass man sich an sie nicht anlehnen kann. Der blödeste Hurra-Kitsch: schwarzweißrotes Toilettenpapier. Granaten als – Saugflaschen für Wickelkinder, Totenköpfe als Tintenzeuge, als Tabakspfeifen und als – Bierkrügel. Prost Gevatter! Auf Gesundheit und langes Leben!« *(Aus: Fritz West, »So ist Stuttgart«)*

10. November | Schillers 150. Geburtstag feiert der Schwäbische Sängerbund mit 3000 Sängern am Denkmal des Dichters. Im Hoftheater wird in siebenstündiger Aufführung »Wallenstein« gegeben.

---

15. November | Die J.G. Cotta'sche Buchhandlung, 1659 in Tübingen gegründet und seit 1810 in Stuttgart ansässig, feiert ihr 250-jähriges Bestehen, ihr Besitzer Adolf v. Kröner blickt auf 50 Jahre Verlegertätigkeit zurück.

Fahnen schmückten die Stuttgarter Straße, als die 1908 gegründete Stuttgarter Vorort-Straßenbahn (SVS), eine Tochtergesellschaft der Stuttgarter Straßenbahnen (SSB), am 1. August 1909 mit diesem Triebwagen den Verkehr von Feuerbach nach Cannstatt aufnahm.

Stolz posieren Arbeiter vor dem Eingang der 1909 erbauten zweiten Röhre des Eisenbahntunnels zwischen Stuttgart und Feuerbach.

16. November | Das Königspaar und OB Gauß sind zugegen, als Bischof Keppler die Cannstatter Liebfrauenkirche mit einem Pontifikalamt einweiht. Architekt Josef Cades, Architekt des Gotteshauses, wird vom König mit dem Ritterkreuz des Friedensordens ausgezeichnet.

---

10. Dezember | 190 679 gültige Stimmen werden bei der Gemeinderatswahl abgegeben, die sozialdemokratische Partei erringt 78 174 Stimmen, gefolgt von Deutscher Partei mit 55 281, Volkspartei mit 34 463, Konservativer Partei mit 15 363, Zentrum mit 7361 und Sonstigen mit 37 Stimmen.

Zahlenspiegel | Die Zahl der zugelassenen Kraftfahrzeuge beträgt 343 (280 PKW und 63 LKW).

1910

31. Januar bis 31. März | Mit einer Erfindungsausstellung wird gegenüber dem Landesgewerbemuseum ein Ausstellungsgebäude eingeweiht. Die Messe soll zwischen Erfindern und an ihrem Werk Interessierten vermitteln.

---

16. bis 18. April | Städtische Schlacht- und Mastviehausstellung unter königlichem Protektorat im neuen Schlacht- und Viehhof. 187 Stück Großvieh, 22 Kälber, 73 Schweine und 95 Schafe werden aufgetrieben.

---

18. und 19. April | Der Pferdemarkt auf dem Hegelplatz bietet 1600 Tiere zum Kauf. Mit knapp 500 Verkäufen werden ca. 450 000 Mark Umsatz erzielt.

---

24. April | Landesversammlung des Württembergischen Journalisten- und Schriftstellervereins. Mit Überlassung des großen Rathaussaales zum Festakt erweise die Stadt der »Großmacht« Presse Reverenz, heißt es.

---

28. Mai | Ein erster Verkaufstag für die »Blume der Barmherzigkeit« erbringt 40 000 Mark an Spenden für wohltätige Zwecke.

Mai | Der Halleysche Komet, ab 12. Mai am Morgen- und ab 22. Mai am Abendhimmel zu beobachten, enttäuscht als matter Nebelfleck mit wenig ausgeprägtem Schweif.

---

29. Juni | Der frühere Hofkapellmeister Dr. Aloys Obrist erzwingt sich Zutritt zur Wohnung von Kammersängerin Anna Sutter in der Schubartstraße. Nach kurzem Wortwechsel erschießt er seine Exgeliebte und gleich darauf sich selbst. Zum Begräbnis der hochverehrten Künstlerin kommen 10 000 Trauergäste.

---

25. Juli | 9377 Kinder fanden im Stuttgarter Waisenhaus am Charlottenplatz eine Bleibe, seit es vor 200 Jahren durch ein Reskript Herzog Eberhard Ludwigs begründet wurde.

---

24. bis 27. September | Bei strahlendem Wetter ist der Andrang zum Volksfest besonders groß. Den Fahrgeschäften bescheinigt der Chronist »immer mehr amerikanischen Zuschnitt ins Riesenmäßige«. Bei den alljährlichen Pferderennen findet ein Trabwagenfahren für Pferde aller Länder besonderes Interesse.

---

26. November | Eine neue Attraktion lockt in die Neckarstraße: das »größte und schönste Sportetablissement am Platze, Deutschlands schönste Rollschuhlaufbahn« auf 1500 Quadratmetern mit Weinrestaurant, Café und Musiktribüne.

---

4. Dezember | Nahezu 10 000 württembergische Veteranen des Krieges 1870/71 werden vom König mit dem Eisernen Kreuz ausgezeichnet, ehe er ihren Vorbeimarsch auf dem Schloßplatz abnimmt.

Zahlenspiegel | Gegenüber 1905 (Stichtag jeweils 1. Dezember) ist die Bevölkerung um 13,1 Prozent auf jetzt 286 218 Einwohner angewachsen, 51,3 Prozent weiblichen, 48,7 Prozent männlichen Geschlechts. Die Zahl der Haushalte hat von 54 940 auf 64 232 zugenommen. Prozentual sind Gaisburg und Gablenberg besonders stark gewachsen. 2445 Ehen wurden geschlossen, 102 wurden geschieden. Unter den hier lebenden Ausländern bilden Österreicher (2482), Schweizer (1182), Italiener (980) und Russen (453) die stärksten Gruppen. Jeden Tag pendeln insgesamt 15 307 Menschen zu ihrer Arbeit in die Stadt. Die Straßenbahn hat ihr Netz um 24 auf jetzt 58 Kilometer Bahnlänge erweitert und mit 190 Triebwagen und 117 Anhängern 37 Millionen Personen befördert. Nun sind 404 PKW und 85 LKW zugelassen. In Hotels und Gasthöfen wurden 300 413 Gäste beherbergt.

1911

15. Januar | Gottlob Friedrich Hack, Stuttgarter Oberbürgermeister von 1872 bis 1892, stirbt in Urach.

31. März | Heinrich von Gauß, der letzte auf Lebenszeit gewählte Bürgermeister, scheidet nach über elf Jahren krankheitshalber aus dem Amt.

7. und 8. April | Mit einer mittags vom Luftschiff zum Schloss herabschwebenden Huldigungsadresse Graf Zeppelins und Shakespeares »Sommernachtstraum« im Hoftheater beginnen die Feierlichkeiten zur Silberhochzeit des Königspaares. Am Hauptfesttag folgen Glückwünsche der Familie, kirchliche Feier, Gratulationscour, eine Rundfahrt des Königspaares durch die blumengeschmückte Stadt und abendliche Galatafel im Weißen Saal des Neuen Schlosses nebst einer Huldigung der Groß-Stuttgarter Sängerschaft. Die Kinder haben schulfrei.

9. April | Der mit Eisenbahnbildern zu Ruhm gekommene Hermann Pleuer ist im Januar mit erst 47 Jahren gestorben. Der Verein württembergischer Künstler im Museum der bildenden Künste gewährt mit 194 Bildern Einblick in seine künstlerische Entwicklung.

23. und 24. April | Als Nachhall der Silberhochzeit des Königspaares begeht die Stuttgarter Schützengilde im Heslacher Schützenhaus ein Festschießen, das König Wilhelm mit dem ersten Schuss eröffnet.

1. Mai | Eröffnung einer Hilfsschule für Kinder, die den Anforderungen einer normalen Volksschule nicht genügen können.

Anlässlich der silbernen Hochzeit von König Wilhelm II. und seiner Gemahlin Charlotte wurde in ganz Württemberg ein Blumentag ausgerufen. Als »Blume der Barmherzigkeit« verkaufte man Nelken – die Lieblingsblumen der Königin – für wohltätige Zwecke.

6. bis 8. Mai | An Schau- und Passagierflügen des Württembergischen Flugsportklubs auf dem Cannstatter Wasen nimmt auch der erst 25-jährige Flugpionier Hellmuth Hirth mit der Ettrich-Taube teil.

12. Mai | Von zunächst sieben Bewerbern um das Amt des Oberbürgermeisters bestreiten drei die Endphase des Wahlkampfes: Göppingens OB Keck, Hugo Lindemann für die Sozialdemokraten und Regierungsrat Karl Lautenschlager. Dieser erreicht 13 154 gültige Stimmen, gefolgt von Lindemann mit 12 278 und Keck mit 3366 Stimmen.

Der »*Staatsanzeiger*« kommentiert erleichtert, der »Gewaltanspruch der sozialdemokratischen Massenherrschaft« sei noch einmal abgewiesen und der »politische Ruf« Stuttgarts gerettet.

---

28. Mai | König Wilhelm II., altbewährter Förderer eines Museums für Länder- und Völkerkunde, eröffnet das in klassizistischen Formen erbaute Lindenmuseum am Hegelplatz. Der Namensgeber und wichtigste Mäzen, Graf Linden, ist am 15. Januar 1910 gestorben.

---

15. Juli bis 12. August | Die Arbeiter mehrerer Maschinenfabriken erreichen durch Streik eine Herabsetzung der Arbeitszeit um eine auf jetzt 56 Stunden. Ihr Wochenlohn wird um 1,68 Mark erhöht. 2383 Arbeiter der Motorenfabrik Untertürkheim treten für zwei wegen Agitation entlassene Kollegen in den Ausstand. Sie werden ausgeschlossen, erreichen dann jedoch ein Beschwerderecht in künftigen Entlassungsfällen.

---

9. August bis 16. September | Die Kriegsmarine-Ausstellung des Deutschen Flottenvereins zeigt Schiffsmodelle und Seekriegswaffen wie Torpedos, Seeminen und Maschinengewehre. 40 000 Besucher werden gezählt.

---

11. bis 14. September | Schwäbischer Überlandflugtag unter königlichem Protektorat. Von acht Startern, die zunächst einen auf dem Wasen verankerten Ballon umfliegen müssen, erreichen nur zwei das Ziel Ulm ohne Zwischenlandung.

---

23. bis 27. September | Höhepunkt des Volksfests ist ein Festzug zu Entwicklung des Fuhrwesens. Das Spektrum der Fahrzeuge reicht von der Rokokokutsche und einem Reisewagen der Goethezeit über Nutzfahrzeuge aller Art bis zu den modernsten Automobilen.

---

1. Oktober | Auf Weisung König Friedrichs von der Solitude an die untere Königstraße versetzt, wurde St. Eberhard am 1. Oktober 1811 als erstes katholisches Gotteshaus der Stadt geweiht. Mit einem Festgottesdienst wird das Jubiläum gefeiert.

Das Erdbeben vom 16. November

Als »Stoß von einer in unsern Gegenden unerhörten Heftigkeit«, den brausendes Geräusch und unterirdisches Grollen begleiteten, schildert die Stadtchronik das um 22.26 Uhr eingetretene Ereignis. Es »trat plötzlich und ohne vorausgehende Vorzeichen ein; dass den ganzen Tag die Atmosphäre ein sehr merkwürdiges Aussehen zeigte, ein ungewöhnlicher Wind herrschte und auffallende Wolkengebilde zu sehen waren, kam eigentlich erst nachträglich zum Bewusstsein. Seine Wirkung war eine gewaltige Panik: Die Leute flüchteten haufenweise auf die Straße, wo sie erregt in dichten Gruppen beisammen blieben. Auf den öffentlichen Plätzen und Anlagen, namentlich in den äußeren Straßenvierteln, kampierten ganze Familien im Freien, wohin man auch Kinder und Kranke verbracht hatte, und viele wagten in der Nacht ihre Wohnungen nicht mehr zu betreten. Im Residenztheater und im Friedrichsbautheater, wo die Vorführungen noch nicht beendigt waren, verließ der größte Teil der Gäste die Räume in fluchtartiger Eile, ohne dass jedoch dabei die Stauungen an den Ausgängen ernstliche Gefahren herbeiführten.« *(»Chronik der Kgl. Haupt- und Residenzstadt Stuttgart«, 1911)*

5. Dezember | Im Jahr seines 50-jährigen Bestehens hat der Verschönerungsverein an der Rotenwaldstraße bei der Bismarckeiche eine Aussichtsplatte anlegen lassen.

---

8. Dezember | Bei der Erneuerungswahl für den Gemeinderat entfallen von 400 466 Stimmen 154 579 auf die Sozialdemokratische Partei. Nächststärkste Parteien sind die Nationalliberalen (Deutsche Partei) mit 123 558 und die Fortschrittliche Volkspartei mit 74 797 Stimmen.

---

23. Dezember | Regierungsvertreter und OB Lautenschlager nehmen am Festgottesdienst und einer abendlichen Feier zum 50-jährigen Bestehen der Stuttgarter Synagoge teil. Das Israelitische Kirchenvorsteheramt gibt eine Festschrift heraus.

Zahlenspiegel | Die Stuttgarter Straßenbahnen haben 53 981 000 Menschen befördert, davon 5 140 700 auf den Strecken der Vorortbahnen.

1912

31. Januar | In einer umgebauten Villa an der Hohenheimer Straße wird das Bethesda-Krankenhaus eingeweiht. 50 Betten, zwei Operationssäle und ein Entbindungszimmer stehen zur Verfügung. Der Klinik einer Eberfelder Diakonissenanstalt sind ein Schwesternheim und eine Schwesternschule angegliedert.

9. Februar | Erlesenen Geschmack, Fantasie und Farbenreichtum bescheinigt die Stadtchronik dem Künstlerfest »Tausend und eine Nacht« in der Rollschuhbahn. Als Scheherazade wurde eine Tänzerin der Grand Opéra aus Paris gewonnen.

11. April | Im Alter von 58 Jahren stirbt Herzogin Wera, Großfürstin von Russland. Auf Wunsch der damaligen Kronprinzessin Olga 1863 nach Württemberg gekommen, ehelichte sie 1874 Herzog Eugen von Württemberg. Schon nach drei Jahren verwitwet, widmete sie sich der Erziehung ihrer Zwillingstöchter Elsa und Olga. Als Wohltäterin und Stifterin der Heilandskirche hat sie sich hohes Ansehen erworben. In der Gruft unter dem Alten Schloss findet sie ihre letzte Ruhestätte.

23. April | Das Königin-Charlotte-Gymnasium hat einen Neubau an der Hölderlinstraße erhalten. Bei der Einweihung ist die Königin zugegen. Die Schule, stellt OB Lautenschlager fest, habe ungeachtet mancher Vorurteile den Beweis ihrer Lebensfähigkeit erbracht.

1. bis 3. Juni | Zum Auftakt des Bachfestes wirken nicht weniger als sechs Chöre bei einer Aufführung der h-Moll-Messe unter Hofkapellmeister Band zusammen. Den Instrumentalwerken Bachs war der zweite, seinen Kantaten der dritte Abend gewidmet. Zum Abschluss des Festes laden die bürgerlichen Kollegien Künstler und Mitwirkende in den illuminierten Stadtgarten ein.

20. Juni | Gemeinderat und Bürgerausschuss beschließen, dass schrittweise die achtjährige Schulpflicht eingeführt wird.

3. Juli | Als letzte Aufführung im Interimtheater geht Lehárs »Graf von Luxemburg« über die Bühne.

6. September | Ein Gesetz vom 8. Juli gewährt der israelitischen Gemeinde mehr Freiheit zur Regelung ihrer inneren Angelegenheiten und bildet die Grundlage einer neuen Verfassung.

7. September | Die Architekten Eisenlohr und Pfennig haben das neue Cannstatter Gymnasium (heute Johannes-Kepler-Gymnasium in der Daimlerstraße) errichtet, das OB Lautenschlager mit einer Ansprache an den neuen Rektor, Dr. John, übergibt.

Links: Zahlreiche Gäste aus ganz Europa, Kritiker deutscher und französischer Zeitungen sowie etliche Schriftsteller und Komponisten besuchten die Eröffnungsfeierlichkeiten des Königlichen Hoftheaters.

Mitte: Im Gegensatz zum »Großen Haus« überstand das »Kleine Haus« den Zweiten Weltkrieg nicht. An seiner Stelle entstand zwischen 1959 und 1962 ein modernes Theater der Architekten Volkart, Pläcking und Perlia.

Rechts: 1906 wurde auf Initiative des amerikanischen Millionärs James Gordon Bennett erstmals ein Wettfliegen für Ballone und Luftschiffe ausgetragen. Gewinner war derjenige Flieger, der sich am längsten in der Luft halten und am weitesten vom Startplatz entfernt landen konnte.

14. September | In drei Jahren Bauzeit und mit sieben Millionen Mark Kosten sind die königlichen Hoftheater im Schlossgarten fertiggestellt worden. Vormittags führen Generalintendant zu Putlitz und Architekt Littmann die Majestäten durch beide Häuser, abends folgt eine Festaufführung, die von Goethes »Vorspiel auf dem Theater« bis zur Reichstagsszene aus Schillers »Demetrius« reicht. Ein Bankett im Saal des Königsbaus beschließt den Tag.

15. September | Mit einer Szene aus Gustav Freytags »Journalisten« und dem dritten Aufzug von »Figaros Hochzeit« wird das Kleine Haus eingeweiht. Danach wird im Weißen Saal des Schlosses Hoftafel gehalten.

1. und 2. Oktober | Mit einem Festakt und Herausgabe einer Stuttgarter Jubiläumsbibel feiert die Privilegierte Württembergische Bibelanstalt ihr 100-jähriges Bestehen. Großen Zuspruch findet eine Bibelausstellung mit Handschriften, seltenen Drucken und bedeutenden Ausgaben.

6. Oktober | Weitgehend schmucklos präsentiert sich das von Theodor Fischer errichtete Gustav-Siegle-Haus am Leonhardsplatz. Es enthält einen großen Saal für 1200 und einen kleinen für 200 Personen. Außerdem haben ein Postamt, die musikalische Volksbibliothek, der Buchgewerbesaal des Graphischen Klubs und die Künstlergesellschaft »Schlaraffia« hier Unterkunft gefunden.

Mit Paneelen, Stuck und Kristalllüstern war die Schalterhalle der neuen Girokasse in der Stiftstraße nobel ausgestattet.

Künstlerische Bereicherung des Volksfestes

Den von Kunstmaler Leo Bauer gestalteten Volksfestumzug 1912, Motto »Die Jahreszeiten«, schildert die Stadtchronik als künstlerische Bereicherung und fährt fort: »Den Zug des Frühlings eröffneten Gänsemädchen mit ihrer Herde, Blumenmädchen, Hirtenbuben, ein Reigen von jungen Damen in grünen Gewändern mit Apfelblütenguirlanden, denen Pflüger und Sämann, Gärtnerburschen und Gärtnerinnen folgten.« Auch die Abteilungen Sommer und Herbst thematisierten den bäuerlichen Jahreslauf, dann fährt die Beschreibung fort: »Bahnschlitten mit Schneeschäuflern, ein Schneemann, die Weihnachtspost auf Schlittenkufen, Lichtkarz und Wintersport treibende Jugend, als lustiger Kehraus der Karneval – so präsentierte sich der Winter. Nach dem Vorüberzug der Jahreszeiten wurden auf vier verschiedenen Bretterbühnen von jeder der vier Gruppen nacheinander Tänze aufgeführt; sie waren von Hofballettmeister Fr. Scharf einstudiert und führten in Farbe und Bewegung reizende Bilder vor, die reichen Beifall fanden.« *(»Chronik der Kgl. Haupt- und Residenzstadt Stuttgart«, 1912)*

15. Oktober | Polizeikräften aus Württemberg steht die Polizeischule in der Seidenstraße 47 offen, die mit 67 Schülern den Lehrbetrieb aufnimmt und kriminalpolizeiliche Fortbildungskurse vorbereitet.

24. bis 27. Oktober | Zum XI. Deutschen Luftfahrertag wird eine nationale Wettfahrt mit 30 Ballonen vom Cannstatter Wasen in die Gegend von Hall aus durchgeführt. Aus dem international beschickten »Gordon-Bennett-Wettfliegen« geht ein französischer Fahrer als Sieger hervor, der nach 45 Stunden, 55 Minuten und über 2100 Kilometern in Russland landet.

Zahlenspiegel | 295 839 Menschen leben in Stuttgart. An der Technischen Hochschule sind 765 Studierende immatrikuliert, die von 35 Professoren unterrichtet werden. 572 PKW und 162 LKW sind zugelassen.

1913

29. März | Mit einem Huldigungsfest der württembergischen Künstler vor dem königlichen Stifter wird das von Theodor Fischer am Schloßplatz erbaute Kunstgebäude eingeweiht. Die Baukosten betrugen 1,24 Millionen Mark.

1. Mai | Zehntausend Teilnehmer am sozialdemokratischen Maiumzug bewegen sich, obwohl ohne Polizeigeleit, vorbildlich diszipliniert durch die Stadt.

3. bis 12. Mai | Der Württembergische Gartenbauverein veranstaltet unter dem Protektorat von König Wilhelm II. eine große Frühjahrs-Gartenbau-Ausstellung in und bei der Gewerbehalle.

6. Mai | Obwohl Fußball noch kein Massensport ist, sind die Stuttgarter begeistert: Die Stuttgarter Kickers haben die Süddeutsche Fußballmeisterschaft gewonnen.

8. Mai | Mit der »Großen Kunstausstellung Stuttgart 1913« wird das bereits Ende März eröffnete, von Theodor Fischer geschaffene Kunstgebäude seiner Bestimmung übergeben.

30. Mai | Mit einem Streik der Werkzeugmacherei bei Bosch, ausgelöst durch die Entlassung eines Kollegen, beginnt eine Auseinandersetzung, die damit endet, dass der Unternehmer nach mehr als zehn Wochen zur Wiederaufnahme der Arbeit auffordert, ohne irgendwelche Bedingungen zu akzeptieren. Schwere finanzielle Verluste und einen herben Mitgliederschwund muss der Metallarbeiterverband verkraften. Der von seiner Belegschaft schwer enttäuschte Robert Bosch tritt dem Arbeitgeberverband der Metallindustrie bei. Er sieht sich als Einzelunternehmer außerstande, »gegen die Machtgelüste der Gewerkschaften« anzukommen.

15. Juni | OB Lautenschlager nimmt als Vorstandsmitglied des Deutschen Städtetages an den Feiern zum 25-jährigen Regierungsjubiläum Kaiser Wilhelms II. teil. Die Stadt errichtet eine Kaiser-Wilhelm-Stiftung für erholungsbedürftige Kinder.

Zur Einweihung des Kunstgebäudes fand eine mit 785 Exponaten aus den Bereichen Malerei, Grafik und Bildhauerkunst zu Recht so genannte »Große Kunstausstellung Stuttgart« statt. Über 100 000 Besucher kauften Kunstwerke für mehr als 300 000 Mark.

5. Juli | Ferdinand Graf von Zeppelin wird 75. Zur Feier seines Geburtstages werden das Rathaus und die Häuser am Marktplatz elektrisch beleuchtet.

8. Juli | Graf Zeppelin spricht die Hoffnung aus, dass die Luftfahrt Stuttgarts ungünstige Verkehrslage beheben und es zu einem Zentrum des internationalen Verkehrs machen möge.

Wie man sich nicht herrlicher denken kann

»Dieser Tage lud uns Herr Ludwig Heimann ein, in seinem Hause der Feier des Zeppelinjubiläums beizuwohnen. Die Herren können sich zum Fortgehen nicht entschließen, aber Julius, Hedwig, Rickele, die Kinder und ich nahmen die liebenswürdige Einladung dankend an. Wir habens auch nicht zu bereuen, denn es war eine unvergleichlich würdige, wundervolle Feier. Ohne Einlasskarte durfte man nicht in den Marktplatz, sonst wäre der Andrang lebensgefährlich worden. Das Rathaus und alle Häuser des Marktplatzes waren farbig illuminiert, dadurch kam der altehrwürdige Charakter dieser Häuser so recht zur Geltung und ebenso das präch-

Vom 3. bis 12. Mai veranstaltete der Württembergische Gartenbauverein unter dem Protektorat von König Wilhelm II. eine große Frühjahrs-Gartenbau-Ausstellung in und bei der Gewerbehalle.

tige Rathaus. Von da aus hielt der Oberbürgermeister Ansprachen und der greise, 75-jährige Jubilar, dem von der unzähligen Menge begeistert zugejubelt wurde. 2500 Sänger ließen sich hören. Zeppelin wurde gefeiert, wie man sich nicht herrlicher denken kann. Schade, dass es so stark regnete. Die Familie Heimann hatte noch viele eingeladen und alle dankens ihnen.« *(Gretchen Kahn, Tagebucheintrag vom 5. Juli 1913)*

17. August | Die Sozialdemokraten trauern in der Liederhalle um ihren am 13. August verstorbenen Mitbegründer und Parteiführer August Bebel.

4. und 5. September | Der Lehrer Ernst August Wagner ermordet in Degerloch seine vier Kinder und seine Frau, dann fährt er nach Mühlhausen bei Vaihingen/Enz, legt Feuer und erschießt weitere zwölf Personen. Im Februar 1914 wird er psychiatrisch für unzurechnungsfähig erklärt und in die Heilanstalt Winnental eingeliefert.

Der Mörder von Degerloch

Der Lehrer Wagner phantasierte schon vor seinem Amoklauf von dem Ruhm, den ihm seine Untat einbringen würde: »In Vaihingen haben sie einen Schillerstein errichtet. Nehmt den Zeppelinstein bei Echterdingen und mich dazu, so habt ihr die drei berühmtesten Schwaben beieinander. Wie eine Feste scheint Degerloch nahe an den Sonnenberg herangerückt. Ich bin stolz, dort zu wohnen. Und wenn es erst einmal meinen Namen trägt und seine welthistorische Bedeutung das Entzücken des Auges erhöht, dann darf sich die Brauerei zu Vaihingen gratulieren. Es wird von Jerusalem und vom ganzen judäischen Lande alles dorthin pilgern, dass es an Malz fehlen wird und das Bier noch leichter gemacht werden muss. Nicht zuletzt wird Degerloch selbst von Fremden überschwemmt werden, und die Geschäftsleute werden meine Andenken segnen. Da werden sie sagen: ›Wir hätten nie geglaubt, dass uns ein Schulmeister solche Ehre brächte und solchen Profit in die Tasche jagte.‹ Und sie werden mir ein Denkmal setzen, wie die Vaihinger dem Schiller und die Echterdinger dem Zeppelin.« *(Aus: Robert Gaupp, »Zur Psychologie eines Massenmörders«)*

20. September | Die Töchter von Herzogin Wera verkaufen die Villa Berg an die Stadt. Vom Kaufpreis für das 24,1 ha große Areal im Stuttgarter Osten und das von Christian Friedrich Leins entworfene Gebäude werden 200 000 Mark in bar entrichtet, der Rest muss in 30 Jahresraten getilgt werden, was sich durch die Inflation sehr zum Vorteil der Stadt auswirkt.

Sommer | Helene von Reitzenstein, Tochter des Verlegers Eduard Hallberger, bezieht die Villa an der Heinrich-Heine-Straße (heute Richard-Wagner-Straße), die Hugo Schloesser und Johann Weirether in ihrem Auftrag errichtet haben. Die schlossartige »Villa Reitzenstein«, heute Sitz der baden-württembergischen Landesregierung, hat 1922 das Land Württemberg erworben.

6. Oktober | Enrico Caruso ist im Großen Haus als »Don José« zu hören.

18. und 19. Oktober | Mit nächtlichen Höhenfeuern, einem Umzug von 20 000 Schulkindern und einem Feldgottesdienst wird der Völkerschlacht bei Leipzig gedacht, die Napoleon zum Rückzug aus Deutschland zwang.

20. Oktober | Im königlichen Konservatorium gibt der zwölfjährige Claudio Arrau aus Santiago de Chile einen Klavierabend.

15. November | Die Straßenbahn fährt jetzt bis zum Weißenhof, wo die unter Bernhard Pankok aufgeblühte Staatliche Kunstgewerbeschule einen Neubau bezieht, den die Architekten Eisenlohr und Pfennig geschaffen haben.

22. November | In Zusammenarbeit mit der Malerin Käthe Schaller-Härlin hat Martin Elsaesser die Gaisburger Kirche geschaffen, die von Stadtdekan Traub eingeweiht wird.

2. Dezember | Die von Herzogin Wera gestiftete Heilandskirche in der Sickstraße, ein Werk der Architekten Eisenlohr und Pfennig, wird eingeweiht.

12. Dezember | Nach der letzten Ergänzungswahl vor Ausbruch des Ersten Weltkriegs besteht der Gemeinderat aus zwölf Sozialdemokraten, zehn Nationalliberalen, fünf Freisinnigen und drei Konservativen. Außer den

30 gewählten Abgeordneten gehören der Oberbürgermeister und vier besoldete Gemeinderäte dem Gremium an.

Zahlenspiegel | Die Stadt hat 308140 Einwohner. Sie verbrauchten jährlich 55,3 Millionen Liter Milch, von denen 2,9 Millionen im Stadtbezirk produziert werden. Im Schuljahr 1913/1914 werden insgesamt 37688 Schüler in den allgemeinbildenden sowie weitere 11015 in Fortbildungs-, Frauenarbeits-, Gewerbe- und Handelsschulen unterrichtet. Die Stuttgarter Straßenbahnen AG registriert in diesem Jahr 54 Millionen Einzelbeförderungen. In den Städtischen Badeanstalten werden 726000 Bäder verabreicht.

1914

8. Januar | Letzter Hofball im Weißen Saal des Neuen Schlosses.

31. Januar | Die von Martin Elsaesser gebaute Markthalle wird eröffnet. Ganz dem Kleinhandel vorbehalten, soll sie den steigenden Anforderungen an die Obst- und Gemüseversorgung Rechnung tragen.

3. März | Eine Bürgerversammlung in der Liederhalle unterstützt die schon von Industrie, Handel und Umlandgemeinden erhobene Forderung nach Schiffbarmachung des Neckars.

10. März | Jugendschutz sei Aufgabe des Elternhauses, nicht der Polizei, sagt Generalintendant zu Putlitz und schließt sich als Vorsitzender des Goethebundes einer Protestwelle gegen ein geplantes Jugendschutzgesetz an.

3. April | Das Königreich Württemberg und die Stadt verständigen sich über die »Neckarkorrektion«. Auf Stuttgart entfallen zwei Fünftel der Kosten.

26. April | Der Männer-Turnverein (MTV) gewinnt einen Stafettenlauf über 5000 Meter, den die namhaften Sportvereine in den Anlagen austragen.

30. April | Am Vorabend des Maiumzugs unterbindet Polizeipräsident Bittinger den Verkauf roter Nelken. Damit reagiert er auf gegen ihn gerichtete Angriffe.

14. Mai | Eine Million Mark hat der Gemeinderat für die große Gesundheitsausstellung bewilligt, die in der Gewerbehalle und den angeschlossenen Ausstellungshallen eröffnet wird. Das Projekt soll die zentrale Stellung Stuttgarts im Südwesten unterstreichen.

16. Juni | Die neue Motorspritze der Feuerwehr kommt erstmals zum Einsatz, als bei einem schweren Wolkenbruch der Ratskeller überschwemmt wird, 1500 Kubikmeter Schlamm müssen beseitigt werden.

4. Juli | Auf Mercedes-4,5-Liter-Rennwagen erringen Christian Lautenschlager, Louis Wagner und Otto Salzer einen Dreifachsieg beim Großen Preis von Frankreich.

Die von König Wilhelm II. eröffnete Gesundheitsausstellung mit umfangreichem Begleitprogramm sollte die Bevölkerung in Gesundheitsfragen aufklären und einen Überblick über den medizinischen Fortschritt geben.

11. Juli | Der Schicksalsbrunnen beim Bühnenausgang des Großen Hauses wird enthüllt. Von Karl Donndorf geschaffen, erinnert er angeblich an das tragische Schicksal der vom Stuttgarter Theaterpublikum hochverehrten Schauspielerin Anna Sutter.

---

25. Juli | Nach der Ermordung des Thronfolgers Franz Ferdinand am 28. Juni in Sarajewo hat Österreich ein Ultimatum an Serbien gestellt. Wie in anderen Städten findet auch in Stuttgart eine Solidaritätskundgebung statt.

Ruchlose Spione

»Montag, 3. August 1914. Rickele ist gestern heim, um von Brüdern und Schwager Abschied zu nehmen. Sein Bruder ließ sich heute trauen, das tun die meisten Verlobten, traurige Hochzeiten und Verlobungen! (...) Heute geht es entsetzlich zu mit Spionen. Abends bei der Heimfahrt (...) sahen wir einen Ausländer in württembergischer Offiziersuniform gefangen im Auto. Die aufgereizte Menge hätte ihn am liebsten totgeschlagen. Er entging seiner Strafe aber nicht, wie alle anderen. Vier seien gestern Nachmittag auf dem Pragfriedhof erschossen worden. Gestern und heute tauchen diese Spione auf wie Pilze aus der Erde, überall in Deutschland, wie es scheint; zum Teil haben sie die Kleidung der Telefonarbeiter, um die Drähte abschneiden zu können, ein Teil trägt Arbeitskleider zum Brückensprengen. Als Schwestern, überhaupt als Frauen und als württembergische Offiziere sind viele verkleidet. Ein Glück, dass die Deutschen den Krieg begannen, sie wären auf diese ruchlose, vielleicht schon jahrelang vorbereitete Art von den Russen und Franzosen überfallen worden. Gott wird helfen, dass diesen schlechten Menschen das Handwerk gelegt wird, ehe sie etwas anstellen. Heute Abend hatten wir einen schaurigen Anblick. Ein Spion in württembergischer Uniform wurde von zwei Militärs mit gezogenem Degen, hinterher Soldaten, umgeben von einer unzähligen Menschenmenge, die johlend und triumphierend mitlief, in die Kaserne geführt. Nachts knallten Schüsse, wer weiß, ob sie nicht diesem Verräter und seinen Genossen galten!« *(Gretchen Kahn, Tagebucheintrag vom 3. August 1914)*

27. Juli | Mit »Der Wahnsinn am Steuer« überschreibt die *»Schwäbische Tagwacht«* eine scharfe Abrechnung mit der allgemeinen Kriegsbegeisterung.

---

31. Juli | Der »Zustand drohender Kriegsgefahr« wird bekannt gegeben, das Generalkommando als höchste militärische Dienststelle übernimmt die vollziehende Gewalt.

Links: Überall im Deutschen Reich wurden die Kriegsgefangenen als Arbeitskräfte in Industrie, Landwirtschaft und Bauwesen eingesetzt. Hier ein solcher Arbeitstrupp vor dem Schützenhaus in Heslach.

Rechts: Die Regulierung des Neckars sollte nicht nur die Schifffahrt befördern. Auch die Hochwasserschäden – wie hier in Cannstatt 1906 – wollte man eindämmen.

Die anfängliche Kriegsbegeisterung in der Bevölkerung wurde durch erste militärische Erfolge noch unterstützt. Stolz stellte man die von den Franzosen erbeuteten Kanonen im Hof des Neuen Schlosses aus.

1. August | Die Mobilmachung von Heer und Marine wird verkündet. Zur raschen Lösung vordringlicher Kriegsaufgaben bilden die Gemeindekollegien eine allgemeine Kriegskommission unter Vorsitz des Stadtvorstandes. Sie erhält die Vollmacht, in Härtefällen Kredite zu gewähren.

---

3. August | Mit der Aufgabe, den eigentlichen Aufmarsch zu decken, rücken die Dragoner aus Cannstatt und das II. Bataillon der Olga-Grenadiere als erste Stuttgarter Truppen aus. Vom abends umgehenden Gerücht, feindliche Flieger griffen an, lässt sich die Schlosswache zu einer Schießerei in den Himmel verleiten.

---

8. August | Mit freiwilligen Leistungen der Bürgerschaft soll der »Städtische Hilfsausschuss« für die Familien der Einberufenen sorgen. Bei seiner Gründung im Rathaussaal sind die Königin, der Oberbürgermeister, die Ehrenbürger Graf Zeppelin und Eduard Pfeiffer und viel politische Prominenz zugegen.

Die Gewerbehalle wird Lazarett für Kriegsverwundete, mit hohem finanziellen Verlust für die Stadt muss die Gesundheitsausstellung deshalb vorzeitig geschlossen werden.

Dunkle Versuchung

Zum wiederholten Mal weist der *»Schwäbische Merkur«* auf den »Unfug« hin, »an dem sich vor allem die sog. Damenwelt beteiligt, und der darin besteht, die hier ankommenden französischen Kriegsgefangenen und Verwundeten in besonderer Weise unter Zurücksetzung der eigenen Landsleute auszuzeichnen. Es ist nicht unmöglich – ja sogar zu hoffen –, dass demnächst auch ›Turkos‹ und so genannte tirailleurs indigènes, das heißt ›eingeborne Schützen‹, die sich zum Teil aus Französisch-Senegambien, teils aus anderen französisch-afrikanischen Kolonien rekrutieren, somit Neger aller Farben sind, als Kriegsgefangene und Verwundete bei uns eingeliefert werden. Die beschämenden Erfahrungen des Jahres 1870 legen die Befürchtung nahe, dass auch mit diesen schwarzen Kriegern von einem Teil des schöneren Geschlechts wieder in einer Weise kokettiert wird, die jedem anständigen Menschen die Schamröte ins Gesicht treiben muss und die nur dazu beitragen kann, uns in den Augen unserer Feinde selbst lächerlich und verächtlich zu machen.« *(»Schwäbischer Merkur«, 17. August 1914)*

11. August | Zur Abschiebung in ihre Heimat werden Italiener im Stadion auf dem Cannstatter Wasen zusammengezogen. Durch Unachtsamkeit setzen sie die im Mai erst eröffnete Holzkonstruktion in Brand.

---

20. August | Der Gemeinderat überträgt die Preisüberwachung für Lebensmittel einer eigenen Kommission.

Ende August | Karl Liebknecht polemisiert in Stuttgart gegen die Bewilligung weiterer Kriegskredite. Darüber kommt es zum Konflikt in der SPD, deren linker Flügel um Clara Zetkin zunächst eine Sozialistische Vereinigung bildet und sich bald darauf den Unabhängigen Sozialdemokraten (USP) anschließt.

Statistisch gesehen entfiel am Vorabend des Ersten Weltkrieges auf 318 Stuttgarter je ein Kraftfahrzeug. Vorerst machten sich vor allem Unternehmen die neue Möglichkeit zunutze, den Warentransport zu beschleunigen.

---

3. September | 26 von württembergischen Truppen am 22. August bei Longwy eroberte Feldgeschütze werden im Triumph eingebracht und im Hof des Neuen Schlosses zur Besichtigung aufgestellt.

September | Auf Beschluss der Gemeindekollegien wird auf dem Waldfriedhof ein Ehrenfeld für 600 gefallene Soldaten geschaffen. Letzten Endes finden dort 1257 Kriegsopfer ihre letzte Ruhe.

Oktober | Ungewöhnlich hohe Abhebungen von 5,7 Millionen Mark bei der Städtischen Sparkasse zeugen von der hohen Bereitschaft, die am 11. September aufgelegte erste Kriegsanleihe zu zeichnen.

Die Weiterversicherung von Soldaten in der niedersten Lohnklasse zwingt die Allgemeine Ortskrankenkasse, Leistungen wie Sterbegeld, Krankenhilfe und Arzneimittelfreiheit für Angehörige zu kürzen oder zu streichen.

Zahlenspiegel | Stuttgart hat 288 000 Einwohner. Im Stadtdirektionsbezirk sind 996 Kraftfahrzeuge (596 PKW, 261 LKW und 139 Krafträder) zugelassen. Bereits 40 Autodroschken und nur noch 19 Pferdedroschken sind auf den Straßen unterwegs. Das Schienennetz der Straßenbahnen ist auf 68,85 Kilometer angewachsen, der Fuhrpark umfasst 267 Motor- und 171 Anhängerwagen.

1915

30. Januar | Kupfer wird für Rüstungszwecke beschlagnahmt, deshalb werden Markthalle und Gustav-Siegle-Haus abgedeckt und mit Zinkdächern versehen. Die Organisation der zunächst freiwilligen Ablieferung anderer Metalle übernimmt am 19. August ein eigens geschaffenes Metallamt.

---

3. bis 5. Februar | Durch Kontrollen und Stichproben ermitteln 1500 Zähler die Mehlvorräte in den Stuttgarter Haushaltungen.

24. März | Das Manifest einer nach Stuttgart berufenen Internationalen Frauenkonferenz fordert auf, den Frieden zu erzwingen. Clara Zetkin und Friedrich Westmeyer vom linken Flügel der SPD werden daraufhin festgenommen. Die Anklage auf Landesverrat hat jedoch vor dem Reichsgericht keinen Bestand.

März | Brotgetreide muss stärker ausgemahlen werden, eine Brotkarte regelt die Zuteilung von Backwaren. Bald folgt das Verbot, Butter oder Vollmilch zu verbacken.

1. April | Der Tübinger Professor Johannes Haller hält in Anwesenheit des Königs die Laudatio bei den Feierlichkeiten zu Bismarcks 100. Geburtstag.

4. April | Gegen den Kriegsdienst und Arbeitseinsätze für Kriegsziele agitiert eine Internationale Sozialistische Jugendkonferenz.

20. Mai | Das Innenministerium bestimmt, dass bedürftige Familien von Kriegsteilnehmern keine »Armenpflege«, sondern »Kriegsfürsorge« erhalten. Zwei Jahre später ergeht die entsprechende Bestimmung für Kriegsbeschädigte und Kriegshinterbliebene.

Juni | In den Anhängerwagen der Straßenbahn werden Frauen als Schaffnerinnen eingesetzt.

August | Mit der Auflage, ein nach ihrem Vater, dem Verleger Hallberger, zu benennendes Jugendheim einzurichten, hinterlässt Gräfin Landberg ihr auf eine Million Mark geschätztes Vermögen der Stadt.

22. September | Drei Soldaten in der Rotebühlkaserne in der gleichnamigen Straße und vier Einwohner der Umgebung fallen dem ersten Luftangriff auf die Stadt zum Opfer.

Luftkrieg über London

»Unsere Marineluftschiffe haben in der Nacht vom 13. zum 14. Okt. die Stadt London und wichtige Anlagen in ihrer Umgebung sowie die Batterien in Ipswich angegriffen. Im einzelnen wurden die City von London in mehreren Angriffen, die Londoner Docks, das Wasserwerk Hampton bei London und Woolwich ausgiebig mit Brand- und Sprengbomben belegt. An allen Stellen wurden starke Sprengwirkungen und große Brände beobachtet. Trotz heftiger Gegenwirkung, die zum Teil schon an der Küste einsetzte, sind alle Luftschiffe unbeschädigt zurückgekehrt. Der Chef des Admiralstabs der Marine.« *(»Schwäbischer Merkur«, Extrablatt vom 14. Oktober 1914)*

Die Fassade der Markthalle schmücken Fresken von Franz Heinrich Gref und Gustav Rümelin. Die Nahrungsmittelbörse mit rund 400 Verkaufsständen besaß ein eigenes Straßenbahngleis, auf dem die Güterzüge in die Halle geschoben werden konnten. Davon sind heute noch rund zwanzig Meter im Inneren der Halle erhalten.

Oktober | Mit dem Ziel, dem Mittelstand durch Gewährung günstiger Darlehen die Tilgung von Verbindlichkeiten zu erleichtern, ist der Verein Mittelstandshilfe gegründet worden.

25. November | Die neue Eisenbahnbrücke über den Neckar wird in Betrieb genommen und stellt die Verbindung zum neuen Cannstatter Bahnhof her.

Dezember | Da Pferde größtenteils für militärische Zwecke requiriert und die verbleibenden Tiere schlecht ernährt sind, muss die Müllabfuhr eingeschränkt werden.

Zahlenspiegel | Stuttgart hat 289 637 Einwohner.

1916

März | Mit dem Verbot von Metzelsuppen kündigt sich die wenig später folgende Rationierung von Fleisch als letztem noch frei verkäuflichem Grundnahrungsmittel an.

20. März | Der Verein für das Wohl der arbeitenden Klassen besteht seit 50 Jahren.

1. Mai | Die erstmalige Umstellung der Uhren auf Sommerzeit kann den Arbeitskräftemangel in Handwerk und Industrie kaum lindern.

23. und 26. Mai | Auf dem Karlsplatz protestiert die Linke gegen die Fortsetzung des Krieges, die Polizei zerstreut die Demonstranten jedoch ohne Zwischenfälle.

Ein »Wackerer Schwabe in Eisen« sollte die Spendenbereitschaft der Stuttgarter entfachen. Mit jedem Nagel, der in die hölzerne Figur eingeschlagen wurde, war eine Spende für die Unterstützung von Kriegsverwundeten und -hinterbliebenen verbunden.

Sommer | Die weitgehende Vernichtung der Kartoffelernte durch anhaltende Nässe verursacht den »Steckrübenwinter«. Erst die Ernte des kommenden Jahres kann diese Ernährungskrise mildern.

19. Juli | Das Stellvertretende Generalkommando löst die linksgerichtete »Freie Jugendorganisation Stuttgart« auf und schließt ihre Heime.

1. August | Nicht mehr vor dem Rathaus, wie im Vorjahr, sondern mit Rücksicht auf drohende Luftangriffe im Gustav-Siegle-Haus spricht OB Lautenschlager zum Jahrestag des Kriegsbeginns.

2. September | Ein »Wackrer Schwabe«, in der Vorhalle des Kunstgebäudes aufgestellt, kann gegen Entrichtung einer Spende ans Rote Kreuz benagelt werden. Die hölzerne Symbolfigur hat den Zweiten Weltkrieg nicht überstanden.

6. Oktober | Zum 25-jährigen Regierungsjubiläum Wilhelms II. wird auf Festlichkeiten weitgehend verzichtet. Der Monarch spendet reichlich und stiftet für Verdienste in der Heimat das Wilhelmskreuz, für Leistungen in der Kriegsfürsorge das Charlottenkreuz. Zudem zeigt man die Ausstellung »Württembergische Kunst 1891–1916« im Kunstgebäude und gibt ein mehr als 1000 Seiten starkes Buch zum Thema »Württemberg unter der Regierung König Wilhelms II.« heraus.

Oktober | Die Fürsorge für die Familien der Frontsoldaten und der Kriegshilfsdienste obliegt einer städtischen Kommission. Von 7500 Anträgen im September 1914 ist ihre Arbeit auf jetzt 23 635 Anträge für 56 671 Personen angeschwollen.

1. November | Als Zweiginstitut der Städtischen Sparkasse nimmt die Städtische Girokasse in der Stiftstraße den Geschäftsverkehr auf.

November | In 20 städtischen Kriegsküchen werden Angehörige von Soldaten, arbeitende Frauen etc. mit warmen Mahlzeiten versorgt.

9. Dezember | Robert Bosch stellt 13 Millionen Mark Kriegsgewinn für den Ausbau des Neckars zum Schifffahrtsweg zur Verfügung. Bis zum Baubeginn soll der Zinsertrag der städtischen Kriegsfürsorge zufließen. Am selben Tag gründet sich der Südwestdeutsche Kanalverein für Rhein, Donau und Neckar mit Sitz in Stuttgart.

17. Dezember | Ein letztes Mal besucht Kaiser Wilhelm II. die Stadt.

Zahlenspiegel | 56 671 der 289 700 Stuttgarter müssen als Angehörige von Soldaten, Krankenpflegern und Kriegshilfsdienstleistenden von der Stadt finanziell unterstützt werden.

1917

4. Januar | Robert Bosch wird zum Ehrenbürger ernannt.

5. Februar | Brennstoffmangel zwingt zur Einführung von Bezugsscheinen, Schulen, Theater, Museen und Bäder müssen vorübergehend geschlossen werden.

12. März | Unter starker Anteilnahme der Bevölkerung wird der am 8. März in Berlin verstorbene Graf Zeppelin auf dem Pragfriedhof beigesetzt.

17. Mai | Weil zu wenig Kohlen zur Verfügung stehen, droht die Schließung des Städtischen Gaswerks. Mit Gassperren, Herabsetzung des Verbrauchs, Einschränkung der Beleuchtung und schließlich mit Preiserhöhungen sucht man die Krise zu meistern.

24. Juni | Im Jahr 400 nach Beginn der Reformation wird vor der Hospitalkirche ein von Jakob Brüllmann geschaffenes Denkmal für Martin Luther enthüllt.

1. Juli | Kaiser Karl I. von Österreich und Ungarn, Nachfolger des im Vorjahr verstorbenen Franz Josef, kommt mit Kaiserin Zita zum Antrittsbesuch beim württembergischen Königspaar nach Stuttgart.

13. Juli | Um die Wasserversorgung der wachsenden Stadt zu sichern, hat der Gemeinderat 1914 den Beitritt zur Landeswasserversorgung beschlossen. Nun sind die Anschlüsse, zuletzt unter Einsatz von Kriegsgefangenen, hergestellt, und erstmals kann Wasser entnommen werden.

23. Juli | Das Königin-Katharina-Stift feiert sein 100-jähriges Bestehen.

Während des Ersten Weltkrieges und auch noch einige Jahre danach konnten Lebensmittel nur gegen Vorlage von Bezugsmarken gekauft werden. Erst nach dem Ende der Inflation waren alle Waren wieder frei erhältlich.

30. September | Ein Bombenabwurf aus 4000 Meter Höhe kostet vier Menschenleben, 18 Personen werden verletzt.

September | Die Stadt stützt den Kartoffelpreis mit einem Zuschuss von 600 000 Mark.

---

12. Dezember | Mit einer Kundgebung in Stuttgart tritt die Deutsche Vaterlandspartei erstmals hervor. Ihre Protagonisten sind Ex-Großadmiral von Tirpitz, Befürworter des uneingeschränkten U-Boot-Krieges, und der nachmals als Putschist berüchtigte Wolfgang Kapp.

Dezember | Mit dem Ziel, Kriegsheimkehrern die Einrichtung eines Haushalts zu ermöglichen, beginnt der gemeinnützige Verein Schwäbisches Bürgerheim Haushaltsgeräte und Möbel zu sammeln.

Zahlenspiegel | Stuttgart hat 290 000 Einwohner.

1918

1. Januar | Um die Verteilung der Milch zu regeln und ihre hygienische Kontrolle zu sichern, nimmt die Milchversorgung Stuttgart GmbH ihre Tätigkeit auf. Die Stadt hält 26 Prozent der Unternehmensanteile.

---

17. Januar | Auf Betreiben von OB Lautenschlager erwirbt Stuttgart für 6,3 Millionen Mark Aktien der Stuttgarter Straßenbahnen AG. Weitere Aktienpakete erwerben Bosch und Daimler, die der Stadt ein Vorkaufsrecht einräumen.

---

25. Februar | König Wilhelm II. begeht seinen 70. Geburtstag ohne öffentliche Feier. OB Lautenschlager überreicht ihm ein Gedenkbuch mit den Namen von Bürgern, die Schmuck für die Kriegsfürsorge gespendet haben.

---

1. Mai | Die Stadt und das Kultusministerium unterstützen die Gründung des Vereins zur Förderung der Volksbildung in Stuttgart. Robert Bosch als Vorsitzender stellt kostenlos Büroräume zur Verfügung und fördert die Vereinsarbeit durch Spenden.

---

14. Juli | In der Sprengstofffabrik Weiffenbach in der Gallenklinge kommt es zu einer schweren Explosion, sie reißt 14 Arbeiter in den Tod.

---

28. August | Mit dem Ziel, der Industrie nach Kriegsende angemessene Ausstellungsmöglichkeiten bereitzustellen, wird die Stuttgarter Handelshof AG gegründet.

---

15. September | Durch einen englischen Fliegerangriff werden in der Heusteigstraße 11 Menschen getötet. Insgesamt sind dem Luftkrieg in Stuttgart 22 Personen zum Opfer gefallen, 78 wurden verletzt.

---

22. Oktober | Mit dem Kabinett Max von Badens hat das Deutsche Reich seit 3. Oktober eine parlamentarische Regierung, nun befasst sich auch das württembergisch-königliche Kabinett mit der Frage eines Systemwechsels. Vorerst deutet aber nichts auf dessen Notwendigkeit hin.

---

30. Oktober | Fritz Rück von den Unabhängigen Sozialdemokraten trägt bei einer Versammlung im Stadtgarten ein revolutionäres Manifest vor. Ein Demonstrationszug, der sich anschließend in Richtung Rathaus in Bewegung setzt, wird von der Schutzpolizei aufgelöst.

Oktober und November | Die Unruhen des Systemwechsels und die katastrophal schlechte Versorgungslage werden von einer Grippewelle überlagert, die zahlreiche Opfer fordert.

---

4. November | In Kiel, wo Matrosen gegen nochmaliges Auslaufen der Kriegsflotte meutern, bricht die Revolution aus und breitet sich auf weitere Städte aus. Bei einer Demonstration vor dem Innenministerium am Karlsplatz fordern Fritz Rück und der Kommunist August Thalheimer, obwohl sie Redeverbot haben, dass ein Arbeiterrat mit den Kriegsgegnern einen Waffenstillstand aushandeln soll. Sie können ihre Forderungen dem Innenminister vortragen.

6. November | Mehrheitssozialisten und bürgerliche Parteien fordern vom Kabinett die Einführung einer parlamentarischen Regierung, die sie als Koalition zu bilden gedenken.

---

7. und 8. November | Auf dem Weg nach Friedrichshafen, wo Unruhen ausgebrochen sind, wird Fritz Rück festgenommen und dadurch gehindert, den Fortgang der Revolution zu beeinflussen.

---

8. November | Der immer lauter gewordenen Forderung nach demokratischer Erneuerung folgend soll die königliche Regierung umgebildet und um Parteivertreter erweitert werden. Als Ministerpräsident ist der demokratische Abgeordnete Theodor Liesching vorgesehen. Nachmittags ruft OB Lautenschlager zu Ruhe und Ordnung auf. Die für den kommenden Tag geplante Arbeiterdemonstration diene »der ruhigen und geordneten Überleitung in andere staatsrechtliche Verhältnisse«. Abends erklärt der Kommandierende General dem Innenminister, er verfüge über keine zehn loyalen Soldaten zum Schutz der Regierungsgebäude. Damit haben die Monarchie und ihre Regierung jeden militärischen Rückhalt verloren.

---

9. November | In Berlin ruft Philipp Scheidemann die Republik aus. In Stuttgart strömen Arbeiter zusammen und besetzen Kasernen. Dabei kommt es zu Plünderungen, Offizieren werden die Ehrenzeichen weggenommen. Wilhelm Keil (SPD) und Ferdinand Hoschka (USP) sprechen auf einer zunächst ruhig verlaufenden Demonstration im Hof des Neuen Schlosses. Während die neue Regierung unter Theodor Liesching vereidigt werden soll, dringen Demonstranten ins Wilhelmspalais ein. Ihre Forderung, die rote Fahne hissen zu lassen, lehnt König Wilhelm II. ab, sie müssten das schon selbst besorgen. Die Agitatoren verlassen das Wilhelmspalais, nachdem die rote Fahne aufgezogen wurde. Zurück bleibt ein schutzloser König. Allerdings rufen gemäßigte Sozialdemokraten dazu auf, den alten Herrn in Ruhe zu lassen, er habe niemandem etwas getan. Ein aus spontan entstandenen Soldatenräten gebildeter Aktionsausschuss setzt sich mit der Forderung nach allgemeinem Urlaub bis 11. November durch. Im Landtag treten die Arbeiter- und Soldatenräte zusammen, um eine provisorische Regierung zu bilden, dabei setzen sich gemäßigte Kräfte durch: Wilhelm Blos wird Ministerpräsident. Abends begibt sich Wilhelm II. nach Bebenhausen und verlässt Stuttgart auf Nimmerwiedersehen.

Auf dem Höhepunkt der Revolution strömte eine erregte Menge im Hof der Rotebühlkaserne zusammen und versorgte sich mit Waffen.

---

10. November | Die Regierung Liesching tritt zurück, in die vorläufige Regierung des gemäßigten Sozialdemokraten Blos treten drei Minister der bürgerlichen Parteien ein.

---

11. November | Mit Schillers »Don Carlos« wird im Staatstheater die Republik gewürdigt.

---

12. November | OB Lautenschlager appelliert an die Mitarbeiter der Stadtverwaltung, auf ihren Posten zu bleiben und die Arbeit fortzuführen.

---

16. November | Der dem König geleistete Treueeid hindert Offiziere und Beamte, loyal mit der provisorischen Regierung zusammenzuarbeiten. Wilhelm II. entbindet sie deshalb von ihrem Eid.

20. November | Der Aktionsausschuss der Arbeiter und Soldatenräte will die Stadtverwaltung übernehmen, scheitert jedoch am entschiedenen Widerstand von Sozialdemokratie und Gewerkschaften.

---

30. November | Nachdem er noch der Universität Hohenheim das Promotionsrecht zuerkannt hat, legt König Wilhelm II. die Krone nieder und verabschiedet sich mit einem »Scheidegruß« von den Württembergern. Seine Person, schreibt er, solle »niemals ein Hindernis sein für die freie Entwicklung der Verhältnisse des Landes und dessen Wohlergehen«. Die provisorische Regierung bestätigt ihm, dass er »in allen seinen Handlungen von der Liebe zur Heimat und zum Volke getragen war und dass er durch seinen freiwilligen Verzicht dazu beigetragen hat, den Boden für die freiheitliche Entwicklung zu ebnen«.

---

21. Dezember | Mit dem ersten Spatenstich zur Verlegung des Flussbetts wird die seit langem geplante Kanalisierung des Neckars und sein Ausbau zur Schifffahrtstraße eingeleitet.

Zahlenspiegel | Stuttgart hat 295 839 Einwohner. Im Stuttgarter Schlachthof werden nur noch 18 567 Rinder, 12 427 Kälber und 437 Schweine geschlachtet. Im letzten Friedensjahr waren es noch 30 125 Rinder, 25 400 Kälber und 101 200 Schweine gewesen. Die Milchlieferungen betragen im Sommer nur noch 46 000 statt 160 000 Liter.

Die verratene Republik | 2

1919–1932

Das Leben im Deutschen Reich hat sich 1918 gründlich verändert: Der Erste Weltkrieg war verloren, und die Novemberrevolution ließ die Monarchie untergehen.

Das besiegte Deutschland stand vor größten Problemen: Die Wirtschaft musste sich von der Kriegs- und Zwangswirtschaft erholen, Millionen Heimkehrer galt es ins zivile Leben einzugliedern, eine Vielzahl von Kriegswitwen und -waisen zu versorgen. Außerdem bürdete der Versailler Vertrag Deutschland Gebietsabtretungen, Besatzungen und hohe Zahlungen auf.

In Württemberg stabilisierte sich die politische Lage zunächst. Im Januar 1919 bestätigten die Wahlen zur verfassunggebenden Landesversammlung, bei denen erstmals auch die Frauen abstimmen durften, die Regierung durch gemäßigte Parteien. Stärkste Partei wurden die Mehrheitssozialisten (SPD). Da sie aber keine absolute Mehrheit erreichten, mussten sie mit den bürgerlichen Parteien Zentrum und Demokratische Partei koalieren. Nachdem im Frühjahr 1919 kommunistische Aufstände niedergeschlagen worden waren, erschien die Situation in Stuttgart auch Reichsregierung und Nationalversammlung so sicher, dass sie während des nationalistischen Kapp-Putsches ihren Sitz im März 1920 für einige Tage hierher verlegten.

Ende April 1919 stimmte die Landesversammlung dem Entwurf für die neue Verfassung mit überwältigender Mehrheit zu. Damit war Württemberg nach Baden der zweite deutsche Bundesstaat, der eine eigene Verfassung erarbeitet hatte. Sie trat im September in Kraft.

Kurz zuvor hatte die deutsche Nationalversammlung die Weimarer Verfassung angenommen. Auch in den nächsten Jahren blieb die Regierung in Württemberg – im Gegensatz zu anderen Bundesländern – stabil und handlungsfähig. Durch die Landtagswahlen 1920 schieden die Sozialdemokraten zugunsten von Demokraten und Zentrum aus der Regierung aus. Die SPD erstarkte 1921 noch einmal, musste sich ab 1923 aber endgültig mit der Opposition bescheiden. In diesem Jahr stieg die durch lange Kriegswirtschaft und Reparationsleistungen an die Siegermächte ausgelöste Inflation in schwindelerregende Höhen und das Geld verlor innerhalb kurzer Zeit seinen Wert. Die große materielle Not weiter Teile der Bevölkerung versuchten sowohl die links- als auch die rechtsradikalen Parteien auszunutzen. Im November 1923 verbot die württembergische Regierung sowohl die Kommunisten als auch die Nationalsozialisten. Mit der beginnenden Stabilisierung der wirtschaftlichen Verhältnisse nach der Einführung der Rentenmark verloren die radikalen Parteien dann weitgehend ihre Attraktivität.

Bei den Landtagswahlen von 1924 erstarkten die rechtskonservativen Parteien Württembergischer Bauern- und Weingärtnerbund und Zentrum. Das Land erhielt eine bürgerlich geprägte Koalitionsregierung unter Führung des Staatspräsidenten Wilhelm Bazille von der Deutschnatio-

Namen wie Richard Lipp & Sohn oder Schiedmayer stehen für eine Branche, die den Ruf des Wirtschaftsstandorts Stuttgart mit Klavieren in alle Welt hinaustrug.

Aus der 1885 gegründeten Schuhmacherwerkstatt von Jakob Sigle entwickelte sich eine der größten Schuhfabriken Deutschlands. Nicht zuletzt durch das Maskottchen »Lurchi« wurden die Salamanderschuhe aus Kornwestheim weltbekannt.

nalen Volkspartei (DNVP). 1928 konnte die SPD unter Kurt Schumacher dann wieder die meisten Stimmen auf sich vereinen, blieb aber weiterhin in der Opposition. Bis 1930 hatte das Land eine Minderheitsregierung aus Zentrum, Deutschnationaler Volkspartei sowie Bauern- und Weingärtnerbund unter Staatspräsident Eugen Bolz (Zentrum). Erst als auch die Deutsche Demokratische Partei (DDP) zu dieser Koalition stieß, besaß die Regierung seit 1930 wieder eine solide Mehrheit im württembergischen Landtag.

Dennoch blieb die Bevölkerung verunsichert und hatte das Vertrauen in die Politik verloren. Viele Menschen waren durch die Inflation verarmt. Ihrer Altersvorsorge beraubt, waren sie wie das Heer der Arbeitslosen auf öffentliche Unterstützung angewiesen. Die Ausgaben der staatlichen und kommunalen Fürsorgekassen stiegen, Beamte mussten entlassen oder schlechter entlohnt werden. Ein rigider Sparkurs führte in Württemberg zunächst zu einer Besserung der Haushaltslage. Diese positive Tendenz und das Wiedererstarken der Privatwirtschaft machte die im Oktober 1929 beginnende Weltwirtschaftskrise wieder zunichte.

Waren die ökonomischen Einbrüche im Südwesten auch weniger groß als in anderen deutschen Ländern, so hatten sie dennoch verheerende Folgen. Inflation, Weltwirtschaftskrise und Massenarbeitslosigkeit trieben immer mehr Menschen in die Arme der Nationalsozialisten. Vor 1930 in Württemberg beinahe bedeutungslos, konnte Hitlers Partei bei den Wahlen am 14. September 1930 schon knapp zehn Prozent der Stimmen erlangen. 1932 war sie dann auch in Württemberg zur stärksten politischen Kraft avanciert. Aber nicht nur rechts-, auch linksextreme Parteien verzeichneten großen Zulauf. So erzielte die KPD 1932 mit 20,5 Prozent ihr bestes Wahlergebnis in Württemberg. Damit war die Bildung einer bürgerlichen Mehrheitsregierung unmöglich geworden, und Staatspräsident Bolz konnte nur noch mit Hilfe von Notverordnungen regieren.

Auch in der Stadtverwaltung vollzog sich der politische Umsturz 1918 ohne größere Unruhen. Die städtischen Bediensteten bis hin zu OB Karl Lautenschlager blieben in ihren Ämtern. Auch die folgenden Jahre blieben von politischer Kontinuität geprägt. Die SPD war stärkste, jedoch auf Koalitionspartner angewiesene Partei. Obwohl sich schon 1920 eine erste Ortsgruppe der NSDAP in Stuttgart bildete, zogen erste nationalsozialistische Abgeordnete erst 1931 in die Bürgervertretung ein, ihre Zahl war jedoch zu gering, um die Arbeit der gemäßigten Parteien ernsthaft zu behindern.

Die Versorgung der Bevölkerung bereitete größte Probleme, denn Lebensmittel und Güter des täglichen Bedarfs standen nur unzureichend zur Verfügung. Kohlen- und Brennstoffmangel behinderte die Industrie, und die Haushalte litten unter Strom- und Gasabschaltungen, folglich oft unter kalten Wohnungen. Weil die Aufhebung der Preisbindung die Preise extrem ansteigen ließ, sah die Stadt während der Inflationszeit in der Zwangsbewirtschaftung der Grundnahrungsmittel den einzigen Weg, die Versorgung der Bevölkerung wenigstens einigermaßen zu sichern. Die Inflation trieb auch die Kosten der Sozialfürsorge in schwindelerregende Höhen. 1924 erhielten mehr als 18 000 Kriegsbeschädigte oder Hinterbliebene eine Unterstützung durch die Stadt. Hinzu kamen über 8000 Klein- und Sozialrentner. Daher musste Stuttgart 1924 bei einem Haushaltsvolumen von 65,7 Millionen Reichsmark 2,8 Millionen für seine Wohlfahrtsempfänger ausgeben. Eine große Herausforderung war es auch, für die Heimkehrer Wohnungen und vor allem Arbeit zu finden.

Die Übertragung der großen direkten Steuern auf das Reich ließ 1920 den finanziellen Spielraum der Stadt schrumpfen. Daran konnte auch die Einführung neuer kleiner Gemeindesteuern – Wohnsteuer, Fremdenwohnsteuer, Vergnügungssteuer etc. – wenig ändern. Schließlich machte die immer dramatischere Geldentwertung eine vernünftige Haushaltspolitik nahezu unmöglich. Der Gegenwert einer Goldmark aus der Zeit vor dem Ersten Weltkrieg betrug Ende November 1923 eine Billion Mark, und die Geldscheine waren schneller wertlos, als sie gedruckt werden konnten.

Nach Einführung der Rentenmark begann auch die wirtschaftliche Lage der Stadt sich zu bessern. Die Haushaltslage des Jahres 1924 war günstig, denn die Steuereinnahmen begannen wieder zu fließen, und auch die städtischen Betriebe erzielten beträchtliche Produktionssteigerungen und erwirtschafteten ansehnliche Gewinne. So stieg der Ausstoß des Gaswerkes zwischen 1919 und 1932 von rund 33 auf über 75 Millionen Kubikmeter und der des Wasserwerks von ca. 13 auf über 19 Millionen Kubikmeter. Das Elektrizitätswerk konnte die Stromgewinnung von 52 auf 180 Millionen Kilowattstunden anheben.

Auch die Privatwirtschaft erlebte einige gute Jahre: Ab 1924 entstanden neue Betriebe, die bestehenden bauten ihre Produktpalette aus und investierten in neue, moderne Produktionsmethoden. Dabei waren die Branchen weit gefächert: Maschinen, Anlagen und Fahrzeuge, elektrotechnische, feinmechanische und optische Produkte wurden ebenso produziert wie Holz-, Papier- und Textilerzeugnisse, Schuhe, Bücher, Schmuck, Uhren, Spielwaren, Nahrungs- und Genussmittel. Ein großer Teil der Bevölkerung profitierte vom Aufschwung der heimischen Industrie. So bezahlten die Stuttgarter im Jahr 1928 die höchste Durchschnittseinkommenssteuer im Reich.

In den Zwanziger- und frühen Dreißigerjahren konnte die Stadt ihr Territorium durch Eingemeindungen beträchtlich erweitern: 1922 kamen Botnang, Hedelfingen, Kaltental und Obertürkheim zu Stuttgart, 1929 folgte Hofen, 1931 Münster und Rotenberg, 1932 Zuffenhausen und 1933 schließlich Feuerbach, Weil im Dorf (heute Weilimdorf), Mühlhausen und Zazenhausen. Damit hatte sich die Markung Stuttgarts auf deutlich mehr als 10 000 Hektar vergrößert.

Den wachsenden Bedürfnissen des Personen- und Güterverkehrs versuchte die Stadt auf mehreren Ebenen zu begegnen. Durch den Bau des neuen Hauptbahnhofes wurde sie zum Knotenpunkt des württembergischen Eisenbahnverkehrs. Mit dem Ausbau des Neckars zur Großschifffahrtsstraße zwischen Plochingen und Mannheim sollte eine Anbindung an die internationalen Großschifffahrtswege geschaffen und der Transport von Kohle und Rohstoffen für die aufstrebende Industrie schneller und billiger werden. Auch der Anschluss an das europäische Luftverkehrsnetz gelang: Bereits 1930 wurde Stuttgart/Böblingen von zehn Fluglinien angeflogen und fertigte fast 4000 Passagiere ab.

Große Anstrengungen unternahm die Stadt auch beim Ausbau der Straßenbahn. Ende der Zwanzigerjahre konnten jährlich mehr als 120 Millionen Fahrgäste befördert werden. Schon seit 1926 bereicherten auch Autobusse das Angebot des öffentlichen Nahverkehrs. Aber die Zukunft gehörte dem Automobil. Mit einem Kraftwagen auf 25 Einwohner war Stuttgart 1932 nach München die am stärksten motorisierte deutsche Stadt, wozu die Stadtverwaltung mit einem eigenen Fuhrpark beitrug, der neben PKW und LKW auch Leichen-, Feuerwehr-, Müll-, Gieß-, Teerwagen usw. umfasste.

Auch die hygienischen Verhältnisse besserten sich deutlich. 1931 waren schon 77 Prozent aller Stuttgarter Gebäude an die Schwemmkanalisation angeschlossen. Die Straßenreinigung erreichte durch Motorisierung eine neue Qualität, und auch die Müllabfuhr wurde immer leistungsfähiger, so konnten z. B. im Jahr 1931 rund 120 000 Kubikmeter Müll aus der Stadt auf der Deponie bei Waiblingen entsorgt werden.

Groß waren die Fortschritte auf dem Gebiet des Städte- und Wohnungsbaus. Ein drängendes Problem war seit vielen Jahren die Wohnungsnot. Während bei Kriegsausbruch 1914 noch über 1200 leerstehende Wohnungen gemeldet waren, zählte man Anfang 1919 nur noch 13. Demgegenüber waren Tausende auf der Suche nach eigenen vier Wänden. Gleich nach dem Ersten Weltkrieg begann man daher zu bauen und zu sanieren, sodass sich der Bestand bis 1925 um rund 10 000 neue beziehungsweise instand gesetzte Wohnungen vermehrte. Bis 1932 kamen noch einmal rund 15 000 neue

Stolz führt diese Postkarte die in den letzten Jahren neu entstandenen Bauten vor, die das Stadtbild entscheidend verändert haben: Tagblatt-Turm, Weißenhofsiedlung, Opernhaus, Bahnhof, Hindenburgbau, Zeppelinbau, Oberpostdirektion, die Kaufhäuser Schocken und Breuninger.

Wohneinheiten hinzu. Allein die Stadt schuf bis 1927 vor allem für ihre Bediensteten 4663 moderne und preisgünstige Wohnungen. Auch die Wohnqualität konnte vielfach gesteigert werden. Die Stadt förderte den privaten Wohnungsbau, indem sie Bauwilligen hohe Bürgschaften für ihre Darlehen gewährte. Auch gründeten sich Hausbauvereine und Baugesellschaften, die Eigenheime und Wohnungen für ihre Mitglieder errichteten, z. B. die Straßenbahnsiedlung Friedenau, die Gasarbeitersiedlung »Selbstbau Eigenes Heim« oder Beamtenwohnungen am Viergiebelweg.

Am Rande der Stadt und in zahlreichen eingemeindeten Orten entstanden neue, mit öffentlichen Mitteln errichtete Wohngebiete und Siedlungen. Von besonderer architektonischer Bedeutung ist bis heute die 1927 errichtete Mustersiedlung im Stadtteil Weißenhof. Sie erregte weltweit Aufsehen und machte Stuttgart zu einer Metropole des Neuen Bauens. Weitere Bauten in moderner Formensprache prägten das Stadtbild seit den Zwanzigerjahren, so der Tagblatt-Turm als erstes in Sichtbeton ausgeführtes Hochhaus der Welt, die Kaufhäuser Schocken und Breuninger oder das Lichthaus Luz an der Königstraße mit gläserner Fassade.

Auch auf dem Gebiet der Bildenden Kunst wurde Bedeutendes geleistet. Persönlichkeiten wie der langjährige Leiter der Kunstakademie Adolf Hölzel und seine Schüler Oskar Schlemmer und Willi Baumeister machten Stuttgart zu einem Zentrum der modernen Malerei, und die von Bernhard Pankok geleitete Kunstgewerbeschule genoss einen hervorragenden Ruf. Nicht nur im Kunstgebäude am Schloßplatz, auch im Neuen Ausstellungsgebäude auf dem Platz des heutigen Landtags und in privaten Galerien konnten sich die Stuttgarter über die Kunstströmungen der Zwanzigerjahre informieren. Ein Höhepunkt war sicher der »Stuttgarter Kultursommer 1924« mit der beim Publikum zwar heftig umstrittenen und als »Verhöhnung deutscher Kultur« geschmähten, von der Fachpresse aber als richtungsweisend erkannten Ausstellung »Neue Deutsche Kunst«.

Als für die ehemals königlichen Schlösser in der Landeshauptstadt eine neue Verwendung gefunden werden musste, entschloss man sich, Museen, Kultureinrichtungen und Behörden darin unterzubringen. So beherbergten das Alte und das Neue Schloss die Staatliche Altertümersammlung, im Kronprinzenpalais waren das Kupferstichkabinett und Teile der Gemäldesammlung untergebracht, im Palais Weimar die Sammlung des Herzogs von Urach. Schloss Rosenstein diente als Ort der Sommerausstellungen und zur Unterbringung der Weltkriegsbücherei.

In Stuttgart gab es 1932 nicht weniger als 20 Tageszeitungen, von denen das *»Stuttgarter Neue Tagblatt«* und die *»Süddeutsche Zeitung«* sogar als Morgen- und Abendausgabe erschienen. Auch das Kultur- und Nachtleben pulsierte in den Zwanzigerjahren. Das Landestheater und vor allem das von Claudius Kraushaar geleitete Schauspielhaus beschritten neue Wege. Kritische Zeitstücke brachten aktuelle gesellschaftliche Probleme auf die Bühne, erregten die Gemüter und sorgten für lebhafte Diskussionen beim Publikum. Auch die moderne Musik hielt Einzug. Auf dem Spielplan standen Opern von Paul Hindemith, und mit Ernst Křeneks »Johnny« erklangen erstmals Jazzrhythmen im Großen Haus. Bert Brechts und Kurt Weills »Dreigroschenoper« geriet mit 120 Aufführungen zum überwältigenden Erfolg.

Auch die leichte Muse zog die Massen an: In zahlreichen Filmtheatern konnten die Stuttgarter deutsche und Hollywood-Filme bewundern, und Varietéstars der Zwanzigerjahre gastierten im Friedrichsbautheater.

Mit der Weltwirtschaftskrise wurde die wirtschaftliche und kulturelle Entwicklung jäh unterbrochen. Obwohl Stuttgart durch die Vielzahl unterschiedlicher Betriebe nicht so hart getroffen wurde wie andere Regionen, waren die Auswirkungen doch katastrophal. Zahlreiche Firmen mussten Mitarbeiter entlassen und/oder Kurzarbeit einführen, sodass das Heer der Arbeitslosen immer stärker anschwoll. Damit stiegen die Sozialausgaben ins Unermessliche. Auf dem Höhepunkt der Krise 1932 musste die Stadt fast 22 Millionen Reichsmark für die Unterstützung von Arbeitslosen, Rentnern und Kriegsopfern aufbringen. Hinzu kamen Ausgaben für städtische Speiseanstalten, Altenheime, Einrichtungen der Jugendfürsorge und Krankenhäuser. Diese enormen Kosten konnten nicht mehr aus dem Haushalt gedeckt werden – die Steuereinnahmen waren mit 26,5 Millionen Reichsmark nur unwesentlich höher als die Ausgaben für Wohlfahrt und Gesundheitspflege. Die Stadt war trotz umfangreicher Sparmaßnahmen wie der Einstellung des sozialen Wohnungsbaus gezwungen, beträchtliche Schulden zu machen. Die große Not in Teilen der Bevölkerung, das allgemeine Gefühl der Unsicherheit und Bedrohung nach dem verlorenen Krieg und den wirtschaftlichen Krisen, das nachlassende Vertrauen in die etablierten Politiker und Regierungen wurden zum idealen Nährboden für das Erstarken des Nationalsozialismus.

1919

1. Januar | Die provisorische Regierung stimmt mit den Arbeiter- und Soldatenräten darin überein, dass der zurückgetretene König über sein Privatvermögen unbeschränkt verfügen kann. Das Jagdschloss Bebenhausen wird ihm als lebenslanger Wohnsitz zuerkannt.

Die Stuttgarter Straßenbahnen AG und die Cannstatter Straßenbahnen GmbH fusionieren. Nach Münster, Feuerbach, Zuffenhausen, Kaltental und Botnang ist jetzt auch Hedelfingen in den Vorortverkehr eingebunden.

---

4. Januar | Die Spartakisten fordern von der provisorischen Regierung Waffen für die Arbeiter und Soldatenräte. Der Rote Soldatenbund verlangt erfolgreich, dass die Straßenbahn die erhöhten Militärtarife wieder senkt. Dann bemächtigt man sich der Waffensammlung des Kriegsministeriums.

Am 9. Januar 1919 brandete die »rote Flut« durch die Straßen

»Gegen 20000 Männer und Frauen, darunter sehr viele Soldaten und Kriegsbeschädigte und Jungsozialisten lauschten am Morgen am Schloßhof den Rednern zu, die schonungslos mit der sogenannten Volksregierung abrechneten, ihre ganze Unfähigkeit und Verkommenheit brandmarkten und die aus der Masse selbst herausgeborenen wirtschaftlichen Forderungen und politischen Kundgebungen vertraten. Von drei Tribünen sprachen die Genossen Münzenberg, Schreiner, Rödel, Hoernle und Clara Zetkin. Rote Fahnen wehten über der Masse und Plakate schrieen in den schönen Tag hinein: ›Schießt nicht auf Eure Brüder!‹ Von den einzelnen Befehlsstellen waren über den Kopf des hiesigen Garnisonsrates starke gegenrevolutionäre und verhetzte Kräfte zur Niederknüppelung der Demonstranten bereitgestellt. (...) Der Marktplatz füllte sich, und eine Abordnung ging zum Oberbürgermeister. Diese Verhandlungen zerschlugen sich, da die Herren die Situation nicht erfaßten. (...) Genosse Münzenberg erklärte, von Zustimmung und Beifall umbrandet, die Stadtverwaltung für abgesetzt und forderte die Übernahme der Stadtverwaltung durch die Arbeiter- und Soldatenräte. (...) Gegen 1 Uhr mittags zerschlug sich die Masse unter Hochrufen auf die sozialistische Republik, auf das revolutionäre heldenmütige Berliner Proletariat und den Klassenkampf. In den Mittagspausen bildeten sich in den Straßen und auf den Plätzen kleine Gruppen, die für und wider Spartakus, für und gegen die revolutionären Forderungen des Volkes diskutierten. Die Spannung war aufs Höchste gestiegen, alle fühlten, daß sich große Dinge vorbereiteten und es diesmal um das Ganze gehe, um die proletarische Revolution.« *(Aus den Aufzeichnungen des Spartakisten Willi Münzenberg)*

7. und 8. Januar | Eine regierungstreue Sicherheitskompanie unter Landwehrleutnant Paul Hahn bezieht in der Nacht Stellung im halbfertigen Bahnhofsturm, von wo aus sie mit Maschinengewehren die Umgebung unter Kontrolle hat.

---

9. Januar | Kundgebung des Roten Soldatenbunds vor dem Rathaus. Spartakisten versuchen beim *»Stuttgarter Neuen Tagblatt«* mit Waffengewalt, den Druck ihres Kampfblatts *»Die Rote Flut«* zu erzwingen, um damit den Generalstreik zu propagieren. Das verhindert Landwehrleutnant Hahn.

Unruhen im Hinblick auf die bevorstehende Landtagswahl, die Provisorische Regierung sucht Zuflucht im Turm des Hauptbahnhofs. Das regierungsfreundliche Bürgertum rafft sich zu Gegendemonstrationen auf. Rufe und Plakate verkünden: Nieder mit Spartakus!

---

10. Januar | Erneute Kundgebung der Spartakisten vor dem Rathaus, deren Forderungen jedoch von OB Lautenschlager und führenden Kommunalpolitikern abgewiesen werden. Nachmittags kommt es im Anschluss an eine waffenlose Großdemonstration der Mehrheitssozialisten in der Innenstadt zu Schießereien. Dabei kommen sieben Personen zu Tode.

Die gemeinderätliche Abteilung für die Festsetzung von Höchstpreisen hat für Pferdefleisch festgelegt: Leber, Milz, Herz und Hirn kosten 0,60 Mark je Pfund, Pferdefleisch mit Knochen 0,90 Mark, rohes Fett 1,50 Mark.

---

12. Januar | Die Wahl zur Verfassunggebenden Landesversammlung ergibt folgende Sitzverteilung: SPD 52 Sitze, Demokratische Partei 38, Zentrum 31, Bürgerpartei mit Bauern- und Weingärtnerbund 25, USP 4. Wilhelm Blos (SPD) bildet daraufhin eine Koalition mit Demokraten und Zentrum. Die Putschisten werden entwaffnet, die Unruhen klingen ab.

---

3. Februar | Die Stuttgarter Studentenverbindungen legen ein Hochschulprogramm vor, das eine von den Studierenden gewählte Selbstverwaltung und Vertretung – den Allgemeinen Studenten-Ausschuss (AStA) – vorsieht.

---

8. Februar | Die Stadt ersetzt die als diskriminierend empfundene Bezeichnung »Armenamt« durch »Städtisches Fürsorgeamt«.

---

11. Februar | Im Januar wurden 165,5 kg Fett und 3514,25 kg Fleisch aus unerlaubten Schlachtungen sowie 438 kg Getreide und 268 kg Mehl beschlagnahmt und für die öffentliche Versorgung verwendet.

---

16. Februar | Im Hinblick »auf den Ernst und die Not der Zeit« sind Fastnachtsveranstaltungen untersagt, ebenso öffentliches Tragen von Masken und Verkleidungen.

18. Februar | Die neugegründete Ortsgruppe der KPD veranstaltet ihren ersten öffentlichen Diskussionsabend im Gewerkschaftshaus.

---

26. Februar | Die wöchentliche Kartoffelration wurde von sieben auf fünf Pfund pro Person herabgesetzt. Bereits bezogene Kartoffeln müssen deshalb länger reichen als ursprünglich vorgesehen.

---

7. März | Die Gemeindekollegien erfüllen, um einen Streik zu vermeiden, die Forderung des Gemeindearbeiterverbandes nach einem Tarifvertrag.

---

11. März | Der 1918 von Robert Bosch und Theodor Bäuerle geschaffene Verein zur Förderung der Volksbildung gründet die Stuttgarter Volkshochschule.

---

15. März | Ein Gesetz über Gemeindewahlrecht und Gemeindevertretung bestimmt: Für das aktive Wahlrecht, auch der Frauen, sind jetzt Wohnsitz zum Zeitpunkt der Wahl und Vollendung des 20. Lebensjahres maßgeblich.

Wegen der Wohnungsnot müssen Anträge auf Zuzug abgelehnt werden. Wer dennoch zuzieht, erhält keine Lebensmittelmarken.

---

27. März | Gemeinderat und Bürgerausschuss, für den es die letzte Amtshandlung ist, setzen die Zahl der unbesoldeten Gemeinderäte auf 60 fest. Dazu kommen der Oberbürgermeister und vier ihm zugeordnete städtische Beamte. Der Gemeinderat ist fortan die einzige Vertretung der Stuttgarter Bürgerschaft.

---

31. März bis 10. April | Spartakisten und Unabhängige Sozialdemokraten haben den Generalstreik ausgerufen. Die Regierung verhängt den Belagerungszustand, Sicherheitstruppen gehen in Stellung. Es kommt zu Gefechten mit Spartakisten, die sich auf der Wangener Höhe und am Abelsberg verschanzt haben. Die Kämpfe fordern 16 Tote und 50 Verletzte.

---

2. April | Die Kämpfe breiten sich aus. Am Ostendplatz wird eine Sicherheitsstreife überfallen, ein versprengtes Mitglied wird später gefesselt und mit durchschnittener Kehle aufgefunden.

3. April | Handwerk und Gewerbe reagieren mit einem Abwehrstreik, die Putschisten geben auf.

5. April | Der Abwehrstreik ist beendet, die Zeitungen erscheinen wieder, nachmittags fahren die Straßenbahnen, Vorkehrungen zur Wiederaufnahme der Arbeit werden getroffen.

10. April | Ende des Belagerungszustandes.

27. April | Wegen Kohlenmangels wird der Eisenbahnverkehr in Württemberg eingestellt.

Programm für den Demonstrationszug am 1. Mai

»1. Auf dem Gewerbehallenplatz sammeln sich um 8 Uhr die Betriebe: Bosch, Eisemann, Fein usw. sowie die Arbeiterschaft von Feuerbach, Zuffenhausen, Kornwestheim, die Bewohner der Prag und des nördlichen Stadtteils.

2. Auf dem Marienplatz sammeln sich um 8 Uhr Comtessa-Werke, Haaga, Lang & Bumiller, Benger & Söhne, Lemppenau und umliegende Betriebe sowie die Bewohner des südlichen Stadtteils einschließlich Kaltental, Vaihingen, Degerloch usw.

3. Auf dem Wilhelmsplatz sammeln sich um 8 Uhr sämtliche in der Stadt liegenden Betriebe wie: Verlagsanstalt Union, Allgemeiner Versicherungsverein, Schröder, Geiger, Lauser. Die Orte Sillenbuch, Ruit, Birkach usw. sowie die Einwohner der inneren Stadt.

4. Auf dem Ostendplatz sammeln sich um 8 Uhr die Betriebe Daimler, Gaswerk, Schlachthaus, Waldorf-Astoria usw. sowie die Teilnehmer von Ostheim, Gablenberg, Gaisburg, Wangen, Hedelfingen, Ober- und Untertürkheim und Rohracker.

5. Auf dem Wilhelmsplatz Cannstatt sammelt sich um 8 Uhr die gesamte Arbeiterschaft von Cannstatt, Münster usw.

Es werden vier Musikkapellen mitwirken, die auf die einzelnen Plätze verteilt werden. Die Gesangsvereine verteilen sich gruppenweise im Zug. Rote Fahnen, Standarten, Tafeln einzelner Vereine und Fabriken sind erwünscht.

Auf den einzelnen Sammlungsplätzen sind Zugordner aufgestellt, welche die Aufstellung und Führung der Züge übernehmen. Den Anweisungen der Ordner ist unbedingt Folge zu leisten.

Wahrt Ruhe, Ordnung und Disziplin! Hoch den Weltfeiertag!« *(Aus: Sigrid Frank, »Schon Vatis Opa war dabei«)*

10. Mai | Nach Bekanntgabe der Deutschland auferlegten Friedensbedingungen sind für eine Woche öffentliche Lustbarkeiten untersagt. Theater und Kinos müssen ihr Programm entsprechend gestalten.

18. Mai | Gemeinderatswahl: Deutsche Demokratische Partei 20, Sozialdemokratische Partei 16, Württembergische Bürgerpartei 10, Unabhängige Sozialdemokratische Partei 10, Zentrumspartei 4 Sitze.

26. Juni | Zur Stromerzeugung ist nur noch ein Tagesvorrat Kohlen vorhanden. Das Elektrizitätswerk muss auf Notversorgung der wichtigsten Betriebe umstellen, falls kein Nachschub eintrifft.

10. Juli | Ohne Zustimmung des städtischen Wohnungsamts darf kein Wohnraum vermietet werden. Frei werdende Räume müssen dort innerhalb von drei Tagen gemeldet werden.

Der »Inflationsheilige« Lou Haeusser

Lou Haeusser hatte am 5. Juni im Gustav-Siegle-Haus seinen ersten öffentlichen Auftritt in Stuttgart. Er beschimpfte gerne seine – dennoch begeisterten – Zuhörer: »Ihr Heuchler, ihr doppelzüngiges Otterngezücht, ihr Schlangenbrut, ihr überständigen Gräber, ihr wandelnden Abortgruben, ihr lebenden Leichname, ihr gehenden Gräber, ihr modernden Aashäuser, ihr verkörperte Sauställe, geht in Euch – schämet Euch!« Der 1881 in Bönnigheim geborene Ludwig Christian Haeusser macht nach einer schwierigen, von Gewalt geprägten Jugend in Paris mit dem nicht immer ganz legalen Handel von Diplomen und Sekt ein beachtliches Vermögen. Von den Schrecken des Ersten Weltkriegs erschüttert, fühlt sich Haeusser 1917 berufen, für den Weltfrieden zu kämpfen. Als Wanderprediger zieht er bald die durch den Krieg in Not und Armut Geratenen in seinen Bann, indem er verkündet: »Nicht an Jesus sollst du glauben – nein – an Dich selbst – an Deine Tat – an Dein Können – an Deine Kraft«. Etliche Jüngerinnen und Jünger geben für ihn ihren Besitz auf, ziehen mit ihm durch die Lande, verkaufen seine Schriften, kleben Plakate und verwalten die reichlich fließenden Spendengelder. Zeitweise lebt er mit seinen Anhängern in Stuttgart in einer Art Kommune, die für ihre freizügigen Sexualpraktiken berüchtigt ist. Haeusser behauptet, als Einziger den neuen Menschen, den Messias zeugen zu können. Etliche

Das bescheiden anmutende Mineralbad Leuze hat sich zu einer bedeutenden städtischen Attraktion entwickelt.

Frauen werden ihm hörig und wollen als neue Maria diesen Heiland gebären. Nachdem Haeusser sich in den Wahn hineingesteigert hat, dass er die Macht im Staat an sich reißen muss, um seine Ziele zu verwirklichen, kommt er immer wieder mit dem Gesetz in Konflikt. So muss der selbsternannte »Oberste Kriegsherr der Wahrheitsarmee« mehrfach in Nervenheilanstalten und ins Gefängnis. Während einer längeren Haftstrafe von 1923 bis 1925 wenden sich die meisten Anhänger von ihm ab, Pläne für eine politische Karriere – Reichspräsident möchte Haeusser werden – scheitern. Die durch die Zeit im Gefängnis ausgelösten Depressionen und der körperliche Verfall machen ihm auch nach der Entlassung weiter zu schaffen. 1927 stirbt Haeusser im Alter von nur 45 Jahren.

21. Juli | Eine Arbeiterversammlung auf dem Wasen erklärt sich mit dem Weltproletariat solidarisch und kritisiert die Friedenspläne der Siegermächte. Eine gleichzeitige Demonstration der Sicherheitstruppen auf dem Schloßplatz beendet Polizeidirektor Hahn mit der Drohung, jeden über den Haufen zu schießen, der sich gegen die Regierung oder für eine Rätediktatur ausspricht.

28. und 29. August | Zur Übernahme des württembergischen Kontingents in die Reichswehr kommt Reichspräsident Friedrich Ebert nach Stuttgart.

4. September | Rechtsrat Fritz Elsas berichtet im Gemeinderat über die Kohlenversorgung der städtischen Betriebe. Die Gasversorgung müsse vorübergehend unterbrochen werden, dagegen sei zu hoffen, dass Strom wieder durchgehend bereitgestellt werden könne.

19. September | Die Freie Waldorfschule auf der Uhlandshöhe, von Emil Molt gefördert und von Rudolf Steiner konzipiert, nimmt den Lehrbetrieb für zunächst 250 Schüler auf.

25. September | 100 Jahre nachdem die mit der Ständeversammlung ausgehandelte Verfassung von König Wilhelm I. unterzeichnet wurde, erlangt eine neue württembergische Verfassung Rechtskraft.

---

30. September | Der Städtische Hilfsausschuss, zur Linderung sozialer Not in der ersten Kriegswoche gegründet, stellt seine Tätigkeit ein. Er hat 32,2 Millionen Mark reichsgesetzlicher Unterstützung verteilt und darüber hinaus Leistungen von 22,2 Millionen Mark erbracht, wovon 5,4 Millionen durch Sammlungen und Spenden aufgebracht wurden.

---

7. Oktober | Der Stadtarzt weist in einem Merkblatt auf erhöhte Ansteckungsgefahr in dicht belegten Wohnungen hin und warnt besonders vor Tuberkulose und Geschlechtskrankheiten.

---

22. Oktober | Wegen Benzinmangels und um Hamsterfahrten zu unterbinden, ist an Sonn- und Feiertagen der gesamte PKW-Verkehr verboten. Werktags gilt zwischen 23 und 6 Uhr ein Fahrverbot für alle Kraftfahrzeuge.

---

1. November | Begrüßungsfeier im Gustav-Siegle-Haus für die ersten 600 Heimkehrer aus der Kriegsgefangenschaft.

---

5. November | Eine Studentenküche im Bürgerhospital wird eingeweiht, arme Studenten bekommen dort für wenig Geld ein Mittagessen.

---

8. November | Der Bezirk Stuttgart-Stadt muss zur Erfüllung des Friedensvertrages fünf Kühe und acht tragende Rinder abgeben. Viehhalter sollen geeignete Tiere der Schlachthofverwaltung zum Verkauf anmelden.

---

12. November | Das Elektrizitätswerk warnt: »Einschränkung auf die Hälfte genau beachten! Wer mehr verbraucht, wird sofort und ohne Warnung auf 6 Tage abgeschaltet.«

---

20. November | Der Gemeinderat hat beschlossen, das den Erben des Apothekers und Badbesitzers Ludwig Leuze gehörige Anwesen in Berg für 580 000 Mark zu erwerben.

18. Dezember | In der Weihnachtswoche gibt es eine Fleischzulage in Höhe von 50 Prozent der bisherigen Zuteilung pro Woche und Person.

Zahlenspiegel | Auf 6519,4 ha Fläche hat die Stadt 311 434 Einwohner (Stichtag 8. Oktober), 144 980 Männer (46,6 %) und 166 454 Frauen (53,4 %). 3985 Ehen wurden geschlossen, 172 geschieden. Als Opfer der zunehmenden Motorisierung sind 106 Verkehrstote zu beklagen. Das Telefon beginnt seinen Siegeszug in den Privathaushalten. Dieses Jahr wurden 13 106 Haupt- und 10 485 Nebenanschlüsse gezählt, knapp 10 Jahre später werden es schon rund 20 300 Haupt- und 20 600 Nebenstellen sein.

1920

1. Januar | 3520 Familien sind ohne eigene Wohnung. Tausende beantragen die Aufnahme ins Obdachlosenheim. Der Kurs der Mark ist auf ein Zehntel des Friedenswerts gefallen.

---

14. Januar | Das städtische Elektrizitätswerk kündigt Beschränkung auf ein Viertel des im Dezember zugelassenen Verbrauchs an. Unterbrochene Zufuhr durch Eisenbahnerstreik, Hochwasser des Rheins und vermehrte Ablieferung an die Entente werden als Gründe genannt.

---

16. Januar | Wegen Kohlenmangels werden einige Straßenbahnlinien eingestellt, andere fahren nur vormittags oder in größeren Abständen.

Was passiert mit beschlagnahmten Lebensmitteln?
In Zeiten rationierter Lebensmittel blüht der Schwarzhandel. Der Stuttgarter Städtischen Nahrungsmittelkontrolle gelang deshalb so mancher Fang. Fragen nach dem Verbleib der beschlagnahmten Waren werden im Januar 1920 vom *»Amtsblatt«* wie folgt beantwortet: »Rationierte Lebensmittel wie Mehl, Fleisch und Fett werden den öffentlichen Versorgungs-

stellen übergeben, nicht rationierte Lebensmittel werden an gemeinnützige Anstalten wie Kinderheime und Krankenhäuser abgegeben. Keinesfalls erhalten Beamte, die unmittelbar mit der Sache befasst sind, etwas von der beschlagnahmten Ware. Jedoch können geringe Mengen nicht rationierter und leicht verderblicher Lebensmittel anstelle sonst üblicher Geldbelohnungen als Anerkennung für anderweitig geleistete Dienste an Beamte abgegeben werden.« *(»Amts- und Anzeigenblatt der Stadt Stuttgart«, Nr. 3, 16. Januar 1920)*

23. Februar | Der antisemitische Deutschvölkische Schutz- und Trutz-Bund hält im Stadtgartensaal seine erste öffentliche Versammlung ab.

---

1. März | Stuttgart übernimmt von der Württembergischen Nebenbahnen AG die Filderbahn einschließlich der Zahnradbahn, jedoch ohne die Strecke Echterdingen–Neuhausen.

13. März | In Berlin putschen Wolfgang Kapp und General Walther von Lüttwitz gegen die Reichsregierung, die daraufhin nach Stuttgart ausweicht.

---

15. März | Um 15 Uhr treffen Reichspräsident Ebert und die Nationalversammlung am Hauptbahnhof ein, wo sie von Staatspräsident Blos und OB Lautenschlager begrüßt werden.

---

18. März | Im Kunstgebäude am Schloßplatz tritt die Nationalversammlung zusammen und berät die politische Lage – am Vortag ist der Putschistenführer Kapp aus Berlin geflohen, Vizekanzler Schiffer hatte die Regierungsgeschäfte kommissarisch übernommen. Beim abendlichen Fest für die Vertreter von Reichsregierung und württembergischer Staatsregierung im Rathauskeller ist die Stimmung auch dank des schwäbischen Weins, der Saiten und des Kartoffelsalats prächtig.

Reichspräsident Friedrich Ebert (Bildmitte) vor dem Kunstgebäude, dem Tagungsort der Nationalversammlung während des Kapp-Putsches. Zum Schutz der Politiker stationierte die Reichsregierung Truppen im Turm des Hauptbahnhofs.

20. März | Die Nationalversammlung ist nach Berlin zurückgekehrt. Reichspräsident Ebert dankt Stuttgart für »viele Zeichen der Treue zu Reich und Verfassung« sowie für »tatkräftige Unterstützung, Hilfe und Gastfreundschaft«.

---

3. Mai | Die Reichgetreidestelle hat den Mehlpreis verdoppelt. Da auch die Betriebs- und Lohnkosten gestiegen sind, erhöht sich der Preis für ein Kilogramm Hausbrot auf 2,50 Mark.

---

7. Mai | Adolf Hitler, erstmals in Stuttgart, spricht zum Thema »Die Wahrheit über den Gewaltfrieden von Brest-Litowsk und den Frieden der Verständigung und Versöhnung von Versailles«.

---

10. Mai | Die Kartoffelversorgung hat sich gebessert. Wer im vergangenen Herbst die pro Kopf zustehenden 2,5 Zentner nicht erhielt, kann jetzt beliefert werden.

---

26. Mai | Hitler tritt erneut als Redner an, diesmal zum Thema »Die Macher am Weltkrieg«.

---

27. Mai | Die Kinderhilfsmission der Quäker stellt Lebensmittel zur Speisung von 2000 unterernährten Kindern zur Verfügung.

---

4. Juni | Hitler besucht Stuttgart zum dritten Mal.

---

6. Juni | Reichs- und Landtagswahlen: 212680 Bürger sind stimmberechtigt, die Wahlbeteiligung beträgt 77,4 Prozent. In den Landtag ziehen ein: USPD (21,3 %), Deutsche Demokratische Partei (20,7 %), Deutschnationale Volkspartei und Bauern- und Weingärtnerbund (19 %), SPD (17,5 %), Deutsche Volkspartei (7,9 %), Zentrum (7,4 %), KPD (6,2 %).

---

22. Juni | Nachdem die Gewerkschaften zum Protest gegen Geldentwertung und Teuerung aufgerufen haben, nehmen rund 100000 Menschen an einer Großdemonstration teil.

---

5. Juli | Die Stadt hat ein Nachrichtenamt eingerichtet, um die Öffentlichkeit über die Arbeit der Verwaltung zu unterrichten.

10. Juli | Erste öffentliche Versammlung der NSDAP-Ortsgruppe: Ernst Ulshöfer stellt im »Herzog Christoph« das Parteiprogramm vor – damit ist Stuttgart neben Dortmund die erste Stadt außerhalb Bayerns, in der die NSDAP Fuß fasst.

Zopfabschneider
Am Westbahnhof, in den oberen Anlagen und am Hauptbahnhof waren innerhalb weniger Tage vier Mädchen im Alter von zwölf bis 16 Jahren zehn bis 20 Zentimeter lange Stücke ihrer Zöpfe abgeschnitten worden. Deshalb teilte die Staatsanwaltschaft Ende Juli 1920 im *»Amtsblatt«* mit, dass derlei Übeltäter »dahier wieder ihr Unwesen« treiben. Ob die erbetenen sachdienlichen Mitteilungen dazu geführt haben, der Sittenstrolche habhaft zu werden, ist nicht bekannt. *(»Amts- und Anzeigenblatt der Stadt Stuttgart«, Nr. 87, Juli 1920)*

25. und 26. August bis 4. September | Nach heftigen, zum Teil gewaltsamen Protesten der Arbeiterschaft gegen den reichsweiten Lohnsteuerabzug werden in der Nacht die Werke von Bosch und Daimler polizeilich besetzt und geschlossen. Wie die Landesregierung ausführt, werde sich die württembergische Bevölkerung »die angemaßte Gewaltherrschaft einer Minderheit nicht gefallen lassen«. Ein daraufhin ausgerufener Generalstreik erweist sich als vergeblich: Die Arbeitnehmer müssen den Steuerabzug hinnehmen.

---

11. Oktober | Anfang November geht eine neue Koksgasanlage im Gaisburger Gaswerk in Betrieb. Das Gaswerk hofft, durch erhöhten Koksgaszusatz zum Steinkohlengas im Winter ohne Gassperren auszukommen.

---

14. Dezember | Bei Vorlage des Lebensmittelausweises kostet Gefrierfleisch 7,20 Mark pro Pfund. Die Stadtverwaltung will Bedürftigen damit Gelegenheit geben, zu Weihnachten preiswertes Fleisch zu kaufen.

Zahlenspiegel | Die Stadt hat 317868 Einwohner. 4821 Ehen wurden geschlossen, 281 geschieden. Der Kraftfahrzeugbestand hat sich gegenüber 1914 um 317 Fahrzeuge verringert, er besteht jetzt aus 280 Pkw, 315 Lkw und 84 Motorrädern, insgesamt 679 Fahrzeugen. Die Straßenbahn hat mit 274 Triebwagen und 216 Anhängern auf 77 Kilometer Bahnlänge 91 Millionen Fahrgäste befördert. 4258 Viehhalter verfügen über 2623 Pferde, 2081 Rinder, 717 Schafe, 1572 Schweine und 26 899 Stück Geflügel.

1921

Das Bosch-Horn, richtungweisend für elektroakustische Signalgeräte, kam 1921 auf den Markt und wurde mit Plakaten und Anzeigen von Lucian Bernhard beworben.

3. Januar | Die Einwohner werden gebeten, mittellosen Wanderern keine Almosen zu reichen, sondern auf die Wanderarbeitsstätte in der Wolframstraße hinzuweisen, wo Bedürftige gegen Arbeit Obdach und Verpflegung erhalten.

Der frühere Kampfflieger Paul Strähle beginnt einen regelmäßigen Flugverkehr vom Cannstatter Wasen nach Konstanz.

VfB schwer bestohlen

Aus den Räumlichkeiten des Vereins für Bewegungsspiele wurden in der Nacht vom 14. zum 15. Februar u. a. 6 neue Fußbälle Marke »Jerum« sowie 10 ältere Fußballhüllen gestohlen. Zu dem Diebesgut gehörten ferner Sporthosen, Sweater, Fußballstiefel, schwarze Stutzen, diverse Kleidungsstücke sowie »Zigarren und Zigaretten verschiedener Marken (Marke ›Taurus‹, ›Oberst‹, ›Khef‹), 1 Flasche Schnaps, 1 Wassereimer«. *(»Amts- und Anzeigenblatt der Stadt Stuttgart«, Nr. 43, 1921)*

16. Februar | Die Polizeidirektion untersagt die Abhaltung von »Hundebörsen« in Wirtschaften und den Hundehandel auf der Straße. Sie weist auf den Hundemarkt hin, der montags im Vieh- und Schlachthof abgehalten wird.

---

22. Februar | Dem Beschluss des Gemeinderats, die Polizeipferde samt Geschirren zu verkaufen, tritt das Innenministerium entgegen. Begründung: Die Abschaffung der berittenen Polizei komme einer Verringerung der Polizei gleich.

Oberbürgermeisterwahl

Am 10. März 1921 hatte das Stadtschultheißenamt die Stelle des Stadtvorstands zu folgenden Bedingungen ausgeschrieben: »Der Grundgehalt ist auf 28 000 M festgesetzt; er erhöht sich von 2 zu 2 Jahren um je 2000 M und nach 6 Dienstjahren auf den Höchstbetrag von 35 000 M. Bewerber, die schon längere Zeit in öffentlichem Dienst stehen, können sofort in einen höheren als den Anfangsgehalt eingewiesen werden. Zum Grundgehalt treten die allgemeinen Zulagen und eine Entschädigung für Dienstaufwand, deren Festsetzung vorbehalten wird. Die für den Stadtvorstand anfallenden Sporteln und Gebühren fallen in die Stadtkasse. Dem Gewählten wird nach Ablauf der 10jährigen Wahlperiode im Fall seiner Nichtwiederwahl oder Nichtwiederbestätigung ein Ruhegehalt nach Maßgabe der für die Reichsbeamten gültigen Bestimmungen gewährt.« *(»Amts- und Anzeigenblatt der Stadt Stuttgart«, Nr. 29, 1921)*

16. März | Die Stadt vermietet 40 Reihenhäuser an der oberen Sickstraße an größere Familien. Bewerber bedürfen der Zustimmung des Wohnungsamts und müssen sich verpflichten, die Jahresmiete von 2500 Mark fünf Jahre lang zu bezahlen.

---

1. April | Die Stadt richtet ein Jugendamt ein, das die im württembergischen Jugendamtsgesetz festgelegten Aufgaben vom Gemeindewaisenrat übernimmt.

Neckardammbruch

»In einem Anflug von Humor, wie er sich bei manchen um die Zeit des 1. April einzustellen pflegt, hat die Untertürkheimer Zeitung in ihrer Nummer 74 über das Bersten eines Dammes zwischen dem alten und dem neuen Neckarbett berichtet. Diese Notiz, die auch in einen Teil der übrigen Presse übergegangen ist und zahlreiche Neugierige an die betreffende Stelle gelockt hat, beruht auf freier Erfindung und ist lediglich ein Aprilscherz, für den wenige Verständnis haben werden.« *(»Amts- und Anzeigenblatt der Stadt Stuttgart«, Nr. 38, 1921)*

24. April | Bei der abgehaltenen Oberbürgermeisterwahl votieren 69 760 Stimmberechtigte (87,8 %) für Amtsinhaber Lautenschlager, der damit für weitere zehn Jahre gewählt ist. Sein Mitbewerber Schneck (KPD) erzielt nur 9708 Stimmen (12,2 %).

1. Mai | Mit Schuljahresbeginn richtet die Stadt in Vollzug des Reichsschulgesetzes eine vierjährige Grundschule ein. Die Eltern müssen entscheiden, ob ihr Kind eine Volksschule oder die Elementarschule einer höheren Schule besuchen soll.

19. Mai | OB Lautenschlager würdigt im Gemeinderat den am 13. Mai verstorbenen Eduard Pfeiffer, der »allen wohltätigen und gemeinnützigen Unternehmungen in der Stadt seinen Stempel aufgedrückt« habe.

21. Mai | Die 1915 in Berlin gegründete Weltkriegsbücherei mit ihren mehr als 45 000 Druckschriften zum Ersten Weltkrieg hat eine neue Heimat in Schloss Rosenstein gefunden.

1. Juni | Um den Neckar zur Schifffahrtsstraße mit Wasserkraftwerken auszubauen, gründen das Reich, die Länder Hessen, Baden, Württemberg und die Stadt Stuttgart die Neckar-AG.

2. Juni | Gemeinderätin Charlotte Armbruster beantragt im Gemeinderat, gegen Anstand und Sitte verstoßende Elemente müssten aus dem Sonnen-, Luft- und Wasserbad auf dem Cannstatter Wasen verwiesen werden. Wie verlautet, tragen dort Männer vielfach keine Badehosen, sondern »Lätze«.

9. Juli | Im Cannstatter Kursaal verabschiedet die Stadtverwaltung die Bezirksausschüsse für die Lebensmittelkartenausgabe. Sie haben sechseinhalb Jahre ehrenamtlich bei der Lebensmittelverteilung mitgewirkt.

1. September | Eine Städtische Lichtbildstelle nimmt ihre Arbeit auf. Sie sammelt Motive aller Wissensgebiete, um sie Schulen und freier Volksbildung zur Verfügung zu stellen.

13. September | Teuerung auf der einen, sinkende Fahrgastzahlen auf der anderen Seite liefern die Argumente für einen Tarifkonflikt bei der Straßenbahn. Nach langwierigen Verhandlungen, einem Schlichtungsbeschluss, den die Straßenbahner ablehnen, und einer vom Innenministerium anberaumten Vergleichsverhandlung beginnt ein wilder Streik.

Mit umgebauten Kampfflugzeugen vom Typ »Halberstadt CL.IV.« richtet der Weltkriegspilot Paul Strähle zwischen Stuttgart, Konstanz und Nürnberg einen Passagier- und Postverkehr ein.

18. September | Aus dem Königlichen Konservatorium für Musik geht die Württembergische Hochschule für Musik hervor. Die musikalische Laienbildung übernimmt das Neue Konservatorium für Musik unter Alfred Adler.

23. September | Nach Verhandlungen mit dem Finanzministerium wird die Steuerschuld der Firma Daimler für 1919 und 1920 um 11,25 Millionen Mark ermäßigt. Sie hatte mit Verlegung ihres Firmensitzes nach außerhalb gedroht.

Teures Telefonieren

Der Reichspostminister erließ mit Zustimmung des Reichsrats eine Fernsprechordnung, die am 1. Oktober in Kraft trat. Die einmaligen Gebühren betrugen 200 Mark für einen Haupt-, 100 Mark für einen Nebenanschluss im selben Gebäude. 300 Mark kostete ein Nebenanschluss in einem anderen Gebäude. Erheblich waren auch die laufenden Gebühren. Zum Beispiel waren bei Anschlüssen, die mehr als fünf Kilometer von der Vermittlungsstelle Ortsgespräch entfernt lagen, für je 100 Meter Doppelleitung außerhalb des Fünf-Kilometer-Kreises jährlich 36 Mark zu entrichten, für eine Querverbindung zwischen verschiedenen Grundstücken gar 804 Mark. Das Gespräch von einer öffentlichen Sprechstelle aus kostete 50 Pfennige, die vorherige Übermittlung des Namens der Person, mit der ein Ferngespräch geführt werden soll, zwei Mark. – Weil es an Anschlüssen fehlte und Wohnungsnot herrschte, durften Anschlüsse gemeinsam genutzt und mehrere Teilnehmer für einen Anschluss ins Telefonbuch eingetragen werden. *(»Amts- und Anzeigenblatt der Stadt Stuttgart«, 1921)*

Am 2. Oktober 1921 starb Wilhelm II., Württembergs letzter, im November 1919 zurückgetretener König, in Bebenhausen. Über Feuerbach, wo dieses Bild entstand, führte sein Leichenkondukt zur königlichen Gruft nach Ludwigsburg.

6. Oktober | Eine Untersuchung der Schulkinder hat ergeben, dass gegenüber 1914 weiterhin eine Wachstumsdifferenz besteht. An Gewicht haben vor allem die jüngeren Kinder zwar aufgeholt, aber auch hier beträgt die Differenz immer noch bis zwei Kilogramm.

21. Oktober | Der Gemeinderat lehnt die geplante Verstaatlichung der Polizei als Eingriff in das städtische Selbstverwaltungsrecht ab und ersucht den Landtag, einen entsprechenden Gesetzentwurf abzulehnen.

22. Oktober | Kartoffeln werden nicht mehr bewirtschaftet, deshalb steigen, auch durch Ausfuhren bedingt, die Preise rasch auf über 60 Mark pro Zentner.

6. November | Trauerfeier der Stadtverwaltung für den am 2. Oktober verstorbenen Herzog Wilhelm, der als König Wilhelm II. bis 1918 bei den Stuttgartern in hohem Ansehen stand.

7. November | Die Mark ist auf das Eintausendsiebenhundertstel ihres Nennwertes gefallen. Der städtische Haushaltsreferent wird deshalb ermächtigt, die Finanzmaßnahmen der Inflation anzupassen.

24. November | Ein Brand am 16. November im Gaisburger Gaswerk beschäftigt wiederholt den Gemeinderat. Ein Gasbehälter hat schweren Schaden davongetragen, ohne dass die Ursache des Unglücks ermittelt werden konnte.

15. Dezember | Am 8. Dezember ist der ehemalige OB Heinrich von Gauß gestorben. Sein Vorgänger, sagt OB Lautenschlager im Gemeinderat, habe sich bemüht, der Stadt räumliche Ausdehnung zu ermöglichen und ihre Selbstständigkeit zu bewahren. Ihm verdanke man die Kommunalisierung von Gas- und Elektrizitätswerk sowie die Neubauten von Rathaus und Schlachthof.

Zahlenspiegel | Die Stadt hat 317 868 Einwohner, 149 277 Männer (47 %) und 168 591 Frauen (53 %).

1922

7. Januar | Mit Ausnahme der Spar- und Girokasse und des Standesamtes bleiben die städtischen Kanzleien wegen Brennstoffmangels geschlossen.

---

12. Januar | Das *»Amtsblatt«* teilt mit, dass in Stuttgart 5092 Wohnungen fehlen (Stichtag 1. Juli 1921).

---

2. Februar | Im Gemeinderat dankt OB Lautenschlager dem württembergischen Eisenbahnpersonal, das einem Streikaufruf aus Berlin nicht gefolgt ist. Das habe der Großstadtbevölkerung große Not erspart.

---

18. März | Beginn eines Metallarbeiterstreiks gegen die Heraufsetzung der Wochenarbeitszeit von 46 auf 48 Stunden, der sich bis 24. Mai hinzieht.

---

30. März | Die Kommunisten beantragen im Gemeinderat vergebens, Streikenden und Ausgesperrten Erwerbslosenunterstützung zu gewähren.

Hundert Mark für tausend Loch

Dauernde, gut bezahlte Heimarbeit wird geübten Stopferinnen angeboten. »Für tausend gestopfte Loch werden hundert Mark bezahlt. Anmeldungen unter Vorlegung eines selbstgearbeiteten Musters« werden im Städtischen Arbeitsamt entgegengenommen. Gut bezahlte Heimarbeit wird auch geübten, zuverlässigen Damen versprochen, die im Häkeln von wollenen Jacken geübt und erfahren sind. *(»Amts- und Anzeigenblatt der Stadt Stuttgart«, Nr. 122 und Nr. 126, 1922)*

20. April | Die Kommunisten im Gemeinderat fordern, dass den Kindern Streikender und Ausgesperrter unentgeltlich Milch verabreicht wird. Auch sollen vom Streik Betroffene bei Notstandsarbeiten eingesetzt, Gas- und Stromgebühren sollen ihnen gestundet werden. Der Antrag findet keine Mehrheit.

---

27. April | Mit einem Sechs-Punkte-Vorschlag versucht OB Lautenschlager vergeblich zu erreichen, dass Streik und Aussperrung in der Metallindustrie beendet werden.

9. Mai | Unter Hinweis auf die »kolossale Teuerung«, die manchen zum Verzicht auf die gewohnte Badereise zwingen werde, lädt der Pächter des Stadtgartens zum Abonnement auf Konzerte und Bälle ein.

---

1. Juni | Botnang und Kaltental werden eingemeindet, Esslingen erhält Brühl im Tausch gegen Obertürkheim und Hedelfingen.

In den 1920er-Jahren traf man sich im Stadtgarten

»Besonders schön ist's immer beim Amerikafest gewesen. Der Kapitän Schneider ist im Stadtgarten mit seinen Löwen auch aufgetreten und die Cilly mit ihrem Schimmel, und sogar einmal ein weiblicher Tenor aus Italien, der zum Jubel der Damen einmal anders herum sang: Ach wie so trügerisch sind Männerherzen! Eine große Freilichtbühne ist extra fürs Varieté gebaut worden und zu Tausenden sind abends die Stuttgarter hergeströmt. Im Winter ist's in den Festräumen weitergegangen – und die Presse, die Leute vom Theater und noch viele andere haben da ihre Feste gefeiert. Der Höhepunkt ist aber immer das Jahresfest des Württembergischen Automobilclubs gewesen. Bei Kerzenschein ist man im großen Saal an der Festtafel gesessen, und dann hat der Jungeblodt sein halbes Hundert Kellner aufmarschieren lassen. Von drei Seiten sind sie eingezogen, die Musik hat einen Marsch gespielt und die Schwarzfräcke haben so in Schulterhöhe riesige Platten hereingetragen; auf denen haben in Glaslampen Lichter geflackert.« *(»Stuttgarter Zeitung«, 13. Juni 1953)*

10. Juni | Aufgrund der Teuerung muss die Straßenbahn ihren Mitarbeitern eine Zulage von 1000 Mark monatlich gewähren. Damit wird die zweite Fahrpreiserhöhung in weniger als zwei Monaten unausweichlich.

---

18. Juni | Beim ersten Solitude-Rennen seit 15 Jahren sind erstmals Automobile zugelassen. 50 000 Zuschauer wollen das Bergrennen über 7 Kilometer von Heslach zur Solitude sehen.

---

28. August | Der Preis für ein Kilogramm Weißbrot hat sich seit Mitte Juli von 30 auf 60 Mark verdoppelt.

---

1. September | Gäste, die über die Polizeistunde hinaus in Lokalen verweilen, mussten bisher für die beiden ersten

Stunden 15 Mark, danach 20 Mark Nachtsteuer bezahlen. Nun beträgt diese Abgabe 45 bzw. 60 Mark pro Stunde.

13. September | Oskar Schlemmers »Triadisches Ballett« wird im Kleinen Haus uraufgeführt.

Der Turm des Stuttgarter Hauptbahnhofs

Er beherbergte in seinen neun Obergeschossen einst neben einem Hotel auch einen noblen Speisesaal für 100 Personen, ein Konferenzzimmer, ein Café, einen Teesalon, eine Wein- und Likörstube, ein Weinrestaurant sowie drei Säle, in denen täglich Künstlerkonzerte stattfanden. Zur Eröffnung am 5. Oktober 1922 ließ der Pächter Eugen Bürkle verkünden: »Nicht nur die verehrten Stammgäste und Besucher aus der Landeshauptstadt, sondern auch die flüchtigen Reisenden, die mit kurzem Aufenthalt Stuttgart berühren, sollen das Beste aus Küche und Keller vorfinden, die Behaglichkeit der Räume genießen und einer gewissenhaften Bedienung versichert sein. (...) Darüber befindet sich die aussichtsreiche Plattform, die in den Sommermonaten bewirtschaftet wird. Die Plattform ist das ganze Jahr von vorm. 10 Uhr ab für jedermann zugänglich und bietet einen prächtigen Rundblick über das ganze Stadtbild und Umgebung.«
(»Stuttgarter Neues Tagblatt«, 5. Oktober 1922)

14. September | Der Gemeinderat setzt einen Sparausschuss ein, der vorschlagen soll, welche Ausgaben unterbleiben und welche Sparmaßnahmen eingeleitet werden können.

1. Oktober | Zahlreiche Ausstattungsstücke der ehemals königlichen Schlösser werden versteigert. Für nur 3,5 Millionen (Papiermark während der Inflationszeit!) werden 103 Gemälde und andere Kunstgegenstände verschleudert.

5. Oktober | Weil Bargeld knapp ist, hat sich die Stadt vom Reich die Herausgabe von Notgeld genehmigen lassen. Heute kommen die ersten 1000-Mark-Scheine in den Verkehr.

Links: Das Reichsbahnhotel im Hauptbahnhof verfügte über 100 modern eingerichtete Zimmer, davon 38 mit Privatbad, zu Preisen von 4 bis 20 Reichsmark.

DAS HOTEL IM BAHNHOF

HAUPTBAHNHOF MIT REICHSBAHNHOTEL

REICHSBAHN-
HOTEL

C. LOEBLE

Reichsbahnhotel Stuttgart. 100 modernst eingerichtete Zimmer, davon 38 mit Privatbadezimmer. Abgeschlossene Wohnungen. Konferenzzimmer und Ausstellungsräume. Bekannt gute Küche. Bestgepflegte Weine. Autoboxen im Hotel.

Reichsbahnhotel Stuttgart, situated in the Centralstation. Newly opened July 1927. 100 rooms. 38 with private bath. Fine suites of rooms. Exquisit Kitchen. Boxes for Autos.

Reichsbahnhotel Stuttgart (Terminus Hotel), situé dans la gare centrale. Maison de premier ordre, ouverte avec le dernier confort, au mois de Juillet 1927. 100 chambres. 38 bains privés. Appartements. Cuisine bien soignée. Auto Garage.

Rechts: Zum Dienstleistungsangebot im Hauptbahnhof gehörte auch ein Friseursalon

12. Oktober | Der Gemeinderat beschließt Notstandsmaßnahmen für Arme, in Not geratene Angehörige des Mittelstandes sowie Schwerkriegsbeschädigte und ihre Familien.

17. Oktober | Werksangehörige haben Auto-Zubehörteile im Wert von rund zwei Millionen Mark aus einem Lager der Daimler-Werke entwendet. Die Täter wurden gefasst, ihre Beute großenteils sichergestellt.

21. Oktober | Der neue Hauptbahnhof wird eingeweiht. OB Lautenschlager erinnert daran, dass der Bonatz-Bau schon der dritte Stuttgarter Bahnhof ist.

7. November | Angesichts unkontrollierbarer Geldentwertung wird Rechtsrat Kopp ermächtigt, die städtischen Geschäfte den Verhältnissen entsprechend weiterzuführen.

Die Anfang des Jahres gegründete SA Stuttgart »bewacht« erstmals öffentliche Versammlungen der NSDAP.

14. November | Die Polizeidirektion warnt: »Wer unbefugt einen bewaffneten Haufen bildet oder befehligt oder sich einem solchen anschließt, wird mit Gefängnis bestraft, sofern nicht noch schwerere Strafandrohungen in Betracht kommen.«

Polizeibericht

»Die von der Ortsgruppe Stuttgart der nationalsozialistischen Partei am Sonntag, den 10. Dezember 1922 abends 8 Uhr, im Reichshof veranstaltete Versammlung, in der ein gewisser Max Weber aus München über Nationale und Internationale sprechen sollte, wurde durch eine Gruppe von 40 bis 50 Kommunisten gesprengt. Die Demonstranten unterbrachen den Redner von Anfang an durch fortgesetzte Zwischenrufe. Als diese auf den Hinweis der Versammlungsleitung, gegenteilige Auffassungen könnten in der nachfolgenden Aussprache zum Ausdruck gebracht werden, nicht aufhörten, griff der von ihr eingerichtete, mit Gummiknüppeln versehene Saalschutz ein, um die Ruhestörer aus dem Saal zu entfernen. Es entstand eine regelrechte Schlägerei, bei der die Kommunisten mit Stühlen zuschlugen und mit Gläsern warfen. Eine stärkere Abteilung der Schutzmannschaft, die von der Polizeidirektion vorsorglich auf der nächsten Polizeiwache bereit gestellt worden war, räumte daraufhin den Saal, soweit die Versammlungsteilnehmer nicht inzwischen geflüchtet waren, und zerstreute die auf die Straße geratenen Streitenden.« *(»Amts- und Anzeigenblatt der Stadt Stuttgart«, Nr. 146, 1922)*

Das Dachgarten-Restaurant im neunten Stock des Hauptbahnhofturms bot den Besuchern einen grandiosen Blick auf die Stadt: links die Kuppel des Kunstgebäudes, in der Mitte der baumbestandene Schloßplatz, dahinter die Türme von Rathaus und Stiftskirche und rechts die lange Achse der Königstraße.

10. Dezember | Die Ersatzwahl zum Gemeinderat lässt eine Tendenz nach rechts erkennen: Die neue Deutsche Volkspartei gewinnt vier, die Deutschnationalen 12 statt bisher zehn Sitze. 211 604 Wahlberechtigte haben 110 036 Stimmzettel abgegeben, darunter 308 ungültige.

12. Dezember | Die württembergische Regierung verbietet öffentliche NSDAP-Versammlungen. Nach der Saalschlacht mit Kommunisten am 10. Dezember hat die NSDAP für eine Veranstaltung in Göppingen Schlägertrupps aus Bayern angefordert.

Nach neun Jahren Bauzeit wurde in der Nacht vom 22. zum 23. Oktober erstmals der Zugverkehr am neuen Hauptbahnhof aufgenommen. Vollendet war das Bauwerk aber erst Ende 1927.

Zahlenspiegel | Nach den Eingemeindungen von Botnang, Hedelfingen, Kaltental und Obertürkheim ist die Einwohnerzahl auf 330983 gestiegen. Der männliche Bevölkerungsanteil ist von 43,3 (1917) auf 47,3 Prozent gestiegen. Die Fläche hat um 2016,2 ha auf jetzt 8538,8 ha zugenommen. 7032 Viehhalter verfügen über 2028 Pferde, 1192 Rinder, 885 Schafe, 2194 Schweine, 62222 Stück Geflügel und 1734 Bienenstöcke.

1923

1. Januar | Gegen den Widerstand des Gemeinderats gehen die polizeilichen Befugnisse von der Stadt weitgehend an die Landesbehörde Polizeipräsidium Stuttgart über. Der heutige Termin, teilt OB Lautenschlager im Gemeinderat mit, sei der Stadt bis jetzt nur aus der Presse bekannt geworden. Er hoffe, der Übergang werde sich ohne Reibungen vollziehen.

23. und 24. Januar | Schon einen Tag nachdem das *»Stuttgarter Neue Tagblatt«* zu Spenden für das von den Franzosen besetzte Rheinland aufgerufen hat, sind über eine Million Mark eingegangen. Eine Woche später sind es schon 50 Millionen.

Boykott der Franzosen und Belgier
»Die Vereinigung Stuttgarter Hotelbesitzer beschloß in einer Versammlung am Montag bis auf weiteres Franzosen und Belgier nicht mehr aufzunehmen, ihnen keine Verpflegung zu verabreichen und französische und belgische Erzeugnisse nicht mehr zu führen. – Die Stuttgarter Gasthofbesitzer und Wirte haben sich diesem Beschluß angeschlossen.« *(»Schwäbischer Merkur«, 25. Januar 1923)*

4. Februar | Der letzte Heimkehrer aus französischer Gefangenschaft kommt nach Stuttgart zurück.

7. April | Der Verein bildender Künstler »Stuttgarter Secession« wurde ins Vereinsregister eingetragen. Mitglieder sind u.a. Bernhard Pankok, Alfred Lörcher und Wilhelm Fehrle. Vorstand ist Professor Arnold Waldschmidt, sein Stellvertreter der Kunstmaler Reinhold Nägele.

19. April | Rechtsrat Fritz Elsas berichtet dem Gemeinderat über die sprunghafte Zunahme der Erwerbslosen: 390 am 1. Februar, 500 am 1. März, 1060 am 1. April, 1180 am 17. April.

14. Mai | Die Stuttgarter SA meldet in die Münchener Parteizentrale der NSDAP, dass sie eine Stärke von zwei Hundertschaften à 75 Mann erreicht hat und mit 20 Gewehren, 20 Pistolen und 40 Gummiknüppeln ausgerüstet ist.

Mai | Die Ortsgruppe der NSDAP ist binnen zehn Monaten von weniger als 100 auf 800 Mitglieder angewachsen.

6. Juni | Kommunistische Massenversammlungen stehen unter dem Motto »Gegen Hunger und Sklaverei, für die Arbeiterregierung, für den Kampf gegen den Faschismus«.

30. Juni | An der Sonnwendfeier der Vaterländischen Verbände nehmen Nationalsozialisten und SA-Männer teil. Letztere tragen Waffen und veranstalten im Anschluss eine gefechtsmäßige Felddienstübung. Diese Provokation ahnden die Behörden mit Gefängnisstrafen für 15 der Teilnehmer.

28. Juli | Aus Rheinhessen ausgewiesene Familien werden erwartet. Die Bevölkerung wird aufgerufen, eingerichtete Wohnräume zur Verfügung zu stellen, denn die »Ausgewiesenen kommen ohne jeglichen Hausrat, der von den Franzosen beschlagnahmt ist«.

Stellen frei

Wer sich als »perfekt. Diener für herzogl. Hof nach Schlesien« oder als »Diener-Chauffeur, ged. Kavallerist« in die Gegend von Heilbronn bewerben will, kann sich unter Vorlage von Zeugnissen persönlich beim Arbeitsamt melden. Gleiches gilt für Dienerstellen auf Schlossgütern bei Tübingen und Oberndorf. Ob auch die Abteilung des Arbeitsamts »für bessere Hausangestellte und höhere Berufe, Warte- und Pflegepersonal« persönliches Erscheinen verlangt, geht aus einer Anzeige im *»Amtsblatt«* nicht hervor. Gesucht werden: »Erfahrene Kochlehrerin mit guten Zeugnissen, auf Februar nach auswärts; staatl. geprüfte Lehrerin mit Sprachkenntnissen zu drei Kindern im Alter 13/12, 11 und 7 Jahren, für sofort in die Nähe von Augsburg; Lehrerinnen, die sich die engl. oder franz., spanische oder italienische Sprache im Ausland angeeignet haben, für Sprachlehrinstitut, auf sofort, für hier; evang. musikal. Lehrerin mit Sprachkenntnissen a. sofort nach Linz a. D.; musikalische Erzieherin zu drei Buben im Alter von 10, 9 und 8 Jahren, auf sofort nach auswärts; 4 Fröbelsche Kinderpflegerinnen mit guten Zeugnissen, auf sofort für hier; 11 Kinderfräulein zu größeren und kl. Kindern, für hier und nach auswärts auf sofort; 5 erfahrene, gebildete Fräulein zur Führung von größeren Haushaltungen (Dienstmädchen vorhanden), auf sofort für hier und auswärts; mehrere Jungfern, die schon als solche tätig waren und gut schneidern können, auf sofort für hier und nach auswärts; 25 Stützen, die in allen Zweigen eines Haushalts Erfahrung besitzen, auf sofort u. später für hier und nach auswärts; Wirtschafterin für größeren Gutshof mit 3–4 Dienstmädchen, die Erfahrung im Einschlachten, Brotbacken, in Milchwirtschaft und Geflügelzucht besitzt, auf sofort in die Pfalz; tüchtige Wirtschafterin für größeren Betrieb, auf sofort nach Ulm; Schwester für Privatheilanstalt auf sofort nach Heidelberg; Schwester zu einer nervenkranken 30jähr. Tochter, auf sofort für hier; tüchtige ärztl. Gehilfin, tagsüber, auf sofort für hier; einige Säuglingspflegerinnen auf sofort für hier und nach Nagold; Säuglingspflegerin als Stationsschwester für Säuglingsheilstätte, auf sofort nach auswärts; Säuglingspflegerin als Oberschwester auf sofort nach auswärts; zirka 40 Nachmittagsfräulein zu größeren und kleineren Kindern, auf sofort für hier.« *(»Amts- und Anzeigenblatt der Stadt Stuttgart«, Nr. 3 und Nr. 4, 1923)*

8. August | Bargeldnot zwingt die Stadtverwaltung, in aller Eile Geldscheine im Nennwert von einer Million Mark herauszugeben. Sie tragen, mechanisch vervielfältigt, die Unterschriften des Oberbürgermeisters und des Stadtpflegers. Vor Fälschung schützen zwei Wasserzeichenbänder mit dem Stadtwappen und die Unterschrift eines städtischen Beamten.

13.,14. und 25. August | Auf eine kommunistisch gesteuerte Teuerungskundgebung reagiert die Regierung mit Ausnahmezustand und Auflösung eines Bezirksparteitags der KPD.

16. August | Wie für die Tageszeitungen muss jetzt auch die Bezugsgebühr für das *»Amtsblatt«*, das meist nur noch aus einem Blatt besteht, wöchentlich erhoben werden. Sie beträgt für die laufende Woche 30 000 Mark.

Die Inflation treibt den Brotpreis in die Höhe

1 kg	Schwarz-/Roggenbrot	Weißbrot
8. Januar	440 Mark	520 Mark
1. Februar	950 Mark	1060 Mark
8. Februar	1400 Mark	1700 Mark
30. April	1600 Mark	1900 Mark
14. Mai	1800 Mark	2100 Mark
25. Mai	2200 Mark	2600 Mark
4. Juni	2600 Mark	3000 Mark
11. Juni	3500 Mark	4000 Mark
18. Juni	4300 Mark	5000 Mark
25. Juni	5500 Mark	6200 Mark
6. Juli	11 000 Mark	12 600 Mark
19. Juli	16 000 Mark	20 000 Mark
26. Juli	21 000 Mark	27 000 Mark
2. August	42 000 Mark	52 000 Mark
9. August	74 000 Mark	92 000 Mark
6. September	900 000 Mark	1 100 000 Mark

30. August | Nur zwei Tage nachdem die Regierung den Ausnahmezustand aufgehoben hat, veranstalten die Kommunisten zahlreiche öffentliche Versammlungen mit dem Thema »Hieber-Bolz weichen zurück! Arbeiter stoßt nach!«

18. September | Letzte große nationalsozialistische Veranstaltung in der Liederhalle – wenige Tage später sind öffentliche NSDAP- und KPD- Versammlungen mit der Verhängung des militärischen Ausnahmezustands im Reich verboten.

20. Oktober | Wegen angeblicher Gefährdung der militärischen Eisenbahntransporte nimmt man zahlreiche Kommunisten in Schutzhaft.

3. November | An einer Gedenkfeier für die Kriegsgefallenen nimmt auch die NSDAP teil, jüdische Frontkämpfer und die Organisationen der Arbeiterschaft sind hingegen ausgeschlossen.

6. November | Wer eine fünfköpfige Familie ernähren will, benötigt dafür rund 8,5 Billionen Mark. Ein Pfund Butter schlägt mittlerweile mit 120, Margarine mit 98 und ein Ei mit 10 Milliarden Mark zu Buche.

Im Jahr 1923 erreichte die Inflation ihren Höhepunkt: Im November entsprach eine Goldmark einem Betrag von 1 Billion Papiermark.

1 Liter Vollmilch kostete am	
1. März	680 Mark
11. Mai	820 Mark
1. Juni	1 000 Mark
26. Juni	1 540 Mark
1. Juli	2 280 Mark
16. Juli	4 000 Mark
1. August	9 600 Mark
10. August	24 800 Mark
19. August	116 800 Mark
26. August	248 000 Mark
2. September	372 000 Mark
9. September	680 000 Mark
16. September	1 700 000 Mark
23. September	8 000 000 Mark
30. September	14 800 000 Mark
7. Oktober	20 800 000 Mark
13. Oktober	60 000 000 Mark
17. Oktober	152 000 000 Mark
20. Oktober	200 000 000 Mark
24. Oktober	400 000 000 Mark
27. Oktober	1,72 Milliarden Mark
31. Oktober	3,6 Milliarden Mark
3. November	6 Milliarden Mark
7. November	20 Milliarden Mark
10. November	36 Milliarden Mark
14. November	44 Milliarden Mark
17. November	30 Goldpfennige
1. Dezember	34 Goldpfennige

9. November | Nach Hitlers Marsch auf die Feldherrnhalle in München am 8. November wird die Geschäftsstelle der NSDAP in Stuttgart geschlossen. Innenminister Bolz und Militärbefehlshaber Reinhardt verlautbaren, dass Polizei und Reichswehr die Lage unter Kontrolle haben und sowohl Unterstützung der Putschisten als auch eigenmächtiges Vorgehen gegen sie verboten sind.

15. November | Mit der Ausgabe der Rentenmark ist die Inflation auch in Stuttgart beendet. Für eine Billion Mark erhält man eine Rentenmark. Plötzlich sind alle Geschäfte voll Waren.

Wucher
Auf dem Höhepunkt der Inflation wird die Not der Menschen schamlos ausgenutzt. Gegenstände des täglichen Bedarfs und vor allem Lebensmittel versuchte man, zu weit überhöhten Preisen an die Frau oder den Mann zu bringen. Ein Wengerter aus Obertürkheim wurde zu insgesamt 50 Millionen Mark Geldstrafe, ersatzweise 15 Tage Gefängnis verurteilt, weil er Zwiebeln zu überhöhten Preisen verkauft hatte. Er musste die Kosten sowohl des Urteils als auch für dessen Veröffentlichung im *»Amtsblatt«* tragen. Durch öffentlichen Anschlag auf dem Gemüsemarkt wurde sein Vergehen außerdem bekannt gemacht. 60 Millionen Mark Geldstrafe oder 10 Tage Gefängnis lautete das Urteil gegen einen Bauern aus Bernhausen. Er hatte Wucher mit einem Schwein getrieben. Das Urteil wurde an der Rathaustafel seines Dorfes und im *»Amtsblatt«* bekannt gemacht. Schleichhandel mit Zucker lautete der Vorwurf gegen einen Fabrikanten, zwei Kaufleute und einen Konditor. Ihre Ware wurde beschlagnahmt und Geldstrafen von insgesamt 4200 Milliarden Mark verhängt. Schlimmer wog aber auch hier sicher die öffentliche Anprangerung durch Aushang und im *»Amtsblatt«*.

21. November | Die nationalsozialistische und die kommunistische Partei in Württemberg werden aufgelöst, Letztere mit der Begründung, eine Revolution vorbereitet zu haben.

---

26. November | Auf das beschlagnahmte und von der Polizei besetzte Gebäude der *»Süddeutschen-Arbeiter-Zeitung«* in der Geißstraße wird ein Bombenanschlag verübt.

---

27. November | Ein Polizeioberwachtmeister wird erschossen, als er kommunistische Kampfleiter bei einer illegalen Versammlung überrascht.

---

1. Dezember | Weite Bevölkerungskreise leiden Not. Es möge sich melden, bittet die Stadtverwaltung, wer Bedürftige speisen kann.

---

29. Dezember | Die Polizei verhaftet im Stuttgarter Theaterrestaurant die gesamte württembergische Bezirksleitung der verbotenen KPD. Die Kommunisten werden zu Haftstrafen zwischen einem und sechs Jahren verurteilt.

Zahlenspiegel | Die Stadt hat 325 910 Einwohner, 5073 weniger als im Vorjahr. Der Rückgang erklärt sich zum Teil durch 28 904 Wegzüge, die durch 24 048 Zuzüge nicht aufgewogen werden (Saldo –4856). Gegenüber einer Erhebung vor zwei Jahren hat die Zahl der Wohnungsuchenden um 1792 auf jetzt 6884 zugenommen (Stichtag 1. Juli). Dem steht die Zahl von 647 fertiggestellten Wohnungen gegenüber.

1924

Ende Februar | Nach einer aufsehenerregenden Verfolgungsjagd mit Autos gelingt es der Polizei, einige Mitglieder der »deutschen Tscheka«, einer kommunistischen Terrorgruppe, festzunehmen.

---

20. März | Der Gemeinderat und OB Lautenschlager lehnen die Wiedereinführung der Sommerzeit einmütig ab. Die württembergische Regierung wird gebeten, diese Position gegenüber den zuständigen Reichsinstanzen zu vertreten.

---

29. März | Gewerkschafter und Sozialdemokraten gründen den genossenschaftlich organisierten Bau- und Heimstättenverein mit dem Ziel, Mitgliedern gesunde Wohnungen oder Heimstätten mit Gartenland bereitzustellen.

Für die Stadtgarten-Saison wird zum Abonnement eingeladen. Mit »einer sibirischen Tigertruppe und der ersten exotischen Völkerschau, die seit 1912 nach Deutschland kommt« werde den Wünschen des Publikums entsprochen.

---

1. April | Die städtischen Fürsorgeeinrichtungen werden im Wohlfahrtsamt zusammengefasst.

---

16. April | Die kunst- und kulturgeschichtlichen Sammlungen des Landes sind nunmehr im Neuen Schloss der Öffentlichkeit zugänglich.

19. April | Ein Streik der Buchdrucker legt die Presse weitgehend lahm. Die bürgerlichen Zeitungen können fünf Tage lang nur als gemeinsames Mitteilungsblatt erscheinen.

5. Mai | Bei der Landtagswahl geben 80,2 Prozent der Wahlberechtigten ihre Stimme ab. Die KPD kann ihren Anteil von 6,2 auf 19,4 Prozent erhöhen. Als Kandidat der Nationalsozialistischen Freiheitsbewegung zieht Christian Mergenthaler neu in den Landtag ein.

11. Mai | Am 3. März wurde die »Süddeutsche Rundfunk AG« mit 60 000 Goldmark Stammkapital gegründet. Heute vernehmen geladene Gäste im Weißen Saal des neuen Schlosses aus einer trichterförmigen Lautsprecheranlage das erste Programm. Außerdem empfangen 9839 angemeldete Hörer diese erste Übertragung.

Der gepflegte Stadtgarten und das dort ansässige Varieté mit Darbietungen international renommierter Künstler waren im Sprachgebrauch der Stuttgarter Synonyme.

28. Mai | »Neue Deutsche Kunst« im Kunstgebäude mit bedeutenden Werken der Moderne. Die Fachwelt ist voll des Lobes, konservative Kreise empören sich über »Verhöhnung deutscher Kunst und Kultur«.

13. Juli | Auf einer im Zuge der Neckarregulierung angelegten Insel wird das Inselbad mit einem Schwimmfest eingeweiht. Den durch den enormen Besucherandrang bald notwendigen Erweiterungsbau errichteten Paul Bonatz und Friedrich Scholer 1927 bis 1929.

Vorführung der Sommermoden im Stadtpark

»Das riesengroße Café ist überfüllt: kleine Bürger, Handlungsgehilfen, Kontoristen, Doktoren und Buchhändler der zwanzig Musterbuchhandlungen bringen hier ihren Tagesverdienst durch, indem sie Torte essen oder schlechte Erdbeerbowle trinken. Die Erinnerung an die Inflation öffnet die Geldbörse selbst berüchtigter Geizhälse. (…) Augenblicklich trinken sie hier, essen und betrachten die defilierenden Mannequins. Die Neuheiten der Pariser Mode werden hier bis ins Komische übertrieben. Aber die Zuschauer lachen nicht, sie seufzen begeistert. Sie betrachten ein hübsches junges Mädchen im Badetrikot, das einen riesengroßen Gummidelphin anpreist, als wäre sie die Sixtinische Madonna. Unwillkürlich erwartet man ein lautes Nasenschnauben. Auch dem Mädchen fehlt die puppenhafte Leichtigkeit ihrer Pariser Berufsgenossinnen. Sie wird allen Ernstes verlegen. Sie wird allen Ernstes rot. Ihre Augen, die geradezu anekdotisch verträumt sind, suchen an den Cafétischen nicht nur nach reichen Mäzenen, sondern auch nach dem klassisch armen, seufzenden Verehrer, der bürstenartig geschorenes Haar bei Gott nicht schlechter zu tragen weiß als die Locken seligen Angedenkens.« *(Aus: Ilja Ehrenburg, »Ein Russe und die goldenen Zwanziger«)*

15. August | Hitler spricht vor über 3000 Zuhörern in der Liederhalle. Parteivorstand Eugen Munder dankt der württembergischen Staatsregierung, dass sie Hitler reden lässt, obwohl ihm vom Reich Redeverbot auferlegt ist.

6. September | Jubel in Stuttgart, als sich der »Amerikazeppelin« am Himmel zeigt. Das erste nach dem Krieg gebaute Luftschiff wird als Reparationsleistung am 12. Oktober von Dr. Hugo Eckener in die USA überführt.

Oktober | Als die Polizei wie jedes Jahr am Ende des Volksfestes den Cannstatter Wasen räumt, kommt es zu Schlägereien mit Reichswehrsoldaten und Besuchern, die Anti-Hitler- und rote Kampflieder singen.

In der Altstadt

»Am Fleischmarkt sagt man zu dieser Gegend im Stuttgarter Straßenjargon. Da und dort gehen die schmalen, im Schatten von Erkervorsprüngen gelegenen Türen an den kleinen, windschiefen Häuschen auf und zu. Die Mädchen kommen und gehen. Doch wenn man selbst einmal auf die Klinke drückt, geht die Tür nicht auf. Auch heraus kann niemand von innen, dem nicht geöffnet wird. Neben diesen Lasterhäuschen stehen andere Häuser – äußerlich durch gar nichts unterschieden –, in denen brave Bürger wohnen. So sieht man an einem Fenster Mädchen mit knallroten Lippen sich herauslehnen und den Rauch ihrer Zigaretten träumerisch in die Abendluft blasen. Im Haus daneben, kaum einige Meter entfernt, gewahrt man eine behäbige Bürgersfrau, die am Fenster sitzend die letzte Dämmerung zum Fertigstopfen eines Strumpfes nützt. Wenn abends die Töchter dieser Leute vom Kränzchen oder dem Kino nach Hause kommen, schließen sie rasch und ängstlich das Haustor hinter sich. (...) So wohnen die anständigen Bürger und die leichten Mädchen dicht nebeneinander, sich gegenseitig in Gleichmut übersehend.« *(Aus: Fritz West, »So ist Stuttgart«)*

Von der engen und verwinkelten Altstadt – hier die Gasse »Unter der Mauer« unweit der Stiftskirche – hat der Zweite Weltkrieg kaum etwas übrig gelassen.

6. November | Der Gemeinderat beschließt, vom Wohlfahrtsamt ein »Ehrenbuch der Gefallenen Stuttgarts 1914–1918« herausgeben zu lassen.

15. November | Die Luftverkehr Württemberg Stuttgart AG wird gegründet. Damit will die Stadt ihre Einbindung in den internationalen Flugverkehr sichern.

26. und 27. November | Rund ein Jahr nach dem Verbot der NSDAP kann ihre Nachfolgeorganisation »Nationalsozialistische Freiheitsbewegung« die erste Großveranstaltung in Stuttgart abhalten. Rund 1000 meist junge Menschen empfangen General Erich von Ludendorff als Hauptredner mit einer Hakenkreuzfahne.

11. Dezember | Um nach Jahren strikten Sparens die Straßenreinigung zu verbessern, werden drei Müllkraftwagen, drei Elektrokarren, eine Gießtonne und ein Straßenbahnsprengwagen angeschafft.

Zahlenspiegel | Die Stadt hat 335 845 Einwohner, mehr als 8 Prozent werden als Sozialrentner, Kriegsbeschädigte und Kriegshinterbliebene oder Kleinrentner unterstützt. Die Zahl der Eheschließungen, seit 1921 rückläufig, hat mit 2406 einen Tiefststand erreicht. 268 Ehen wurden geschieden. Bei anhaltender Wohnungsnot konnten lediglich 264 Wohnungen fertiggestellt werden. Das neu gegründete Wohlfahrtsamt unterstützt mit 2,8 Millionen Mark 27209 Personen, darunter 18848 Kriegsbeschädigte und Hinterbliebene, 5280 Sozial- und 3081 Kleinrentner. Die hohe Zahl der Bedürftigen ist auch Folge des Ersten Weltkrieges, denn die Inflation hat vielen älteren Bürgern, die von den Zinsen ihres Vermögens gelebt hatten, ihre Einkommensquelle entzogen. 5725 Viehhalter verfügen über 1884 Pferde, 1359 Rinder, 348 Schafe, 1670 Schweine und 57190 Stück Geflügel.

1925

8. Januar | Die Hilfe »Zürich-Stuttgart« wurde zum 31. Dezember 1924 beendet. Im Gemeinderat dankt Bürgermeister Ludwig für die zwei Jahre lang gewährte Unterstützung.

Das stadtärztliche Amt heißt jetzt Gesundheitsamt und steht unter Leitung des dienstältesten Stadtarztes.

5. Februar | Stuttgart wehrt sich gegen die von der Regierung erzwungene Erhöhung seines Beitrags zum Landestheater, muss jedoch für die nächsten fünf Jahre eine 40-prozentige Beteiligung akzeptieren.

11. März | Die Stuttgarter NSDAP ist »wiedergeboren«, eine Mitgliederversammlung stellt sich bedingungslos hinter Hitler.

1. April | Zahlreiche kriegs- und inflationsbedingt entstandene Hilfseinrichtungen führen ihre Arbeit im neu gegründeten Stuttgarter Wohlfahrtsverein fort.

20. April | Eröffnung des Luftverkehrs auf dem Flugplatz Stuttgart-Böblingen. Von Zürich kommend, landet ein Passagierflugzeug des Deutschen Aerolloyd und setzt seine Reise nach Hamburg fort.

Zumutbare Ruhestörung?

Am 14. Mai 1925 beklagt der kommunistische Abgeordnete Hoppmann in öffentlicher Sitzung des Gemeinderats: »Vor dem Solituderennen fühlten sich viele Heslacher durch den Lärm, den die schon um drei Uhr morgens zu Übungsfahrten startenden Kraftwagen und Motorräder verursachten, in ihrer Nachtruhe empfindlich gestört.« OB Lautenschlager findet das begreiflich und will das Polizeipräsidium ersuchen, die Belästigung der Bevölkerung zu vermeiden. Er vermag allerdings nicht zu sagen, ob damit geholfen sei. Überdies gingen die Übungsfahrten mit dem morgigen Tag zu Ende. »Dann höre die Nachtruhestörung auf, über die – nebenbei bemerkt – in den andern an der Rennstrecke liegenden Ortschaften anscheinend nicht geklagt werde. Denn dort bemühe man sich mit allen Kräften, die Kraftfahrer an sich zu ziehen.« *(»Amts- und Anzeigenblatt der Stadt Stuttgart«, Nr. 57, 19. Mai 1925)*

1925 fand das Solitude-Rennen erstmals auf einem 22,3 Kilometer langen Rundkurs statt, Start und Ziel war das namensgebende Schloss.

16. Mai | Zur Ausstellung »Das Schwäbische Land« und zum Auftakt des »Stuttgarter Kunstsommers 1925« erscheint, von Rechtsrat Fritz Elsas herausgegeben, »Stuttgart, Das Buch der Stadt«.

21. Mai | Das »Haus des Deutschtums« im Alten Waisenhaus am Charlottenplatz wird in Anwesenheit von Reichskanzler Hans Luther und Außenminister Gustav Stresemann eröffnet.

28. Mai | In der Villa Berg wird eine Gemäldesammlung württembergischer Meister eröffnet. Marchese di Casanova hat der Stadt rund 80 Werke von Otto Reiniger, Hermann Pleuer u. a. als Stiftung zugewandt.

23. Juli | Zwölf Arbeiter werden verletzt, als kurz nach der Mittagspause eine Sturmböe die im Bau befindliche Stadthalle an der Neckarstraße niederlegt.

15. August | Hitler, im Reich noch weithin mit Redeverbot belegt, spricht in der Liederhalle über »Wesen und Ziele des Nationalsozialismus«.

23. bis 25. August | 64. Deutscher Katholikentag

Die Berufsfeuerwehr
Sie verfügte 1925 über 6 Autospritzen, 4 Autodrehleitern, 1 Rettungsauto, 1 Geräteauto, 1 Stabsauto, 4 Sanitätsautos, als Anhänger 1 Tierrettungsauto und 1 Rettungsbootwagen. Damit die Brände möglichst schnell gemeldet werden konnten, waren 365 öffentliche Feuermelder im Stadtgebiet aufgestellt. »Durch Ziehen an einem Griff oder bei den neueren Feuermeldern durch Drücken an einem Knopf wird bewirkt, daß sich annähernd im gleichen Augenblick im Telegraphenzimmer der Feuerwache auf ablaufenden Papierstreifen die Nummer des gezogenen Feuermelders in Morsezeichen zu erkennen gibt. Der diensttuende Telegraphist der Feuerwache setzt daraufhin sofort die Alarmglocke der Feuerwache in Bewegung, schaltet bei Nacht das Alarmlicht ein und in längstens dreiviertel Minuten stehen die Mannschaften, die über Nacht halb angezogen auf ihren Lagerstätten ruhen und Rutschstangenverbindungen mit dem Depot haben, an den Fahrzeugen abmarschbereit.« *(»Stuttgart. Das Buch der Stadt«, 1925)*

11. und 12. November | Paul von Hindenburg, am 26. April zum Reichspräsidenten gewählt, besucht Stuttgart. Tausende Bürger empfangen ihn begeistert.

28. November | Der Flaschnermeister Karl Dempel gründet die erste Stuttgarter Abteilung der Schutzstaffel (SS) der NSDAP.

6. Dezember | Bei der Gemeinderatswahl fällt die NSDAP auf 1,3 Prozent bzw. 1325 abgegebene Stimmen zurück. Stärkste Kraft bleibt die SPD mit 24,8 Prozent, gefolgt von Deutscher Demokratischer Partei mit 17,3 Prozent, Deutschnationaler Volkspartei mit 17 Prozent, KPD mit 15,4 Prozent, Zentrum mit 9,8 Prozent, Deutscher Volkspartei mit 8,7 Prozent und Christlicher Volksdienst mit 5,7 Prozent.

Zum Deutschen Katholikentag kam neben anderer klerikaler und politischer Prominenz im August 1925 auch der Apostolische Nuntius für Deutschland, Eugenio Pacelli, nach Stuttgart, der ab 1939 als Papst Pius XII. die Geschicke der katholischen Kirche leiten sollte.

13. Dezember | Bischof Keppler weiht die nach Entwürfen von Clemens Hummel errichtete katholische Fideliskirche in der Seidenstraße.

14. Dezember | Das Tiefbauamt teilt mit, Untertürkheim sei an die Zentralkläranlage in Mühlhausen angeschlossen, der Einrichtung von Spülaborten stehe nichts mehr entgegen.

Zahlenspiegel | Stuttgart ist die einzige Großstadt Württembergs. Hier leben 13,2 Prozent der württembergischen Bevölkerung: 341967 Einwohner verteilen sich auf 87 657 Haushalte. 179 378 (52,5 %) Einwohner sind weiblichen, 162 589 männlichen Geschlechts, mit 47,5 Prozent hat der Anteil Letzterer einen Höchststand erreicht (Stichtag 16. Juni). In 21 788 Arbeitsstätten werden 169 346 Beschäftige gezählt, davon sind mehr als 60 Prozent im produzierenden Gewerbe tätig. 264 342 (77,3 %) Einwohner gehören der evangelischen, 64 825 (19 %) der katholischen, 12 800 (3,7 %) einer anderen oder keiner Konfession an. Unter 4272 hier lebenden Ausländern bilden Österreicher (912), Schweizer (860), Tschechoslowaken (566) und Polen (529) die stärksten Gruppen. In der Stadt existieren 167 Turn- und Sportvereine mit 44 146 aktiven und 17 724 inaktiven Mitgliedern. Die Straßenbahnen haben mit 345 Triebwagen und 277 Anhängern auf 79 Kilometer Streckenlänge über eine Million Personen befördert.

1926

1. Februar | In der Nacht haben die Besatzungstruppen Köln geräumt. OB Lautenschlager sendet seinem Kollegen Konrad Adenauer ein Glückwunschtelegramm.

Links: In Stuttgart wie in ganz Deutschland sollte die Bevölkerung während der Reichsgesundheitswoche vom 18. bis 25. April mit Ausstellungen, Vorträgen und Filmen über eine gesunde Lebensführung informiert werden.

Rechts: Benz & Cie und die Daimler Motoren-Gesellschaft zeigen ihre Fusion an. Noch sind der Dreizackstern von Mercedes und der Lorbeerkranz von Benz nicht zu einem Zeichen vereinigt.

10. Februar | Beeinflusst von Martin Buber, begründen Otto Hirsch und Leopold Marx den Verein Jüdisches Lehrhaus, der Juden wie Christen mit Vorträgen und Kursen die jüdische Glaubenswelt näher bringen will.

---

1. April | Nach langwierigen Beratungen des Gemeinderats nimmt ein »Stadtamt für Leibesübungen« (heute Sportamt) seine Tätigkeit auf.

---

17. und 18. April | Gauparteitag der NSDAP. Hitler und Goebbels sprechen vor Tausenden im Wulle- und im Dinkelackersaal.

Vielfältige Wirkung des Schwarzbrots

Um den Verbrauch von Schwarzbrot zu steigern, will die städtische Preisprüfungsstelle die Gastwirte veranlassen, neben Semmeln auch Schwarzbrot bereitzustellen. Höherer Schwarzbrotverbrauch führe nämlich zu bedeutenden Ersparnissen, sei gesund, könne die missliche Lage der deutschen Landwirtschaft verbessern und die Handelsbilanz günstiger gestalten. »Wer Schwarzbrot verzehrt«, schließt ein Aufruf im *»Amtsblatt«*, »dient nicht nur sich selbst, sondern auch der deutschen Volksgemeinschaft.« *(»Amts- und Anzeigenblatt der Stadt Stuttgart«, Nr. 9, 1926)*

25. April | Zum Abschluss der Reichsgesundheitswoche Stuttgart wird in Degerloch die Deutsche Waldlaufmeisterschaft der deutschen Turnerschaft ausgetragen.

---

28. und 29. Juni | Die Daimler-Motoren-Gesellschaft und Benz & Cie bilden die Daimler-Benz AG. Firmensitz des fusionierten Unternehmens ist Berlin, die Zentralverwaltung residiert in Untertürkheim.

---

11. Juli | Mit einem von Ferdinand Porsche für die Daimler-Motoren-Gesellschaft konstruierten Achtzylinder-Mercedes gewinnt Rudolf Caracciola auf der Avus den Großen Preis von Deutschland.

---

18. Juli | Die von Baurat Hugo Keuerleber konzipierte Stadthalle an der Neckarstraße wird eingeweiht. Unter dem Dach mit einer Spannweite von 50 Metern stehen 5000 Quadratmeter Fläche für Großveranstaltungen zur Verfügung.

7. August | Erste Fußgängerfurten werden eingerichtet. In den Hauptverkehrszeiten kontrollieren Polizeibeamte die Beachtung der Furten.

21. September | Eine Werbeaktion soll die Schaufensterbeleuchtung auf den neuesten Stand der Lichttechnik bringen. Zugleich, schreibt das *»Amtsblatt«*, »sollen im Geschäftsleben neue, im Ausland gut bewährte Werbemethoden eingeführt werden, die besonders auf eine zuvorkommende Bedienung des Publikums hinzielen (Kundendienst!)«.

23. September | Für die im Ersten Weltkrieg gefallenen 279 Mitarbeiter der Stadt wird im Rathaus eine von Jakob Brüllmann entworfene Gedenktafel enthüllt.

26. bis 28. September | Ein Höhepunkt beim Cannstatter Volksfest sind Flugveranstaltungen des Württembergischen Luftfahrtverbandes. Der ehemalige Jagdflieger Ernst Udet lässt während eines Fluges Trapezübungen an seinem »Flamingo«, einem zweisitzigen Doppeldecker, ausüben.

29. September | Mit zwölf Bussen nimmt die Stuttgarter Kraftwagenlinien GmbH den Verkehr auf. Zwischen Silberburg und Kursaal werden die Haltestellen Wilhelmsbau, Schloßplatz, Neuer Bahnhof, Retraitestraße, Villastraße, König-Karls-Brücke und Wilhelmsplatz angefahren.

Erst »Tempel«, dann »Palast der Republik«

Das städtische Bauamt setzt sich im *»Amtsblatt«* gegen die Kritik zur Wehr, Privatarchitekten bauten billiger als die Stadt. Auch der »kleine Tempel an der Lautenschlagerstraße« – heute »Palast der Republik« – sei schon mehrfach Stein des Anstoßes gewesen. Jedoch müsse jeder einsehen, dass an dieser für das Stadtbild wichtigen Stelle eine unterirdische Bedürfnisanstalt nur vertretbar sei, »wenn sie mit allem ausgestattet ist, was zur Vermeidung von Geruchsbelästigungen dient«. Von den 45 000 Reichsmark, die der Gemeinderat für den kleinen Zweckbau bewilligt habe, seien letztlich nur 42 800 Reichsmark verbraucht worden. Im Übrigen solle der »Tempel« keine besondere Zierde sein, aber möglichst einwandfrei seinen Zweck erfüllen. *(»Amts- und Anzeigenblatt der Stadt Stuttgart«, 1926)*

Links: Die 10 000 Besucher fassende Stadthalle in der Neckarstraße war Schauplatz politischer, kultureller und sportlicher Großveranstaltungen. Heute steht hier das Funkhaus des Südwestrundfunks.

Rechts: Um 1940 entstand dieses Foto der heute als »Palast der Republik« zum Szenetreff avancierten öffentlichen Bedürfnisanstalt. Im Hintergrund der 1936/37 erbaute Industriehof (links) und die Lautenschlagerstraße mit der Oberpostdirektion von 1928 (rechts).

31. Oktober | Rechtsrat Fritz Elsas ist zum geschäftsführenden Vorstandsmitglied und Stellvertreter des Präsidenten des Deutschen Städtetages gewählt worden. Er scheidet nach zwölf Jahren aus den Diensten der Stadt.

18. November | Eröffnung der städtischen Frauenklinik in der Bismarckstraße. OB Lautenschlager erinnert an den Krieg und die folgende Finanznot, die den Neubau verzögert und 1921 zur Einstellung der begonnenen Bauarbeiten geführt habe.

Die Kläranlage bei Mühlhausen ist seit zehn Jahren ohne Unterbrechung in Betrieb und zählt zu den modernsten in Deutschland. Dank städtischer Zuschüsse sind inzwischen mehr als 6000 Gebäude mit Wasserspülung angeschlossen.

15. Dezember | Die Kunstgewerbeschule am Weißenhof fällt einem Großbrand zum Opfer.

Zahlenspiegel | Die Stadt hat 351125 Einwohner, 185211 Frauen (52,7%) und 165914 Männer (47,3%). 4155 Viehhalter verfügen über 1713 Pferde, 1397 Rinder, 194 Schafe, 1229 Schweine und 39535 Stück Geflügel.

Die Reste der abgebrannten Kunstgewerbeschule am Weißenhof.

1927

18. Januar | Der Gemeinderat stimmt einem Vertrag mit dem Reich, dem Land Württemberg und der Neckar-AG zu. Die Stadt übernimmt mit 13,4 Millionen Reichsmark die Hauptlast der Neckarregulierung zwischen Münster und Untertürkheim.

22. Februar | »Stuttgart im Licht voran!«, schreibt das *»Amtsblatt«* über ein internationales Treffen von Lichtingenieuren. »Ihre Hoffnung, die Stadt Stuttgart in (...) lichtvoller und farbenfreudiger Schönheit zu sehen, wurde nicht getäuscht.«

Gestörter Empfang

Wer mit »Hochfrequenz-Heilgeräten« seine Beschwerden zu lindern hoffte, bereitete ganz ohne Absicht seinen Nachbarn Verdruss. Die hochfrequenten Schwingungen dieser Apparate störten nämlich empfindlich den Rundfunk-Empfang. An die Heilungsuchenden wurde deshalb in der Presse appelliert, von 20 bis 23 Uhr, sonntags außerdem von 11 bis 13 Uhr mit Rücksicht auf die »rundfunkliebenden Nachbarn« ihr Heilgerät nicht in Betrieb zu nehmen.

3. Mai | Wie das *»Amtsblatt«* berichtet, wird die Milch von der Milchversorgung Stuttgart jetzt dem Dauerpasteurisierungsverfahren unterzogen, um die Tuberkelbazillen sicher abzutöten.

7. und 8. Mai | Hitler und Goebbels kommen zum Gauparteitag der NSDAP. Stuttgart ist immer noch eine der wenigen Großstädte im Reich ohne Redeverbot für Hitler. Er nimmt zum Abschluss des Parteitags am Schillerplatz im offenen Wagen den Vorbeimarsch von rund 2000 Parteigenossen ab.

29. Mai | Die Stuttgarter Stadtgarde zu Pferd feiert ihr 275-jähriges Bestehen mit einem Festzug.

Paradies auf Erden

Nach einer launigen Begrüßung durch OB Lautenschlager erklärte der Vorsitzende des Deutschen Anwaltstages, wes-

Links: Auch auf dem Cannstatter Wilhelmsplatz marschierte die SA und forderte: »Deutschland erwache«.

Rechts: Es war eine werbewirksame Vorliebe der NS-Prominenz, sich im offenen PKW zu präsentieren. Hier noch ganz im Einklang mit seinem Führer: Ernst Röhm, links im Bild, beim NSDAP-Gauparteitag. Im Juni 1934 ließ Hitler seinen Duzfreund liquidieren.

halb man erst nach 33 Jahren wieder am 9. Juni in Stuttgart zusammentrete. Der hiesige Stadtvorstand, der zugleich Stadtgerichtspräsident war, habe nämlich 1645 ein Edikt »contra advocatos« erlassen. Dieses habe den Anwälten vorgeschrieben, nur das unbedingt Notwendige zu sagen und sich aller unnötigen Ausführungen zu enthalten. Er, sagte der Vorsitzende, habe sich außerstande gesehen, die Einhaltung dieser Vorschrift durch den Deutschen Anwaltstag zu gewährleisten. Erst eine freundliche Einladung habe ihn ermutigt, das »Paradies auf Erden«, wie Ulrich von Hutten die schönste Stadt Süddeutschlands genannt habe, wieder als Tagungsort zu wählen. *(»Amts- und Anzeigenblatt der Stadt Stuttgart«, 1927)*

23. Juli | Eröffnung der Werkbund-Ausstellung »Die Wohnung«. Die Stadt gibt in der Villa Berg einen Empfang. Sie verdanke, sagt OB Lautenschlager, den Architekten mit der Weißenhofsiedlung ein Werk, das ihr über die Ausstellung hinaus Aufmerksamkeit sichern werde.

Mit elektrischen Geräten gegen die Sommerhitze

»Wer geglaubt hat, die ungewöhnliche Strenge des vergangenen Winters sei ein Zeichen für einen durchgreifenden Umschwung im Witterungscharakter unserer Zonen – was konnte man nicht alles von Golfstromabsenkung und wiederkehrender Eiszeit hören! –, den haben wohl diese Frühsommertage, die uns die langersehnte sommerliche Wärme in nur allzu reichlichem Ausmaße brachten, rasch eines Besseren belehrt. (...) Was ein Übermaß an sommerlicher Hitze viele noch weit schwerer ertragen lässt als die strengste Kälte, ist die weitverbreitete Ansicht, dass man wohl sich gegen die Kälte, nicht aber gegen die Hitze schützen könne. Diese Meinung ist aber, zum mindesten, wenn sie als allgemein gültig hingestellt wird, falsch. Denn wer dies sagt, vergisst, dass uns die Technik zwei Waffen zur Verfügung stellt, mit denen wir den Kampf gegen die lastende Hitze und ihre nachteiligen Folgen mit gutem Gelingen aufnehmen können: einmal den Kühlschrank, der auch in der größten Hitze stets frische und gutgekühlte Speisen und Getränke liefert, und dann den Ventilator, der durch die Luft-

Links: Eine weltoffene, demokratische Architektur haben Mies van der Rohe und seine Kollegen am Weißenhof geschaffen. Die Nazis wollten das »Araberdorf« abreißen, Bomben haben die Siedlung beschädigt, 1958 wurde schließlich ihr Rang als Denkmal anerkannt.

Rechts: Als im Hauptbahnhof alle Gleise endgültig in Betrieb gehen, verkehren hier bereits täglich 276 ein- und 300 ausfahrende Züge.

bewegung, die er hervorruft, den Aufenthalt in geschlossenen Räumen an heißen Sommertagen erträglich macht.« *(»Amts- und Anzeigenblatt der Stadt Stuttgart«, Nr. 74, 2. Juli 1927)*

27. August | Im Bereich der Reiterkaserne in Cannstatt ist die Ruhr ausgebrochen. Vier Kinder und drei Soldaten sind der Krankheit erlegen. Die Fliegenplage im Hallschlag, wird vermutet, hat zur Ausbreitung der Seuche beigetragen.

8. und 15. September | Die Stuttgarter SA veranstaltet erste Propagandamärsche durch die Innenstadt. Es kommt zu Schlägereien mit Rot-Front-Kämpfern.

24. und 25. September | Die Landesversammlung der württembergischen NSDAP ist mit nur 150 Teilnehmern ein glatter Misserfolg – die Parteimitglieder gehen lieber aufs Volksfest. Die kurze Blütezeit der NSDAP in Stuttgart ist vorerst vorbei.

6. November | Die KPD erinnert vor 7000 Teilnehmern in der Stadthalle an den 10. Jahrestag der russischen Oktoberrevolution.

10. Dezember | Beim Bau der Heilbronner Straße hat ein bis 15 Meter tiefer Einschnitt hohe Anforderungen gestellt. Das Verkehrsbauwerk wird an OB Lautenschlager übergeben, künftig verkehren die Straßenbahnlinien 5 und 16 auf der Strecke.

19. Dezember | Mit der Inbetriebnahme der letzten vier Gleise, darunter auch die für den Postverkehr, wird der neue Hauptbahnhof endgültig vollendet.

Zahlenspiegel | Die Stadt hat 358028 Einwohner, 188868 Frauen (52,8%) und 169160 Männer (47,2%). Im Beherbergungsgewerbe wurden im zurückliegenden Jahr 704439 Übernachtungen registriert, die Gäste blieben durchschnittlich 2,3 Tage.

1928

8. und 9. Januar | Zum 100-jährigen Bestehen des Katharinenhospitals erscheint eine Festschrift. Bei der Feier erinnert OB Lautenschlager an König Wilhelm I., »der, hinwegschreitend über kleine Bedenken (...), auf das große Ziel zuging«.

26. Januar | Der Gemeinderat beschließt, bei der Städtischen Sparkasse eine Bausparabteilung einzurichten.

2. bis 8. Februar | In der Stadthalle wird das erste Stuttgarter Sechstagerennen ausgetragen.

29. Februar | Der Hindenburgbau, von den Architekten Schmohl, Staehelin & Partner vis-a-vis des Hauptbahnhofs errichtet, ist bezugsfertig.

Gewandte Schreiberinnen

In seinen Geschäftsräumen am Bahnsteig 5 im Hauptbahnhof hat der Verein für Fremdenverkehr mit einer Schreibstube eine Neuerung eingeführt. Nur wenige andere Städte verfügen, wie das *»Amtsblatt«* versichert, über eine vergleichbare Einrichtung. Reisende und auch Einheimische können dort gewandten Schreiberinnen Briefe und dergleichen in die Maschine diktieren oder sich selbst der Maschine bedienen. Das bereits bewährte Treff- und Findbuch des Vereins liegt ebenfalls in der neu eingerichteten Schreibstube auf. *(»Amts- und Anzeigenblatt der Stadt Stuttgart«, Nr. 4, 1928)*

1. März | Ende 1927 betrugen die Spareinlagen bei öffentlichen Kassen in Deutschland etwa 70 Mark pro Kopf der Bevölkerung. In Stuttgart liegt dieser Wert allein bei der Städtischen Sparkasse bei 140 Mark.

April | Das Geschäftshaus Königstraße 46, ein Werk der Architekten Eisenlohr und Pfennig, ist fertiggestellt und wird nach dem langjährigen Ministerpräsidenten Hermann von Mittnacht benannt. Ein Wegweiser im *»Amtsblatt«* nennt 18 »Läden«, darunter Namen wie Oetinger, Kutter, Maute, Benger und Franz Freund.

Die Königstraße

»Da drängen sich die Leute vor den abends überhellen, im Zeichen eines ewigen Saison- oder Räumungsverkaufes

Links: Zur Zeit der Erbauung umstritten, gilt der Tagblatt-Turm heute als bedeutendes Denkmal des »Neuen Bauens«, einem modernen und sachlichen Architekturstil des frühen 20. Jahrhunderts.

Rechts: Ludwig Eisenlohr und Oskar Pfennig hatten 1925 einen Wettbewerb um den »Mittnachtbau« an der Königstraße gewonnen. In dem Büro- und Geschäftshaus aus Stahlbeton mieteten sich neben Ladenbesitzern auch Ärzte, Architekten, Rechtsanwälte, Notare und im Turm ein Café ein.

stehenden Schaufenstern. An den Ecken stehen Gecken mit Anzügen aus prima englischem Stoff und Handschuhen von einem so grellen Hellgelb, dass sich davon die Tränendrüsen verletzt fühlen. Hier sind Damen, die Pelzmäntel tragen, wenn es schon längst Sommer ist, und solche, die auch im Winter nur ein dünnes Florstrümpfchen an den Beinen haben. Wer sich einer guten Nase erfreut, kann die neuesten Parfümschlager vor sich defilieren lassen. Es ist beinahe ein Boulevardlüftchen, das man hier genießt.« *(Aus: Fritz West, »So ist Stuttgart«)*

16. Mai | Das Planetarium im Hindenburgbau wird eröffnet und ermöglicht die Beobachtung von 8970 Sternen sowie die Rekonstruktion astronomischer Konstellationen. Schon im ersten Monat werden knapp 13 000 Besucher gezählt.

Bevor die Nationalsozialisten sie 1940 als Gefahr der »Rassenverschmutzung« verboten, erfreuten sich Völkerschauen enormer Beliebtheit. Auch in Stuttgart zeigte eine der letzten großen Kolonialausstellungen vom 2. Juni bis 5. August 1928 allerlei exotische Menschen vor naturgetreu aufgebauten Kulissen: hier der Hafen von Daressalam mit Boot und Faktoreigebäude.

20. Mai | Die Deutschen sind zur Reichstagwahl an die Urnen gerufen. In Stuttgart entfallen auf: SPD 31 Prozent, KPD 14,7 Prozent, Deutsche Demokratische Partei 13,2 Prozent, Deutschnationale Volkspartei 11,5 Prozent, Deutsche Volkspartei mit Bauern- und Weingärtnerbund 9,9 Prozent, Zentrum 7,7 Prozent, Volksrechtspartei 5,1 Prozent, NSDAP 2,5 Prozent. Bei der gleichzeitig abgehaltenen Landtagswahl kommt die NSDAP auf 2,4 Prozent. Als Vertreter des Völkisch-Sozialen Blocks zieht Christian Mergenthaler in den Landtag ein.

2. Juni | Kolonialausstellung in der Gewerbehalle im Stadtgarten.

22. Juni | Eine Initiative der Gemeinde Hofen hat zu einer Vereinbarung über ihre Vereinigung mit der Stadtgemeinde Stuttgart geführt.

1. Oktober | Das Arbeitsamt Stuttgart, bislang eine städtische Behörde, untersteht jetzt der Reichsanstalt für Arbeitsvermittlung und Arbeitslosenversicherung.

4. Oktober | Eröffnung des Kaufhauses Schocken, das nach Plänen von Erich Mendelsohn gegenüber dem Wilhelmsbau errichtet wurde.

Rücksichtslos, scharf, schussfest und verkehrssicher
Das städtische Polizeiamt suchte für die Feldpolizei »gesunde, kräftige, knochenstarke Schäferhund- und Rottweiler-Rüden«. Die ein bis zwei Jahre alten Tiere von mindestens 60 cm Schulterhöhe sollten »rücksichtslos, scharf, schussfest und verkehrssicher« sein. Der Ankauf erfolgte bei Eignung für den Polizeidienst nach 10 Tagen Probezeit. *(»Amts- und Anzeigenblatt der Stadt Stuttgart«, Nr. 120, 1928)*

5. Oktober | Der 61 Meter hohe Tagblatt-Turm an der Eberhardstraße ist fertiggestellt. Der junge, weitgehend unbekannte Architekt Ernst Otto Oßwald hat dieses weltweit erste Sichtbetonhochhaus geschaffen.

10. Oktober | Die Stadt und das Deutsche Reich schließen einen Vertrag über den Tausch des seit kurzem städtischen Burgholzhofgeländes gegen den Cannstatter Wasen.

16. Oktober | Nach langem Verbot wird Sergei M. Eisensteins Film »Panzerkreuzer Potemkin« im Union-Theater gezeigt. Zuvor waren viele Stuttgarter mit Sonderzügen nach Basel zum Filmbesuch gefahren.

10. November | Die nach Fellbach führende Rheinlandstraße (heute Nürnberger Straße) ist bis zur Gemarkungsgrenze fertiggestellt. Sie ist als erste Stuttgarter Straße doppelseitig und mit eigenem Gleiskörper für die Straßenbahn angelegt.

10. bis 12. November | Die »Stuttgarter Lichtschau, Herbst 1928« soll auf die große Kapazität des städtischen Elektrizitätswerks aufmerksam machen. »Bomben und Raketen allergrößten Kalibers« werden bei einem Riesenfeuerwerk eingesetzt, das auf den Stuttgarter Anhöhen abgefeuert wird.

Joachim Ringelnatz schreibt am 8. Dezember:
»Ich trete hier ziemlich vornehm auf, verkehre im ersten Hotel; aber das wirkt sich gut aus! Heute spreche ich im Radio. Ja, Stuttgart ist schön, gegen dieses Scheißmünchen ein Paris.«

9. Dezember | Bei der Ergänzungswahl zum Gemeinderat erreichen: SPD 31,7 Prozent der gültigen Stimmen (18 Sitze), KPD 11,6 Prozent (9 Sitze), Deutschnationale Volkspartei 11,9 Prozent (9 Sitze), Deutsche Demokratische Partei 13,9 Prozent (9 Sitze), Deutsche Volkspartei 9,6 Prozent (6 Sitze), Zentrum 9,4 Prozent (6 Sitze), Christlicher Volksdienst 5,3 Prozent (2 Sitze), Volksrechtspartei 4,2 Prozent (1 Sitz). Die NSDAP erringt lediglich 1,1 Prozent der abgegebenen Stimmen.

20. Dezember | Der Gemeinderat stimmt der Einrichtung von Räumen für das Stadtarchiv im Rathausturm zu und bewilligt dafür 30 000 Reichsmark.

Zahlenspiegel | Die Stadt hat 362 685 Einwohner. Sie entrichten die höchste Durchschnittseinkommenssteuer aller deutschen Städte. Verkehrsstaus, Lärm und Abgase sind mittlerweile an der Tagesordnung: Ende April ergibt eine Zählung, dass der Platz vor dem Hauptbahnhof pro Tag von 800 Kraftfahrzeugen, 507 Straßenbahnen, 348 Radfahrern sowie 134 Fuhrwerken und Handwagen frequentiert wird. 3122 Viehhalter verfügen über 1587 Pferde, 1391 Rinder, 100 Schafe, 1094 Schweine und 31 096 Stück Geflügel.

Bei der Stuttgarter Lichtschau erstrahlten die Geschäfte am Marktplatz durch Lichterketten und hell erleuchtete Schaufenster.

1929

1. Januar | Beim Wohlfahrtsamt nimmt eine Erziehungs- und Jugendberatungsstelle ihre Tätigkeit auf.

13. Januar | Das von Fritz von Graevenitz entworfene Cannstatter Erbsenbrünnele wird eingeweiht. OB Lautenschlager spricht vom »berühmtesten Büble Stuttgarts«. Das Erbsenbrünnele spendet besonders weiches Wasser, das sich trefflich zum Kochen von Hülsenfrüchten eignet.

14. Februar | Bei anhaltend starkem Frost übersteigt der Gasverbrauch die Gaserzeugung, Schulen müssen deshalb geschlossen bleiben.

---

20. Februar | Auf dem Neckar hat sich eine bis 55 cm starke Eisdecke gebildet, die gefährlich wird, wenn sie durch einen Wetterumschwung rasch in Bewegung kommt. Vorbeugend werden Hindernisse beseitigt und Rinnen ins Eis gehauen. Pioniere haben außerdem durch Sprengungen größere Flächen aufgerissen.

---

25. Februar | Nach drei Wochen Kälteferien wird der Schulbetrieb wieder aufgenommen.

Cannstatt einst und jetzt

Werke zahlreicher Künstler zeigte vom 28. April an die Ausstellung »Cannstatt einst und jetzt« im großen Saal des Kursaals. »Die staatliche Gemäldegalerie hat hervorragende Stiche, neuere und aus früheren Jahrhunderten, die Landesbibliothek schöne Stiche und Radierungen und das städtische Archiv alte Bebauungspläne, Radierungen und Zeichnungen zur Verfügung gestellt. Auf diese Weise sind etwa 150 Oelgemälde und annähernd 200 Stiche, Zeichnungen usw. zusammengekommen. Selbstverständlich hat dabei auch das völlig veränderte Neckar-Landschaftsbild, wie es sich jetzt dem Beschauer darstellt, Berücksichtigung gefunden. Das reichhaltige Material ist von dem Cannstatter Kunstmaler Metzger, in dessen Händen der Aufbau der Ausstellung lag, übersichtlich und geschmackvoll angeordnet worden, sodass jedermann seine helle Freude an der Ausstellung haben wird.« *(»Amts- und Anzeigenblatt der Stadt Stuttgart«, Nr. 49, 1929)*

14. März | Der Gemeinderat ermächtigt das Stadtschultheißenamt, mit dem Staat einen Vertrag über den Erwerb des Schillerplatzes, der Planie und weiterer Flächen abzuschließen.

---

15. bis 18. Mai | Die Technische Hochschule begeht ihr hundertjähriges Bestehen. Staatliche und städtische Gebäude, auch viele Privathäuser tragen deshalb Flaggenschmuck.

---

18. Mai | Der Deutsche Werkbund eröffnet seine Ausstellung »Film und Foto«.

Gregor Gog – »König der Vagabunden«

Er kam im Mai 1929 in die Stadt, wo er »die Abgesandten der Asyle, Wagonpuffer, Feldraine und Zaunsäume zu einem Weltkongreß der Landstreicher und Obdachlosen versammelte. Schwerlich hätte man für diesen Kongreß einen ironischeren Tagungsort wählen können, als Stuttgart. Stuttgart ist am allerwenigsten eine Stadt der Landstreicher und Obdachlosen. Die Felsgründe, auf denen es steht, sind von den abfallenden Terrassen der Weinberge gefurcht – Verkörperung hartnäckigster menschlicher Arbeit. (...)
Sechshundert waren gekommen. Deutschland, Österreich, Böhmen, Polen, Dänemark, Finnland. Sogar das ferne Ägypten hatte seine Delegierten entsandt. Frankreich fehlte. 1929 gab es noch keine Vagabunden in Frankreich. Die Krise hatte dort gerade erst begonnen.

Die Stuttgarter Polizei verbot den Kongreß. Da erklärte ihn Gog zu einem Bruderschaftstreffen der Vagabunden. Er fand im Stadtpark statt und dauerte drei Tage. Sechzehn Redner traten auf. Die Weltpresse informierte über den Kongreß, eine peinliche Situation für die Bourgeoisie.« *(Aus: Sergej Tretjakow, »Analyse eines Russen«)*

21. bis 23. Mai | Erstes internationales Vagabundentreffen in Stuttgart.

---

30. Mai | Die Stuttgarter Schützengilden schließen sich zu einem Gau Groß-Stuttgart zusammen. Die Gründung einer ersten Schützengilde in der Stadt vor 425 Jahren wird im Lauf des Jahres mit einem Festschießen im Südheimer Schützenhaus begangen.

---

15. Juni | Das Stadtbad Heslach mit einer 50-Meter-Bahn wird eingeweiht. Die geplanten Kosten von 1,6 Millionen Reichsmark betragen am Ende mehr als zwei Millionen Reichsmark.

---

16. Juni | Der Verschönerungsverein übergibt der Öffentlichkeit eine neue Aussichtsplatte an der Geroksruhe.

Gepolsterte Straßenbahnwagen

»Die Motorwagen Nr. 286–300 sind neuerdings mit Lederpolstern versehen. Die Verwaltung bittet die Fahrgäste um möglichst schonende Behandlung dieser Einrichtung. Beispielsweise sollten Rucksäcke, deren Metallteile (Schnallen und dergl.) das Leder beschädigen können, vor dem Hinsitzen ab-

genommen und auf den Schoß gelegt werden. Das Personal ist angewiesen, sein Augenmerk darauf zu richten, dass diese Polsterklasse ihr sauberes, gefälliges Aussehen nicht verliert und Beschädigungen vermieden werden.« *(»Amts- und Anzeigenblatt der Stadt Stuttgart«, Nr. 53, 1929)*

21. Juni | Die Fluglinie Stuttgart–Friedrichshafen wird eingeweiht.

---

3. bis 5. August | In Cannstatt findet das letzte große Landessängerfest des Württembergischen Arbeitersängerbundes statt.

---

4. September | »Zur ruhmreichen Rückkehr« vom Weltflug des »Graf Zeppelin« nach Deutschland tragen staatliche und städtische Gebäude Flaggenschmuck. Die Stadtverwaltung lässt am Grab ihres Ehrenbürgers Graf Zeppelin einen Kranz niederlegen.

---

1. Oktober | Die Rosensteinbrücke wird eingeweiht.

---

5. Oktober | Eine Ausstellung für Ernährung und Körperpflege wird auf dem Gewerbehallenplatz eröffnet. Im Anschluss an gymnastische Vorführungen können Besucher »entrückt dem Blicke der Außenwelt« unter fachkundiger Leitung selbst eine Übungsstunde absolvieren.

Volksfestordnung 1929

»Sämtliche Veranstaltungen und Darbietungen müßen jedermann, ohne Unterschied des Alters oder des Geschlechts, gleichzeitig zugänglich sein.

Der Verkauf von astrologischen Schriften, wie Horoskopen etc. ist verboten.

Die Wahrsagerei ist untersagt.

Wischer, Wedel, Patscher, Pfauenfedern, Konfetti, Papierwurfschlangen, Pfeifen usw. dürfen nicht auf den Festplatz gebracht, feilgeboten oder verkauft werden.

Sämtliche Schaugeschäfte müssen um 9.30 Uhr geschlossen werden.

In Verkaufsbuden und Zelten darf ab dieser Zeit nichts mehr abgegeben werden.

Die Besucher haben um 10 Uhr den Festplatz zu verlassen.

Wer sich um 10.40 Uhr noch auf dem Festplatz aufhält, macht sich strafbar.

Der Schluß der Geschäfte wird durch einen Signalschuß angekündigt.

Das Verlassen des Platzes wird durch zwei Schüsse angekündigt.« *(Festschrift zum 150. Cannstatter Volksfest)*

19. Oktober | Die Cannstatter Wilhelmsbrücke wird gesprengt. Der Bau des Neckarkanals hat die Beseitigung dieses Baudenkmals erforderlich gemacht.

Links: Immer wieder begeisterten sich die Stuttgarter, wenn ein Zeppelin am Himmel über der Stadt zu sehen war – wie hier der legendäre LZ 127, der 139-mal den Atlantik in Richtung Nord- und Südamerika überquerte und vom 1. August bis 4. September 1929 einmal die Erde umrundete.

Rechts: Die behäbige Wilhelmsbrücke in Cannstatt in den Zwanzigerjahren. Sie wurde 1929 der Schifffahrtsstraße Neckar geopfert.

20. Oktober | Anlässlich der Landung des Luftschiffs »Graf Zeppelin« auf dem Flugplatz Böblingen verkehren ab Haupt- und Westbahnhof zahlreiche Sonderzüge.

---

30. Oktober | Die Seilbahn vom Südheimer Platz zum Waldfriedhof nimmt den Verkehr auf. Sie überwindet in drei Minuten 530 Meter Strecke und 87 Meter Höhenunterschied.

---

1. November | Eine ringförmige Sonnenfinsternis kann in den Mittagsstunden mit geschwärzter Glasplatte als einzigem Hilfsmittel beobachtet werden.

---

16. Dezember | Im neu eingerichteten kleinen Rathaussaal findet die erste öffentliche Abteilungssitzung statt. Damit soll dem Vorwurf der Geheimniskrämerei und Kungelei begegnet werden.

Zahlenspiegel | Die Einwohnerzahl ist geringfügig auf 364 353 gestiegen, durch die Eingemeindung von Hofen hat die Fläche um 280,1 ha auf jetzt 8794,7 ha zugenommen. Eheschließungen und -scheidungen nehmen seit vier Jahren zu und haben mit 3973 bzw. 353 einen vorläufigen Höchststand erreicht. 13 715 Personen sind arbeitslos. 12 350 Kraftfahrzeuge sind zugelassen. Die letzte Pferdedroschke verschwindet aus dem Straßenbild, 120 Kraftdroschken kümmern sich nun um die Beförderung der Bürger und Besucher.

1930

25. März | Wenige Tage vor seinem Rücktritt hält Reichskanzler Hermann Müller auf einer sozialdemokratischen Massenveranstaltung in der Liederhalle eine Rede zum 10. Jahrestag des Kapp-Putsches.

---

31. März | Die Weltwirtschaftskrise wirkt sich aus: Die NSDAP-Ortsgruppe hat im ersten Quartal ihre Mitgliederzahl von 226 auf 460 reichlich verdoppelt.

Deutschlands Not und Lebenswille

So ist die Schau betitelt, die am 22. März in den Ausstellungshallen am Interimsplatz eröffnet wurde. »Mit Gespanntheit erwartete man die ersten Urteile über die Ausstellung. Es ist immerhin ein Wagnis, solche schwierigen Probleme dem Laien nahezubringen. Der erste Ausstellungssonntag hat erwiesen, dass es voll und ganz geglückt ist. Die Ausstellung findet die *begeisterte Zustimmung* aller Besucher. Aus allen Volks- und Berufsschichten kommen sie herbei, die Deutschlands Not und Lebenswille an den Quellen kennen lernen wollen, nicht erst in den letzten Auswirkungen auf ihr ganz persönliches Leben. Sachkundige Führungen lassen auch etwa noch vorhandene Unklarheiten verschwinden.« *(»Amts- und Anzeigenblatt der Stadt Stuttgart«, Nr. 45, 15. April 1930)*

1. April | Das bisher privat geführte Königin-Charlotte-Gymnasium ist auf Beschluss des Gemeinderats von der Stadt übernommen worden.

---

21. Mai | Kupferstichkabinett und Gemäldesammlung der neueren schwäbischen Meister sind jetzt im Kronprinzenpalais am Schloßplatz untergebracht und öffentlich zugänglich.

---

28. Mai | Die Schlachthof-Ordnung ist geändert worden. In den Vororten dürfen nur noch selbst aufgezogene Ziegen und Ziegenkitze hausgeschlachtet werden, hingegen müssen Schweine zur Schlachtung und Beschau in den Schlachthof gebracht werden.

---

31. Mai | Der Deutsche Künstlerbund zeigt im Ausstellungsgebäude auf dem Interimtheaterplatz Originalwerke seiner Mitglieder und von Künstlern, die von der Jury ausdrücklich eingeladen wurden.

---

31. Juli und 1. August | Nach knapp eineinhalb Jahren Bauzeit geht die neue Gaskokerei in Gaisburg mit dem 102 Meter hohen, 300 000 Kubikmeter fassenden Gaskessel in Betrieb und liefert sofort das erste Gas, am zweiten Tag den ersten Koks.

---

5. August | Bei einer NSDAP-Kundgebung kommt es zu schweren Zusammenstößen mit KPD-Anhängern.

12. August | Das Polizeipräsidium teilt mit, im Wahlkampf zur Reichstagswahl würden die Versammlungen aller Parteien pflichtgemäß gegen Störungen geschützt. Widerstand werde mit allen polizeilichen Mitteln gebrochen.

14. September | Bei der Reichstagswahl kann die NSDAP ihren Stimmenanteil im Reich auf 18,3 Prozent der abgegebenen Stimmen steigern, in Stuttgart allerdings nur von 2,5 Prozent (Mai 1928) auf 9,8 Prozent.

1. Oktober | Ein Teil der Staatlichen Altertümersammlung hat im Alten Schloss Platz gefunden und kann jetzt besichtigt werden. Auch die Römische Sammlung und die Studiensammlung, die vorerst in der Neckarstraße 8 verbleiben, sind wieder zugänglich.

1. Oktober bis 15. November | Über die Kunstausstellung der juryfreien Künstlervereinigung e.V. berichtet das *»Amtsblatt«* anerkennend, dass sich »die württembergische Künstlerschaft wieder in einer Richtung zusammenfindet, die auch dem großen Publikum verständlich ist«.

18. Oktober | Nationalsozialisten stören eine Vorstellung im Württembergischen Landestheater und belästigen Besucher – Stein des Anstoßes ist das Stück »Schatten über Harlem« zweier jüdischer Autoren.

Oktober | Die städtischen Speiseanstalten in Heslach und am Stöckach haben im Oktober 18034 Portionen Gesundkost, 1133 Portionen Krankenkost und 2628 kg Brot abgegeben. Die Mahlzeiten kosteten 20 bzw. 25 Pfennig oder wurden auf Anweisung der öffentlichen Fürsorge gratis ausgegeben.

Unbegründete Sorge?

Weil sowohl die Nationalsozialisten als auch ihre politischen Gegner den Besuch Hitlers am 7. Dezember zum Anlass für Umzüge und Demonstrationen nahmen, breitete sich Unruhe in der Bevölkerung aus. Dies hielt Polizeipräsident Rudolf Klaiber für unbegründet. Durch räumliche und zeitliche Trennung der Veranstaltungen sowie ein genügendes Polizeiaufgebot sei, wie er betonte, ein reibungsloser Ablauf gewährleistet. Die Veranstalter hätten erklärt, sie beabsichtigten keine Störung der gegnerischen Veranstaltung und

Motorisierte Fahrzeuge wurden für den Transport schwerer Lasten immer attraktiver. 1930 war es schon selbstverständlich, dass speziell konstruierte Lastwagen für allerlei Zwecke eingesetzt wurden.

würden energisch für geordnete Abwicklung ihrer Kundgebungen im Rahmen der polizeilichen Vorschriften sorgen. Klaiber fügte allerdings hinzu, es empfehle sich dringend, auch nach Ablauf der polizeilich zugelassenen Veranstaltungen, Ansammlungen jeder Art fernzubleiben, um nicht Gefahr zu laufen, in unliebsame Zwischenfälle verwickelt zu werden.

»Der Zustand übrigens in der letzten Zeit, dass fast jeden Tag, insbesondere an Samstagen und Sonntagen die Straßen der Stadt von politischen Demonstrationen widerhallen und die Polizei in großem Ausmaß ständig bereitgehalten und eingesetzt werden muss, ist auf die Dauer unhaltbar. Wenn das die Beteiligten nicht selbst einsehen, werde ich mich gezwungen sehen, Maßnahmen zu ergreifen, um den Missbrauch abzustellen.« *(»Amts- und Anzeigenblatt der Stadt Stuttgart«, Nr. 143, 1930)*

8. November | Die Auseinandersetzungen zwischen Nationalsozialisten und Kommunisten fordern das erste Todesopfer, der SA-Mann Oskar Bröll ersticht den Arbeiter Hermann Weißhaupt bei einer Massenschlägerei in Zuffenhausen.

---

15. November | Im Planetarium wird zur 300. Wiederkehr des Todestages von Johannes Kepler eine Ausstellung eröffnet. Besondere Aufmerksamkeit finden von der Archivdirektion zur Verfügung gestellte Handschriften Keplers.

---

1. Dezember | Eine neue Gemeindesatzung tritt in Kraft: Die Gemeinderäte führen jetzt die Bezeichnung Stadtrat.

---

11. Dezember | Im Kursaal wird der Stadterhebung Cannstatts vor 600 Jahren und seiner vor 25 Jahren vollzogenen Vereinigung mit Stuttgart gedacht.

Zahlenspiegel | Die Stadt hat 362 998 Einwohner, ungefähr zweieinhalbmal so viel wie 1890, aber 1255 weniger als im Vorjahr. In derselben Zeit hat die Zahl der Sportvereine von 9 auf 169, um das knapp 19-fache zugenommen. Die Arbeitslosenzahl ist auf 18 818 gestiegen. Der Kraftfahrzeugbestand hat sich binnen zehn Jahren nahezu verzwanzigfacht, er besteht jetzt aus 7401 Pkw, 1973 Lkw und 3957 Motorrädern, insgesamt 13 410 Fahrzeugen. Die Straßenbahn hat gegenüber 1920 mit 360 Triebwagen und 442 Anhängern auf jetzt 105 Kilometer Bahnlänge 30 Millionen mehr Fahrgäste befördert, insgesamt 121,5 Millionen. Der Stuttgarter Flughafen wird von 10 Fluglinien angeflogen, 3 841 Fluggäste wurden 1930 abgefertigt. 2804 Viehhalter verfügen über 1243 Pferde, 1443 Rinder, 710 Schafe, 1059 Schweine und 33 320 Stück Geflügel.

1931

1. Januar | Bei Auseinandersetzungen zwischen Nationalsozialisten und Kommunisten wird in der Neujahrsnacht der SA-Mann Ernst Weinstein erstochen. Die Sophienstraße als Ort der Tat trägt im Nazireich den Namen dieses »Blutzeugen«.

Die NSDAP gibt in Stuttgart eine eigene Tageszeitung heraus: den *»NS-Kurier«*.

---

19. Februar | Abtreibungsaffäre um Dr. Friedrich Wolf und seine Anhänger. Die Diskussion für und wider § 218 Strafgesetzbuch kulminiert, als die Ärztin Dr. Else Jacobowitz-Kienle aufgrund des Vorwurfs der gewerbsmäßig betriebenen Abtreibung verhaftet wird und in Hungerstreik tritt.

Februar | Im »Königshof« wird als besondere Delikatesse Bärenfleisch verabreicht, für das noch keine Beschaupflicht besteht. Über 80 Gäste erkranken an Trichinose, dem Gastwirt und zwölf seiner Gäste wird der Verzehr zum tödlichen Verhängnis.

April | Das Breuninger-Hochhaus in der Marktstraße, ein 37 Meter hoher Stahlskelettbau der Architekten Eisenlohr und Pfennig, wird eröffnet.

---

1. April | Die Eingemeindung von Zuffenhausen wird vollzogen. Die Leitung der Zuffenhausener Geschäftsstelle des Bürgermeisteramts Stuttgart übernimmt Zuffenhausens Stadtpfleger Thumm.

Zwei Bilder, die den Fortschritt veranschaulichen: 1912 waren fünf Arbeiter und eine Pferdekehrmaschine im Einsatz, 1927 leistete ein motorisiertes Dreirad dasselbe Pensum.

7. April | Das städtische Reinigungsamt blickt auf 40 Jahre seines Bestehens zurück. 5 Beamte, 70 Arbeiter und 30 Kehrichtwagen machten den Anfang. Inzwischen kümmern sich 46 Beamte und 605 Arbeiter mit Müllautos, Kehrmaschinen, Schneepflügen und vielfältigem Gerät um rund vier Millionen Quadratmeter Reinigungsfläche.

Wir werden es nicht dulden

Im Wahlkampf zur Gemeinderatswahl 1931 erwies sich Karl Strölin mit Parolen wie den folgenden als Nationalsozialist reinsten Wassers: »Und wir werden es nicht dulden«, hetzte er gegen Künstler und Intellektuelle, »dass noch einmal Stücke wie der ›Schatten über Harlem‹ über die Bretter der Stuttgarter Bühne gehen, Stücke, in denen die deutsche Rasse verhöhnt wird. Wir werden es nicht länger dulden, dass im Friedrichsbautheater Neger auftreten, solange deutsche Künstler brotlos auf den Straßen herumirren. Und wir werden es nicht dulden, dass Filme wie ›Im Westen nichts Neues‹ von geschäftstüchtigen Unternehmen vorgeführt werden, Filme, in denen die Ehre des deutschen Frontsoldaten, dieses höchste Gut, das wir aus dem Zusammenbruch gerettet haben, in den Staub gezogen wird.« *(Aus: Roland Müller, »Stuttgart zur Zeit des Nationalsozialismus«)*

24. April | Karl Strölin, Amtmann beim Gaswerk und NSDAP-Mitglied, kandidiert für das Amt des Oberbürgermeisters. Zu seiner Unterstützung nimmt Hitler an einer Wahlveranstaltung in der Stadthalle teil.

---

24. und 25. April | Die Firma »Dr. Ing. h.c. F. Porsche G.m.b.H. – Konstruktion und Beratung für Motoren und Fahrzeuge« wird ins Handelsregister eingetragen.

---

25. April | Zum Schluss des Wahlkampfes setzt sich OB Lautenschlager gegen die »Lügen, Gemeinheiten und Ehrabschneidereien« der Freunde des Herrn Stadtamtmann Dr. Strölin zur Wehr.

---

26. April | Bei 63,8 Prozent Wahlbeteiligung wird Karl Lautenschlager mit 115 135 Stimmen zum Oberbürgermeister gewählt. Stadtamtmann Strölin (NSDAP) und der Reichstagsabgeordnete Torgler (KPD) erzielen 25 808 bzw. 24 241 Stimmen.

Untertunnelung der Karlstraße

Das Recht, ihr neues und ihr altes Geschäftshaus unterirdisch zu verbinden, wurde der Firma Breuninger einge-

Links: Tagelang wütete der Brand im Alten Schloss, denn die Löscharbeiten wurden durch starken Frost erschwert, der das Wasser gefrieren ließ. Der Dürnitzbau und die beiden angrenzenden Türme des Alten Schlosses brannten völlig aus. Die wertvollen historischen Festräume und fürstlichen Gemächer waren für immer verloren.

Rechts: Am 22. Dezember riss eine einstürzende Mauer am Alten Schloss zwei Feuerwehrleute mit in die Tiefe. Zentnerschwere Trümmer begruben die Männer und ein Feuerwehrauto unter sich.

räumt. »Der Tunnel unter der Straße«, berichtet das städtische Nachrichtenamt, »stellt ein ingenieurtechnisch sehr schwieriges und interessantes Bauwerk dar, bei dessen Herstellung die modernsten Hilfsmittel Anwendung fanden. So wurde der Aushub für die beiden unter der Erde liegenden Stockwerke mit einem großen Bagger in denkbar kürzester Zeit bewältigt, und die Arbeiten konnten in nur einem Monat soweit gefördert werden, dass wenigstens der Fußgängerverkehr (...) wieder zugelassen werden konnte. Über dem Eisenbetonbauwerk wird nach Ablauf der für die Erhärtung des Betons notwendigen Zeit die Fahrbahn der Karlstraße als moderne Asphaltstraße in größerer Breite als früher erstellt werden.« *(»Amts- und Anzeigenblatt der Stadt Stuttgart«, Nr. 39, 14. April 1931)*

1. und 2. Mai | Rotenberg wird nach Stuttgart eingemeindet. Rotenbergs Ortsvorsteher meint, dass »vor Jahrhunderten die Bewohner von Stuttgart zu dem etliche Jahrzehnte älteren Rotenberg gehörten, so daß (...) es sich eigentlich heute nur um die Wiedervereinigung getrennter Familienmitglieder, man könnte auch sagen, um die Eingemeindung von Stuttgart nach Rotenberg handle«.

21. Mai | Als SA und SS im Parademarsch durch die Arbeiterhochburg Heslach ziehen, kommt es zu schweren Auseinandersetzungen mit Kommunisten und Sozialdemokraten. Nach dieser »Schlacht von Heslach« werden SA und SS zeitweise verboten.

30. Mai | Der Sammler Hugo Borst hat sein Wohnhaus am Gähkopf um einen Galerieanbau erweitert und zeigt samstags bei freiem Eintritt seine Sammlung mit Werken u. a. des deutschen Expressionismus, der »Stuttgarter Secession«, der Pariser Schule von 1928.

27. und 28. Juni | OB Lautenschlager weiht den von Bonatz und Scholer geplanten Zeppelinbau (heute Arnulf-Klett-Platz 7) ein. Tags darauf eröffnet das Hotel »Graf Zeppelin«.

1. Juli | Eine Krisensteuer sowie Lohn- und Gehaltskürzungen bedeuten für weite Kreise eine empfindliche Schmälerung der Einkommen. Die vorausgegangene Preisabbauaktion der Reichsregierung hat keinen Ausgleich dieser Einkommensverluste bewirkt.

Die Gemeinde Münster wird mit der Stadtgemeinde Stuttgart vereinigt.

11. Juli | Vor den Palastlichtspielen pöbeln junge Nationalsozialisten Kinobesucher an, die sich den Antikriegsfilm »Im Westen nichts Neues« nach dem Roman von Erich Maria Remarque angeschaut haben.

---

15. Juli | OB Lautenschlager mahnt die Bevölkerung zur Ruhe, es habe keinen Sinn, alles Geld von den Banken abzuheben und daheim aufzubewahren.

---

23. September | Robert Bosch spendet an seinem 70. Geburtstag dem Stuttgarter Wohltätigkeitsverein 200 000 Reichsmark und bedenkt die »Bosch-Hilfe« mit 500 000 Reichsmark.

---

8. Oktober | Wegen Beschimpfung und Verächtlichmachung des Reichskanzlers und Gefährdung der öffentlichen Sicherheit und Ordnung wird der Stuttgarter *»NS-Kurier«* bis einschließlich 22. Oktober verboten.

---

29. Oktober bis 10. November | Eine Wasserflugstation ist an der Badeinsel im Stadion Untertürkheim eingerichtet. Für 8 Reichsmark kann sich jedermann in bequemen Ledersesseln an großen Fenstern von der »Globetrotter« über das Neckartal tragen lassen.

Kinder in Not

»Unsere Jugend geht einem schweren Winter entgegen«, beginnt ein von OB Lautenschlager unterzeichneter Aufruf, mit dem der Ortsausschuss für Kinderspeisung sich Anfang November an die Einwohnerschaft wandte. Familien, die kein Geld spenden könnten, seien vielleicht geneigt, ein Kind zum Mittagessen an den Familientisch zu nehmen. »Der Ortsausschuss für Kinderspeisung hat regelmäßig in den vergangenen Notzeiten unseres Volkes zahlreiche Kinder in Familien zum Essen untergebracht und hat dabei weitgehende Unterstützung seitens der Einwohnerschaft gefunden. Auch in diesem Winter ist er bereit, sich in den Dienst dieses Gedankens zu stellen. Die Ärzte und Fürsorgerinnen des Gesundheitsamts haben sich für die Überwachung der zu speisenden Kinder zur Verfügung gestellt.« *(»Amts- und Anzeigenblatt der Stadt Stuttgart«, Nr. 127, 1931)*

Oktober | Lebensmittelgeschäfte, Bäcker und Metzger gewähren Arbeitslosen fünf Prozent Nachlass auf alle Waren außer Alkoholika und Tabakwaren. Einen eigenen Weg geht die Winterhilfe der Schocken KG mit insgesamt 300 000 Reichsmark. Davon entfallen auf Stuttgart 35 000 Reichsmark. Sie werden im hiesigen Kaufhaus Schocken in Form von Gutscheinen à 5 Reichsmark ausgegeben.

---

2. November | Die Stuttgarter Berufsfeuerwehr hat seit ihrer Gründung vor 40 Jahren 522 Großfeuer, 1046 Mittelfeuer und 4377 Kleinfeuer bekämpft, insgesamt ist sie 7287-mal ausgerückt. Ihre Belegschaft ist in dieser Zeit von 31 auf 149 Personen angewachsen.

---

5. Dezember | In der Cannstatter Oberrealschule wird der Hausmeister erschlagen, als er sich kommunistischen Plakatklebern in den Weg stellt. Die Untat wird mit zweieinhalb Jahren Gefängnis gesühnt.

---

7. Dezember | Nach turnusgemäßer Ergänzungswahl sind die Nationalsozialisten mit 13 Abgeordneten im Gemeinderat vertreten. Die übrigen Sitze entfallen auf: Sozialdemokraten 13, Kommunisten 13, Deutsche Demokratische Partei 7, Deutschnationale Volkspartei 6, Zentrum 5, Christlicher Volksdienst 3 Sitze.

---

21. Dezember | Ein Großbrand, der erst nach Tagen vollständig eingedämmt werden kann, vernichtet den Dürnitzbau des Alten Schlosses. Die Feuerwehrleute Willi Ade und Paul Wezel werden unter einer herabstürzenden Mauer begraben, wenig später erliegt Wilhelm Uebele seinen Verletzungen.

Schlimmeres verhindert

Nach dem Großbrand am 21. Dezember 1931 im Alten Schloss berichtet das *»Amtsblatt«*: Die Polizeiabteilung des Gemeinderats habe mehrere Gutachten und Stellungnahmen der für die Brandbekämpfung Verantwortlichen ausgewertet. Sie sei dadurch zu der Überzeugung gekommen, dass die städtische Berufsfeuerwehr bei der Brandbekämpfung die richtige Taktik angewandt habe. Auch zehn Feuerwehren hätten den abgebrannten Schlossflügel nicht retten können, heißt es. Als Gründe dafür werden die Eigenart der Baukonstruktion genannt, die Erreichbarkeit der Schlossräume über nur eine größere Treppe und zwei Wendeltreppen, eine einzige Zufahrt zum Schlosshof sowie die rasende horizontale und vertikale Weiterverbreitung des Feuers, nachdem es durch mühevolles

Aufbrechen von zwei- bis dreischichtigen, bis 1,5 m tiefen Böden und Decken freigelegt worden war. Die Sachverständigen hätten bestätigt, »dass in keiner Phase des Brandes irgend etwas versäumt worden und dass es lediglich der Umsicht und Tatkraft der Leitung der Feuerwehr zu danken sei, wenn die übrigen Teile des Schlosses haben erhalten werden können«. *(»Amts- und Anzeigenblatt der Stadt Stuttgart«, Nr. 151, 1931)*

22. Dezember | Zu einem Weihnachtsessen in den städtischen Speiseanstalten sind 1700 Gäste gekommen. Sie konnten ein »Geschenkpaket mit nützlichen Gegenständen« entgegennehmen.

Zahlenspiegel | Die Stadt hat 385788 Einwohner, 204788 Frauen (53,1%) und 181000 Männer, deren Anteil seit mehreren Jahren wieder abnimmt und jetzt 46,9 Prozent beträgt. Mit der Eingemeindung von Zuffenhausen, Rotenberg und Münster hat sich die Fläche um 1445,1 ha auf jetzt 10239,8 ha vergrößert. 77 Prozent der Stuttgarter Gebäude sind an die Kanalisation und damit an die städtische Kläranlage angeschlossen.

1932

13. Januar | Künstlerabend im Kuppelsaal des Kunstgebäudes mit Willy Reichert, Zauberkünstler Willy Widmann u. a. Der Reinerlös fließt dem Wiederaufbaufonds für das Alte Schloss zu.

---

8. März | Hitler kommt auf dem ersten seiner drei »Deutschlandflüge« zu einer Kundgebung reichlich verspätet in die Stadthalle. In der Wartezeit unterhält Hermann Göring die Massen.

---

9. März | Ernst Thälmann, Vorsitzender der KPD, spricht auf einer Kundgebung in der Stadthalle.

---

13. März | Erster Wahlgang zur Wahl des Reichspräsidenten. In Stuttgart erhält Paul von Hindenburg mit ca. 63 Prozent die absolute Mehrheit, im Reich aber nur 49,6 Prozent – damit wird ein zweiter Wahlgang erforderlich.

---

5. April | Reichskanzler Heinrich Brüning setzt sich auf seiner Deutschlandreise auch in Stuttgart für die Wiederwahl von Reichspräsident Hindenburg ein.

---

10. April | Im zweiten Wahlgang zur Wahl des Reichspräsidenten kann Hindenburg sich mit rund 53 Prozent der Stimmen gegen Thälmann und Hitler durchsetzen.

---

24. April | An der Landtagswahl nehmen 77,7 Prozent der Stimmberechtigten teil. In Stuttgart erreicht die SPD mit 26,1 Prozent das beste Ergebnis, es folgen NSDAP 23,7 Prozent, Kommunisten 15,3 Prozent, Zentrum 9,8 Prozent, Deutschnationale Volkspartei mit Bauern- und Weingärtnerbund 9,1 Prozent, Deutsche Demokratische Partei 7,0 Prozent, Christlicher Volksdienst, 4,0 Prozent, Deutsche Volkspartei 2,9 Prozent, Volksrechtspartei 2,0 Prozent.

Verdun-Ausstellung

Wer sich von dem gewaltigen Ringen um Verdun ein Bild machen wolle, schreibt das *»Amtsblatt«*, dürfe die Ausstellung in der Gewerbehalle nicht versäumen. Außer reichem Bildmaterial verdiene besonders ein Riesenrelief der Festung Beachtung. Es zeige Verdun und seine Umgebung mit den 18 großen Forts, den Dörfern, Schluchten und Wäldern. Im Maßstab 1 : 5000 stelle es eine Gesamtfläche von 625 Quadratkilometer dar. »Jedes der Hauptforts ist elektrisch beleuchtet, die von den Deutschen erstürmten Forts mit rotem Licht. (...) Das Bildmaterial zeigt die ungeheure Zerstörungsarbeit der Artillerie, die von März bis September 1916 täglich 400000 Schuss Munition verfeuerte. 500000 Franzosen und 300000 Deutsche sind in dieser ›Hölle von Verdun‹ den Heldentod gestorben.« *(»Amts- und Anzeigenblatt der Stadt Stuttgart«, Nr. 55, 12 Mai 1932)*

1. Mai | Die Ortsgruppe Stuttgart der NSDAP und die Gauleitung beziehen das »Braune Haus«, Goethestraße 41.

---

12. Mai bis 10. Juli | In den Ausstellungshallen am Gewerbeplatz wird das »Verdun Kolossal-Relief« des Nationalarchivs Berlin gezeigt.

13. Mai bis 19. Juni | Die 7. Kunstausstellung der »Stuttgarter Secession« würdigt in einer Sonderschau zum 60. Geburtstag von Bernhard Pankok dessen Wirken an der Kunstgewerbeschule.

21. Mai | Die National-Sozialistische Gastspielbühne Berlin führt in der Liederhalle ein Stück des verhinderten Schriftstellers Joseph Goebbels auf, das Christusdrama »Der Wanderer«.

5. Juli | Die KPD ehrt Clara Zetkin an ihrem 75. Geburtstag mit einer antifaschistischen Demonstration und einem Treffen im Waldheim Sillenbuch.

12. und 13. Juli | Der Gemeinderat lehnt die auf den Ausgleich des Stadthaushaltsplanes 1932 abzielenden Anträge ab, angesichts eines Fehlbetrags von 6,38 Millionen Reichsmark greift OB Lautenschlager zur Verordnung von Notmaßnahmen.

Der Nesenbach bekommt ein breiteres Bett

»Der Nesenbach hat seit Jahren das bei Wolkenbrüchen ihm zuströmende Wasser nicht mehr aufnehmen können. Es wird nun gründliche Abhilfe dadurch geschaffen, dass der Bach von Berg an aufwärts zunächst bis zur Retraitestraße um 1 Meter vertieft und um 3 Meter erbreitert wird. Dadurch wird die Aufnahmefähigkeit des Bettes auf etwa das Doppelte erhöht, und es wird nicht mehr vorkommen, dass der Nesenbach die unteren Anlagen überströmt. Die Erbreiterung konnte nur nach der Seite der Anlagen erfolgen, da auf der rechten Seite des Bachs das steile Ufer der Cannstatter Straße liegt, das nicht zurückgesetzt werden kann. (...) Wenn einmal der Nesenbach bis herauf zur Retraitestraße vertieft ist, kann daran gegangen werden, auch das Profil des überwölbten Nesenbachs bis zur Schillerstraße zu vergrößern, wodurch ein besserer Wasserablauf für den Hindenburgplatz, die Königstraße und weiter stadtaufwärts geschaffen wird.« *(»Amts- und Anzeigenblatt der Stadt Stuttgart«, Nr. 128, 1932)*

31. Juli | 82,1 Prozent der wahlberechtigten Stuttgarter nehmen an der Reichstagswahl teil. Die SPD gewinnt 2,3 Prozent hinzu und bleibt mit 27,7 Prozent stärkste politische Kraft in der Stadt, den größten Sprung nach vorne macht jedoch die NSDAP von 9,8 Prozent auf 27,2 Prozent der Stimmen. Die Kommunisten können ihren Stimmenanteil halten (16,6 %), das Zentrum legt von 8,6 auf 10,1 Prozent zu, alle anderen Parteien verlieren an Zustimmung.

1. August | Als Behelfsmaßnahme zur Steuerung der städtischen Finanznot wird die Getränkesteuer eingeführt.

3. September | KPD und SPD begehen mit getrennten Veranstaltungen den 25. Jahrestag des Internationalen Sozialistenkongresses von 1907; u.a. kommt das Stück »Von New York nach Shanghai« von Friedrich Wolf zur Aufführung.

12. bis 15. September | Die Tagung der Deutschen Geschichts- und Altertumsvereine widmet Alt-Stuttgart eine Ausstellung im Neuen Schloss. Sie zeigt u.a. die erste, aus dem Jahre 1589 stammende Darstellung der Stadt.

Die Umbauarbeiten am Nesenbachkanal in der Bachstraße.

Wahlkampf um das Amt des Reichspräsidenten. Hitler gibt sich in Stuttgart volksnah. Mit Flügen von Stadt zu Stadt war er allenthalben präsent und propagandistisch auf der Höhe der Zeit.

1. Oktober | Die NSDAP-Ortsgruppe ist so gewachsen, dass sie zum Kreis Stuttgart erhoben wird.

---

1. und 2. Oktober | Feierlichkeiten zum 85. Geburtstag von Reichspräsident Hindenburg: Großer Zapfenstreich am Vorabend, morgens Großes Wecken, mittags Parade-Platzmusik auf dem Schloßplatz.

---

6. November | Bei den Neuwahlen zum Reichstag verliert die NSDAP im Reich mehr als zwei Millionen Stimmen, wird aber in Stuttgart stärkste Partei.

Erdstrahlen

Das Städtische Nachrichtenamt weist auf umlaufende Gerüchte über Erdstrahlen hin, die zu Anfragen bei der Landwirtschaftlichen Hochschule Hohenheim geführt hätten. Die Hochschule weise jedoch darauf hin, »daß sie mit der sich in letzter Zeit stark bemerkbar machenden Propaganda in dieser Angelegenheit nichts zu tun hat«. In Sachen Erdstrahlen würden zwar bestimmte Fragestellungen untersucht, doch seien Ergebnisse erst nach längerer Versuchsdauer zu erwarten. Deshalb könne die Landwirtschaftliche Hochschule mindestens vorläufig nicht empfehlen, für die in diesem Zusammenhang empfohlenen Apparate Geld auszugeben. *(»Amts- und Anzeigenblatt der Stadt Stuttgart«, Nr. 133, 1932)*

10. November | Die Israelitische Gemeinde Stuttgarts gedenkt ihrer Gründung vor 100 Jahren. Landesregierung und Stadtverwaltung sind beim Festgottesdienst nicht vertreten, sondern begnügen sich mit Glückwunschschreiben.

---

30. November | Gefallenen-Gedenkfeier zum Heldengedenktag auf dem Waldfriedhof. Vertreter des Württembergischen Kriegerbundes legen auf dem Pragfriedhof an den Gräbern der im Weltkrieg gefallenen jüdischen Soldaten Kränze nieder.

---

6. Dezember | OB Lautenschlager und Polizeipräsident Klaiber kommen demonstrativ zum Vortrag »Vaterland und deutsches Judentum« des Reichsbundes jüdischer Frontsoldaten.

Zahlenspiegel | Die Stadt hat 388 727 Einwohner, 206 808 Frauen (53,2 %) und 181 919 Männer (46,8 %). Die Zahl der Arbeitslosen hat sich gegenüber 1930 nahezu verdoppelt und beträgt 37 569 (reichsweit über 6 Millionen). Waren im Konjunkturjahr 1928 im Bereich der Stuttgarter Ortskrankenkasse noch 120 526 Arbeiter beschäftigt, sank ihre Zahl im zurückliegenden Jahr auf 85 208. Die Zahl der Wohlfahrtsempfänger ist auf über 32 000 gestiegen. Der Personenkreis besteht vor allem aus Wohlfahrtserwerbslosen, Arbeitslosen, Kriegsbeschädigten und -hinterbliebenen, Sozialrentnern, Kleinrentnern und hilfsbedürftigen Minderjährigen. Von den 10 239,7 ha der Stuttgarter Markung entfallen 1075,7 ha auf Wohngebiete, 991,7 ha auf Straßen, Wege und Eisenbahnanlagen, 1956,9 ha auf Acker- und Gartenland, 998,2 ha auf Wiesen, 715,2 ha auf Baum- und Gemüsegärten (Gütlein), 580,7 ha auf Weinberge und 2542 ha auf Wald. Mehr als 15 000, ein Viertel aller in Württemberg zugelassenen Kraftwagen sind in Stuttgart zugelassen, damit ist jeder 25. Bürger motorisiert – nur München kann in dieser Hinsicht mit Stuttgart mithalten. 4112 Viehhalter verfügen über 1090 Pferde, 1901 Rinder, 436 Schafe, 1122 Schweine, 42 722 Stück Geflügel und 1533 Bienenstöcke.

Stuttgart im »Dritten Reich« | 3

1933–1945

Bei den Wahlen im Jahr 1932 wurde die NSDAP dank 37,8 Prozent der abgegebenen Stimmen zur stärksten Fraktion im Reichstag. In Württemberg war das Ergebnis mit 30,5 Prozent zwar schwächer, doch war der Zugewinn von über 20 Prozentpunkten seit der Wahl 1930 doch ein deutliches Signal dafür, wie viele Unzufriedene die Nationalsozialisten auch hier um sich zu scharen vermochten. Im Reichstag war die Bildung einer mehrheitsfähigen Regierung durch die bürgerlichen Parteien unmöglich geworden. Die von Reichspräsident Hindenburg in der Folge ernannten Kabinette regierten ohne das Parlament mittels Notverordnungen. Als Hitler am 30. Januar 1933 zum Reichskanzler ernannt wurde, waren die bürgerlichen Parteien in der wieder als Präsidialkabinett ernannten Regierung den Nationalsozialisten noch zahlenmäßig überlegen.

Trotz der massiven Einschüchterung und Behinderung anderer Parteien gelang es der NSDAP aber auch bei der Reichstagswahl vom 5. März 1933 nicht, die absolute Mehrheit zu erreichen. Doch konnte sie als stärkste Partei mit der Deutschnationalen Volkspartei eine stabile Regierung bilden. Durch die »Gleichschaltung« der Länder und die Zentralisierung des Staates gelang es außerdem schnell, die Macht zu festigen. Der Reichstagsbrand am 27. Februar gab den willkommenen Anlass, mittels Notverordnungen Grundrechte außer Kraft zu setzen und die fälschlich beschuldigten Kommunisten und Sozialdemokraten brutal zu verfolgen. Als der Reichstag am 24. März 1933 durch Billigung des Ermächtigungsgesetzes auf parlamentarische Kontrolle der Regierungsarbeit verzichtete, erlangte Hitler fast unbeschränkte Macht. Im Juli 1933 schließlich gelang die Ausschaltung aller anderen politischen Parteien – die NSDAP war zur einzigen im Deutschen Reich zugelassenen Partei avanciert.

Unmittelbar nach der Machtergreifung begann die Gleichschaltung der Landes- und Stadtverwaltungen, der Medien und anderer Bereiche des öffentlichen Lebens. In Württemberg, wo immerhin rund 42 Prozent der Wähler für die NSDAP gestimmt hatten, forderte Gauleiter Wilhelm Murr schon am Tag nach der Wahl die Regierung zum Rücktritt auf, und tags darauf hissten SA- und SS-Kommandos auf vielen öffentlichen Gebäuden Hakenkreuzfahnen. Als am 8. März der Führer der württembergischen SA, Dietrich von Jagow, zum Reichskommissar für die Polizei des Landes ernannt wurde, hatten Staatspräsident Eugen Bolz und seine Regierung ihre Handlungsfähigkeit verloren und konnten sich den Nationalsozialisten nicht mehr entgegenstellen. Der kurz darauf einberufene Landtag wählte denn auch Wilhelm Murr zum neuen Staatspräsidenten.

Die »Vorläufigen Gesetze zur Gleichschaltung der Länder mit dem Reich« sorgten im April dafür, dass die Länderparlamente ihre Eigenständigkeit weitgehend verloren und ohne Neuwahlen dem Ergebnis der Reichstagswahlen vom 5. März angepasst wurden. Durch die Annullierung der KPD-Mandate konnte die NSDAP sich in sämtlichen Ländern die absolute

Die Allgegenwart der Partei und ihrer Gliederungen sorgte für unablässige Indoktrination der Bevölkerung – und ließ keinen Zweifel, woran geglaubt werden sollte und wie widrigenfalls gehandelt werden würde.

Mehrheit sichern. Auch Württemberg bekam die nun uneingeschränkte Macht der Nationalsozialisten zu spüren: Die bislang selbstständige Landesregierung in Stuttgart war abgesetzt, politische Gegner sahen sich durch Verfolgung und Inhaftierung bedroht, und gegen die jüdischen Bürger des Landes hob eine Hetzkampagne ohnegleichen an.

Unter Ausnutzung des nach Ende der Weltwirtschaftskrise einsetzenden Konjunkturaufschwungs begannen die Nationalsozialisten mit einer ausgedehnten Förderung des Wirtschaftswachstums. So gelang es recht bald, das große Problem der Zeit, die Massenarbeitslosigkeit, in den Griff zu bekommen. Durch Staatsaufträge und eine immense Bautätigkeit – z. B. den Bau von Autobahnen, Schifffahrtsstraßen, Flughäfen, Kasernen und des Westwalls an den Grenzen zu Frankreich – kamen dann bald wieder viele Menschen in Lohn und Brot. Die Kehrseite war allerdings die stetig steigende Staatsverschuldung, die Verknappung von Rohstoffen durch die einseitig auf militärische Zwecke ausgerichtete Produktion, das Wegbrechen der Exporte und die bald notwendig werdende Zwangsbewirtschaftung aller Güter und Waren.

Welchen Preis sie für den vordergründigen Aufschwung zu zahlen hatte, musste die Bevölkerung erkennen, als die deutsche Wehrmacht am 1. September 1939 in Polen einmarschierte und der Zweite Weltkrieg begann. Bis zum Sommer 1940 waren nicht nur Polen, sondern auch die Niederlande, Belgien und Frankreich besiegt, Dänemark und Norwegen besetzt. Nachdem Hitler Deutschland jedoch durch den Angriff auf die Sowjetunion am 22. Juni 1941 in einen Zweifrontenkrieg zwang, stiegen die bis dahin einigermaßen überschaubaren Verluste an Menschenleben ins Unermessliche. Als im Winter 1942/43 die 6. Armee vor Stalingrad eingekesselt wurde und Hunderttausende einen sinnlosen Tod starben, hatte die deutschen Truppen das Kriegsglück endgültig verlassen. Nachdem sie 1943 in Nordafrika kapitulieren mussten, die Alliierten auf Sizilien landeten, 1944 die großen Bombardements der deutschen Städte begannen und das Wirtschaftsleben fast zum Erliegen kam, schwand trotz immenser Propaganda und geschönten Lagedarstellungen der Glaube an den »Endsieg« in der Bevölkerung immer mehr.

Als Adolf Hitler am 1. April 1938 mit einem Sonderzug nach Stuttgart kam, empfingen ihn Reichsstatthalter Murr und eine Kinderschar. Hitler durchquerte dann die prächtig mit Fahnen und Blumen geschmückte Bahnhofshalle und schritt die davor angetretenen Formationen von Partei und Wehrmacht ab.

Seit Mitte 1944 rückten die alliierten Truppen sowohl von Osten als auch von Westen immer schneller auf die deutschen Grenzen vor. Französische und amerikanische Verbände besetzten im Frühjahr 1945 weite Teile Südwestdeutschlands. Ende April 1945 war auch Württemberg fest in alliierter Hand. Am 8. Mai 1945 endete der Zweite Weltkrieg mit der bedingungslosen Kapitulation Deutschlands. Allein aus Südwestdeutschland waren mehr als 225 000 Soldaten und 39 000 Zivilisten getötet, unzählige Wehrmachtsangehörige vermisst oder in Gefangenschaft geraten und Hunderttausende ausgebombt und obdachlos.

Auch in Stuttgart folgte auf die anfängliche Begeisterung vieler für das Regime im Verlauf des Krieges die Ernüchterung. Wie in den meisten deutschen Städten war die nationalsozialistische Machtergreifung auch hier nahezu reibungslos verlaufen. Während noch im Vorfeld der Märzwahlen 1933 die Kommunisten und Sozialdemokraten die Massen mobilisieren konnten, war die Stadt innerhalb weniger Monate fest in brauner Hand, und Hunderttausende jubelten Hitler im Juli auf den Stuttgarter Straßen begeistert zu. Und das, obwohl die NSDAP bei den Wahlen am 5. März 1933 in Stuttgart deutlich weniger als im Reichsdurchschnitt erreicht hatte.

Schon am 16. März 1933 begann der politische Umbau im Stuttgarter Rathaus. Staatspräsident Murr übertrug dem NSDAP-Stadtrat Karl Strölin als Staatskommissar die Leitung der Stadtverwaltung. Am 9. Mai 1933 tagte zum ersten Mal der neue, aufgrund des Gleichschaltungsgesetzes nach den Mehrheitsverhältnissen der Reichstagswahl vom 5. März gebildete Stuttgarter Gemeinderat. Die nunmehr 44 Sitze verteilten sich auf NSDAP (20), SPD (12, bis zur Mandatsaufhebung am 23. Juni), Zentrum (5), Deutschnationale Volkspartei (5), Christlicher Volksdienst (1) und Staatspartei (1). Der neue Gemeinderat trat in der Folge zu keiner einzigen Plenarsitzung zusammen. Bald schon galt auch hier das »Führerprinzip«, und OB Strölin regierte seit August 1933 faktisch alleine. Die neue Gemeindeordnung gab den NSDAP-Beauftragten zusammen mit dem Oberbürgermeister die Macht, ihnen genehme Gemeinderäte zu berufen. Frauen waren übrigens im Stuttgarter Gemeinderat während des »Dritten Reiches« nicht vertreten, und der von OB Strölin im November 1933 ins Leben gerufene Frauenbeirat sollte sich auf den »naturgegebenen Wirkungskreis« des weiblichen Geschlechts beschränken und hatte bestenfalls beratende Funktion. Er fand aber im ganzen Reich große Beachtung und galt als vorbildlich und nachahmenswert.

Schnell und reibungslos wurde das gesamte öffentliche Leben gleichgeschaltet. Unliebsame Mitarbeiter der Stadt – vor allem Juden und Sozialdemokraten – wurden beurlaubt oder strafversetzt. Durch das am 7. April 1933 erlassene Gesetz zur Wiederherstellung des Berufsbeamtentums konnten alle Mitarbeiter aufgrund mangelnder Eignung entlassen werden. Kündigungsgrund war aber keineswegs fehlende Fachkompetenz, sondern unliebsame politische Betätigung, Mitgliedschaft in der KPD oder nicht arische Abstammung. In der Folge wurden fast 200 Arbeiter, Angestellte und Beamte aus den Diensten der Stadt Stuttgart entlassen. Hinzu kamen etliche Zwangspensionierungen und Strafversetzungen.

OB Strölin machte sich für eine Neuorientierung der Kommunalpolitik stark. Einen Schwerpunkt bildete die Förderung des Mittelstands – wenn auch mit fragwürdigen Maßnahmen. So versuchte man zum einen, die Käufer durch massive Propaganda von den jüdischen Kaufhäusern fernzuhalten, zum anderen erging an die städtischen Betriebe die Anordnung, nicht mehr bei Warenhäusern, Konsumvereinen und Großfilialbetrieben einzukaufen. Oberstes Ziel sollte zudem die Reduzierung der städtischen Ausgaben sein. Tatsächlich gelang es der Stadt zwischen 1933 und 1937, ihre Schulden von über 90 auf 64 Millionen Reichsmark zu verringern. So wurden durch Änderungen in der Struktur der Stadtverwaltung, z. B. durch Vereinigung von Ämtern und Straffung von Tätigkeiten, vor allem aber durch die Reduzierung der Wohlfahrtsleistungen größere Summen eingespart, die der Bekämpfung der beiden großen städtischen Probleme zugute kommen sollten: der Massenarbeitslosigkeit und der Wohnungsnot.

Adolf Hitler, begleitet von Reichsstatthalter Wilhelm Murr und OB Karl Strölin, forderte in seiner Rede vom Balkon des Rathauses das sich auf dem Marktplatz drängende »Schwabenvolk« dazu auf, sich zum Nationalsozialismus und zu Großdeutschland zu bekennen.

Im Dezember 1932 zählte man in Stuttgart rund 38 700 Erwerbslose, im Februar 1933 waren es schon 41 500. Von diesen bezog mehr als die Hälfte als so genannte Dauerarbeitslose keine Arbeitslosen- oder Krisenunterstützung mehr, sondern war auf die städtische Wohlfahrtspflege angewiesen. Mit den ihnen zustehenden durchschnittlich 10,68 Mark pro Woche fristeten diese Menschen ein Leben am Rande des Existenzminimums. Um zu verhindern, dass sie ihre kargen Bezüge durch Schwarzarbeit aufbesserten, führte die Stadt zunächst die Pflicht zum Besuch von Fortbildungskursen, von Anfang 1934 dann die Pflichtarbeit für Männer beim Tiefbauamt beziehungsweise für Frauen beim »Hilfswerk Mutter und Kind« ein.

Die Stadt unterstützte die heimische Industrie und das Handwerk durch Subventionen, Steuererleichterungen und öffentliche Aufträge. Zahlreiche Männer fanden zudem Arbeit beim im März 1934 begonnenen und Ende Oktober 1937 abgeschlossenen Bau der Autobahn Stuttgart-Ulm, bei der Weiterführung des Neckarkanals, beim vierspurigen Ausbau der Neuen Weinsteige, beim Bau des Cannstatter Krankenhauses und anderen Notstandsarbeiten – die großteils schon vor der Machtergreifung beschlossen oder begonnen worden waren. Zur Reduzierung der Erwerbslosenzahlen hat aber auch die Verdrängung vieler Frauen aus dem Arbeitsprozess wesentlich beigetragen. So entließ die Stadt z. B.

im Rahmen einer Kampagne gegen das Doppelverdienertum fast alle verheirateten Frauen aus ihren Diensten. Ehewillige versuchte man zudem mit Heiratsbeihilfen zu ködern.

Die forcierte Wiederaufrüstung, die Förderung der Kraftfahrzeugindustrie und die Großprojekte im Verkehrswesen machten sich bald auf dem Arbeitsmarkt bemerkbar. Im März 1934 waren in Stuttgart noch 14 204 Menschen erwerbslos, im Oktober 1936 war die Arbeitslosenzahl auf 1 747 zurückgegangen. In den letzten Jahren vor Ausbruch des Krieges mangelte es sogar an Arbeitskräften. Arbeitszeitregelungen und Schutzbestimmungen wurden daraufhin gelockert oder außer Kraft gesetzt, auch Frauen sollten jetzt wieder verstärkt in den Arbeitsprozess eingegliedert werden.

Die meisten Menschen begrüßten die positive Entwicklung auf dem Arbeitsmarkt, ignorierten aber, dass die massive Umstellung auf Kriegsproduktion über kurz oder lang zum wirtschaftlichen Kollaps führen musste. Als ein weiteres Problem stellte sich bald auch in Stuttgart der Mangel an Geld, Rohstoffen, Transportmitteln und Arbeitskräften für zivile Zwecke heraus. So fehlten nicht nur in vielen Industriebranchen die notwendigen Investitionsgüter, auch der dringend nötige Wohnungsbau geriet mehr und mehr ins Stocken. Daher bestand bei Kriegsausbruch immer noch ein Mangel von 6000 bis 8000 Wohnungen in Stuttgart.

Auch andere Bauprojekte kamen nach 1933 ins Stocken oder konnten nicht ausgeführt werden. Der Plan OB Strölins, Stuttgart in eine Bäder- und Gartenstadt mit sanierter Altstadt, Badezentrum in Cannstatt und aufgelockerten Siedlungen an der Peripherie zu verwandeln, gedieh über erste Ansätze nicht hinaus. Die geplante Altstadtsanierung und der Bau eines neuen Rathauses scheiterten am Interessenkonflikt zwischen der Stadt und dem Land Württemberg beziehungsweise der NSDAP, vertreten durch Reichsstatthalter Murr. Denn zum einen war das Land im Besitz etlicher Bauten und Grundstücke in der Stuttgarter Innenstadt, die zuvor der Krone gehört hatten, zum anderen wünschte die NSDAP den Bau eines repräsentativen Parteihauses mit großem Aufmarschplatz.

Durch die Querelen mit der Partei und den immer größer werdenden Rohstoffmangel für zivile Zwecke konnten nur einige wenige größere Bauprojekte wie die Schwabenhalle (eine große Versammlungs- und Ausstellungshalle auf dem Cannstatter Wasen), die Adolf-Hitler-Kampfbahn, das Haus der Technischen Werke an der Lautenschlagerstraße, die »Halle des Reichsnährstandes« auf dem Reichsgartenschaugelände am Killesberg und die Mustersiedlung »Deutsches Holz« auf dem Kochenhof realisiert werden. Pläne für repräsentative Großbauten in Stuttgart – einen gigantischen Reichssender auf der Karlshöhe, ein Wehrbereichskommando auf dem Weißenhof, ein Parteihaus und ein riesiges Gauforum an exponierter Stelle, eine neue Technische Hochschule, Landesministerien und eine ganze Reihe

Links: Eine Fotomontage zeigt den von den Nationalsozialisten geplanten, aber nie realisierten gigantischen Reichssender auf der Karlshöhe.

Rechts: Wenn Hitler Stuttgart besuchte, pflegte er im »Hospiz Viktoria« in der Friedrichstraße zu logieren. Auch bei seinem Besuch am 1. April 1938 wartete eine große Menschenmenge vor dem Hotel, um einen Blick auf ihn zu erhaschen.

Links: Anlässlich des 15. Deutschen Turnfestes versammelten sich im Juli 1933 Tausende zur Fahnenweihe im Hof des Neuen Schlosses.

Rechts: Der 40 Meter und 11 Stockwerke hohe Flaggenturm neben dem Stadion auf dem Cannstatter Wasen war mit aberhundert bunter Fahnen der Städte und Länder geschmückt und konnte für 10 Pfennig Eintritt bestiegen werden.

anderer öffentlicher Bauten – blieben im Kompetenzgerangel zwischen Stadt und Partei reines Wunschdenken und konnten nach Kriegsausbruch sowieso nicht mehr realisiert werden. Ebenfalls im Planungsstadium blieben großangelegte Verkehrsbauten stecken. So wollte man dem stetig wachsenden Autoverkehr durch den Bau eines innerstädtischen Straßenrings, von Parkplätzen und Parkhäusern, durch Tunnel und durch ein unterirdisches Straßenbahnnetz begegnen sowie den Durchgangsverkehr von den Fildern und der neuen Reichsautobahn von der Innenstadt fernhalten. Kurz nach Kriegsausbruch mussten im Februar 1940 alle zivilen Bauvorhaben und damit auch alle städtebaulichen Aktivitäten eingestellt werden.

OB Strölin, lokale Parteigrößen und Teile der Stadtverwaltung sahen es durchaus mit Sorge, dass Stuttgart durch die starke Zentralisierung im »Dritten Reich« an Bedeutung verloren hatte. Die Aufhebung des Landtags und die Beschränkung der Landesregierung auf Verwaltungsfunktionen, die Übertragung der hoheitlichen Rechte auf das Reich und die Einführung eines Reichsstatthalters hatten den Glanz der Landeshauptstadt schwinden lassen. Zudem verfügte kein lokaler Politiker über nennenswerten Einfluss bei der Reichsführung. Daher bemühte man sich, Stuttgart in die Riege der Städte einzureihen, die sich besonderer Gunst Hitlers erfreuten. Zunächst schienen die Anstrengungen auch von Erfolg gekrönt zu sein: 1936 verlieh Hitler Stuttgart in »Würdigung der Verdienste« der Stadt um die Deutschen und das Deutschtum im Ausland den Titel »Stadt der Auslandsdeutschen«. Die Hoffnung auf politische Bedeutung und besondere Protektion wurde aber enttäuscht. Zwar war die Stadt mehrfach Schauplatz glanzvoller Massenveranstaltungen anlässlich der Jahrestagungen des hier beheimateten Deutschen Ausland-Instituts und der Reichstagungen der Auslandsorganisation der NSDAP, doch konnte sie kein politisches oder wirtschaftliches Kapital aus ihrer neuen Stellung ziehen. Nach dem Kriegsausbruch ging dann die Volkstumsarbeit vom Deutschen Ausland-Institut mehr und mehr auf die SS über, und auch der Führer beehrte die »Stadt der Auslandsdeutschen« nur noch einmal mit einem offiziellen Besuch, am 1. April 1938.

Auch im kulturellen Leben hatten seit 1933 die Nationalsozialisten das Sagen. In Presse und Rundfunk hatten schon wenige Tage nach der Machtergreifung linke und jüdische Journalisten ihre Arbeitsplätze räumen müssen. Nun gab der parteieigene *»NS-Kurier«* den Ton an und hatte in städtischen Kantinen sogar als Pflichtlektüre auszuliegen. Kom-

Links: Mit der Pflichtmitgliedschaft in der Hitlerjugend war seit 1939 der Boden für politische Indoktrination und paramilitärische Ausbildung der männlichen Jugend bereitet.

Rechts: Selbst blinde Kinder und Jugendliche sollten sich mittels eigens angefertigter Modelle ein Bild von ihrem »Führer« machen können.

munistische und sozialdemokratische Zeitungen waren verboten, die bürgerliche Presse stand unter strenger Kontrolle und konnte es kaum wagen, regimekritische Töne anzuschlagen. Im Sommer 1941 kam für viele Zeitungen das endgültige Aus. Als offizieller Grund dafür musste die kriegsbedingte Papierknappheit herhalten.

Selbstverständlich nahmen die neuen Machthaber unverzüglich auch die »Säuberung« der Kunst- und Theaterlandschaft in Angriff. Nicht nur wurde unliebsamen Intendanten und Künstlern, besonders Juden, fristlos gekündigt, auch die Spielpläne hatten sich auf ideologisch genehme Stücke zu beschränken. An die Stelle moderner Autoren und kritischer Töne traten deutsche Klassiker, vaterländische Schauspiele, Lustspiele und Volksstücke, Opern und volkstümliche Konzerte. Das Schauspielhaus in der Kleinen Königstraße, das sich mit Inszenierungen avantgardistischer und sozialrevolutionärer Stücke einen ausgezeichneten Ruf erworben hatte, musste den Spielbetrieb sogar einstellen. Sein jüdischer Besitzer Claudius Kraushaar emigrierte und verkaufte das Theater an die Stadt. Unter seinen Nachfolgern in der Intendanz verkam das Repertoire zu einer Ansammlung seichter Revuen, Schwänke, Lustspiele und kleiner Operetten. Auch die bildende Kunst geriet ins Visier der Nationalsozialisten. In den Jahren bis 1937 wurden hunderte Kunstwerke als »entartet« aus der Staatsgalerie und der Galerie der Stadt Stuttgart entfernt.

In der Jugendarbeit trat die NS-Ideologie 1933 ihren Siegeszug an. Gab es in Stuttgart 1932 ganze drei HJ-Scharen mit einer Handvoll Mitglieder, wurde die Hitlerjugend bald zur Massenorganisation. Kommunistische, sozialistische und jüdische Jugendverbände wurden verboten oder aufgelöst. Durch die Eingliederung der evangelischen Jugendverbände 1934, das generelle Verbot selbstständiger kirchlicher Jugendarbeit Anfang 1939 und die im selben Jahr eingeführte Pflichtmitgliedschaft stieg die Hitlerjugend endgültig zur größten Jugendorganisation auf.

Ein wichtiger Baustein in der Gleichschaltung der Gesellschaft war die Verdrängung der konfessionellen und privaten Schulen, so musste zum Beispiel die Freie Waldorfschule in Stuttgart 1938 ihre Pforten schließen. Um die Jugend von Anfang an im Sinne der Partei zu indoktrinieren, schrieb Kultminister Christian Mergenthaler in Württemberg ab 1937 den Besuch der Deutschen Volks- beziehungsweise Oberschulen zwingend vor. Als einzige weiterführende Schule Stuttgarts konnte das Eberhard-Ludwigs-Gymnasium seinen Namen und seine humanistische Ausrichtung bewahren.

Nach Kriegsausbruch führten die Einberufung zahlreicher Lehrer, die Beschlagnahmung von Gebäuden, der Brennstoffmangel im Winter und die Luftschutzmaßnahmen dazu, dass Schulunterricht nur noch eingeschränkt stattfinden konnte. Zudem wurden viele Jugendliche für kriegswichtige Einsätze herangezogen. Als sich der Luftkrieg verschärfte und die Sirenen immer häufiger aufheulten, begann im Sommer 1943 eine erweiterte Kinderlandverschickung. Ein Jahr später waren ca. 40 000 Stuttgarter Schüler evakuiert, mehr als die Hälfte bei Verwandten auf dem Lande, die übrigen lebten in Pflegefamilien oder Heimen. Für daheim gebliebene oder zurückgekehrte Kinder konnte kaum noch ein geregelter Unterricht gehalten werden, in den letzten Kriegsmonaten und der Zeit bis zum Herbst 1945 blieben die Schulen sogar monatelang geschlossen.

Die beiden großen Kirchen des Landes hatten die Machtübernahme durch die Nationalsozialisten zunächst begrüßt, zumal die sich anfangs kirchenfreundlich gaben. Schon bald mussten sie jedoch versuchen, sich gegenüber dem allumfassenden Machtanspruch der Partei und ihrer Verdrängung besonders aus der Schul- und Jugendarbeit zu behaupten. Mutige Männer wie Landesbischof Theophil Wurm und Joannes Baptista Sproll, Bischof der Diözese Rottenburg, sahen ein, dass es Unrecht gewesen war, sich mit den Nationalsozialisten zu arrangieren. Wurm prangerte die Verfolgung der behinderten und – wenn auch allzu spät – der jüdischen Menschen öffentlich an. Sproll wurde seiner regimekritischen Äußerungen wegen 1938 sogar von Reichsstatthalter Murr ausgewiesen und konnte erst nach Kriegsende in seine Diözese zurückkehren. Unliebsame Pfarrer zog man zu Hunderten zum Wehrdienst ein oder belegte sie mit Geld- und Haftstrafen. Mitte 1941 nahm die Regierung die kriegsbedingte Papierknappheit zum Vorwand, die katholische und evangelische Presse auszuschalten und so die Kirchen weitgehend mundtot zu machen. Der nationalsozialistischen Euthanasie – der Tötung von geistig und körperlich Behinderten und anderem »unwerten Leben« – sind etwa 400 Stuttgarter zum Opfer gefallen. Viele starben in der Anstalt auf Schloss Grafeneck auf der Schwäbischen Alb, wo fast 10 000 Menschen vergast wurden. Doch blieb das massenhafte Morden nicht unbemerkt und rief Proteste in der Bevölkerung, den Kirchen, der Justiz und sogar in NSDAP-Kreisen hervor.

Gleich nach der Machtübernahme hatte auch der Terror gegen die Juden begonnen. Bei der Volkszählung vom 16. Juni 1933 wohnten 4876 so genannte Glaubensjuden (1,2 Prozent der Bevölkerung) und etliche hundert anderer Religionszugehörigkeit in Stuttgart. In der Nacht vom 9. zum 10. November 1938 brannten die Synagogen in der Hospitalstraße und in Cannstatt, jüdische Geschäfte wurden demoliert und geplündert. Mehrere hundert Juden wurden daraufhin wochenlang in den Konzentrationslagern Welzheim und Dachau inhaftiert. Die Jahre 1938 und 1939 brachten weitere Schikanen: Führerscheinentzug, Fahrverbot in den Straßenbahnen, Berufsverbote, Verlust von Kündigungsschutz und Wohnrecht in Häusern arischer Besitzer, Anmeldung des Vermögens, Verfügungsverlust über Wertpapiere und Devisen, Enteignung von Edelmetall und Juwelen sowie Entzug der Rundfunkgeräte. Und doch war dies nur der Anfang. Während des Krieges sollte sich der Terror immer mehr steigern.

So wurden Ausgangssperren verhängt und die Benutzung von öffentlichen Luftschutzräumen verboten. Kleider und Schuhe waren unerreichbar geworden, die Lebensmittelzuteilungen lagen weit unter denen der arischen Bevölkerung und mussten zudem vom April 1941 an in einem einzigen gesonderten Geschäft, dem so genannten »Judenladen« in der Seestraße, eingekauft werden. Da Juden die Benutzung öffentlicher Verkehrsmittel mittlerweile untersagt war, bedeutete dies eine ungeheure Schikane – zumal bald auch noch Fahrräder abgegeben werden mussten. Ab September 1941 musste der gelbe Judenstern getragen werden. Kurze Zeit später begannen auch in Stuttgart die Deportationen in die Konzentrations- und Vernichtungslager,

Juden aus dem Sammellager auf dem Killesberg mussten am Stuttgarter Nordbahnhof in Reih und Glied antreten, um von dort aus ihren Weg in die Konzentrationslager anzutreten.

Im November 1935 verteilten HJ-Angehörige im Rahmen der Winterhilfswerkaktion Weihnachtspakete an kinderreiche Familien.

denen rund 1200 Bürger der Stadt zum Opfer fallen sollten. Bei Kriegsende lebten nur noch ca. 150 Juden in Stuttgart, die meisten in so genannter Mischehe, die der arische Partner ungeachtet massiven Drucks und zahlreicher Schikanen nicht aufgegeben hatte.

Als sich die Nachricht vom Einmarsch der deutschen Truppen in Polen am 1. September 1939 in der Bevölkerung verbreitete, war die Stimmung gedrückt – zu lebhaft waren noch die Erinnerungen an Not und Elend des Ersten Weltkrieges. Doch die Front war weit und am täglichen Leben änderte sich zunächst nur wenig, wenn auch schon fünf Tage nach Kriegsausbruch die ersten Lebensmittelkarten ausgegeben und strikte Verdunkelungs- und Luftschutzvorschriften erlassen wurden.

Stuttgart blieb im Gegensatz zu vielen nord- und westdeutschen Städten einstweilen von Luftangriffen verschont, sodass der Krieg zunächst vor allem am knapper werdenden Wohnraum und der schlechten Versorgungslage mit Lebensmitteln, Kleidung und Heizmaterialien zu spüren war. So sank die Versorgung eines erwachsenen Normalverbrauchers vom Vorkriegsniveau in Höhe von 3200 Kalorien 1939 auf rund 2265 Kalorien. 1940 und 1941 waren es dann durchschnittlich 1900 und 1942 sogar nur noch rund 1500 Kalorien.

Auf kommunaler Ebene brachte der Beginn des Krieges einen starken Einschnitt in die Selbstverwaltung. Der Führererlass zur Vereinfachung der Verwaltung degradierte die Gemeinden Ende August 1939 zu unteren Verwaltungsinstanzen unter Kontrolle der so genannten Reichsverteidigungskommissare – im Falle Stuttgarts übernahm Reichsstatthalter Wilhelm Murr diese Aufgabe. Die zunehmende Einberufung von Arbeitern, Angestellten und Beamten führte zu personellen Engpässen bei den städtischen Behörden. Zudem belasteten zusätzliche Ausgaben wie der vom Reich verlangte Kriegsbeitrag von mehr als 1,5 Millionen Reichsmark im Monat, zusätzliche Verwaltungsaufgaben, die Versorgung der Soldatenfamilien und vor allem beträchtliche Steuerausfälle (wie der Verlust der Gewerbesteuer ab April 1943) den Stadthaushalt.

Schnelle militärische Erfolge zu Beginn des Krieges ließen die anfängliche Skepsis schwinden, und als die siegreichen Truppen im Herbst 1940 aus Frankreich zurückkehrten und durch die Stadt zogen, säumten Abertausende begeistert die Straßen. Der Jubel verstummte aber bald, weil sich seit dem Überfall auf die Sowjetunion am 22. Juni 1941 die Todesnachrichten von der Front häuften. Insgesamt starben etwa 14 000 der 77 900 Stuttgarter Soldaten auf den Schlachtfeldern des Zweiten Weltkriegs, unzählige wurden verwundet oder gerieten in Kriegsgefangenschaft.

Mittlerweile war Stuttgart als bedeutende Industriestadt und Verkehrsknotenpunkt auch selbst zum Kriegsschauplatz geworden. Die ersten von insgesamt 53 Luftangriffen richteten im Spätsommer 1940 noch verhältnismäßig wenig Schaden an. Noch flogen die feindlichen Bomber nicht mit Radar, sondern auf Sicht. Die Kessellage der Stadt bewirkte auch einen gewissen Schutz, der durch künstliche Vernebelung noch erhöht wurde. 1943 und 1944 ließen dann massive Bombardements britischer und amerikanischer Verbände große Teile Stuttgarts – darunter fast die gesamte historische Altstadt – in Schutt und Asche sinken. Schwere Spreng- und Brandbombenangriffe im Juli und September 1944 vernichteten die Innenstadt fast vollständig.

Über 39 000 (57,5 Prozent) der 68 000 Gebäude waren zerstört oder schwer beschädigt, die Infrastruktur zu großen Teilen vernichtet. Anfang 1945 brach das Wirtschaftsleben völlig zusammen. Die Industrieanlagen waren zu drei Vierteln durch Bomben zerstört, der Rest musste die Produktion einstellen, weil durch Einberufungen und Evakuierungen der Arbeitskräftemangel überhandgenommen hatte, die Verkehrswege weitgehend zerstört und weder Energie noch Rohstoffe verfügbar waren. Unzählige Menschen verloren durch die Bombenangriffe Wohnung, Hab und Gut. Zu Beginn des Jahres 1945 registrierte die Stadtverwaltung über 185 000 Obdachlose. Rund 4600 Menschen, darunter fast 800 Zwangsarbeiter, hatten bei den Bombardements den Tod gefunden – es wären wohl noch weit mehr gewesen, wenn nicht große Bunker und von der Bevölkerung weitgehend selbst in die Hänge des Talkessels gegrabene Stollen Schutz geboten hätten.

Immer wieder regte sich auch Widerstand gegen das Regime, der aber erbarmungslos gebrochen wurde. Ihren Höhepunkt erreichte die Verfolgung ab 1941, als das Kriegsglück im Osten schwand. Gegen Widerständler, »Wehrkraftzersetzer«, aber auch so genannte »Volksschädlinge«, die – oft nur mit harmlosen Vergehen – gegen die Kriegswirtschaftsordnung verstoßen hatten, wurden drakonische Strafen verhängt und zahlreiche Todesurteile im Hof des Justizgebäudes mit dem Fallbeil vollstreckt. Eng mit Stuttgart verknüpft sind auch die Ereignisse des 20. Juli 1944, als aufrechte Männer versuchten, Hitler zu töten und dem Krieg ein Ende zu bereiten. Insgesamt bezahlten 145 Stuttgarter ihren Widerstand gegen das nationalsozialistische Regime mit dem Leben. Eine vollständige Liste derjenigen, die oft jahrelang in Zuchthäusern und Konzentrationslagern inhaftiert waren, gibt es nicht.

Am 20. April 1945 war Stuttgart im Norden, Westen und Süden von der französischen, im Osten von der amerikanischen Armee eingeschlossen. Am Tag darauf räumten die letzten deutschen Verbände die Stadt kampflos. Sinnlose Pläne, die Bevölkerung zu evakuieren oder die Stadt zu verteidigen, konnte der mittlerweile dem NS-Regime nicht mehr kritiklos ergebene OB Strölin glücklicherweise abwenden. Nicht ganz konnte er den »Nero-Befehl«, die Zerstörung der Infrastruktur, verhindern. So wurden die meisten Neckarbrücken in den letzten Stunden vor dem Einmarsch der Alliierten gesprengt. Nachdem er schon zuvor den Kapitulationswillen Stuttgarts an die anrückenden Franzosen übermitteln konnte, übergab Karl Strölin die Stadt am 21. April 1945 im Degerlocher Gasthaus »Zum Ritter«. Damit war der Zweite Weltkrieg für Stuttgart zu Ende.

Links: Vom Turm des Hauptbahnhofs aus bot die Königstraße ein Bild des Jammers, kaum ein Gebäude hatte die alliierten Bombardements überstanden.

Rechts: Von der Leonhardskirche (links im Bild die Kreuzigungsgruppe) bis zum im Hintergrund sichtbaren Rathausturm erstreckte sich nach Kriegsende ein einziges riesiges Trümmerfeld.

1933

3. Januar | Ein von den Parteien ausgehandelter Burgfrieden geht zu Ende: Nationalsozialisten demonstrieren am Feuersee, Kommunisten auf dem Marktplatz.

---

15. Januar | Die Eiserne Front, ein gegen die Harzburger Front gerichtetes Bündnis aus Gewerkschaften, Arbeitersportvereinen und dem Reichsbanner Schwarz-Rot-Gold, demonstriert in der Innenstadt.

---

19. Januar | Die KPD beantragt im Gemeinderat finanzielle Unterstützung für einen »Hungermarsch« der Arbeitslosen. Der Antrag wird abgelehnt, der Marsch verboten.

---

21. und 22. Januar | Landeskongress der Erwerbslosen. Kundgebungen und Demonstrationen werden als »Gefahr für die öffentliche Sicherheit« polizeilich verboten.

Am 4. März 1933 konnte die Eiserne Front ihre Anhänger noch einmal mobilisieren. An- und Abmarsch zur Stadthalle waren aber bereits untersagt, und Kurt Schumacher, Hauptredner des Abends, war schon kurz darauf im KZ.

28. Januar | Rund 10 000 Bosch-Arbeiter protestieren mit Streik und Demonstration gegen die drohende Machtergreifung durch die Nationalsozialisten.

NS-Demonstrationszug von Heslach in die Innenstadt und kommunistische Gegendemonstration. Die Polizei kann größere Zusammenstöße verhindern.

---

30. und 31. Januar | Nachdem Hitlers Ernennung zum Reichskanzler bekannt geworden ist, ruft die KPD in den Dinkelacker-Saalbau mit anschließender Demonstration auf dem Wilhelmsplatz. Es kommt zu Zusammenstößen mit Nationalsozialisten.

Rund 2000 bewaffnete Reichsbannerleute warten in den Stuttgarter Wäldern vergeblich auf den Befehl zum Losschlagen gegen die Faschisten. Das Reichsbanner war 1924 als überparteiliches, aber der SPD nahestehendes Bündnis zum Schutz der Weimarer Republik gegen rechts- und linksextremistische Strömungen gegründet worden.

Der kommunistische Streikaufruf zum Generalstreik findet wenig Resonanz. Einige Straßenbahner blockieren morgens ihr Depot, indem sie einen Lastwagen auf die Schienen stellen, weichen dann aber der Polizeigewalt.

Die NS-Organisationen feiern Hitlers Ernennung zum Reichskanzler mit einem Fackelzug, auf dem Marktplatz spricht Gauleiter Murr.

---

15. Februar | Wahlkundgebung der NSDAP mit Hitler, SA-Fackelzug zum Marktplatz. Abends Hitlerrede in der Stadthalle. Die Rundfunkübertragung wird erfolgreich sabotiert, indem ein Kabel mit der Axt durchschlagen wird. Eine Gegendemonstration der KPD wird polizeilich verboten.

Am Tag nach der Ernennung Adolf Hitlers zum Reichskanzler berichtet der *»Schwäbische Merkur«:* »Auf die Nachricht vom Regierungswechsel in Berlin machte sich im Laufe des Nachmittags eine gewisse Unruhe in der Stadt bemerkbar. Insbesondere von kommunistischer Seite wurde diese Gelegenheit zu politischen Kundgebungen benützt, die in Umzügen mit Sprechchören ihren Ausdruck fanden. Bei diesen Umzügen kam es in der inneren Stadt, insbesondere in der Gegend des Wilhelmsplatzes, zu kleineren Schlägereien zwischen politischen Gegnern. Die Polizei konnte ohne Einsatz größerer Kräfte die Ordnung überall mühelos wieder herstellen. – Auf dem Marktplatz kam es gegen 11.30 Uhr noch zu einer kleinen Schlägerei, wobei ein Teilnehmer durch Messerstiche verletzt wurde. Er wurde dem Krankenhaus zugeführt. Die Polizei stellte die Ruhe wieder her. – Die Aufrufe zu den kommunistischen Kundgebungen waren diesmal durch wandernde Sprechchöre erfolgt, die in den Abendstunden in den Arbeiterwohngegenden fast von Haus zu Haus zogen und zu Demonstrationen und Generalstreik aufforderten.« *(»Schwäbischer Merkur«, 31. Januar 1930)*

19. Februar | In seiner Rede zur Eröffnung der Israelitischen Landesversammlung weist Otto Hirsch auf den fanatischen Judenhass der Regierungspartei NSDAP hin, vertraut aber auch auf die stabilen Verhältnisse in Württemberg.

28. Februar | Der KPD wird die Planung eines Anschlags auf den württembergischen Landtag unterstellt. Durchsuchungen des Parteibüros und des Fraktionszimmers verlaufen ergebnislos, dennoch verbietet die Staatsregierung alle Aktivitäten der Partei.

1. März | Kundgebung der Eisernen Front auf dem Marktplatz. SPD-Landesvorsitzender Erich Roßmann und Parteisekretär Erwin Schoettle weisen gegen ihre Partei erhobene Vorwürfe im Zusammenhang mit dem Reichstagsbrand zurück.

2. März | Verbot einer KPD-Veranstaltung in der Stadthalle. Die *»Süddeutsche Arbeiterzeitung«* in der Geißstraße wird durchsucht und liquidiert, die Redakteure fliehen oder werden verhaftet.

Nachmittags dringen vier Sozialdemokraten in den Senderaum des »Stuttgarter Rundfunks« ein und rufen laut in die Live-Übertragung hinein: »Nieder mit Hitler! Es lebe die Freiheit! Wählt Sozialdemokraten!«. Die Männer werden tags darauf verhaftet.

4. März | Nationalsozialistische Kundgebung auf dem Marktplatz, Übertragung einer Rede Hitlers aus Königsberg, anschließend Fackelzug zum Bismarckturm.

Kundgebung der Eisernen Front mit Kurt Schumacher in der Stadthalle, er reißt bei diesem letzten öffentlichen Auftritt 14 000 Zuhörer zu Begeisterungsstürmen hin.

Mit einer Flaggenkampagne im ganzen Reich wurde den Bürgern demonstriert, wer fortan das Sagen hatte. In Stuttgart wehte die Hakenkreuzfahne zunächst auf dem Landtag, wenig später auch auf dem Rathaus.

5. März | Bei der Reichstagswahl bleibt die NSDAP in Stuttgart mit 84 531 Stimmen (33,7 %) rund zehn Prozent unter dem Reichsdurchschnitt. Die anderen Parteien erreichen: SPD 59 426 (23,7 %), KPD 37 185 (14,8 %), Zentrum 24 407 (9,7 %), Kampffront Schwarz-Weiß-Rot 24 308 (9,7 %), auf Splitterparteien wie Christlichen Volksdienst, Deutsche Staatspartei, Deutsche Volkspartei und Württembergischen Bauernbund entfallen zusammen 20 247 Stimmen (8%). Die Wahlbeteiligung beträgt 89,1 Prozent.

7. März | Staatspräsident Eugen Bolz und Bürgermeister Gottfried Klein müssen sich dem Druck der NSDAP beugen, die mit Gewalt das Hissen der Hakenkreuzfahne auf Landtag und Rathaus durchsetzt.

SA und SS besetzen den Rundfunk und fordern, dass die Hakenkreuzfahne aufgezogen wird. Jüdischen Mitarbeitern wird der Zutritt verwehrt. Wegen politischer Unzuverlässigkeit oder jüdischer Abstammung werden erste Mitarbeiter entlassen. Seinen Posten verliert auch Josef Eberle, Leiter der Vortragsabteilung, weil er mit einer Jüdin verheiratet ist.

SA und Stahlhelm besetzen auch das Haus des Deutschtums (das Deutsche Ausland-Institut am Charlottenplatz), dem jüdischen Generalsekretär des Instituts, Fritz Wertheimer, wird am folgenden Tag vom Pförtner der Zutritt verweigert.

---

9. März | SA-Führer Dietrich von Jagow, am Vortag zum Polizeikommissar ernannt, nimmt eine Parade der Bereitschaftspolizei ab und kündigt deren Verstärkung durch SA-, SS- und Stahlhelmverbände an.

SS durchsucht das Schlossgartenhotel, wo eine sozialdemokratische Versammlung stattfinden soll. Die Veranstalter waren rechtzeitig gewarnt.

---

10. März | Nachmittags hindern SS und SA Kunden am Betreten der jüdischen Warenhäuser Schocken, Tietz und Kadep.

---

10. und 11. März | Rund 200 Kommunisten werden verhaftet, in die Reithalle gebracht und in das »Schutzhaftlager« nach Stetten am kalten Markt deportiert.

Linksgerichtete Zeitungen wie die sozialdemokratische *»Schwäbische Tagwacht«* werden verboten.

---

11. März | Nach negativen Äußerungen in der Presse lässt der Kunstverein die Bilder einer Oskar-Schlemmer-Ausstellung abhängen, die am 14. März eröffnet werden sollte.

---

15. März | Gauleiter Murr übernimmt die Position des vor vier Tagen zurückgetretenen Staatspräsidenten Bolz, abends gibt er im Hof des Neuen Schlosses den neuen Kurs an: »Wir bieten jedem die Hand, der zu uns kommt und mithelfen will, wir werden aber mit aller Brutalität jeden niederschlagen, der sich uns entgegenstellt. Wir sagen nicht Auge um Auge, Zahn um Zahn, nein, wer uns ein Auge ausschlägt, dem werden wir den Kopf abschlagen, und wer uns einen Zahn ausschlägt, dem werden wir den Kiefer einschlagen.«

---

16. März | Staatspräsident Murr unterrichtet OB Lautenschlager, dass Stadtrat Strölin (NSDAP) als Staatskommissar die Leitung der Stadtverwaltung übertragen wurde. Lautenschlager bleibt zwar im Amt, jedoch als eine Art Sachbearbeiter, der das Büro des Staatskommissars zu führen und dessen Post zu bearbeiten hat.

---

18. März | Staatskommissar Strölin gibt bekannt, dass die Befugnisse des Gemeinderates auf ihn übergegangen sind.

---

20. März | Bürgermeister Klein und andere städtische Beamte werden beurlaubt oder versetzt, weil sie SPD-Mitglieder oder Juden sind. Staatskommissar Strölin »empfiehlt« fünf SPD-Stadträten, das Rathaus bis auf weiteres nicht mehr zu betreten.

Zahlreiche in »Schutzhaft« genommene Personen werden im KZ Heuberg eingesperrt.

---

21. März | Staatskommissar Strölin verfügt die Umbenennung der Planie in Adolf-Hitler-Straße mit den Worten: »Wir wollen seinen Namen einbrennen für alle Ewigkeit mitten in das Herz Stuttgarts.«

---

24. März | Strölin ordnet an, dass in den städtischen Kantinen der *»NS-Kurier«* ausliegen muss.

Jüdischen Juristen im Staatsdienst wird ebenso wie dem Leiter des Schlachthofs der Zutritt zu ihrem Arbeitsplatz verwehrt.

Das KZ Heuberg

Auf dem Heuberg bei Stetten am kalten Markt wurde im März 1933 ein Schutzhaftlager eingerichtet, wo bis November zeitweise mehr als 2000 Gefangene festgehalten wurden, zunächst fast nur Kommunisten, bald aber auch Sozialdemokraten wie Kurt Schumacher. Am 11. April bekam die Stuttgarter Presse Gelegenheit zur Besichtigung der neuen

Einrichtung. Die einen seien hier, erklärte Polizeipräsident Rudolf Klaiber den Journalisten, »um sich selbst zu schützen, der weitaus größere Teil aber, um die Bevölkerung vor ihnen zu schützen, weil von ihnen angenommen wird, dass sie die nationale Erhebung stören«. Die Angehörigen konnten der Presse entnehmen, dass die Gefangenen gemeinschaftlich untergebracht waren, arbeiten mussten, in beschränktem Umfang Post empfangen und versenden durften. Besuche kämen ebenso wenig wie Urlaube in Betracht. Dass die Gefangenen von Anfang an Willkür und Schikanen ausgesetzt waren, wurde wohlweislich verschwiegen. Als bald darauf die SA unter Leitung von Karl Buck das Lager übernahm, gehörte Folter zum Alltag der auf dem Heuberg Internierten.

24. und 25. März | 270 Kommunisten werden im Zuge einer Razzia festgenommen und ins KZ Heuberg gesperrt. Damit steigt die Zahl der dort Internierten auf rund 1500.

25. März | Zur Ahndung politischer Straftaten wird am Oberlandesgericht ein Sondergericht für Württemberg eingerichtet. Ein vereinfachtes Verfahren und die Abschaffung der Revision schwächen die Position der Angeklagten entscheidend.

27. März | Albert Kehm, Generalintendant der Württembergischen Landestheater, wird seines Amtes enthoben, seine Stelle übernimmt kommissarisch das Parteimitglied Otto Krauß. Nun sollen Volksstücke, vaterländische Schauspiele und Wagner-Opern bevorzugt werden.

28. März | Einige jüdische Fabrikanten und Juristen aus Stuttgart bitten den Pariser Großrabbiner, eine geplante Protestversammlung gegen die Judenverfolgung in Deutschland abzusagen. Die Ausschreitungen seien das Werk Einzelner und würden von den deutschen Behörden strengstens geahndet.

30. März | Die jüdische Textilfirma Etam wird auf Strölins Weisung daran gehindert, eine Filiale zu eröffnen.

31. März | Aufgrund des Gleichschaltungsgesetzes wird der Gemeinderat nach dem Ergebnis der Reichstagswahl vom 5. März unter Ausschluss der KPD neu gebildet.

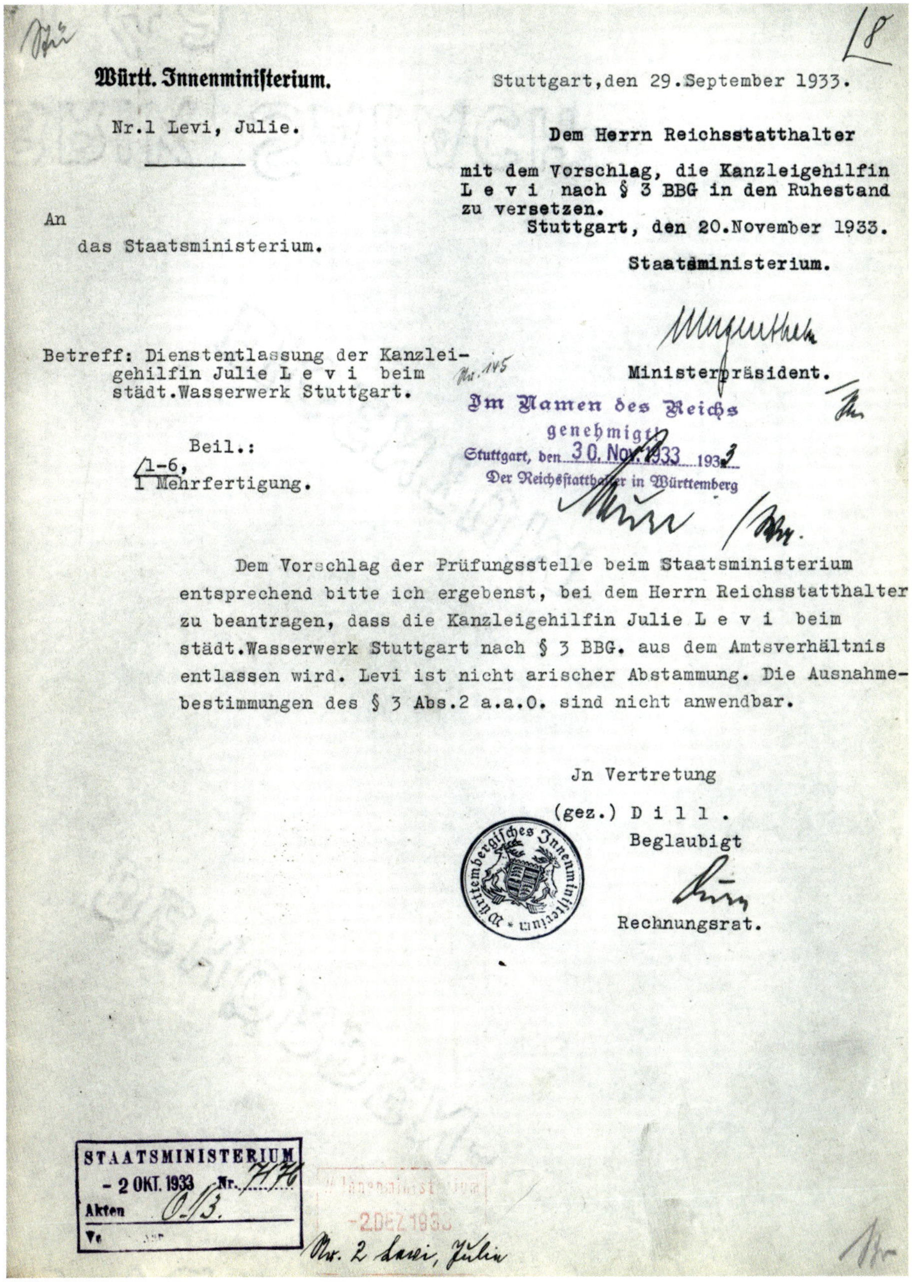
Württ. Innenministerium. Stuttgart,den 29.September 1933.

Nr.1 Levi, Julie.

Dem Herrn Reichsstatthalter
mit dem Vorschlag, die Kanzleigehilfin L e v i nach § 3 BBG in den Ruhestand zu versetzen.
Stuttgart, den 20.November 1933.
Staatsministerium.
Ministerpräsident.

An
das Staatsministerium.

Betreff: Dienstentlassung der Kanzleigehilfin Julie L e v i beim städt.Wasserwerk Stuttgart.

Im Namen des Reichs
genehmigt
Stuttgart, den 30. Nov. 1933
Der Reichsstatthalter in Württemberg

Beil.:
1-6,
1 Mehrfertigung.

Dem Vorschlag der Prüfungsstelle beim Staatsministerium entsprechend bitte ich ergebenst, bei dem Herrn Reichsstatthalter zu beantragen, dass die Kanzleigehilfin Julie L e v i beim städt.Wasserwerk Stuttgart nach § 3 BBG. aus dem Amtsverhältnis entlassen wird. Levi ist nicht arischer Abstammung. Die Ausnahmebestimmungen des § 3 Abs.2 a.a.O. sind nicht anwendbar.

Jn Vertretung
(gez.) D i l l .
Beglaubigt
Rechnungsrat.

Württembergisches Innenministerium

STAATSMINISTERIUM
- 2 OKT. 1933 Nr.
Akten
Ve

-2 DEZ 1933

Nr. 2 Levi, Julie

Wie zahlreiche andere städtische Bedienstete auch, wurde die Kanzleigehilfin Julie Levi 1933 aufgrund ihrer jüdischen Abstammung entlassen.

Links: Führers Geburtstag: Auf der Wilhelmshöhe vor dem heutigen Feuerbacher Eingang zum Höhenpark Killesberg wurde eine Adolf-Hitler-Eiche gepflanzt. Das Bäumchen rissen Unbekannte nach zwei Wochen aus. Eine erneute Anpflanzung sollte wenige Tage später das Zeichen von Widerstand ungeschehen machen.

Rechts: Auch im flaggengeschmückten Feuerbach wurde, wie hier anlässlich der Eingemeindung nach Stuttgart am 1. Mai 1933, bei jeder Gelegenheit marschiert. Es erforderte Zivilcourage, sein Haus nicht zu schmücken und nicht zu marschieren.

1. April | SA-Kolonnen kennzeichnen jüdische Geschäfte, Praxen und Kanzleien durch das Wort »Jude« in großen roten Lettern oder durch ein schwarzes Plakat mit gelbem Punkt. Kunden werden am Betreten der Geschäfte gehindert.

---

2. April | Kirchenpräsident Wurm weiht die Brenzkirche auf dem Weißenhof ein. Das Werk von Architekt Alfred Daiber ist den Nazis ein Dorn im Auge und wird 1939 umgebaut und seiner avantgardistischen Gestalt beraubt.

---

4. April | Die Weißenhof-Siedlung ist laut Strölin »der deutlichste Beweis für den Niedergang der deutschen Baugesinnung während der Nachkriegszeit«.

---

7. April | Das »Gesetz zur Wiederherstellung des Berufsbeamtentums« ermöglicht der Strölin-Administration die Entlassung von rund 200 politisch missliebigen, vor allem jüdischen Mitarbeitern.

---

8. April | Erste Verhandlungen des Ende März eingesetzten Sondergerichts: Ein jüdischer Kaufmann wird mit 300 Reichsmark bestraft, weil er ein Hakenkreuzabzeichen getragen hat.

20. April | Hitlers Geburtstag wird im Großen Haus mit einem Festakt und anschließender »Fidelio«-Aufführung begangen.

Die Zuffenhausener Hohenstein-Schule heißt künftig Horst-Wessel-Schule.

---

21. April | Prof. Paul Ewald, Rektor der Technischen Hochschule, tritt aus Protest gegen die Entlassung jüdischer Professoren zurück. Prof. Max Rüdiger, im Januar erst zum Rektor der Landwirtschaftlichen Hochschule Hohenheim gewählt, tritt sein Amt nicht an.

---

28. April | Staatskommissar Strölin vereidigt im Rathaus 132 linientreue Arbeiter- und Angestelltenvertreter per Handschlag.

---

1. Mai | Mehr als 8000 städtische Mitarbeiter kommen zur Maifeier in die Stadthalle. Auch die Belegschaften der anderen Betriebe marschieren zu Kundgebungen: Frauen zum Schillerplatz, Männer in den Innenhof der Rotebühlkaserne. Nachmittags ziehen vier große Festzüge zum Cannstatter Wasen. Nach einem »gemütlichen Nachmittag« und der abendlichen Übertragung einer Hitlerrede bildet ein Feuerwerk, »bei dem der Kopf des

Führers mit Leuchtkugeln an den Himmel gemalt« wird, den feierlichen Abschluss der Maifeier.

Die Technische Hochschule verleiht Adolf Hitler den Titel eines Doktors ehrenhalber. Der Führer lehnt jedoch ab, da er solche Titel grundsätzlich nicht anzunehmen gedenkt.

Ein Vertrag vom 20. April über die Eingemeindung von Feuerbach und Weil im Dorf (heute Weilimdorf) tritt in Kraft, Mühlhausen und Zazenhausen werden ohne Verhandlungen eingemeindet.

Die Stuttgarter Gas-, Elektrizitäts- und Wasserwerke werden zu den Technischen Werken der Stadt Stuttgart (TWS) zusammengefasst.

---

2. Mai | Die Gebäude der sozialistischen Freien Gewerkschaften werden von SA und SS besetzt. Das eben fertiggestellte Haus des Allgemeinen Deutschen Gewerkschaftsbundes in der Rote Straße wird zum Sitz der nationalsozialistischen Deutschen Arbeitsfront.

---

5. Mai | Das vom jüdischen Direktor Claudius Kraushaar geleitete und für sein kritisches Repertoire bekannte Schauspielhaus muss den Spielbetrieb einstellen.

---

9. Mai | Der Gemeinderat ist nach den Mehrheitsverhältnissen der Reichstagswahl vom 5. März umgebildet und von 64 auf 44 Sitze verkleinert. 20 Sitze hat die NSDAP, 12 die SPD, je 5 die Deutschnationalen und das Zentrum, je einer entfällt auf den Christlich-Sozialen Volksdienst und die Deutsche Staatspartei. Die erste öffentliche Sitzung dieses Gremiums wird zugleich auch seine letzte sein.

OB Lautenschlager gibt bekannt, dass er kraft Gesetzes am 15. Mai altershalber aus dem städtischen Dienst scheidet. Karl Strölin wird auf Antrag der NSDAP per Akklamation zu seinem Nachfolger bestimmt. Er benennt als wichtigstes Ziel die Beseitigung der Arbeitslosigkeit. Per Akklamation verleiht der Gemeinderat Reichspräsident Paul von Hindenburg und Reichskanzler Adolf Hitler die Ehrenbürgerwürde.

---

10. Mai | In vielen Hochschulstädten werden Bücher verbrannt. In Stuttgart bleibt es ruhig, doch wird die Landesbibliothek angewiesen, unerwünschte Schriften in einen »Giftschrank« zu verbannen.

---

13. Mai | Die Galerie Valentien nimmt den 80. Geburtstag des Malers Adolf Hölzel zum Anlass einer Sonderausstellung.

---

4. Juni | Schwäbischer Heimattag: Im Wilhelmspalais, das erstmals öffentlich zugänglich ist, erinnert eine Ausstellung an König Wilhelm II. und Stuttgarts Vergangenheit, u. a. mit einem Modell von Alt-Stuttgart im Jahre 1792.

---

9. Juni | Staatskommissar Strölin verfügt für die Stadtverwaltung »Durcharbeitszeit«, womit die bisherige zweistündige durch eine halbstündige Mittagspause ersetzt wird.

---

14. Juni | Die Ausstellung »Novembergeist – Kunst im Dienste der Zersetzung« im Kronprinzenpalais diffamiert bedeutende Künstler wie Max Beckmann, Otto Dix und George Grosz als entartet.

---

19. Juni | Staatspräsident a. D. Bolz wird verhaftet. Organisierte Sprechchöre fordern während seiner Vernehmung im Polizeipräsidium, dem früheren Hotel »Silber« (Dorotheenstraße): »Nieder mit dem Landesverräter. Hängt ihn auf!« Bei der Abfahrt bewirft die Menge ihn mit Pferdemist, faulen Eiern und Kohlestücken.

Eine johlende Menge war zur Stelle, als Staatspräsident Eugen Bolz, erklärter Gegner der Nationalsozialisten, verhaftet und in »Schutzhaft« auf den Hohenasperg gebracht wurde.

Mitte: Tausende von Turnern in ausgeklügelten Choreographien: So wollte man »deutsche Kraft« und »deutschen Gemeinschaftswillen« eindrucksvoll dokumentieren. Schauplatz des Deutschen Turnfestes war eine riesige, von Tribünen umgebene Festwiese vor der »Adolf-Hitler-Kampfbahn« auf dem Cannstatter Wasen.

Links: Die Festkarte berechtigte zum freien Eintritt.

Rechts: Der »Führer« verlieh durch seine Anwesenheit »dem Fest die höchste Würde«.

Für die städtischen Beschäftigten erklärt OB Strölin den »Deutschen Gruß« als verbindlich.

---

22. Juni | Reichsinnenminister Wilhelm Frick kündigt ein Gesetz an, mit dem die SPD-Mandate in sämtlichen Parlamenten erlöschen. Ehe noch das Gesetz in Kraft tritt, hebt Staatskommissar Strölin die SPD-Mandate im Gemeinderat auf und entlässt Sozialdemokraten aus städtischen Körperschaften und Verbänden.

---

22. und 23. Juni | Nachdem in Ostheim KPD-Flugblätter aufgetaucht sind, werden bei einer Großrazzia etwa 60 Kommunisten verhaftet und auf dem Heuberg interniert.

---

24. Juni | Die Christlichen Gewerkschaften werden aufgelöst, ihr Stuttgarter Haus wird besetzt.

---

27. und 28. Juni | Großrazzia von Polizei, SS und SA, nachdem mehrere tausend Exemplare der Rote-Hilfe-Zeitung *»Das Tribunal«* aufgetaucht sind.

---

28. Juni | Joseph Goebbels besucht das Funkhaus und hält eine Rede im festlich geschmückten großen Sendesaal.

1. Juli | Das Staatsministerium ernennt Staatskommissar Strölin zum Oberbürgermeister auf Lebenszeit.

Abstimmungen im Gemeinderat sind von nun an verboten.

---

1. Juli bis 6. August | In den Gewerbehallen gastiert die Wanderausstellung »Die Deutsche Saar«. Sie soll u.a. die französische Annexionspolitik abwehren und die Saarländer für die bevorstehende Volksabstimmung stärken.

---

3. und 4. Juli | Nächtliche Widerstandsaktionen in Heslach geben erneut Anlass zu einer Großrazzia. Mehr als 60 Personen, überwiegend KPD-Anhänger, werden festgenommen und ins »Konzentrationslager für die KPD-Arbeiterverräter« gesteckt.

---

6. Juli | Kurt Schumacher, Vorsitzender der Stuttgarter SPD, wird in Berlin verhaftet und im KZ Heuberg interniert.

---

7. Juli | Mit dem reichsweiten Verbot und der Beschlagnahme ihres Vermögens endet die offizielle Arbeit der SPD auch in Stuttgart – etliche Sozialdemokraten führen ihren Kampf gegen Hitler aber in der Illegalität fort.

16. Juli | Der Omnibusausflug des Botnanger Arbeitergesangsvereins Freiheit endet abrupt im Hof des Neuen Schlosses: Die aktiven Mitglieder deportiert man ins KZ Heuberg, Frauen, Kinder und Gäste dürfen nach Hause gehen.

17. Juli | Wer als Angestellter in städtische Dienste treten oder städtischer Beamter werden will, muss den Ariernachweis erbringen.

21. bis 30. Juli | Zum 15. Deutschen Turnfest kommen rund 200 000 Turner und Turnerinnen und drei Millionen Zuschauer in die Stadt. Erstmalig werden Wettkämpfe im »Wehrturnen« ausgetragen. Das neue Stadion erhält den Namen »Adolf-Hitler-Kampfbahn«, dazu hält OB Strölin eine »Weiherede«.

29. Juli | Reichspropagandaminister Goebbels spricht im Rahmen des 15. Deutschen Turnfestes vor angeblich 500 000 Menschen auf dem Cannstatter Wasen.

30. Juli | Zur Schlussveranstaltung des 15. Deutschen Turnfestes erscheint »überraschend« Adolf Hitler und erhält aus der Hand von OB Strölin den Ehrenbürgerbrief der Stadt Stuttgart.

31. Juli | Dem Stadtteil Cannstatt ist die Bezeichnung »Stuttgart-Bad Cannstatt« verliehen worden.

1. August | Beginn des Nachtflugverkehrs mit Post- und Gütertransporten vom Flughafen Stuttgart-Böblingen nach Berlin, Königsberg und europäischen Hauptstädten.

8. August | Bei anhaltender Trockenheit ist der Wassermangel so groß geworden, dass selbst Maurerarbeiten vorübergehend eingestellt werden müssen.

10. August | In den Wilhelma-Gewächshäusern wird die Führung der württembergischen KPD festgenommen.

29. August | Die Stadtverwaltung beantragt ein Reichsdarlehen von 4,6 Millionen Reichsmark, um mit einem Arbeitsbeschaffungsprogramm Siedlungshäuser zu bauen und städtische Bau- und Erneuerungsvorhaben zu finanzieren.

Der Stürmer

Deutsches Wochenblatt zum Kampfe um die Wahrheit

HERAUSGEBER: JULIUS STREICHER

Nummer 30	Erscheint wöchentl. Einzel-Nr. 20 Pfg. Bezugspreis monatl. 84 Pfg. zuzügl. Postbestellgeld. Bestellungen bei dem Briefträger oder der zuständ. Postanstalt. Nachbestellungen a. d. Verlag. Schluß der Anzeigenannahme: Montag vorm. 9 Uhr. Preis f. Geschäfts-Anz.: Die ca. 29 mm breiten, 1 mm hohe Raum-Zeile im Anzeigenteil –.20 RM.	Nürnberg im Juli 1933	Verlag: Wilhelm Härdel, Nürnberg-N, Menschelstraße 70. Fernsprecher 51972. Postscheckkonto Nürnberg 105. Geschäftszeit: Montag mit Freitag 8–12, 2–6 Uhr, Samstag, 8–12 Uhr. Schriftleitung: Nürnberg-A, Marxplatz 44, Fernsprecher 21872. Redaktionsschluß: Montag (nachmittags)	11. Jahr 1933

Der tote Jude

Deutsche und jüdische Turnvereine / Fritz Rosenfelder ist vernünftig und hängt sich auf

In Cannstatt in Württemberg wurde vor kurzem der Jude **Fritz Rosenfelder** aus dem dortigen deutschen Turnverein ausgeschlossen. Das ist eine Sache, so selbstverständlich, daß man darüber eigentlich gar kein Wort verlieren sollte. Juden sind Juden und haben deshalb in deutschen Turnvereinen nichts zu suchen. Sie haben darin ebensowenig etwas zu suchen, wie andererseits in dem jüdischen Turnverein **Bar Kochba** deutsche Turner etwas zu suchen haben. Dieser jüdische Turnverein wurde von Juden gegründet und nimmt nur Juden auf. Deutsche würden es auch ohnehin aus Reinlichkeitsgründen ablehnen, ihm beizutreten. Wenn sich nun die Juden das Recht herausnehmen, in Deutschland rein jüdische Turnvereine zu bilden, dann ist es schon eine bodenlose, echt jüdische Frechheit, wenn sie sich darüber beschweren, daß die Deutschen nunmehr auch ihrerseits Wert darauf legen, rein deutsche Turnvereine zu haben. Dabei ist ganz davon abgesehen, daß Deutschland das Vaterland der Deutschen und nicht der Juden ist. Und daß es deshalb dem Deutschen freisteht, in seinem eigenen Lande das zu tun, was er für richtig hält. Wenn es wir Deutsche gestatten, daß sich die Juden in jüdische Turnvereine zusammenschließen, dann ist das von uns schon ein großes Entgegenkommen und die Juden haben dafür dankbar zu sein.

Dies hat der Jude **Fritz Rosenfelder** aus Cannstatt nicht verstehen können. Er hatte bisher als Jude den deutschen Turnverein in Cannstatt geleitet und es kam scheinbar in seinem Judengehirn der Gedanke gar nicht auf, daß dies eine große Anmaßung und Unverschämtheit ist. Als er nun unumgänglicherweise von den Cannstattern nach vollzogener Revolution ausgeschlossen wurde, war er so tief beleidigt, daß er sich in Abrahams Schoß zurückzog. Wie er starb, wissen wir nicht, er wird sich wohl aufgehängt haben. In seiner jüdisch-„auserwählten" Naivität hinterließ er, um Eindruck zu schinden, auch einen Abschiedsbrief. Er lautet:

Ihr lieben Freunde!

Hierdurch mein letztes Lebewohl!

Ein deutscher Jude konnte es nicht über sich bringen zu leben in dem Bewußtsein, von der Bewegung, von der das nationale Deutschland die Rettung erhofft, als Vaterlandsverräter betrachtet zu werden! Ich gehe ohne Haß und Groll! Ein inniger Wunsch beseelt mich: Möge in Bälde die Vernunft Einkehr halten!

Da mir bis dahin überhaupt keine — meinem Empfinden entsprechende — Tätigkeit möglich ist, versuche ich durch meinen Freitod meine christlichen Freunde aufzurütteln. Wie es in uns deutschen Juden aussieht, mögt Ihr aus meinem Schritt ersehen. Wie viel lieber hätte ich mein Leben für mein Vaterland gegeben! Trauert

Konferenz

Was haben mer gemacht meine Herrn, Blödsinn haben mer gemacht. Unser Kampf gegen Deutschland hat die ganze Welt auf uns Juden aufmerksam werden lassen. Die Judenfrage ist heite a Weltproblem geworden

Aus dem Inhalt

Wie es in Wien aussieht
Der Jude Felheim
Die englischen Juden während des Weltkrieges
Die Mission des Judentums
Musterjude Sontheim
Jud Lindenberg und das Reichelsdorfer Radrennen

Die Juden sind unser Unglück!

Mit zynischem Hass reagierte »Der Stürmer« auf den Freitod des Cannstatter Juden Fritz Rosenfelder, der als Deutscher nicht mit dem Vorwurf des Vaterlandsverrats leben wollte.

Im Sommer 1933 begann die Enteignung jüdischer Firmeninhaber. Als eines der ersten deutschen Großunternehmen wurde die Warenhauskette Hermann Tietz und mit ihr auch die Stuttgarter Filiale in der Königstraße »arisiert« und zum »Kaufhaus Union«.

1. September | Als kommunistisch geltende Ärzte verlieren ihre Approbation, jüdischen Ärzten wird die Kassenzulassung entzogen, jüdischen Rechtsanwälten die Tätigkeit am Land- und Oberlandesgericht untersagt.

12. September | Das städtische Baupolizeiamt richtet in der Markthalle eine Beratungsstelle für Luftschutzbauten ein.

16. September | Das *»Amtsblatt«* kündigt den Beginn des Winterhilfswerks an. Im Oktober sollen 15 000 Zentner Kartoffeln verteilt werden.

18. September | Über 100 Festnahmen bei einer Razzia nach Bettlern und Landstreichern. 15 Personen werden zu Gefängnis und anschließendem Arbeitshaus verurteilt.

22. September | Über ein Gespräch mit Hitler schreibt Robert Bosch, er fahre »nicht mehr irgendwo hin«, um sich »in einer Viertelstunde erzählen zu lassen, was man auch sonstwo lesen kann«.

23. September | Auf dem Kochenhofgelände wird die Ausstellung »Deutsches Holz für Hausbau und Wohnung« eröffnet. Architekt Paul Schmitthenner rühmt die Kochenhofsiedlung als bodenständig deutsch und setzt die Weißenhofsiedlung als »undeutsch« herab.

1. Oktober | »Verbundenheit des Volkes mit der deutschen Bauernschaft« soll der Deutsche Erntedanktag zum Ausdruck bringen. Platzkonzerte, Festzüge, eine Weihestunde auf dem Marktplatz, eine Großkundgebung in der »Adolf-Hitler-Kampfbahn« mit Übertragung der Hitlerrede vom Bückeberg bei Hameln, zuletzt ein Großer Zapfenstreich stehen unter anderem auf dem Programm.

2. bis 14. Oktober | Reichswehr und SA sammeln Kleider für das Winterhilfswerk, zum Sortieren und Flicken wird der Arbeitsdienst eingesetzt.

12. Oktober | Im Rahmen einer Luftschutz-Werbewoche wird im Eberhard-Ludwigs-Gymnasium demonstriert, wie Atemschutzgeräte anzuwenden und Phosphor- oder Brandbomben zu löschen sind.

14. Oktober | Der im Juli entdeckte Urmenschenschädel von Steinheim an der Murr wird in der Naturaliensammlung erstmals öffentlich gezeigt.

16. Oktober | In der *»Jüdischen Gemeindezeitung«* ruft die Reichsvertretung der Juden zur Auswanderung auf.

22. Oktober bis 12. November | Auf dem Steinhaldenfeld können zwei Musterhäuser der neuen Stadtrandsiedlung besichtigt werden.

1. November | Die Goebbelsrede »Mit Hitler gegen den Rüstungswahnsinn der Welt« in der Stadthalle kann über Lautsprecher auch auf öffentlichen Plätzen gehört werden.

10. November | Um 13 Uhr wird eine Hitlerrede zur Reichstagswahl übertragen, in den Betrieben versammeln sich die Belegschaften vor den Lautsprechern.

So ist Stuttgart

Ein »unterhaltsamer Begleiter für In- und Ausländer« informiert 1933 über das Unterhaltungsangebot in der Stadt: »Brillierendes Kabarett ist im Pavillon Excelsior, auf dessen Parkett man vornehm tanzt. Eine verschwiegene Bar ist da, überdacht von einer goldenen Decke, ausgestattet mit zierlichen Kojen. Das Hauptvestibül mit seinen geschnitzten Möbeln, weichen Teppichen, Spiegeln, den großen Stehlampen und seiner Kaminecke mit altem Porzellan erinnert an die Halle eines Luxushotels. Der große Theatersaal ist mit dem Prunk eines Schlosses angetan. Die schwarze und braune Holzvertäfelung, die geschnitzte Decke, die mit stimulierend-roter Seide bespannten Wandflächen lassen eine Atmosphäre entstehen, die einen an fast überirdische Freuden gemahnt. Das Varietéprogramm ist ansprechend. Man konnte darin Namen lesen, wie Cläre Waldow, Joachim Ringelnatz, Otto Reuter und – das ist allerdings schon lange her – Jack Smith, dessen Bariton sich wohl bald gänzlich ausgeflüstert haben wird. Auch in den übrigen Sälen, wie in dem mit Spiegeln übersäten Silbersaal, ist Musik; in letzterem steht ein silberner Flügel; man fühlt sich in dem Saal mit seinem metallischen Glanz ganz verzaubert. Die Menschen sitzen herum, neigen träumend den Kopf über die Gläser mit rubinrot funkelndem Wein, blicken einander plötzlich an, lächeln leicht, spielen mit den Fingern auf der Tischplatte, genießen behaglich die süß parfümierte Luft, rauchen schweigsam Zigaretten oder knüpfen mit einer Schönen eine prickelnd dahinfließende Unterhaltung an. (...) Ein anderer, leicht verdaulicher Genuß (...) ist das Kino. In Stuttgart gibt es deren ein ganzes Dutzend, vom märchenhaften Palast bis zu den Revolverbühnen der Vorstadt. Sehr elegant und durch seine großartige Lichtarchitektur der Innenräume magisch wirkend, ist das Universum (das schönste Theater der künstlerisch vorbildlich geleiteten Schwäbischen Urania) mit einem – staunen Sie! – Luftwaschapparat. Dieser, den auch die großen New Yorker Kinos haben, wäscht mit über tausend Spritzdüsen die Luft, die ihm durch einen viereinhalb Meter im Durchmesser haltenden Ventilator zuströmt, erwärmt sie im Winter und kühlt sie im Sommer ab. So eine Anlage wurde hier zum erstenmal in ein deutsches Lichtspielhaus eingebaut. Auch in den übrigen großen Kinos – dem ebenso repräsentativen Ufa-Palast, den Palast-Lichtspielen, Kammer-Lichtspielen und dem Königsbau ist das Programm immer aktuell. Auch Uraufführungen großer Filme kann man in Stuttgart erleben. Insbesondere genießt Stuttgart als Filmstadt dadurch Ruf, daß hier kulturelle Filme mit besonderem Verständnis gepflegt werden.« *(Aus: Fritz West, »So ist Stuttgart«)*

11. November | Zur »Arbeitsschlacht in Stuttgart« schreibt das *»Amtsblatt«*: »Zahl der Arbeitslosen um 30 Prozent gesunken – Ein neues 10-Millionen-Arbeitsbeschaffungsprogramm für 1934/35 in Vorbereitung.«

---

12. November | Bei der Reichstagswahl stimmen von 315 048 Wahlberechtigten in Stuttgart 92,3 Prozent für die als einzige Partei zugelassene NSDAP. Die Wahlbeteiligung beträgt 95,8 Prozent. Noch höher ist die Zustimmung zum Austritt aus dem Völkerbund. Vergeblich hat die verbotene SPD versucht, die Bevölkerung mit Flugblättern zu beeinflussen.

---

16. November | Stuttgart, meldet das *»Amtsblatt«*, gehöre zu den Bezirken, »die den Sinn dieser Abstimmung am klarsten erfasst und daher am besten abgestimmt« hätten.

---

19. November | Wegen der Reichstagswahl findet erst jetzt die Feier zum 450. Geburtstag Martin Luthers in der Stadthalle statt. In Botnang pflanzen OB Strölin und Prälat Vöhringer eine Martin-Luther- und eine Adolf-Hitler-Eiche.

---

25. November | Für Angelegenheiten, die den Wirkungskreis der Frau berühren, beruft OB Strölin einen Frauenbeirat. Obwohl in der Presse viel beachtet, bleibt er bedeutungslos. Eine der NS-Damen: »So gehen wir an unsere neuen Aufgaben heran nicht als politische Frau, sondern als mütterlich-deutsche Frau.«

---

26. November | Totensonntag: Auf dem Waldfriedhof gedenken Regierung, Stadt und NS-Kriegsopferbund der Kriegsgefallenen. Am jüdischen Ehrenmal auf dem Pragfriedhof finden sich zum Gedenken auch Vertreter von Reichswehr und Stadtverwaltung ein.

30. November | Lotte Lorring und Hans Söhnker kommen zur Welturaufführung ihres Films »Schwarzwaldmädel« nach Stuttgart. Die Begeisterung der Zuschauer hält sich vor allem wegen des Pseudo-Dialekts in Grenzen.

---

6. Dezember | Vier Versuchsballone des Stuttgarter Stratosphärenforschers Erich Regener steigen in Höhen bis 18 000 Meter auf.

---

7. Dezember | 30 000 Lebensmittelpakete mit Mehl, Zucker, Kakao, Teigwaren u. a. werden an Bedürftige verteilt.

---

8. Dezember | Anlässlich des Führungswechsels am Deutschen Ausland-Instituts – OB Strölin wird neuer Vorsitzender – bezeichnet Reichsstatthalter Murr Stuttgart erstmals als »die Stadt des Auslanddeutschtums«.

---

17. Dezember | Reichsführer SS Heinrich Himmler und SS-Brigadeführer Reinhard Heydrich kommen nach Stuttgart, um das Kommando der Politischen Polizei in Württemberg zu übernehmen.

Um die Brandgefahr zu verringern, werden die Stände des heute eröffneten Weihnachtsmarktes erstmals elektrisch beleuchtet.

---

21. Dezember | Erstmals seit dem 9. Mai tritt der durch Mandatsniederlegungen um 15 auf 29 Mitglieder geschrumpfte Gemeinderat zusammen, dem keine Frauen und keine Abgeordneten von SPD und KPD mehr angehören.

Zahlenspiegel | Nachdem Feuerbach, Mühlhausen, Weil im Dorf (heute Weilimdorf) und Zazenhausen eingemeindet sind, ist die Stuttgarter Markung um 3283,1 ha auf jetzt 13 523,3 angewachsen. Die Einwohnerzahl beträgt 415 028, die der Haushalte 116 522 (Stichtag 16. Juni). In 27 512 Arbeitsstätten sind 168 406 Beschäftigte tätig, mehr als die Hälfte im produzierenden Gewerbe. Unter 3134 Ausländern in der Stadt bilden Österreicher (780), Schweizer (581), Polen (419) und Tschechoslowaken (351) die stärksten Gruppen. Die Weltwirtschaftskrise ließ die Arbeitslosenzahl sprunghaft ansteigen: 1930 waren rund 19 000 Menschen ohne Arbeit, nun sind es bis zu 31 594.

1934

21. Januar | Der Tübinger Theologe Karl Adam erklärt in der Stadthalle vor 10 000 Katholiken, »für die katholische Kirche sei die jüdische Geschichte ein einzigartiges Erlebnis«, und erhält Lehrverbot.

---

30. Januar | Gottesdienste anlässlich des Jahrestages der Ernennung Hitlers zum Reichskanzler. OB Strölin schreibt im *»Amtsblatt«*, er wolle »der Vorsehung danken, dass sie uns diesen Mann geschickt hat«.

Eine neue Baurechtsordnung verpönt modernes Bauen, insbesondere Flachdächer. Zwei Architekten wurden bereits verhaftet, weil sie gegen die baupolizeilichen Bestimmungen verstoßen haben.

---

31. Januar | Illegale Widerstandszirkel der Sozialistischen Arbeiterpartei werden zerschlagen; sie hatten mit selbst gedruckten Widerstandsschriften gegen die Nationalsozialisten gekämpft.

---

7. Februar | Gemeinsame Veranstaltung der Evangelischen Jugendverbände mit der HJ in der Stadthalle, nachdem sich am Nachmittag Vertreter der Kirche widerwillig damit abgefunden haben, dass evangelische Jugendarbeit künftig nur noch im Rahmen der HJ möglich ist.

---

14. Februar | Die zuständigen Ministerien informieren über städtische Kliniken, die Sterilisationen durchführen. Bis zum Kriegsende werden aufgrund von Entscheidungen des Stuttgarter Erbgesundheitsgerichtes 3324 Männer und Frauen zwangssterilisiert. Bis auf das katholische Marienhospital weigert sich keine der Stuttgarter Kliniken, an diesem Verbrechen mitzuwirken.

---

17. Februar | Die Stadtverwaltung ermöglicht gegen 7,60 Reichsmark Anzahlung die Anschaffung des Volksempfängers VE 301 auf Raten, ohne dass dieser Modus den Barzahlungspreis von 76 Reichsmark erhöht.

---

23. Februar | Eröffnungsveranstaltung der Organisation »Kraft durch Freude«, die bereits am 18. Februar

600 Stuttgarter Arbeiter mit einem Sonderzug nach Oberbayern in Urlaub geschickt hat.

1. März | Weil Wohlfahrtsleistungen den städtischen Haushalt belasten, wird Stuttgart zur Notstandsgemeinde erklärt, um Zuzug zu verhindern.

2. März | Eine Saar-Ausstellung der HJ eröffnet den Veranstaltungsreigen mit Blick auf die Abstimmung über die Wiedereingliederung des Saarlandes ins Deutsche Reich am 13. Januar 1935.

17. März | Mit einer Tagung des Vereins Deutscher Ingenieure und einer Feier am Denkmal im Cannstatter Kurpark wird an den 100. Geburtstag Gottlieb Daimlers erinnert.

Die Stadtverwaltung hat seit der Machtübernahme 230 »bewährte Kämpfer« und 86 Schwerbeschädigte eingestellt.

21. März | Hitler eröffnet die Arbeiten an der Reichsautobahn Stuttgart–Ulm. An diesem »Großkampftag der Arbeitsschlacht 1934« sind alle Arbeitslosen in die Stadthalle eingeladen, um der Übertragung von Hitler- und Goebbelsreden beizuwohnen. Die Veranstaltung gilt zugleich als Meldekontrolle!

Der vierspurige Ausbau der Weinsteige, im November 1932 als Notstandsarbeit eingeleitet, ist vollendet. OB Strölin gibt den Verkehr frei.

24. März bis 15. April | Die Ausstellung »Die Kamera« informiert über »Fotografie« und »Druck und Reproduktion«. Mit groß inszenierten Bildern von Hitler und Parteiveranstaltungen wird die Ausstellung propagandistisch ausgenutzt.

27. März | Erste Gemeinderatssitzung nach drei Monaten. OB Strölin stellt fest, es gebe keinen Raum mehr für eine beschließende, wohl aber für eine beratende Funktion des Gremiums.

27. März bis 31. Juli | Die Ausstellung »Aus dem Kunstbesitz der Stadt Stuttgart« im Wilhelmspalais strömt, wie OB Strölin versichert, »eine Fülle von deutscher Eigenart und Gemütstiefe aus«.

Eine »Zukunftsvision« in der Schülerzeitung des Reformrealgymnasiums aus dem Jahr 1934 beschreibt die völlige Zerstörung Stuttgarts durch feindliche Bomben. Der Verfasser ahnte sicher nicht, dass sein Scherz bald schreckliche Realität werden sollte.

Vom Mädchen zur Hausfrau

Ging es nach dem Willen der Stadtverwaltung, sollten Mädchen nach ihrer Schulentlassung keinen Beruf in Fabrik oder Büro anstreben, sondern gegen geringes Schulgeld ein hauswirtschaftliches Volljahr absolvieren. Für ihre künftige hausfrauliche Tätigkeit und für eine Reihe weiblicher Berufe sei dies die beste Vorbereitung. Welche Bedeutung im neuen Deutschland der hausfraulichen Schulung zukomme, gehe auch daraus hervor, dass in Stuttgart die Behörden und ein Teil der Betriebe nur noch Mädchen einstellen, die das hauswirtschaftliche Volljahr oder eine entsprechende Tätigkeit nachweisen können. Um diese

Da der Stuttgarter Sportclub Juden den Zutritt zu seinem Gelände erlaubte, wurde er von den Nationalsozialisten boykottiert. Vor dem Eingang der Sportstätten stellte man einen Uniformierten auf, dessen Plakat verkündete: »Kraft-durch-Freude-Kurs findet hier nicht mehr statt, weil sich auf diesem Platz auch Juden tummeln dürfen.«

Neuerung den Eltern nahe zu bringen, veranstalteten die NS-Frauenschaft und die Stuttgarter Hausfrauenorganisationen auf Anregung des Frauenbeirats in allen Stadtbezirken Elternversammlungen mit Vortrag, musikalischen Darbietungen und Filmvortrag. 800 von 1300 Schulabgängerinnen seien dem Aufruf gefolgt, berichtet das *»Amtsblatt«* im März. *(»Amts- und Anzeigenblatt der Stadt Stuttgart«, Nr. 16 und Nr. 30, 1934)*

1. April | Die Reichsrundfunkgesellschaft übernimmt die württembergischen Anteile an der Süddeutschen Rundfunk GmbH. Der »Süddeutsche Rundfunk« wird durch den »Reichssender Stuttgart« ersetzt, womit die Gleichschaltung auf diesem Sektor vollzogen ist.

---

8. April | In evangelischen Kirchen vorgesehene Bekenntnisgottesdienste sowie eine Kundgebung mit Landesbischof Wurm werden verboten. Auf einer spontanen Kundgebung im Anschluss an einen Gottesdienst in der Stiftskirche erklingen auf dem Schillerplatz die Choräle »Ein' feste Burg ist unser Gott« und »Aus tiefster Not schrei ich zu Dir«.

---

14. April | OB Strölin stellt den Arbeitslosen ein Ultimatum: Wer sich nicht binnen einer Woche zur Landhilfe melde, stelle sich außerhalb der Volksgemeinschaft und habe die Folgen zu tragen.

---

3. Mai | In der Urbanstraße wird ein jüdisches Lehrlingsheim eröffnet, um 15 jungen Leuten eine handwerkliche Ausbildung und damit ein selbstständiges Leben in Palästina zu ermöglichen.

---

19. Mai | OB Strölin tut den ersten Spatenstich zur Kleineigenheimsiedlung Reissach in Weil im Dorf (heute Weilimdorf). Der städtische Siedlungsbau will jetzt keine Erwerbslosen und Wohlfahrtsempfänger mehr fördern, sondern kinderreiche, politisch zuverlässige Familien.

---

24. Mai | Luftschutzübung beim Eberhard-Ludwigs-Gymnasium: Man simuliert den Anflug feindlicher Luftwaffe, Bombeneinschläge und Giftgasangriffe.

---

5. Juni | Mercedes-Fahrer Manfred von Brauchitsch, Sieger im Internationalen Eifelrennen, wird im Rathaus empfangen und mit der Plakette der Stadt Stuttgart ausgezeichnet.

---

16. Juni | Der Liederkranz bringt die »Feier der Neuen Front« zu Gehör. Den Text des Chorzyklus mit den Sätzen »Hitler«, »Des Führers Wächter«, »Oh Land«, »Horst Wessel« hat Reichsjugendführer Baldur von Schirach verfasst.

---

17. Juni | Zum Abschluss einer Richard-Strauss-Woche dirigiert der Komponist seine Oper »Arabella« im Großen Haus.

---

22. Juni | Das Porsche-Konstruktionsbüro vereinbart mit dem Reichsverband der Automobilindustrie die Entwicklung eines »Volkswagens« zur »Motorisierung des deutschen Volkes«.

Triumph der Raucher

In der Gemeinderatssitzung am 29. Juni 1934 teilte OB Strölin außerhalb der Tagesordnung mit, er habe »die erfreuliche Mitteilung zu machen, dass das viel umstrittene Rauchverbot in der Stadthalle demnächst aufgehoben werden wird« (Beifall). Das wegen Feuergefahr verhängte Verbot sei in der Bevölkerung vielfach auf heftige Ablehnung gestoßen, und die Brandgefahr habe sich sogar erhöht, »denn manche leidenschaftlichen Raucher haben nunmehr an verborgener, um nicht zu sagen, an verschwiegener Stelle, diesem Laster umso ausgiebiger gefrönt« (Heiterkeit). Die Stadtverwaltung plane nun bauliche Vorkehrungen, um der Brandgefahr vorzubeugen. Ihre Pläne hätten bereits die Zustimmung des Polizeipräsidenten gefunden. Deshalb zeigte sich der Oberbürgermeister zuversichtlich, dass die Stuttgarter bald überhaupt nichts mehr zu schimpfen hätten, nachdem mit dem Rauchverbot in der Stadthalle »ein geradezu klassisch gewordener Angriffspunkt für Kritikaster« entfallen sei. *(»Amts- und Anzeigenblatt der Stadt Stuttgart«, Nr. 75, 1934)*

1. Juli | SA-Führer Hermann Mattheiß, »alter Kämpfer« und Leiter der Politischen Landespolizei, wird im Rahmen des »Röhm-Putsches« von SS-Leuten liquidiert, sein Nachfolger wird Franz Walter Stahlecker. Die 55. SA-Brigade versammelt sich zu einem Appell und zur Weihe neuer Fahnen auf dem Cannstatter Wasen.

---

8. Juli | Festveranstaltung 400 Jahre Reformation in Württemberg mit Landesbischof Wurm in der Stadthalle. In einer von den Kanzeln verlesenen Erklärung wird dem Führer »für den Einsatz seines Lebens in einem überaus gefährlichen Augenblick und sein entschlossenes Eintreten für Einfachheit und Reinheit im öffentlichen und privaten Leben« gedankt.

---

18. bis 21. Juli | 90 Lehrer und Studenten aus den USA sollen sich im Rahmen ihrer Europareise auch in Stuttgart davon überzeugen, dass Juden in Deutschland keinen Repressalien ausgesetzt sind.

---

31. Juli | Dem *»Reichsarbeitsblatt«* zufolge hat sich die Arbeitslosigkeit in Stuttgart im Vergleich zum 31. Juli 1933 um 71 Prozent verringert. Nur Königsberg und Braunschweig seien erfolgreicher gewesen.

1. August | Zur 20. Wiederkehr des Jahrestages des Kriegsausbruchs erhalten die bei der Stadt beschäftigten Schwerkriegsbeschädigten Hitlers »Mein Kampf« als Ehrengabe.

---

2. August | Die Stadt gedenkt des verstorbenen Reichspräsidenten Paul von Hindenburg im Rathaus, in den Kirchen finden Gottesdienste statt.

Mit Glockenläuten und einem Feldgottesdienst in der Adolf-Hitler-Kampfbahn wird der Toten des Ersten Weltkrieges gedacht, dabei werden die Heeresangehörigen auf Hitler vereidigt.

---

19. August | Volksbefragung: Sollen die Ämter des Reichpräsidenten und des Reichskanzlers vereinigt werden? In Stuttgart werden 246 487 Ja-Stimmen (90,5 %) gezählt, in Münster, Gaisburg, Gablenberg, Heslach werden jedoch bis zu 25 Prozent Nein-Stimmen abgegeben.

---

27. August | In der Stadthalle werden die städtischen Beamten und Beamtenanwärter von OB Strölin auf Hitler vereidigt.

---

1. September | Die Städtische Sparkasse besteht seit 50 Jahren. Zusammen mit der Girokasse beschäftigt sie rund 500 Beamte. 27 000 Giro- und Kontokorrentkunden haben 60 Millionen Reichsmark hinterlegt.

---

8. bis 16. September | Das Deutsche Ausland-Institut veranstaltet eine Festwoche »Deutsches Kulturschaffen jenseits des Reiches«. Zur Jahrestagung des Instituts spricht Reichsaußenminister Konstantin von Neurath.

---

14. September | Auf Anordnung von Reichsbischof Müller werden Landesbischof Wurm und weitere Kirchenvertreter beurlaubt. Wurm soll kirchliche Gelder veruntreut haben und wird unter Hausarrest gestellt. Auf diese Weise versucht der Reichsbischof, die kirchliche Gesetzgebung für Württemberg an sich zu reißen.

---

30. September | Nationalsozialistischer Erntedank: Ab 8 Uhr Volksliedersingen auf allen freien Plätzen, nachmittags führt ein Festzug zum Volksfest. Dort wird die Hitlerrede von der Reichsfeier auf dem Bückeberg über-

»Sieg Heil dem Führer« beim 50-jährigen Jubiläum der Städtischen Girokasse. Im zweiten Jahr nach der Machtergreifung war das Ritual längst zur Selbstverständlichkeit geworden.

tragen. Währenddessen ruht das Fest, es darf kein Bier ausgeschenkt werden.

---

1. Oktober | Die Stadt richtet in Göttelfingen, Oberamt Freudenstadt, ein Beschäftigungs- und Bewahrungsheim ein, das »asoziale Elemente« aufnehmen soll, die als Wohlfahrtsempfänger nicht den nötigen Eifer bei Arbeitsbeschaffungsmaßnahmen gezeigt haben.

---

14. Oktober | Nach dem Sonntagsgottesdienst ziehen mehrere Tausend Stuttgarter zur Wohnung des dort in »Schutzhaft« sitzenden Landesbischofs Wurm und fordern dessen Freilassung. Am 26. greift Hitler selbst in den württembergischen Kirchenstreit ein und stellt die alten Verhältnisse wieder her.

---

15. Oktober | Die Straßenbahn hebt Haltestellen auf, um die durchschnittliche Geschwindigkeit ihrer Züge auf über 15 Stundenkilometer zu erhöhen. Der durchschnittliche Abstand der Haltestellen beträgt nun 330 Meter.

16. Oktober | Im Zuge der umwälzenden Neuordnung aller Lebensbereiche wird eine gegen »liberalistischen Geist« und »moderne Sachlichkeit« gerichtete Bauordnung erlassen. Es folgen 20 öffentliche Versammlungen mit dem Film »Das Stadtbild von Stuttgart in alter und neuer Zeit« und eingehender Information der Bevölkerung über nationalsozialistisches Bauen.

---

3. November | Auf eine kostenlose, auch für Laien verständliche Vorlesung zur »Toxikologie der chemischen Kampfstoffe« wird im *»Amtsblatt«* empfehlend hingewiesen.

Die 10 Baugebote der Stadt Stuttgart

»1. Denke beim Bauen daran, dass du nicht allein bist, sondern dass du Rücksicht auf deinen Nachbarn zu nehmen hast.
2. Nimm bei deinen Bauabsichten Rücksicht auf die Landschaft.
3. Sei einfach und schlicht in der Gestaltung deines Hauses.
4. Stelle die Längsseite deines Hauses gleichlaufend zum Hang.
5. Bevorzuge ein einfaches und ruhiges Dach.
6. Vermeide die Dachwohnung.
7. Unterlasse plumpe Anbauten.
8. Gestalte die Umgebung deines Hauses so, dass eine Gartenstadt entsteht.
9. Ziehe zu deiner Bauabsicht einen guten, treuhänderisch tätigen Architekten heran.
10. Hilf mit an der Verschönerung des Stadtbildes.«

(Aus: Andreas Brunold und Bernhard Sterra, »Stuttgart. Von der Residenz zur modernen Großstadt«)

10. November | An Schillers 175. Geburtstag erinnert der Schwäbische Sängerbund mit einer Kundgebung am Schillerdenkmal. Die Württembergischen Staatstheater eröffnen eine Festspielwoche mit »Wilhelm Tell«, eine »Reichssendung Friedrich Schiller« des »Deutschen Rundfunks« beginnt um 20.15 Uhr.

Hugo Borst zeigt Bilder des am 17. Oktober verstorbenen Adolf Hölzel, ferner von Baumeister, Schlemmer, Kerkovius, Nägele u. a.

---

15. November | Stuttgarter Staatsanwälte und Richter besichtigen Zwangsarbeitsstätten in Buttenhausen und

Göttelfingen. Bürgermeister Friedrich Ettwein bezeichnet die Einweisung Arbeitsunwilliger als Aufgabe städtischer Fürsorgepolitik.

17. November | Die Städtische Girokasse wird 50 Jahre alt.

18. November | Bischof Sproll beruft sich bei einer Jugendfeier auf das Reichskonkordat von 1933, fordert eine eigenständige religiöse Erziehung und lehnt die antisemitische Weltanschauung des NS-Ideologen Alfred Rosenberg ab.

22. November | Die Verlagsbuchhandlung Cotta, seit 1889 im Besitz des Verlagshauses Kröner, feiert ihr 275-jähriges Bestehen.

1. Dezember | Erster Schritt zur Schaffung eines Verkehrsverbundes für den Großraum Stuttgart: Es gibt Fahrscheine, die sowohl in der Straßenbahn als auch in der Reichsbahn gültig sind.

Zahlenspiegel | Stuttgart hat 426 035 Einwohner. Einen bislang unerreichten Höchststand bedeuten 5300 Eheschließungen. Dagegen blieb die Zahl der Scheidungen mit 386 relativ konstant. Mehr als 5730 Lebendgeborene wurden zuletzt 1920 registriert. Die Zahl der Arbeitslosen ist von 31 594 im Vorjahr auf 10 718 gefallen. Mit der Filderbahn verfügt die Straßenbahn jetzt über 141 Kilometer Strecke. Mit 379 Triebwagen und 458 Anhängern wurden nach drei Jahren sinkender Nachfrage erstmals wieder über eine Million Fahrgäste befördert. Um rund 30 Prozent hat die Zahl der zugelassenen Kraftfahrzeuge auf 18 235 zugenommen. 4719 Verkehrsunfälle wurden gezählt. In Württemberg liegen die Arbeiterwochenlöhne 1934 bei durchschnittlich 22,73 Reichsmark, die Monatsgehälter von Angestellten bei 182 Reichsmark. Die Jahresmieten betragen durchschnittlich 523 Reichsmark für eine Zwei-, 779 Reichsmark für eine Drei- und 1133 Reichsmark für eine Vierzimmerwohnung. Ungefähr ein Drittel der Wohnungen ist mit Bad ausgestattet. 5272 Viehhalter verfügen über 1204 Pferde, 2897 Rinder, 1134 Schafe, 2250 Schweine, 61 601 Stück Geflügel und 1650 Bienenstöcke.

1935

5. Januar | Eröffnung einer Luftschutzausstellung, im Mittelpunkt stehen Brandbomben, Giftstoffe und Möglichkeiten des Selbstschutzes.

6. und 7. Januar | Tausende HJ-Angehörige sind zu einem Appell in die Stadthalle gekommen: Kundgebungen auf dem Schloß- und dem Marktplatz. Reichsstatthalter Murr spricht über »Volk, Blut und Rasse – Deutschland«.

12. und 13. Januar | Rund 300 stimmberechtigte Saarländer reisen, von OB Strölin verabschiedet, zur Volksabstimmung an die Saar. Bei der im Versailler Vertrag festgelegten Abstimmung votieren 91 Prozent der Stimmberechtigten für die Rückgliederung des Saargebiets ins Reich.

Eine »Werbefahrt« von 1200 Saarländern nach Stuttgart ging im November der Saarabstimmung am 13. Januar 1935 voraus. Dazu gab es unter dem Motto »Saarländer besuchen das Reich« eine Kundgebung im Hof des Neuen Schlosses.

1935

15. Januar | Zur Feier des Ausgangs der Saarabstimmung finden eine Kundgebung auf dem Schloßplatz und Dankgottesdienste in einigen Kirchen statt.

30. Januar | Es wird bekannt gemacht, dass Mädchen unter 16 Jahren keine Ausbildung oder Arbeit beginnen, sondern sich auf ihr Leben als Hausfrau und Mutter vorbereiten sollen.

11. Februar | In Hofen nimmt die Neckar AG ein Kraftwerk in Betrieb, es soll zunächst 19 Millionen Kilowatt Stromleistung erbringen, nach Ausbau einer Staustufe in Aldingen wird sich das Gefälle etwas verringern, damit auch die Leistung auf dann 16 Millionen Kilowatt.

18. Februar | Ausweisung des österreichischen Jesuitenpaters Mario von Galli. Er hat sich am 24. Januar in der Eberhardskirche mit Rosenbergs »Mythos des 20. Jahrhunderts« auseinandergesetzt. Er habe die NS-Ideologie lächerlich gemacht, lautet der Vorwurf.

Gleichgeschaltet folgen studentische Korporationen dem Maiaufruf, sich »in die marschierenden Kolonnen der deutschen Arbeitsmenschen« einzureihen.

1. März | Mit einem »Fahnenmeer«, Fackelzügen und Großkundgebungen wird die Wiedereingliederung des Saarlandes ins Reich gefeiert. Der Faschingsbetrieb muss ruhen, da sich »Mummenschanz und Narretei« nicht mit dieser »tiefernsten Feierstunde« vertragen.

Die ersten der künftig 1700 Mieter beziehen ihre Wohnungen in der Stadtrandsiedlung Neuwirtshaus bei Zuffenhausen.

3. März | Nach 21 Jahren findet, vom städtischen Verkehrsverein veranstaltet, wieder ein Faschingsumzug statt. Unter den Teilnehmern: Reichswehr, Polizei, Bahn und Post.

7. bis 10. März | Bevor Kabrioletts von Ford, Hanomag und Auto-Union auf dem Internationalen Autosalon in Genf ausgestellt werden, können sie die Stuttgarter im Kuppelsaal des Kunstgebäudes bewundern.

8. bis 11. März | Mit Konzerten in der Stadtkirche und im Kursaal feiert die Cannstatter Gesamtkirchengemeinde mit dem Württembergischen Bachverein den 250. Geburtstag von Johann Sebastian Bach.

14. März | Der 17-jährige Hans Gasparitsch und zwei seiner Freunde von der Gruppe G (Geheim) schreiben rot »Hitler=Krieg« und »Rotfront« auf den Sockel der Rossebändiger-Gruppe im Unteren Schlossgarten. Sie werden verhaftet, Gasparitsch wird zu zweieinhalb Jahren Gefängnis verurteilt – tatsächlich bleibt er aber zehn Jahre in verschiedenen KZ interniert.

17. März | Eine der Leitung von Emil Goldschmidt anvertraute jüdische Schule in der Hospitalstraße wird eingeweiht.

19. und 20. März | Unangekündigter Besuch Hitlers in Stuttgart, spontaner Auflauf und Sprechchöre »Lieber Führer, sei so nett, zeig Dich mal am Fensterbrett« vor seinem Hotel in der Friedrichstraße, es gibt einen Tag schulfrei.

28. März | Oberst Percy Thomas Etherton, Leiter einer britischen Himalaya-Expedition, berichtet im großen Hörsaal der Technischen Hochschule von seiner Erstüberfliegung des Mount Everest.

31. März | In der kalten Jahreszeit hat das Winterhilfswerk 205 000 Zentner Kohlen, 53 000 Zentner Kartoffeln, 120 000 kg Lebensmittel und 28 000 Paar Schuhe verteilt.

20. April | Die Stadt hat Kinder bedürftiger Familien in die Anlagen eingeladen, wo die NS-Frauenschaft 10 000 Ostereier versteckt hat.

8. Mai | Als erste Frau an einem staatlichen Gymnasium in Württemberg wird Maria Tscherning Oberstudiendirektorin am Königin-Katharina-Stift.

Der auslandsdeutsche Schrifttumspreis

Er wurde am 9. Mai, dem Todestag Friedrich Schillers, im Haus des Deutschtums verliehen. Der Gaukulturwart hielt eine Rede, ehe OB Strölin verkündete, dass er die Auszeichnung Karl Götz für »Das Kinderschiff« zuerkannt habe. Das Buch schildere die Reise eines in Palästina ansässigen reichsdeutschen Lehrers mit einer Gruppe schwäbischer Kolonistenkinder im Jahre 1930. Mit besonderer Meisterschaft sei es dem Verfasser gelungen, einen auslandsdeutschen Reisebericht durch die Inbrunst seines Deutschlanderlebnisses zum Kunstwerk zu gestalten. Götz mache deutlich, dass für den Deutschen die Dinge dieser Welt erst durch ihre Beziehung zur deutschen Seele ihren wahren Wert gewinnen. *(»Amts- und Anzeigenblatt der Stadt Stuttgart«, Nr. 55, 1935)*

12. Mai | Die Deutsche Kunstflugmeisterschaft lockt 60 000 Besucher auf den Cannstatter Wasen.

15. Mai | In Weil im Dorf (heute Weilimdorf) wird ein Musterhaus der Wolfbuschsiedlung zur Besichtigung freigegeben.

19. Mai | Nach vierjähriger Pause findet wieder ein Motorradrennen auf der Solitude statt: Am Start sind ca. 200 Fahrer, aber nur vier Ausländer.

21. Mai | Das *»Amtsblatt«* berichtet über eine Tagung der württembergischen Wohlfahrtsbeamten: Dem »Gesamteinkommen des Volkes« gehen demnach durch »Erbblinde, Erbkrüppel, erblich Taubstumme, erblich Schwachsinnige« sowie durch Trinker und Psychopathen jährlich mehr als zwei Milliarden Reichsmark verloren.

1935 fand nach einigen Jahren Pause wieder das Solituderennen auf einem 11,7 Kilometer langen Rundkurs statt. Das Bild aus den 30er-Jahren zeigt Seitenwagen-Maschinen im Start- und Zielbereich beim Glemseck.

15. und 16. Juni bis 4. August | Die Fertigstellung der Staustufe Münster und die Eröffnung des Stausees bei Hofen sind Anlass für die Ausstellung »Wasserstraßen und Wassersport« auf dem Wasen. Über 250 Ruderer aus Württemberg, Baden und Bayern tragen auf dem Neckar eine Regatta aus.

23. Juni | Französische Kriegsversehrte besuchen Stuttgart auf Einladung von Robert Bosch. Die »Pioniere des Friedens« erwartet ein buntes Unterhaltungs- und Besichtigungsprogramm.

Im Endspiel um die Deutsche Fußballmeisterschaft unterliegt der VfB Stuttgart dem FC Schalke 04 in Köln mit 4:6 Toren.

26. Juni | Das Luftschutzgesetz ist verabschiedet. In der Stadt werden daraufhin hohe rote Blechbomben auf hölzernen Sockeln mit der Aufschrift »Luftschutz tut not« aufgestellt, die zum Bau von Schutzräumen und zur Entrümpelung der Dachböden aufrufen.

Besonders wichtig: gereinigte Ohren!

Nach Einführung der allgemeinen Wehrpflicht beginnt am 17. Juni 1935 die Musterung der Jahrgänge 1914 und 1915. Lang war die Liste der Unterlagen, die sie mitbringen sollen: 1. Geburtsschein, 2. Nachweise über Abstammung (bei der Musterung musste die arische Abstammung durch Unterschrift erklärt werden), 3. Schulzeugnisse und Nachweise über Berufsausbildung, 4. Ausweise über Zugehörigkeit zu HJ, SS, SA usw., 5. Nachweis über Teilnahme am Wehrsport, 6. Nachweis über Landhilfe, 7. Nachweis über geleisteten Arbeitsdienst, 8. Nachweis über geleisteten Dienst in der Wehrmacht oder Landespolizei oder über bereits erfolgte Aufnahme als Freiwilliger in die Wehrmacht oder Landespolizei, 9. Nachweis über den Besuch von Seefahrtschulen und Seefahrtzeiten, 10. Nachweis über den Besitz des Reichssportabzeichens oder SA-Sportabzeichens, 11. Führerschein, 12. Lichtbild. »Die Dienstpflichtigen haben gewaschen (besonders wichtig gereinigte Ohren) und mit sauberer Wäsche zu erscheinen«, wurde im Gestellungsaufruf mitgeteilt. *(»Amts- und Anzeigenblatt der Stadt Stuttgart«, Nr. 67, 1935)*

Mit Motorbooten organisierte die Stuttgarter Straßenbahn AG einen Pendelverkehr zwischen König-Karls-Brücke und dem neu geschaffenen Max-Eyth-See.

4. Juli | Auf Weisung von OB Strölin darf die von König Karl verliehene Bezeichnung Karlsvorstadt im amtlichen Verkehr nicht mehr verwendet werden, denn »unter der Herrschaft des Nationalsozialismus ist das Vorurteil gegen altüberkommene Namen wie Heslach verschwunden«.

5. Juli | Die Zahl der Gemeinderäte verringert sich aufgrund der neuen Deutschen Gemeindeordnung erneut von bisher 44 auf 36. Die nun »im Benehmen mit dem Oberbürgermeister vom Kreisleiter« berufenen »Ratsherren« legen einen »Diensteid auf den Führer und Reichskanzler« ab und werden zu Ehrenbeamten der Stadt ernannt.

18. Juli | Unter Berufung auf das Wehrgesetz von 1935 wird einem Wehrmachtsreservisten die Ehe mit einer Jüdin verboten. Es ist der vierte Fall dieser Art in Stuttgart.

24. und 25. Juli | OB Strölin weiht in Hofen das Kraftwerk und den Stausee ein. Tags darauf ab 7 Uhr steht der 18 000 Quadratmeter große Badesee mit Schwimmbecken und Sprunganlage den Wassersportlern zur Verfügung. Die Stuttgarter Straßenbahnen AG nimmt mit zwei Motorbooten den Ausflugsverkehr zwischen der König-Karls-Brücke und dem bald »Max-Eyth-See« genannten See auf.

25. August | Die Deutsche Lufthansa führt den 100. Postflug von Stuttgart-Böblingen nach Buenos Aires durch.

29. August | SA-Männer veranstalten einen Marsch durch die Innenstadt. Vor dem Königsbau erstürmen sie eine Barrikade und dürfen an Staatsfeinden aus Pappe zeigen, was für gute Kämpfer sie sind.

31. August | Über kommunistische Betriebszellen und illegale Schriften wie den *»Roten Boschzünder«* informiert ein Geheimbericht der Gestapo.

August | Ohne rechtliche Grundlage wird ein jüdischer Kaufmann wegen »Rassenschande« mit einem Plakat um den Hals durch die Innenstadt getrieben.

Ein Paar, dem die Eheschließung wegen »Rassenschande« verweigert wurde, das aber weiterhin zusammenlebt, wird denunziert und zu einer Woche Gefängnis verurteilt.

9. September | Mehrere Tausend starten vom Hauptbahnhof zum »Reichsparteitag der Freiheit« in Nürnberg, wo am 15. September das antisemitische »Gesetz zum Schutz des deutschen Blutes und der deutschen Ehre« erlassen wird.

---

12. September | Die Verlagsbuchhandlung Chr. Belser begeht ihr 100-jähriges Firmenjubiläum.

---

20. September | Verbunden mit der Aufforderung »Wir kaufen nur im deutschen Geschäft!« veröffentlicht der *»Stuttgarter NS-Kurier«* eine Liste aller »arischen« Läden auf der Königstraße.

---

21. September | Reichsaußenminister Konstantin von Neurath bei der Eröffnung des 100. Cannstatter Volksfestes. Festzug von der Rotebühlkaserne zum Cannstatter Wasen. Zum Programm gehören Gefechtsübungen des Heeres, Vorführungen der Luftwaffe und ein Wettschießen, an dem sich 4000 Personen beteiligen.

---

23. September | Vor 175 Jahren wurde das Haushaltswarengeschäft Maercklin gegründet.

---

3. Oktober | Der *»Schwäbische Merkur«* begeht sein 150-jähriges Bestehen mit einer Sonderausgabe. Der Leitartikel rühmt eine Zeitung, die nie anderes kannte und kennen wird als »Dienst an Deutschland!«.

---

6. Oktober | Erntedankfest: Massenveranstaltung vor dem Neuen Schloss, Übertragung der Hitlerrede vom Bückeberg. Von der Feuerbacher Kirche St. Josef muss die Kirchenflagge eingeholt und die Hakenkreuzflagge gehisst werden.

---

22. Oktober | Die Zentralstelle für das jüdische Vereins- und Veranstaltungswesen erhält die Anweisung, in Zukunft selbst kleinste Zusammenkünfte bei der Gestapo anzumelden und Vortragsmanuskripte zur Prüfung einzureichen.

---

27. Oktober | Im Kunsthaus Schaller werden Bilder von Otto Dix und Franz Lenk gezeigt. Auch in den nächsten Jahren werden hier immer wieder Ausstellungen mit »entarteter Kunst« zu sehen sein.

Nach wieder eingeführter Wehrpflicht nahm ein Wehrmachtsangehöriger die ersten Rekruten am Hauptbahnhof in Empfang und notierte ihre Namen.

31. Oktober | Das katholische *»Deutsche Volksblatt«* wird verboten.

---

7. November | Die ersten Rekruten nach Wiedereinführung der Wehrpflicht sind am 30. Oktober eingerückt. Unser »Oberster Befehlshaber«, heißt es bei der öffentlichen Vereidigung, komme »selbst aus dem Soldatentum her«.

---

9. November | Beim nun jährlich stattfindenden »Reichstrauertag« wird in der Stadthalle der Nationalsozialisten gedacht, die 1923 beim »Marsch auf die Feldherrnhalle« ums Leben kamen.

---

19. November | Verbot der Anthroposophischen Gesellschaft, nun dürfen die Anhänger Rudolf Steiners auch in ihrer einstigen Hochburg Stuttgart nicht mehr lehren.

Einzigartige Symphonie einer Großstadt

Mit viel Zustimmung hat die Berliner Presse den Film »Stuttgart – Großstadt zwischen Wald und Reben« aufgenommen. Nicht weniger als 13 Pressestimmen hat das *»Amtsblatt«* gesammelt. Der Streifen von nur 14 Minuten Dauer und 400 Me-

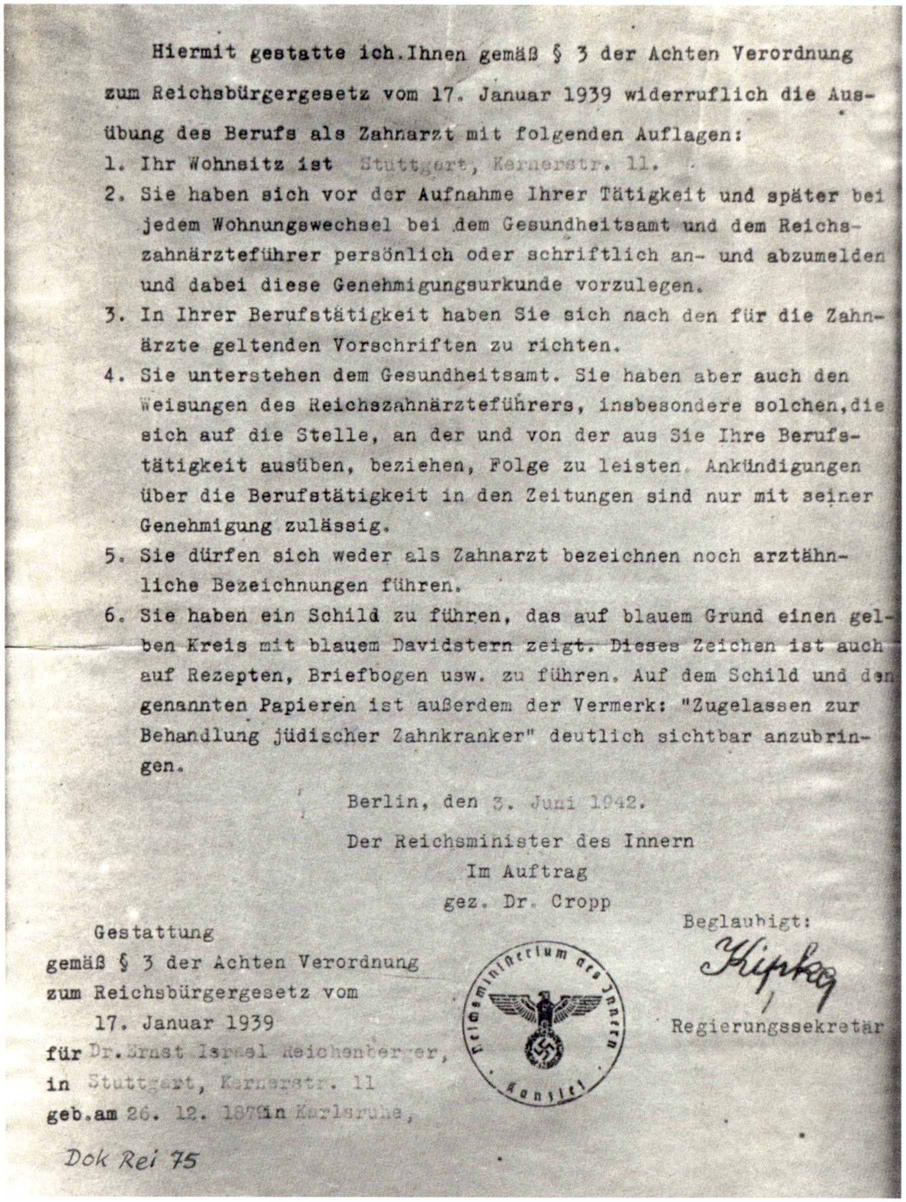

Hiermit gestatte ich Ihnen gemäß § 3 der Achten Verordnung zum Reichsbürgergesetz vom 17. Januar 1939 widerruflich die Ausübung des Berufs als Zahnarzt mit folgenden Auflagen:

1. Ihr Wohnsitz ist Stuttgart, Kernerstr. 11.
2. Sie haben sich vor der Aufnahme Ihrer Tätigkeit und später bei jedem Wohnungswechsel bei dem Gesundheitsamt und dem Reichszahnärzteführer persönlich oder schriftlich an- und abzumelden und dabei diese Genehmigungsurkunde vorzulegen.
3. In Ihrer Berufstätigkeit haben Sie sich nach den für die Zahnärzte geltenden Vorschriften zu richten.
4. Sie unterstehen dem Gesundheitsamt. Sie haben aber auch den Weisungen des Reichszahnärzteführers, insbesondere solchen, die sich auf die Stelle, an der und von der aus Sie Ihre Berufstätigkeit ausüben, beziehen, Folge zu leisten. Ankündigungen über die Berufstätigkeit in den Zeitungen sind nur mit seiner Genehmigung zulässig.
5. Sie dürfen sich weder als Zahnarzt bezeichnen noch arztähnliche Bezeichnungen führen.
6. Sie haben ein Schild zu führen, das auf blauem Grund einen gelben Kreis mit blauem Davidstern zeigt. Dieses Zeichen ist auch auf Rezepten, Briefbogen usw. zu führen. Auf dem Schild und den genannten Papieren ist außerdem der Vermerk: "Zugelassen zur Behandlung jüdischer Zahnkranker" deutlich sichtbar anzubringen.

Berlin, den 3. Juni 1942.

Der Reichsminister des Innern
Im Auftrag
gez. Dr. Cropp

Beglaubigt:
Kiptag
Regierungssekretär

Gestattung
gemäß § 3 der Achten Verordnung
zum Reichsbürgergesetz vom
17. Januar 1939
für Dr. Ernst Israel Reichenberger,
in Stuttgart, Kernerstr. 11
geb. am 26. 12. 1879 in Karlsruhe,

Dok Rei 75

Juden wurden systematisch aus dem öffentlichen und wirtschaftlichen Leben herausgedrängt und durften zahlreiche Berufe nicht mehr ausüben. Ärzte und Zahnärzte verloren ihre Approbationen, einige wenige – wie Ernst Reichenberger – durften mit einer Ausnahmegenehmigung jüdische Patienten behandeln.

tern Filmlänge, schreibt der Berliner Lokalanzeiger, habe mitreißenden Rhythmus, zeige wirklich das Antlitz der Stadt, ihrer Landschaft und ihrer Menschen. Eine besondere künstlerische Note, getragen vom Formwillen des Regisseurs Walter Ruttmann, konstatiert der *»Film-Kurier«*. Dieser Städtefilm zeige auf besondere Weise die große Bedeutung der schwäbischen Hauptstadt: In einer kleinen Handlung würden »in einem Fluss schnitttechnisch und bildkompositorisch ausgezeichnet gestaltet« alle Besonderheiten Stuttgarts gezeigt. Das *»8-Uhr-Abendblatt«* hat die einzigartige Symphonie einer deutschen Großstadt gesehen: »schöne Landschaft, prachtvolle alte und beherrschende neue Bauten, flutendes Leben, verträumte Gärten und Wälder, Heilbäder, Siedlungen, Sportanlagen und Schaffensfleiß in weltbekannten Betrieben«. Endlich ein Kulturfilm, urteilt das Fachblatt *»Der Film«*, der nicht fotografisch berichtet und mit Text erklärt, sondern »in der Anwendung rein filmischer Mittel überzeugend das Gesicht und die Bedeutung einer Stadt gestaltet«. *(»Amts- und Anzeigenblatt der Stadt Stuttgart«, Nr. 145 und Nr. 149, 1935)*

14. Dezember | »Meidet jüdische Zahnärzte«, fordert der *»Stuttgarter NS-Kurier«* und veröffentlicht eine Liste »arischer« Dentisten.

19. Dezember | Erste Verdunkelungsübung, ein Zehn-Punkte-Programm informiert die Bürger, was zu tun ist.

24. Dezember | Die Stadtverwaltung gibt bekannt, dass im kommenden Jahr 1500 Wohneinheiten gebaut werden sollen. Als Richtmiete werden 30 bis 50 Reichsmark pro Monat genannt.

30. Dezember | Damit Kinder unbehelligt spielen können, sperrt die Polizei einige Straßen nachmittags für den Verkehr. Nach Klagen über zu großen Lärm wird das Spielstraßen-Experiment nach drei Monaten wieder abgebrochen.

Zahlenspiegel | Die Stadt hat 429 428 Einwohner. Die Zahl der Lebendgeborenen hat sich gegenüber dem Vorjahr um rund 700 auf 6440 erhöht. Die Arbeitslosenzahl hat sich mehr als halbiert und beträgt nur noch 4767. In diesem Jahr kam es zu 4816 Verkehrsunfällen, 3350 Fußgänger und Radfahrer wurden wegen Verkehrsverstößen bestraft.

1936

8. bis 23. Januar | Der berühmte Clown Grock gastiert im Friedrichsbautheater.

20. Januar | Junge Widerständler lassen auf dem Hauptbahnhof und in Cannstatt mit Flugblättern gefüllte Feuerwerkskörper explodieren.

Das Friedrichsbau-Theater

»Natürlich ist es kein Theater – wenn auch darin schon Piscator mit seiner Truppe gespielt hat – sondern eine Varieté-Bühne. (...) Hier traten auf der Schweizer Dr. Adrian Wettach – oder kennen Sie ihn nur unter dem Namen Grock? –, die Rastellis, von denen Paolo eine Riesenbibliothek der gesamten Zirkus- und Varietéliteratur gesammelt hat, Roda-Roda und andere, die jeder kennen muß. Früher zeigte sich da auch die unter dem Namen Tsin Maa bekannt gewesene erste Chungusengruppe in Europa, die ein findiger Impresario in China zusammengeklaubt und nach Europa verfrachtet hat. Der brave Mann erzählte den Gelbhäutern, daß der Monat in Europa sechzig Tage habe und zahlte ihnen logischerweise alle sechzig Tage ihre Monatsgage aus. Ob ihm die Gelben später auf den Schwindel gekommen sind und was sie nachher mit ihm gemacht haben (aufgefressen?) ist nicht bekannt. Das Varieté hat in Stuttgart seine bestimmten Anhänger, die ihm leidenschaftlich ergeben sind. Von einem Habitué, einem echten Baron, wird erzählt, daß er tagtäglich im Friedrichsbau saß, nicht einmal die Sonntagnachmittags-Vorstellung versäumte. Da er jede Nacht durchbummelte, morgens um 7 Uhr, vor dem endgültigen Nachhausegehen im Bahnhofsrestaurant landete, um 12 Uhr zu mittag aber schon wieder an den Säulen des Königsbaus erschien, ergibt sich, daß dieser Tapfere wohl nie geschlafen hat.« *(Aus: Fritz West, »So ist Stuttgart«)*

23. Januar | Großrazzia auf Bettler und Hausierer, 35 Personen werden in Haft genommen.

27. Januar | Reichsjugendführer von Schirach polemisiert vor 8000 HJ-Führerinnen und -Führern in der Stadthalle gegen kirchliche Jugendarbeit: »Wer Adolf Hitler dient, der dient Deutschland, und wer Deutschland dient, der dient Gott.«

Sünde wider das Blut

* **Stuttgart** 29. Jan. Wegen eines fortgesetzten Verbrechens im Sinn des Gesetzes zum Schutz des deutschen Blutes und der deutschen Ehre vom 15. September 1935 verurteilte die zweite Strafkammer, die sich als erste im Landgerichtsbezirk Stuttgart mit der Anwendung dieses Gesetzes zu befassen hatte, den 32 Jahre alten verheirateten Edwin Spiro von Schwäb. Gmünd, wohnhaft in Bad Cannstatt, zu sechs Monaten Gefängnis. Der Angeklagte unterhielt seit Herbst 1932 als Volljude ein Liebesverhältnis mit einer verheirateten Frau deutschen Blutes in Fellbach und setzte dieses auch nach Erscheinen des Gesetzes gegen Rasseschändung fort. Zu seiner Verteidigung brachte er vor, er habe erst in seinem achtzehnten Lebensjahr erfahren, daß seine beiderseitigen Großeltern Juden waren, daß sein Vater lange vor seiner Geburt zum protestantischen Glauben übergetreten und daß seine Mutter eine nicht getaufte Jüdin sei. Er selbst sei in streng christlichem Sinn erzogen worden. Er habe sich nicht als Volljuden betrachtet, sondern darunter nur Angehörige der israelitischen Religionsgemeinschaft verstanden. Als er aus den Ausführungsbestimmungen des Nürnberger Gesetzes entnommen habe, daß er doch als Volljude gelte, habe er seine Beziehungen zu der Frau sofort aufgegeben. Weder der Oberstaatsanwalt noch das Gericht schenkten dem Angeklagten Glauben, daß er über seine Eigenschaft als Volljude nicht von Anfang an genau im Bild gewesen sei. Der Oberstaatsanwalt hatte zehn Monate Gefängnis beantragt.

28. Januar | Erstes »Rassenschandeurteil« des Stuttgarter Landgerichts: Wegen seiner Beziehung zu einer arischen Frau wird der Jude Edwin Spiro aus Cannstatt zu sechs Monaten Gefängnis verurteilt.

Der Obstbau in der Erzeugungsschlacht

So lautet der Titel eines Lichtbildervortrags, der für Samstag, den 11. Januar, 17 Uhr, im Saal des Cannstatter Gasthofs zur »Rose« angekündigt wird. Alle gegen Entgelt im Obstbau Tätigen, namentlich die Baumwarte, werden zum Besuch dieser Veranstaltung aufgefordert. In Anbetracht der Wichtigkeit dieser Veranstaltung, heißt es mahnend in dem vom Oberbürgermeister, dem

Weil er gegen das »Blutschutzgesetz« verstoßen hatte, wurde der Versicherungsbeamte Edwin Spiro zu Gefängnis verurteilt und öffentlich diffamiert. Später wurde er in Auschwitz ermordet.

Straßensammlung der Deutschen Arbeitsfront für das Winterhilfswerk. Den häufigen Appellen, »freiwillig« zu spenden, konnten die »Volksgenossen« sich nur schwer entziehen.

Liegenschaftsamt und dem Kreisbaumwart unterzeichneten Aufruf, dürfe ein zahlreiches Erscheinen erwartet werden. *(»Amts- und Anzeigenblatt der Stadt Stuttgart«, Nr. 4, 1936)*

2. Februar | SA, SS, NS-Studentenbund und NS-Kraftfahr-Korps sammeln für das Winterhilfswerk. Die Spender erhalten eine Lederplakette mit der aufgepressten »uralten deutschen Treuerune«.

10. Februar | Der Sonderzug mit dem Sarg Wilhelm Gustloffs macht in Stuttgart Station. Der Landesleiter der NSDAP-Auslandsorganisation wurde am 4. Februar in Davos von einem jungen Juden erschossen und wird von der nationalsozialistischen Propaganda zum »Blutzeugen der Bewegung« stilisiert.

20. Februar | Vor den Ratsherren bezeichnet es OB Strölin als Ehrenpflicht der Stadt der Auslandsdeutschen, der bleibenden Erinnerung an Wilhelm Gustloff Ausdruck zu verleihen. Deshalb habe er eine Straße (heute Goerdelerstraße) nach diesem »Märtyrer« benannt.

23. März | Auf öffentlichen Plätzen werden bis zur Reichstagswahl allabendlich die Filme »Triumph des Willens« sowie »Arbeit und Wehr« gezeigt.

24. März | OB Strölin verweist auf die Beseitigung des parlamentarischen Systems, die Verringerung der Arbeitslosigkeit und mehr Geburten als »Leistungen« nationalsozialistischer Aufbauarbeit. Dem Führer schulde man dafür am Tag der Reichstagswahl »unauslöschlichen Dank«.

25. März | Eine Wahlrede von Reichsluftfahrtminister Hermann Göring in der Stadthalle wird in die Liederhalle und auf öffentliche Plätze übertragen.

26. März | Vom Luftschiff »Graf Zeppelin« werden Flugblätter über Stuttgart abgeworfen. Unter Hinweis auf Errungenschaften wie »Kraft durch Freude« und bezahlten Urlaub wird der »deutsche Arbeiter« darin aufgefordert, für Hitler zu stimmen.

Verdoppelung der Geburten

In einer Ratsherrensitzung am 2. April 1936 wurde die Situation der Städtischen Frauenklinik beraten. Die Zahl der dort durchgeführten Entbindungen hatte sich von 683 im Jahre 1932 auf 1268 im Jahre 1935 nahezu verdoppelt. Dieser »überzeugende Beweis für die Erfolge der nationalsozialistischen Bevölkerungspolitik« mache eine Erweiterung der Klinik erforderlich, sagte OB Strölin und legte den Ratsherren als weiteren Beweis dieser Notwendigkeit folgende Statistik über Geburten und Eheschließungen in Stuttgart vor:

	Lebendgeborene		Eheschließungen	
	gesamt	auf 1000 Einwohner	gesamt	auf 1000 Einwohner
1932	4150	10,5	3534	9,1
1933	4321	10,4	4057	9,9
1934	5730	13,6	5300	12,6
1935	6440	15,0	4859	11,4

29. März | Reichstagswahl. Juden haben kein Stimmrecht. In Stuttgart werden 314 438 Stimmen abgegeben, 309 819 entfallen auf die NSDAP als einzig zugelassene Partei. Der Sicherheitsdienst des Reichsführers SS fordert anschließend Listen der Nein- und Nichtwähler an.

4. April | In Weil im Dorf (heute Weilimdorf) wird die Hans-Schemm-Schule als erste »Deutsche Volksschule« Württembergs eingeweiht.

5. April | Die erste Weltmeisterschaft im Rollhockey, am 1. April von OB Strölin in der Stadthalle eröffnet, gewinnt England vor Italien und Portugal.

6. April | Der berühmte Tenor Beniamino Gigli begeistert das Publikum bei seinem Gastspiel in der Liederhalle.

9. April | Die Daimler-Benz AG eröffnet auf ihrem Werksgelände ein Automobilmuseum.

21. April | Pfarrer Martin Niemöller sagt im Furtbachhaus, er und seine Freunde wollten »lieber ins Leiden«, als den Weg zu gehen, »den das Reichskirchenministerium die Kirche führen wolle«.

Nachdem sich 94 Prozent der Eltern für die Gemeinschaftsschule entschieden haben, werden in Stuttgart 659 Klassen an Gemeinschafts- und 43 Klassen an katholischen Schulen gebildet.

26. bis 28. April | Der Jubiläumspferdemarkt zur Erinnerung an den ersten großen Frühjahrspferdemarkt vor 100 Jahren beginnt mit einer Prämierung im Vieh- und Schlachthof. »Zigeuner und deren Pferde« haben keinen Zutritt.

1. Mai | »Der nationale Feiertag des deutschen Volkes« beginnt um sechs Uhr mit großem Wecken der Wehrmacht und Platzkonzerten. Zur Teilnahme an der Maifeier in der Adolf-Hitler-Kampfbahn müssen dort spätestens um 11.15 Uhr alle Betriebsangehörigen Aufstellung genommen haben.

Maikönigin und Maikönig

1936 begannen die Vorbereitungen auf den mit großem Getöse begangenen »Tag der Arbeit« schon am 30. April. Nachmittags errichteten Zimmerleute auf dem Marktplatz den Maibaum. Dort veranstaltete die Hitlerjugend Bann 119 am frühen Abend ein »Maieinsingen«, zu dessen Höhepunkt die Ausrufung von Maikönigin und Maikönig durch den Kreisleiter gehörte. Ihren »stimmungsvollen, lebensfreudigen Charakter« erhielt diese Feier »durch Liedersingen, durch Reigen und Tänze der Jungmädel um den Maibaum«. *(»Amts- und Anzeigenblatt der Stadt Stuttgart«, Nr. 50, 1936)*

6. Mai | Das Deutsche Ausland-Institut feiert »Max Eyth, den Auslanddeutschen« anlässlich seines 100. Geburtstags. Am 1. September wird der Stausee bei Hofen nach ihm benannt.

15. Mai | Der »Fliegende Stuttgarter«, ein bis 160 Stundenkilometer schneller Triebwagenzug mit Dieselmotoren, fährt erstmals von Stuttgart nach Berlin.

24. Mai | Gedenkfeier bei Schloss Solitude für Albert Leo Schlageter. Er hatte einen Sabotagetrupp gegen die französische Armee geführt, die das Ruhrgebiet wegen ausbleibender Reparationszahlungen besetzt hielt, und war 1923 standrechtlich erschossen worden. Bereits 1933 war die Theaterstraße (heute Stauffenbergstraße) nach dem rechtsradikalen Offizier und Freikorpskämpfer benannt worden.

Im Beisein seiner Schwester feierte die NSDAP vor der eindrucksvollen Kulisse von Schloss Solitude den 13. Jahrestag von Schlageters »Märtyrertod«.

Links: Auch Obst und Gemüse konnte zu Propagandazwecken dienen, wie diese Dekoration mit dem Motto »Blut und Boden« zum Schaufensterwettbewerb des Reichsberufswettkampfes im Mai 1936 in der Stuttgarter Innenstadt zeigt.

Rechts: Ein gut gelaunter Robert Bosch verlässt die Stadthalle, wo sein 75. Geburtstag und das 50-jährige Bestehen seines Unternehmens mit einem Staatsakt gefeiert wurden.

5. bis 8. Juni | Die Stuttgarter Musiktage beginnen mit einem Liedersingen der HJ auf dem Schillerplatz. Im weiteren Programm: eine Motette in der Stiftskirche, Bachs »Weltliche Kantate« im Neuen Schloss, Vorträge und Musizierstunden in der Musikhochschule.

---

27. und 28. Juni | Goebbels beim Treffen von 10 000 NSDAP-Funktionären in Stuttgart: »Völkerbund ist gut, aber Luftgeschwader und Armeekorps sind noch besser.«

Württembergische Leichtathletik-Gaumeisterschaften in der Adolf-Hitler-Kampfbahn: Beifall für Athleten, die württembergische Rekorde laufen. Kaum Beifall für die Jüdin Gretel Bergmann, der mit 1,6 Metern ein deutscher Rekord im Hochsprung gelingt.

---

17. und 18. Juli | Das Eberhard-Ludwigs-Gymnasium begeht sein 250-jähriges Bestehen. Dem Festakt in der Liederhalle soll Erwin Guido Kolbenheyers »Deutsches Bekenntnis« die »vaterländische Weihe« geben.

---

23. Juli | Das Daimler-Haus in der Taubenheimstraße, von der Stadt umgebaut, heißt jetzt »Kuranstalt Daimler«, die gegenüber gelegene Villa des jüdischen Fabrikanten Sigmund Lindauer »Kurhaus am Sulzerrain«.

29. Juli | Die Flaggen der zur Olympiade in Berlin kommenden Nationen machen den Hindenburgplatz zum »Flaggenmeer«. Auf dem Marktplatz hat der Reichsarbeitsdienst einen Olympiabaum errichtet. An Besucher aus dem Ausland wendet sich folgende Inschrift am Sockel: »Freund! Kehrst Du heim vom Olympischen Spiel, verkünde, dass Deutschland den Frieden will«.

---

3. August | »Der Handgranatenwerfer«, eine Kolossalplastik von Fritz von Graevenitz, wird zur Kaserne am Burgholzhof transportiert.

---

27. August | Stuttgart wird zur »Stadt der Auslandsdeutschen« ernannt. Das »Ehrenmal der deutschen Leistung im Ausland« im Wilhelmspalais soll systematisch das Volkstum jenseits der Grenzen des Reiches darstellen.

---

29. August | OB Strölin empfängt die Stuttgarter Olympiateilnehmer: Alfred Dompert (Bronzemedaille im 3000-Meter-Hindernislauf), Johannes Herbert (Bronzemedaille im Freistilringen) und Alfred Kienzle (Wasserball).

---

7. September | David Lloyd George, 1916 bis 1929 englischer Ministerpräsident, kommt nach Gesprächen mit

Hitler in Berchtesgaden nach Stuttgart und besucht u. a. die Firmen Bleyle und Kodak-Nagel.

19. September | Das Verwaltungsgebäude der Technischen Werke in der Lautenschlagerstraße wird eingeweiht. Fritz von Graevenitz hat für das Zimmer des Generaldirektors eine Hitlerbüste geschaffen.

23. September | Festakt zum 75. Geburtstag Robert Boschs in der Stadthalle. Für die Reichsregierung spricht Dr. Hjalmar Schacht. Reichsstatthalter Murr und Ministerpräsident Mergenthaler nehmen nicht teil, weil der Nationalsozialismus in der Bosch-Festschrift unerwähnt bleibt.

6. Oktober | Auf Beschluss des Staatsministeriums wird die Schlosskirche im Alten Schloss den »Deutschen Christen« überlassen. Daraufhin geplante Protestversammlungen des Stadtdekanats werden vom Kultministerium untersagt.

20. Oktober | Einbände von Steuerbüchern des 16. Jahrhunderts, die der Leiter des Stadtarchivs entdeckt, erweisen sich als Planrisse des Prager Doms von Peter Parler.

18. November | SS und HJ begehen den Buß- und Bettag im Großen Haus mit einer Feier und anschließender Totenehrung. Die Nationalsozialisten, heißt es, hätten den Willen zum Ewigen und seien ebenso religiös wie andere.

26. November | Die Internationale Apotheke in der Königstraße besteht seit 175 Jahren.

21. Dezember | Bei »Volksweihnachtsfeiern« in vielen Sälen der Stadt gibt es Geschenke der NSDAP für Kinder und die Übertragung einer Weihnachtsansprache von Reichspropagandaminister Goebbels für die Erwachsenen.

Zahlenspiegel | Binnen zehn Jahren hat die Einwohnerzahl von rund 350 000 auf jetzt 436 951 zugenommen. Weiter abgenommen hat die Arbeitslosenzahl auf jetzt 3534. Der Kraftfahrzeugbestand ist auf insgesamt 23 694 Fahrzeuge angewachsen, 12 917 Pkw, 4040 Lkw und 6388 Motorräder. 8027 Verkehrsunfälle mit Personenschaden wurden ermittelt. 57 tödliche Unfälle waren größtenteils durch überhöhte Geschwindigkeit verursacht. Die Straßenbahn hat mit 379 Triebwagen und 460 Anhängern auf jetzt 142 Kilometer Bahnlänge 109,6 Millionen Fahrgäste befördert. 5656 Viehhalter verfügen über 998 Pferde, 3376 Rinder, 1811 Schafe, 3466 Schweine, 65 324 Stück Geflügel und 2546 Bienenstöcke.

1937

1. bis 31. Januar | Der weltberühmte Clown Charlie Rivel gastiert im Friedrichsbautheater.

14. Januar | Im Gemeinderat mahnt OB Strölin die sorgfältige Verwertung von Altmaterial und Hausmüll an. Glas, Metall, Gummi, Knochen und Schuhe sollen dem Altmaterialhandel übergeben werden, Küchenabfälle der Schweinemast.

Das Hotel »Marquardt« war lange Zeit das erste Haus am Platze. Die Folgen der Wirtschaftskrise und die Konkurrenz des Hotels »Graf Zeppelin« führten 1938 zur Schließung.

Links: SA Kampfspiele auf dem Wasen: Dass aus sportlichen Wettkämpfen längst paramilitärische Übungen geworden waren, zeigt auch die anwesende Parteiprominenz. Hier Reichskriegsminister Generalfeldmarschall Werner von Blomberg und Staatspräsident Wilhelm Murr (5. und 6. von links) auf der Tribüne.

Rechts: Von den Teilnehmern der Kampfspiele erwartete man wenig Schamgefühl: Geschlafen wurde in Zelten, und die Waschgelegenheiten und Toiletten befanden sich im Freien.

20. Januar | »Volksgenossen, meidet den jüdischen Arzt!«, fordert der *»Stuttgarter NS-Kurier«* und verweist auf Arbeitsgerichtsurteile, wonach »Gefolgschaftsmitglieder« entlassen werden können, die jüdische Ärzte konsultieren.

25. Januar | OB Strölin führt die »braunen« Schwestern der NS-Volkswohlfahrt in ihren Dienst am Cannstatter Krankenhaus ein. Sie ersetzen die Diakonissen, die bislang dort Dienst taten.

7. Februar | Ein Faschingsumzug mit Prinz Willy Reichert lockt Hunderttausende in die Innenstadt. Abends folgt ein Maskenball in der Liederhalle unter dem Motto »Alt-Stuttgart tanzt«.

20. März | Der *»Stuttgarter NS-Kurier«* prangert »einige reiche und entsprechend gesinnungslose deutsche Frauen« an, die eine Modenschau des jüdischen Salon Rothschild aus München im Hotel »Marquardt« besucht haben.

März und April | Der Reichsverband der Automobilindustrie hat die Produktion des Musterwagens VW 30 bei Daimler-Benz in Auftrag gegeben. Nach einzelnen Prototypen wird jetzt eine Versuchsserie von 30 Volkswagen fertiggestellt.

1. April | Heumaden, Rohracker, Sillenbuch und Uhlbach werden aufgrund einer Ermächtigung des Reichsstatthalters nach Stuttgart eingemeindet.

9. April | Beginn des neuen Schuljahres. Es gibt keine Bekenntnis- und keine Privatschulen mehr. Schulen mit dem Recht der Reifeprüfung heißen jetzt »Oberschule«. Nur das Eberhard-Ludwigs-Gymnasium darf seinen alten Namen behalten.

10. und 11. April | Die NS-Volkswohlfahrt verlost auf dem Schloßplatz eine Freifahrt im Ballon – doch der vorgesehene Ballon reißt sich los und fliegt unbemannt bis in die Öhringer Gegend.

23. April | Die Galerie Valentien zeigt Bilder von August Macke, Gabriele Münter und Oskar Schlemmer. Weitere Ausstellungen mittlerweile verfemter Künstler folgen.

3. Mai | Die Stadt hat Keller und Sammlung des Weinhändlers Schneider im Haus Schmale Straße 11 erworben und eröffnet darin ein Weinmuseum.

15. Mai | In Schloss Rosenstein wird das Kriegsmuseum der Weltkriegsbücherei eröffnet.

22. Mai | Die Toten des am 6. Mai bei Lakehurst verbrannten Luftschiffs »Hindenburg« werden per Bahn von Cuxhaven nach Friedrichshafen überführt. Im Hauptbahnhof findet eine Trauerfeier statt, als der Zug hier eintrifft.

23. Mai | Auf dem 11,6 Kilometer langen und durch aufgeweichten Teer sehr gefährlichen Solitude-Rundkurs wird vor 150 000 Zuschauern das letzte Motorradrennen vor dem Zweiten Weltkrieg ausgetragen.

5. Juni | Das Hilfswerk für deutsche bildende Kunst in der Nationalsozialistischen Volkswohlfahrt (NSV) eröffnet erstmals eine Ausstellung im Kuppelsaal des Kunstgebäudes – erstaunlicherweise sind auch eigentlich nicht mehr erwünschte Künstler wie Max Ackermann oder Ida Kerkovius vertreten.

8. bis 13. Juni | Der Volksgerichtshof verhandelt in Stuttgart gegen Lilo Herrmann, Artur Göritz, Alfred Grözinger, Stefan Lovasz und Josef Steidle wegen Hochverrats in Tateinheit mit Landesverrat. Die Stuttgarter Widerstandsgruppe um den Leiter der illegalen KPD Württembergs, Stefan Lovasz, hatte versucht, Dokumente über illegale Rüstungsbetriebe an die ausländische Presse zu schmuggeln. Grözinger wird zu lebenslänglich Zuchthaus verurteilt und kommt nach 1945 frei. Die anderen vier Angeklagten werden zum Tode verurteilt.

17. Juni | Die Wolfbuschsiedlung wird eingeweiht. Eine »positive Auslese der Bewerber« musste stattfinden, betont OB Strölin, damit die »rassisch wertvollen und beruflich tüchtigen Volksgenossen wieder mit Grund und Boden« verbunden werden.

30. Juni | 283 Werke der Staatsgalerie, fast der gesamte Bestand an moderner Kunst, werden beschlagnahmt, um in München als »entartete Kunst« gezeigt zu werden.

1. Juli | Geistliche beider Konfessionen, die nicht den Treueeid auf Hitler leisten, verlieren die Lehrerlaubnis.

9. bis 12. Juli | Auf dem Cannstatter Wasen finden die ersten Kampfspiele der SA-Gruppe-Südwest statt.

Garantiert arische Stadtverwaltung
Aus dem Verwaltungsbericht der Stadt der Auslandsdeutschen: »Alle Beamte, die bei der Durchführung des Berufsbeamtengesetzes den Nachweis der arischen Abstammung nicht zu erbringen hatten (ältere Beamte, Kriegsteilnehmer) haben im verflossenen Jahr die Angaben über ihre Abstammung nachgereicht. Verheiratete mussten auch die Angaben über die Abstammung ihrer Ehefrau liefern.« *(»Amtsblatt der Stadt der Auslandsdeutschen«, 1937)*

16. Juli | Im Schauspielhaus geht die erste von insgesamt 90 Vorstellungen der Revue »Stuttgart – es dreht sich um dich« über die Bühne.

An den Kampfspielen in der vollbesetzten Adolf-Hitler-Kampfbahn nahmen außer SA-Männern auch Angehörige der Stuttgarter Garnison, des Reichsarbeitsdienstes und verschiedener Parteiorganisationen teil.

17. Juli bis 8. August | Angeblich 130 000 Besucher sehen die Ausstellung »Der Bolschewismus«, die Judentum und Bolschewismus gleichsetzt.

28. August bis 6. September | 5. Reichstagung der Auslandsdeutschen in Stuttgart. Festgottesdienst mit Landesbischof Wurm und dem Berliner Bischof Heckel in der Stiftskirche. Kundgebungen mit Himmler, Göring und viel Parteiprominenz. Zum Abschluss spricht Goebbels im Hof des Neuen Schlosses.

21. September | Beim Cannstatter Volksfest versammeln sich Tausende Sängerinnen und Sänger des Schwäbischen Sängerbundes zu Massenchören.

21. Oktober | Der Herzog von Windsor, vormals König Eduard der VIII. von England, besichtigt die Daimler-Benz-Werke und nimmt mit seiner Frau an einem Bunten KdF-Abend in der Stadthalle teil.

24. Oktober | Mit einem Werberitt wirbt die 285 Jahre alte Stadtgarde zu Pferd um aktive Mitglieder.

Am 18. September 1937 haben 10 000 Brieftauben diese Nachricht auf hauchdünnen Papierchen in »alle Gaue des Reiches« getragen.

27. Oktober | Die Berliner Philharmoniker unter Wilhelm Furtwängler gastieren in der Liederhalle und spielen ein Klavierkonzert des Dirigenten und Komponisten.

1. bis 3. Dezember | In einer mehrtägigen Luftschutzübung wird die Verdunkelung der Stadt ohne Verkehrsunterbrechung geprobt.

15. Dezember | Weil Straßenbezeichnungen in der Stadt nur einmal vorkommen sollen, gelten ab heute für 234 Straßen neue Namen. Sie wurden so gewählt, dass sie die Gegend andeuten, in der die Straße zu finden ist.

Zahlenspiegel | Heumaden, Rohracker, Sillenbuch und Uhlbach wurden eingemeindet und haben die Stuttgarter Markung um 1312 ha auf jetzt 14 836,2 ha vergrößert. In der Stadt leben 240 782 (53,3 %) weibliche und 211 160 (46,7 %) männliche, insgesamt 451 942 Einwohner. Es wurden nur noch 1908 Arbeitslose registriert. 77 Prozent der rund 130 000 Stuttgarter Haushalte verfügen über ein Rundfunkgerät.

1938

13. Januar | OB Strölin vor den Ratsherren: »Im Jahre 1937 sind 307 Juden mehr von Stuttgart abgewandert als zugezogen (Beifall). Insgesamt sind seit August 1935, seitdem bei der Stadt hierüber genaue Feststellungen getroffen werden, 541 Juden mehr abgewandert als zugezogen. Die Gesamtzahl der Juden in Stuttgart ist nunmehr etwas unter 4000 gesunken (Ruf: Noch immer viel zu viele!).«

2. Februar | Im Einvernehmen mit Reichsstatthalter Murr hat OB Strölin Reichsaußenminister von Neurath zu seinem heutigen Geburtstag das Ehrenbürgerrecht verliehen.

2. bis 20. Februar | Der Württembergische Kunstverein zeigt sudetendeutsche Kunst. Die Ausstellung bringt, wie das *»Amtsblatt«* schreibt, die »große Not und Qual« der vom Mutterland abgeschnittenen Landsleute zum Ausdruck.

Waren Sie schon in der Sudetendeutschen Kunstausstellung?

Das fragt das *»Amtsblatt«* seine Leser und wirbt für den Besuch dieser überaus »reichen und vielfältigen Schau« mit ihren Gemälden, Bildwerken und Zeichnungen. Tausende Volksgenossen hätten schon die »tiefen art- und blutmäßigen Beziehungen auf sich wirken lassen, die uns mit dem Land und den Menschen aus dem Egerland, dem Erz-, dem Riesen- und dem Isergebirge, mit Mähren und Schlesien verbinden«. Jeder Deutsche, zumal als Bürger der Stadt der Auslandsdeutschen, müsse diese bedeutende Kunst gesehen haben: »Umfassend, einheitlich und klar im Stilwollen, einfach im Gedanklichen, urwüchsig, stark im Ausdruck, strömt aus allen diesen so verschiedenartigen Kunstwerken die unbändige Sehnsucht nach völkischer Erfüllung, der unerschütterliche Glaube an die große deutsche Volksgemeinschaft.« Um die auslandsdeutsche Kunst zu fördern, erwarb das Deutsche Ausland-Institut eines der Exponate: eine Bronzebüste von Konrad Henlein, Hitlers Statthalter im Sudetenland. Das Werk sollte in der Ehrenhalle des »Volksmuseums der Auslandsdeutschen« im Wilhelmspalais aufgestellt werden. *(»Amtsblatt der Stadt der Auslandsdeutschen«, Nr. 20 und Nr. 21, 1938)*

17. Februar | Fett und Fettprodukte gibt es fortan nur noch in dem einen Geschäft, in dem man registriert ist.

---

4. März | Wegen »Vorbereitung eines hochverräterischen Unternehmens« wird in Berlin der 32-jährige Ewald Funke, Kopf einer Stuttgarter Widerstandsgruppe, hingerichtet. Am 24. März werden 17 Kommunisten und Sozialdemokraten aus der Gruppe vom Oberlandesgericht wegen »Vorbereitung zum Hochverrat« zu Zuchthaus und Gefängnisstrafen verurteilt.

---

5. März | Das Reich, Württemberg und Stuttgart schließen einen Vertrag über die Weiterführung des Neckarkanals bis Plochingen.

---

14. März | Die Sanierung der König-Karls-Brücke wird nach Düsseldorf vergeben. Der einzige in Frage kommende Stuttgarter Handwerker hat um 3000 Reichsmark billiger angeboten, soll aber als Freimaurer und Geschäftspartner von Juden keinen öffentlichen Auftrag erhalten.

23. März | Wenige Tage nach dem »Anschluss« Österreichs treffen die ersten 1000 Urlauber aus Kärnten in Stuttgart ein und marschieren im Triumphzug vom Bahnhof zum Marktplatz, wo sie von OB Strölin begrüßt werden.

---

27. März | Die Gottlieb-Daimler-Oberschule in Bad Cannstatt feiert ihr hundertjähriges Jubiläum.

---

30. März | Die Freie Waldorfschule, vom Kultminister verboten, wird mit einem Festakt geschlossen. Grundstücke und das Schulgebäude auf der Uhlandshöhe muss der Waldorf-Verein an die Stadt verkaufen.

---

1. April | Am Tag des Hitler-Besuches ist Stuttgart eine »grüne Stadt in einem Wald von Fahnen«, schreibt das *»Stuttgarter Neue Tagblatt«*. Hunderttausende jubeln dem »Führer« bei seinem einzigen offiziellen Stuttgartbesuch zu. Im Rathaus werden ihm die Pläne zur Neugestaltung der Stadt vorgelegt; vorgesehen sind u. a. ein großzügiges Ringstraßensystem, ein neues Rathaus im Bohnenviertel, die Aufstockung der Hohen Karlsschule sowie ein Ausbau der Kuranlagen in Cannstatt.

Beim Besuch Adolf Hitlers fuhr die Wagenkolonne vom Bahnhof aus langsam in Richtung Rathaus. Die Straßen säumte ein Ehren- und Schutzspalier von 15 000 SA-Männern aus ganz Württemberg und Hohenzollern »gleich einer braunen Perlenkette«, um die jubelnde Menge im Zaum zu halten.

Links: Karl Strölin begrüßte Hitler vor dem Rathausportal. Im Sitzungssaal hielt der Oberbürgermeister eine kurze Ansprache, in der er die »innigste Liebe und höchste Verehrung der Stuttgarter Bevölkerung« betonte. Dann schenkte er Hitler 100 Übersee-Radioempfänger »Stuttgart« im Wert von 40 000 Reichsmark, die an volksdeutsche Kolonien in der ganzen Welt verschickt werden sollten.

Rechts: Am Abend fuhr Hitler durch die prächtig illuminierte Stadt zur vollbesetzten Schwabenhalle. In seiner Rede schwor er die Zuhörer auf die bevorstehende Reichstagswahl und die Abstimmung über den Anschluss Österreichs ein.

In Feuerbach werden anlässlich der »Heimkehr Österreichs zum Reich« Straßen nach österreichischen Städten und Landschaften benannt.

8. April | Wie schon in den Vorjahren gastieren die »Comedian Harmonists«, obwohl als entartet verboten, unter dem Namen »Meistersextett« in der Liederhalle und begeistern ihr Publikum.

10. April | Volksabstimmung über den Anschluss Österreichs und Wahl zum Großdeutschen Reichstag. Bischof Sproll bleibt der Wahl demonstrativ fern, Landesbischof Wurm legt den Gläubigen Zustimmung nahe. Die Wahlbeteiligung in Stuttgart beträgt 99,85 Prozent, die Zustimmung 99,48 Prozent, nur 1587 Nein-Stimmen und 99 ungültige Wahlzettel werden gezählt.

15. April | Stuttgarts erste Fußgängerunterführung wird dem Verkehr übergeben. Sie unterquert die Cannstatter Straße bei der Villastraße. Dort sind 90 Stundenkilometer erlaubt, was schon zu schweren Unfällen geführt hat.

2. Mai | Der »Umbau Stuttgarts« beginnt mit dem Abbruch von 19 Häusern an der Holzstraße, wo eine Verbindung zwischen Charlottenplatz und Hauptstätterstraße entstehen soll.

3. Mai | Das neu gestaltete Stadtwappen wird im *»Amtsblatt«* vorgestellt. Das Rössle musste neu gezeichnet werden, weil das im Sinne der »modernen« Grafik gestaltete Pferd aus dem Jahre 1928 den Nationalsozialisten missfiel. Das in runderen Formen gestaltete Rössle ist bis heute gültig.

16. Mai bis 15. Juni | Der wegen Wahlenthaltung aus Rottenburg vertriebene Bischof Sproll findet Unterschlupf im Marienhospital.

17. Mai | Premiere des Leni-Riefenstahl-Films über die Berliner Olympiade war am 22. April im Universum-Lichtspieltheater. Jetzt wird »Fest der Schönheit«, zweiter Teil, uraufgeführt.

19. Mai | Städtische Baupläne können nicht verwirklicht werden: Statt der benötigten 1138 Tonnen Eisen bekommt Stuttgart nur 150 Tonnen zugeteilt.

19. Juni | Erstaufführung des antisemitischen Schauspiels »Rothschild siegt bei Waterloo« im Kleinen Haus.

20. Juni | Die Stuttgarter Architekturstudentin Lilo Herrmann, 28 Jahre alt und Mutter eines vierjährigen Sohnes, am 12. Juni 1937 vom Volksgerichtshof wegen »Vorbereitung zum Hochverrat« verurteilt, wird in Berlin-Plötzensee enthauptet. Mit ihr werden Josef Steidle, Artur Göritz und Stefan Lovasz exekutiert. Das erste politisch motivierte Todesurteil der Nationalsozialisten gegen eine Frau und Mutter entfacht einen – allerdings wirkungslosen – Proteststurm in Westeuropa und Skandinavien.

21. Juli | Im Schauspielhaus hat die neue Revue »Stuttgart, du Stadt ohne Gleichen« Premiere.

Völkisches Liebeswerben stößt auf taube Ohren

Die »Stadt der Auslandsdeutschen« hat die »Sangesfreunde und Stammesbrüder« aus der Schweiz zur Teilnahme am 34. Schwäbischen Liederfest im Juli eingeladen. Es liege im »beidseitigen völkischen Interesse, das gegenseitige Verhältnis enger zu gestalten«. Ganz anderer Meinung ist das »Eidgenössische Sängerblatt« und verweist auf den Festplan, der vorsehe, dass »eine große Kundgebung stattfinden soll, an der gleich starke Singformationen der Wehrmacht, der S.A., des Arbeitsdienstes, der Hitlerjugend und der schwäbischen Sänger auftreten sollen. Große Gemeinschaftschöre der Mitwirkenden und Zuhörer, Vorträge von Militärkapellen und Ansprachen führender Männer des Staates, der Partei und der Sängerbewegung Deutschlands werden die Feier umrahmen.« Damit sei klar, dass mit dem Schwäbischen Liederfest politische Ziele verfolgt würden, zumal eine Zusammenfassung des Deutschtums im In- und Ausland. *(Aus: »150 Jahre Schwäbischer Sängerbund 1849 e. V.«)*

30. Juli | Mit einem Propagandamarsch durch die Stadt wird für allseitige Anschaffung der Volksgasmaske VM 37 geworben.

27. August bis 4. September | VI. Reichstagung der Auslandsdeutschen: Das übliche »Fahnenmeer« und Illuminationen bilden den Rahmen für Parteiprominenz bei Kundgebungen und den Festzug zum Thema »Das ganze Deutschland soll es sein«. Ein Feuerwerk, »Stuttgart im Trommelfeuer«, beschließt die Veranstaltung.

27. August | Stuttgart ist Schauplatz einer Familientragödie: Hugo Sch. erschlägt seine sechs Kinder, legt Feuer und setzt seinem Leben dann selbst ein Ende.

14. September | Wie das *»Stuttgarter Neue Tagblatt«* berichtet, ließ sich während einer Verdunklungsübung »kaum ein Lichtpünktchen in der großen Stadt feststellen«.

15. September | Die Reichsgartenschau und das Cannstatter Krankenhaus ausgenommen, sind alle städtischen Baumaßnahmen eingestellt, da nun auch Zement nur noch gegen Bezugsschein geliefert wird.

28. September | Auf dem Hauptbahnhof treffen 383 Flüchtlinge aus dem Sudetenland ein und im Wilhelmspalais wird die Ausstellung »Sudetendeutscher Kampf« eröffnet. Zwei Tage später wird das Abkommen über die Abtretung des Sudetenlandes an Deutschland geschlossen.

30. September | Die jüdischen Ärzte verlieren ihre Approbation, einige wenige dürfen als »Krankenbehandler« für Juden weiterhin tätig sein.

September | Letztes Cannstatter Volksfest vor Kriegsbeginn.

---

1. Oktober | Die Hochschule für Musik wird in die Verwaltung des Landes übernommen und heißt jetzt »Staatliche Hochschule für Musik in Stuttgart«.

Aus der Geschichte gelernt?
»Deutsche Soldaten betreten am heutigen Tage den sudetendeutschen Boden«, beginnt OB Strölin als Präsident des Deutschen Ausland-Instituts im *»Stuttgarter NS-Kurier«* ein Loblied auf Hitlers Expansionspolitik, um fortzufahren: »Nun fließen alle Wasser Böhmens erst recht nach Deutschland. So siegt eine Politik, von der ihr Schöpfer im Jahre 1932 sagte, sie sei nichts anderes und könne nichts anderes sein als die Wahrnehmung der Lebensinteressen unseres Volkes und die praktische Durchführung seines Lebenskampfes. Dieser Haltung liegt zugrunde, was Adolf Hitler aus der Geschichte seiner eigenen engeren Heimat gelernt hat.« *(»Stuttgarter NS-Kurier«, 1./2. Oktober 1938)*

Ein vorerst letztes Mal fand das Cannstatter Volksfest statt. Im folgenden Jahr musste es wegen des Kriegsausbruchs abgesagt werden. Erst 1949 konnte die Fruchtsäule wieder errichtet werden.

11. Oktober | Bauarbeiten auf dem Schloßplatz bringen einen gewölbten Gang aus dem Mittelalter zutage, vermutlich die alte Hauptdohle zwischen Stadtgraben und Nesenbach.

---

15. Oktober | Die Jüdische Kunstgemeinschaft veranstaltet ihre allerletzte abendliche Kulturveranstaltung.

---

27. und 28. Oktober | Die Juden polnischer Staatsangehörigkeit werden ins Polizeigefängnis Büchsenstraße gebracht und per Bahn nach Polen deportiert.

---

1. November | Das *»Jüdische Gemeindeblatt«* erscheint letztmals, die Redaktionsräume in der Kasernenstraße 13 werden von der Gestapo beschlagnahmt.

---

1. und 2. November | »Pfundsammlung« im Rahmen des Winterhilfswerks: Hausfrauen sollen mindestens ein Pfund Nahrungsmittel wie Mehl, Grieß oder Reis abgeben.

---

8. November | »Judas Bluttat fordert schwere Sühne«, titelt der *»Stuttgarter NS-Kurier«* über das Attentat Herschel Grünspans auf den Legationssekretär Ernst vom Rath in Paris.

---

9. und 10. November | Die Synagogen in der Hospitalstraße und in Bad Cannstatt werden niedergebrannt. Die Feuerwehr schützt lediglich benachbarte Gebäude, wo sie nicht wie in Cannstatt Brandstifterin ist. Juden werden terrorisiert, jüdische Einrichtungen und Geschäfte demoliert.

---

10. bis 15. November | Zahlreiche jüdische Bürger werden verhaftet und in die Konzentrationslager Welzheim und Dachau gebracht.

Am 10. November wüten die braunen Horden auch in Stuttgart

»Von nahezu allen jüdischen Geschäften im Stuttgarter Konsulatsbezirk wird berichtet, daß sie angegriffen, geplündert und verwüstet worden sind. Diese Aktionen wurden von jungen Männern und Halbwüchsigen ausgeführt. Unter der Zivilbekleidung konnte man leicht die gut ausgebildeten und disziplinierten SA- oder SS-Männer erkennen. Gelegentlich fiel eine Uniform der Hitlerjugend auf. Die jungen Männer setzten in den meisten Fällen ruhig und wirksam ihre Aufgabe in die Tat um. Sie warfen zuerst die Fenster ein, zerstörten die Einrichtung und begannen, die Ware auf die Straße zu werfen. Während dieser Aktion schaute die Polizei entweder lächelnd oder unbeteiligt zu.
Die meisten jüdischen Geschäfte Stuttgarts liegen im Geschäftsviertel der Innenstadt. Auf der Königstraße, der Hauptgeschäftsstraße, waren keine Plünderungen zu beobachten, aber in den Nebenstraßen kam es dazu: Vor einem Schuhgeschäft sah man Menschen, die auf die Straße geworfene Schuhe probierten. Bevor das Café Haimann demoliert wurde, bedienten sich die Leute mit Kuchen.« *(Bericht des amerikanischen Generalkonsuls Samuel W. Honacker)*

12. November | »Verordnung zur Ausschaltung der Juden aus dem deutschen Wirtschaftsleben«: Jüdische Geschäfte und Unternehmen werden polizeilich geschlossen.

---

15. November | Jüdischen Kindern ist der Besuch »deutscher« Schulen untersagt. Kinder und Jugendliche, die kein Mitglied der Hitlerjugend sind, dürfen keine städtischen Sportanlagen mehr benutzen.

---

25. November | Die NSDAP veranstaltet eine »Versammlungswelle« mit 47 Parteirednern, um die durch die Judenpogrome verunsicherte Bevölkerung auf Parteikurs zu bringen.

---

1. Dezember | Die nach Eduard Pfeiffer, dem jüdischen Mäzen, benannte Straße wird in Adalbert-Stifter-Straße, im oberen Teil in Parlerstraße umbenannt.

---

10. Dezember | Der Streckenabschnitt Stuttgart–München der Reichsautobahn wird dem Verkehr übergeben.

Auch in Stuttgart hinterließ die Reichspogromnacht ein zerstörtes jüdisches Gotteshaus. Bei der Grundsteinlegung war 1856 der beglückende Geist religiöser Duldsamkeit in Württemberg gepriesen worden.

Weihnachten im größeren Deutschland

»Es ist in diesem Jahre viel vom Krieg und viel vom Frieden die Rede gewesen. Zweimal drohte die Waage des Schicksals nach der Seite zu neigen, auf der das Schwert lag. Wären die Gewichte, die noch in die Schale des Friedens zu legen waren, nicht schwer genug gewesen, dann stünde die deutsche Weihnacht 1938 vielleicht unter anderen Zeichen. So aber steht dies heilige Fest der Deutschen unter friedlichen Schicksalszeichen, und wo immer Deutsche wohnen, werden sie diesmal beim Glanz der Kerzen stolzer und glücklicher sich der heiligen Nacht freuen, als es ihnen sonst in ihrem Leben beschieden war. Das macht, dass dieser Friede ein anderer ist als vorher. Es ist ein Friede, der dem Einsatz der ganzen Nation zu danken ist. Es ist ein Friede, der dem geschichtlichen Wahnsinn und den feindlichen Gewalten abgetrotzt wurde mit dem Ergebnis, dass zehn Millionen Deutsche mehr ihren Tannenbaum in der Hut des Reiches schmücken können und das deutscheste Fest mit ihrem großen Muttervolk in einem Reiche erleben dürfen.« *(»Stuttgarter NS-Kurier«, 24./25. Dezember 1938)*

18. bis 24. Dezember | Zum Weihnachtsmarkt gehören ein »Marsch der Weihnachtsmänner mit Christkind zu Pferd« unter Leitung eines SA-Hauptsturmführers, Konzerte von HJ und SS sowie ein Weihnachtsliedersingen der NS-Haushaltshilfen.

Zahlenspiegel | Die Zahl von 451942 Einwohnern ist gegenüber dem Vorjahr unverändert, 2690 sind Ausländer. 5892 Eheschließungen standen im zurückliegenden Jahr 449 Scheidungen gegenüber. 7712 Lebendgeborene und 4458 Gestorbene wurden registriert. Die Zahl der Beherbergungen auswärtiger Gäste hat mit 939 666 einen Stand erreicht, der nach kriegsbedingtem Rückgang erst 1955 wieder übertroffen wird. Auch 30 605 zugelassene Kraftfahrzeuge – darunter 17 231 Pkw, 4774 Lkw, 8294 Krafträder und 306 sonstige Kraftfahrzeuge – werden erst nach dem Krieg im Jahre 1952 wieder gezählt. Knapp 3,5 Millionen Besucher kamen in die 15 Kinos der Stadt. 843 Pferde, 2572 Rinder, 574 Schafe, 2833 Schweine, 63 194 Stück Geflügel und 3339 Bienenstöcke werden gehalten.

1939

6. Januar | Die Kohlenvorräte im Gaswerk Gaisburg und im Dampfkraftwerk Münster reichen nur noch für wenige Tage.

Januar | Auf Weisung des Reichsinnenministeriums legt die Stadt eine »Judenliste« vor, zunächst »für den internen Dienstgebrauch«.

Der jüdische Teil des Steinhaldenfriedhofs wird eröffnet.

9. Februar | Rudolf Caracciola erreicht auf der Autobahn bei Dessau mit einem Drei-Liter-Mercedes-Benz mit Vollstromlinienkarosserie bei fliegendem Start fast 400 Stundenkilometer.

12. Februar | Zahlreiche evangelische Pfarrer verlesen den von der Gestapo beschlagnahmten Protest ihres Landesbischofs Wurm gegen die Einführung von weltanschaulichem Unterricht.

17. Februar | Der Polizeipräsident teilt mit, dass alle in Stuttgart lebenden Ausländer bis 31. März eine neue Aufenthaltsgenehmigung beantragen müssen.

18. Februar | Eine Grippeepidemie, die seit Dezember andauert, erreicht mit 15 452 Erkrankten ihren Höchststand.

21. Februar | Juden müssen ihre Wertgegenstände aus Gold, Silber, Platin sowie Perlen und Edelsteine bei der Städtischen Pfandleihe abliefern. Sie erhalten einen viel zu niedrig angesetzten Geldwert ausbezahlt.

15. März | Schlagzeilen des *»Stuttgarter NS-Kurier«*: »Befreiung vom tschechischen Terror. Die deutschen Truppen unter dem Jubel der Bevölkerung in Mähren einmarschiert. Das Schicksal des tschechischen Volkes und Landes in die Hände des Führers gelegt.«

Aus gesundheitlichen Gründen soll in der Hauptgaststätte der Reichsgartenschau kein Coca-Cola ausgeschenkt werden.

18. März | Radioübertragung aus der Stadthalle zugunsten des Winterhilfswerks: Hörer können ihre Wünsche telefonisch oder telegrafisch bei einer »Musikversteigerung« anmelden.

23. März | Die Landesbibliothek erinnert mit Autographen, Büchern und Bildern an den 200. Geburtstag von Christian Friedrich Daniel Schubart.

März | Um das Ehrenkreuz der Deutschen Mutter haben sich 16 500 Frauen beworben. Die Auszeichnung wird bronziert für vier und fünf, versilbert für sechs und sieben, vergoldet für acht und mehr Kinder am Muttertag verliehen.

15. April | Unter der Bezeichnung KdF-Wagen wird der Volkswagen in Stuttgart vorgestellt.

20. April | Hitlers 50. Geburtstag: SS und Polizei paradieren vor dem Königsbau, 200 000 Zuschauer kommen zur Militärparade auf dem Wasen, abends veranstaltet die SA einen Fackelzug, im Großen Haus wird »Tannhäuser« gegeben.

Links: Mit Rudolf Caracciola verfügte Mercedes-Benz über den erfolgreichsten Rennfahrer der 1920er- und 30er-Jahre: Er gewann zahlreiche große Rennen (darunter 15 Grand Prix), wurde dreimal Europameister und stellte 17 Weltrekorde auf.

Rechts: Die Stadt Stuttgart warb ganz ohne die allgegenwärtigen Hakenkreuze für die Reichsgartenschau. Vielmehr zierte ein bändergeschmückter Hut mit einem Spaten die Plakate, Postkarten, Prospekte und auch den Titel des offiziellen Führers. Und bei den Eröffnungsfeierlichkeiten betonte Reichstatthalter Murr, dass die Schau der Welt beweisen möge, »wie sehr das deutsche Volk gewillt ist, in friedlicher Arbeit sein Können unter Beweis zu stellen«.

22. April | Walther Darré, Reichsminister für Ernährung und Landwirtschaft, eröffnet auf dem 51 ha großen Killesberggelände die 3. Reichsgartenschau.

Regelung der Mietverhältnisse mit Juden

Auf Grundlage des Reichsgesetzes vom 30. April hat die Stadt Stuttgart im Einvernehmen mit der NSDAP folgende Regelung getroffen:

»1. Sämtliche Juden in Stuttgarter arischem Hausbesitz werden (...) aufgefordert, sich bis spätestens 1. Dezember 1939 in jüdischem Hausbesitz einzumieten.

2. Die jüdischen Hausbesitzer und die jüdischen Mieter im jüdischen Hausbesitz werden (...) ebenfalls aufgefordert, die aus arischem Hausbesitz kommenden Juden bis spätestens zum 1. Dezember 1939 in ihre Häuser und Wohnungen (...) aufzunehmen. Bei jüdischen Häusern, die 100 %ig arisch belegt sind, fällt die Einmietung von Juden vorläufig weg.

3. Für vor dem 4. Mai 1939 nicht in Stuttgart wohnhaft gewesene Juden ist hier kein Wohnraum vorhanden. Miet- und Untermietverträge mit auswärtigen Juden werden nicht genehmigt.«

Auch die Technischen Werke trugen zum Erfolg der Reichsgartenschau bei. Ihnen war es zu verdanken, dass die 212 Springwasserstrahlen im großen See des Nachts in einem märchenhaften Licht erglühten.

Ergänzend zur Bekanntmachung dieser Regelung wird im *»Amtsblatt«* mitgeteilt, dass noch 718 jüdische Familien mit rund 2100 Personen in der Stadt leben. Der jüdische Hausbesitz habe Mitte 1938 noch rund 700 Häuser betragen, jetzt sei er auf rund 290 Häuser mit 1162 Wohnungen geschrumpft, die zu 71 Prozent mit Ariern und zu 29 Prozent mit Juden belegt seien. *(»Amtsblatt der Stadt der Auslandsdeutschen«, Nr. 91, 1939)*

7. Mai | Die bukolische Tragödie »Daphne« und das heitere Wiener Ballett »Schlagobers« von Richard Strauss werden im Großen Haus erstaufgeführt.

---

13. Mai | Der elektrische Bahnbetrieb von Stuttgart nach Leonberg wird eröffnet.

---

23. Mai | Die Stuttgarter müssen sich »luftschutzmäßig« verhalten: Dachböden müssen entrümpelt, Keller als Schutzräume hergerichtet und Fenster bei Einbruch der Dämmerung verdunkelt werden. Straßenlaternen werden abgeschaltet, die Autoscheinwerfer abgeklebt, Bordsteine und Straßenecken mit weißer Farbe markiert.

---

27. Mai | OB Strölin ordnet aufgrund des Gesetzes über Mietverhältnisse mit Juden an, dass Nichtjuden an Juden vermietete Wohnräume melden müssen. Jüdische Hausbesitzer haben den an Juden und an Nichtjuden vermieteten Wohnraum, den eigenen Wohnraum und leerstehende Räume zu melden. Man will erreichen, dass alle Stuttgarter Juden bis zum 1. Dezember in Häuser und Wohnungen ziehen, die noch in jüdischem Besitz sind.

---

2. Juni | Das in die Reichsgartenschau integrierte Höhenfreibad Killesberg wird eröffnet. Die 16 500 Quadratmeter große Anlage mit einem 50-Meter-Becken ist für maximal 5000 Badegäste täglich eingerichtet.

Die Reichsgartenschau

Sie war das letzte Stuttgarter Großereignis vor Kriegsausbruch. In Gewächshäusern wie im Freien wurden unzählige heimische und tropische Blumen und Pflanzen gezeigt, die Topf- und Blattpflanzen, Schnittblumen, Obst und Gemüse in den großen Hallen waren nach den Monaten geordnet. Auch diverse Sonderschauen sollten die Besucher über verschiedene Aspekte des Gartenbaus informieren. In der Ehrenhalle des Reichsnährstandes konnte man sich über die »volkswirtschaftliche Bedeutung des Gartenbaus und seine Aufgaben im Dienste der Volksgemeinschaft« aufklären lassen. Der Reichsnährstand gab zudem in mehreren Lehrschauen einen Überblick über die Arbeit und Berufsausbildung des Gärtners und die historische Entwicklung des Gartenbaus sowie über das Baumschulwesen, den Obstbau, Blumen- und Zierpflanzenzucht, Gemüse- und Samenbau.

Für das leibliche Wohl sorgten neben der 5000 Menschen fassenden Hauptgaststätte auch eine Schwäbische Weinstube, eine Ländliche Gaststätte, ein Höhencafé, ein Erfrischungsraum und ein Milchausschank für Kinder. Diese konnten zudem etliche Spielplätze, einen Tierkinderzoo, das neue Höhenfreibad, eine Dampf-Kleinbahn, Ponyreiten und Vorführungen der Elefantendame Vilja besuchen. *(»Reichs-Gartenschau Stuttgart 1939«. Amtlicher Führer)*

4. Juni | Die Reichsgartenschau begrüßt den millionsten Besucher.

8. Juni | Nach Beendigung des spanischen Bürgerkriegs kehren 150 aus Stuttgart und Umgebung stammende Kämpfer der Legion Condor zurück und werden mit Jubel empfangen.

21. Juni | Der 518,5 ha große Rotwildpark wird ins Reichsnaturschutzbuch eingetragen.

24. Juni | Die Schönheit der Stadt kann von einem gläsernen Aussichtswagen der Straßenbahn aus bewundert werden.

2. Juli | Im ersten Kampf nach seiner Niederlage im Juni 1938 gegen Joe Louis tritt Schmeling in der Adolf-Hitler-Kampfbahn vor 65 000 Zuschauern gegen Europameister Adolf Heuser an. Der Kampf endet mit einem Schlag Schmelings, der seinen Gegner erst nach künstlicher Beatmung wieder zu Bewusstsein kommen lässt.

20. bis 22. Juli | Kampfspiele der schwäbischen HJ.

22. und 23. Juli | Auf eine »Nacht der 100 000 Lichter« folgt als weiterer Höhepunkt der Reichsgartenschau eine Märchennacht: 500 Scheinwerfer zaubern Lichteffekte auf den nächtlichen Killesberg, und das Luftschiff LZ 130 »Graf Zeppelin« zieht im Scheinwerferlicht der Flakstellungen auf den umliegenden Hügeln seine Bahnen.

29. Juli | Eine manuell bediente Ampelanlage regelt von nun an den Verkehr an der Kreuzung Schloß-/Königstraße.

31. Juli | Die Stadt verkauft die Weißenhofsiedlung für 1 190 000 Reichsmark an das Reich. Die Häuser sollen dem Generalkommando der Wehrkreisverwaltung V weichen.

15. August | Da Badegäste Lieder mit »erotischem Inhalt« abgespielt haben, werden Grammophone in den städtischen Freibädern verboten.

19. August | Seit heute wird samstags eine neue Großalarmanlage für den Luftschutz mit den Signalen »Fliegeralarm« und »Entwarnung« erprobt.

24. August | Im deutsch-sowjetischen Konsultations- und Nichtangriffspakt sieht der *»Stuttgarter NS-Kurier«* »das sprechendste Dokument für die eingetretene Wende in den Beziehungen der beiden Staaten untereinander«.

25. August | Die ersten Stuttgarter Männer müssen zur Wehrmacht einrücken.

27. August | Die NS-Frauenschaft verteilt »Lebensmittelkarten« an die Haushalte. Fortan sind Fleisch, Milch, Öle und Fette, Zucker, Marmelade und sogar Kaffee-Ersatzmittel rationiert.

28. August | Die Lichter Stuttgarts verlöschen für viele Jahre: Nachts herrscht von nun an das fahle Blaulicht von 400 Richtlampen und abgeblendeten Autoscheinwerfern.

Schmeling oder Heuser? Wochenlang war die Frage Stadtgespräch, wer von den beiden Europameister würde. Mit einem Volltreffer hat Max Schmeling sie nach 71 Sekunden beantwortet.

Die Kampfspiele der schwäbischen HJ vom 20. bis 22. Juli beschränkten sich nicht auf die sportlichen Wettkämpfe in der Adolf-Hitler-Kampfbahn. Angehörige von HJ und BDM zogen auch in Propagandamärschen mit Wimpeln und Hakenkreuzfahnen durch die Stadt.

29. August | Im *»Amtsblatt«* erscheint eine »Durchführungsverordnung zum Luftschutzgesetz«. Zeichnungen erläutern, wie etwa eine Decke mit Holzstielen(!) oder Mauerpfeilern behelfsmäßig abgesteift, wie ein Notausgang gegen Splitter geschützt oder mit Vorhängen ein Notabort eingerichtet werden kann.

30. August | In Württemberg sind alle israelitischen Gemeinden aufgelöst oder mit der Stuttgarter Gemeinde vereinigt.

Der Polizeipräsident befiehlt »Luftschutzbereitschaft« ab 1. September: Luftschutzräume werden eingerichtet, Luftschutzgeräte bereitgestellt und die Verdunkelungseinrichtungen kontrolliert.

1. September | Deutsche Truppen marschieren in Polen ein. Das Abhören ausländischer Rundfunksender ist verboten. »Verdunkelung« ist Pflicht. Das *»Amtsblatt«* informiert werktäglich über kriegsbedingte Maßnahmen. Wer den Arbeitsplatz wechseln will, bedarf der Zustimmung des Arbeitsamtes. Kraftstoff wird nur noch gegen Bezugsschein abgegeben. Das Cannstatter Volksfest wird abgesagt. Der zivile Luftverkehr ist eingestellt.

3. September | Die bisher von 4,5 Millionen besuchte Reichsgartenschau wird abgebrochen, das Gelände steht der Bevölkerung unentgeltlich zur Verfügung.

Das Standesamt ist erstmals auch sonntags geöffnet, denn viele neu einberufene Soldaten wollen heiraten, bevor sie ins Feld müssen.

4. September | Laut Kriegswirtschaftsverordnung muss die Stadt monatlich über 1,5 Millionen Reichsmark zur Finanzierung der »Reichsverteidigung« beitragen.

5. September | Nach einigen Tagen der Einweisung versehen nun Frauen selbstständig ihren Dienst als Schaffnerinnen bei den Stuttgarter Straßenbahnen.

12. September | Juden müssen für eigene Luftschutzräume sorgen und dürfen ab 20 Uhr nicht mehr auf die Straße gehen.

Im »*Stuttgarter NS-Kurier*« erscheint die erste Todesanzeige für einen Gefallenen des Zweiten Weltkrieges: »An der Spitze seines Spähtrupps fiel am 1. in Scheiding für Deutschlands Freiheit unser einziger Sohn (...) Leutnant d. Res. Er lebte und starb – in deutscher Gotterkenntnis – für Deutschland.«

14. September | Bedeutende Denkmäler wie die Grafenstandbilder in der Stiftskirche oder die Kreuzigungsgruppe bei der Leonhardskirche werden gegen die Bombengefahr gesichert.

19. September | Das Rote Kreuz in der Neckarstraße erteilt Auskunft über vermisste, verwundete und erkrankte Soldaten. Hier wird auch der Briefverkehr mit Gefangenen vermittelt und nach Gräbern Gefallener geforscht.

---

22. September | Zur besseren Fleischversorgung von Kliniken und Lazaretten wird auf dem Killesberg eine Großkaninchenzucht eingerichtet.

---

23. September | Am Versöhnungstag, der nach jüdischem Gebot im Gebet zu verbringen ist, müssen die Juden ihre Radios bei Androhung schwerer Strafen persönlich im Neuen Schloss abliefern.

---

24. September | Außer Fahrzeugen von Wehrmacht, Post, Bahn, Polizei und SS dürfen nur noch 8 000 durch einen roten Winkel gekennzeichnete Kraftwagen in der Stadt fahren.

---

4. bis 10. Oktober | Nachdem schon anlässlich der Einnahme von Warschau an sieben Tagen von 12 bis 13 Uhr die Kirchenglocken läuteten, werden nach dem siegreichen Ende des Polenfeldzugs am 2. Oktober die Häuser beflaggt.

---

11. Oktober | Die Stuttgarter Samariterstiftung muss Schloss Grafeneck räumen. In der Folge werden dort Behinderte zu Tausenden vergast.

---

20. Oktober | Über die Stadt verteilte Luftschutzrettungsstellen – 130 Betten, ein Arzt, Helfer und Helferinnen – sollen bei Luftangriffen erste Hilfe leisten.

---

1. November | Die ersten polnischen Kriegsgefangenen treffen ein. Sie leben bis Mitte Dezember in einem Lager in Feuerbach, danach verteilt man sie auf verschiedene Stadtbezirke und Nachbargemeinden, wo sie als Zwangsarbeiter in der Rüstungsindustrie sowie in Forst- und Landwirtschaft eingesetzt werden.

---

5. November | Vor dem Neuen Schloss können Beutestücke aus dem Polenfeldzug bewundert werden.

---

29. November | Weil weniger als 200 vermietbare Wohnungen gemeldet sind, wird zu Untervermietung, Umzug in kleinere Wohnungen, Rückzug in Altersheime usw. aufgefordert.

30. November | Reichskleiderkarten werden ausgegeben. Vom 1. November 1939 bis 31. Oktober 1940 stehen Erwachsenen 100 Punkte zu. Dabei schlägt ein Herrenanzug schon mit 60, ein Damenkostüm mit 45 Punkten zu Buche.

---

18. Dezember | Im Adressbuch 1940 werden Juden und jüdische Einrichtungen erstmals separat aufgeführt.

Zahlenspiegel | 458 429 Lebensmittelempfänger sind registriert, sie leben in 138 348 Haushalten (Stichtag 17. Mai). In 29 039 Arbeitsstätten sind 274 964 Personen tätig, davon knapp 60 Prozent im produzierenden Gewerbe. Die Zahl von 7022 Ehen, die 1939 in Stuttgart geschlossen wurden, wurde seitdem nie mehr überboten, 8744 Lebendgeborene wurden erst 1959 wieder registriert. 18 696 Kraftfahrzeuge sind gemeldet, aber nur 4900 zugelassen.

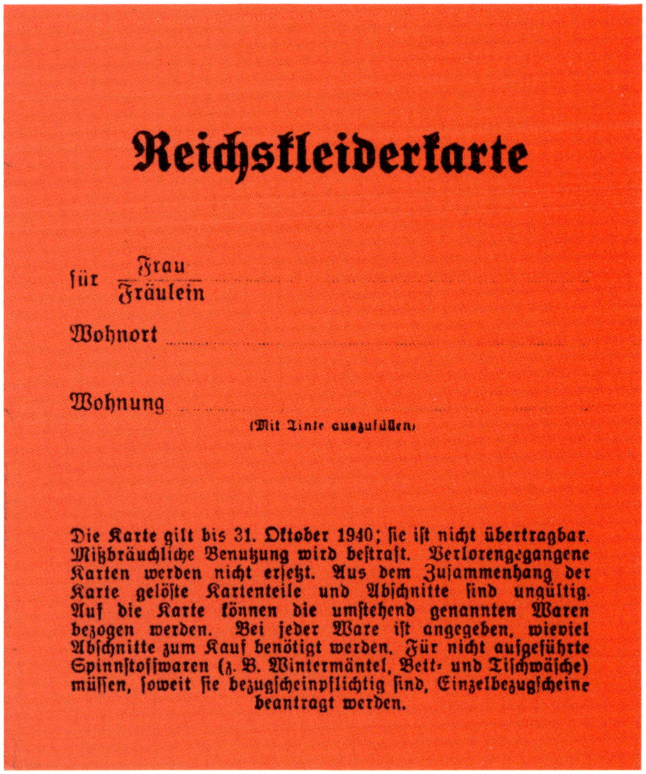

Reichskleiderkarte

für Frau / Fräulein

Wohnort

Wohnung
(Mit Tinte auszufüllen)

Die Karte gilt bis 31. Oktober 1940; sie ist nicht übertragbar. Mißbräuchliche Benutzung wird bestraft. Verlorengegangene Karten werden nicht ersetzt. Aus dem Zusammenhang der Karte gelöste Kartenteile und Abschnitte sind ungültig. Auf die Karte können die umstehend genannten Waren bezogen werden. Bei jeder Ware ist angegeben, wieviel Abschnitte zum Kauf benötigt werden. Für nicht aufgeführte Spinnstoffwaren (z. B. Wintermäntel, Bett- und Tischwäsche) müssen, soweit sie bezugscheinpflichtig sind, Einzelbezugscheine beantragt werden.

Seit dem Kriegsausbruch konnten Stoffwaren und Kleidung nicht mehr frei, sondern nur gegen Vorlage von Bezugscheinen gekauft werden. Männer, Frauen und Kinder unterschiedlichen Alters erhielten jeweils eigene Reichskleiderkarten, hier eine für Frauen aus dem Jahr 1940.

1940

18. Januar | Wegen der Einberufung von städtischen Bediensteten, verlangt OB Strölin, müsse in der Verwaltung »jede unnötige Umständlichkeit, jeder gedankenlose Schematismus vollends und endgültig beseitigt« werden.

23. Januar | Die Wehrmacht hat 1400 Krankenbetten beschlagnahmt. Für die Bevölkerung wurden vier Hilfskrankenhäuser mit 800 Betten im Friedrich-List-Heim, der Uhland-Oberschule, dem Brenzhaus und dem Furtbachhaus eingerichtet.

6. Februar | Die Stadt droht im Schnee zu ersticken, der städtische Räumdienst ist überlastet, OB Strölin fordert die Bevölkerung zur Mithilfe beim Freimachen der Straßen auf.

Bei der Einweihung des Robert-Bosch-Krankenhauses. In seiner Rede sagte der Stifter unter anderem: »Wenn einer im Hause einen Mangel sieht, so hat er nicht nur das Recht, sondern die Pflicht, seinen Mitarbeiter, auch allenfalls seinen Vorgesetzten darauf aufmerksam zu machen.«

8. Februar | Kartoffeln sind knapp geworden, die Kohlenvorräte im Dampfkraftwerk Münster und im Werk Gaisburg reichen für maximal zehn Tage.

Bis jetzt sind 246 000 Volksgasmasken ausgegeben worden.

Geschmacklich keinerlei Nachteile

Lebensmittel werden knapper. Das *»Amtsblatt«* versorgt die Verbraucher deshalb mit Tipps. Für den Fall, dass sie bei der anhaltend strengen Kälte mit gefrorenen Kartoffeln beliefert werden, wird zum Beispiel umgehender Verbrauch empfohlen, und zwar möglichst als Pellkartoffeln. Man könne aber auch gefrorene Kartoffeln schälen, sie mindestens 12 Stunden in kaltes Wasser legen und dieses mehrfach wechseln. »Geschmacklich erleiden erfrorene Kartoffeln bei dieser Behandlung keinerlei Nachteile.«

Einer kohlehydrathaltigen Frühstückskost sei der Vorzug vor Kaffee und Brötchen zu geben. Eine kräftige, dicke Frühstückssuppe, deren Zubereitung keineswegs mehr Zeit erfordere als das Kochen von Kaffee und Streichen der Brötchen, schaffe die richtige Grundlage und gebe die nötige Kraft.

Das Gelingen jeder Speise, erfährt die Hausfrau, hängt vom Würzen mit »Fingerspitzengefühl« ab. Jedoch sollen die bislang ausgiebig benutzten Kolonialgewürze wie Pfeffer oder Paprika in der deutschen Küche künftig durch heimische Kräuter und Gewürze ersetzt werden.

»Es müssen auch nicht immer Makkaroni sein, denn der Kaufmann bekommt vielerlei Arten Nudeln zugeteilt. Wollen aber alle Hausfrauen die beliebten Makkaroni, wird er unnötig mit Arbeit belastet und muss zusehen, wie er seine übrigen Teigwaren aufbewahrt.« *(»Amtsblatt der Stadt der Auslandsdeutschen«, Nr. 33, Nr. 120 und Nr. 126, 1940)*

12. Februar | Die Stadtgärtnerei soll auf zwei Dritteln ihrer Fläche Gemüse anbauen, daher werden nur noch wenige öffentliche Gebäude wie das Rathaus mit Blumen geschmückt werden können.

26. Februar | Die Stuttgarter Straßenbahnen legen Linien still, andere fahren nur noch eingeschränkt.

28. Februar | Der Stuttgarter Hans Kimmich ist mit 70 000 verkauften Losen der Lotterie für das Kriegswinterhilfswerk der erfolgreichste deutsche »Glücksmann«.

6. März | An Gottlieb Daimlers 40. Todestag wird seine erste Werkstatt in der Taubenheimstraße als Gedenkstätte eingeweiht. Ein Gedächtnispreis soll junge Ingenieure auszeichnen, die sich auf dem Gebiet des Fahrzeug- und Motorenbaus bewährt haben.

Wie wird es Ostern mit dem Schulranzen?
Das fragt das *»Amtsblatt«* am 9. März 1940 und teilt mit, die Reichsstelle für Lederwirtschaft habe den »Verkauf von Schulranzen und Schülermappen aus Vollleder (Länge von 42 bis 45 Zentimeter) an Letztverbraucher« genehmigt. Allerdings müsse die Notwendigkeit des Bezuges vom Schulleiter bestätigt werden. Aufgrund seiner Bestätigung sei der Einzelhändler verpflichtet, Ranzen oder Mappe abzugeben. *(»Amtsblatt der Stadt der Auslandsdeutschen«, Nr. 30, 1940)*

12. März | Um die Luftschutzräume sicherer zu machen, müssen die Keller unmittelbar benachbarter Häuser miteinander verbunden werden. Die Durchbrüche werden mit einer dünnen Mauer verschlossen, die sich notfalls einreißen lässt.

24. März und 17. April | Der Metallspende des deutschen Volkes, dem großen Geburtstagsgeschenk für den Führer, will ein Kommentator des *»Stuttgarter NS-Kurier«* die Galathea am Eugensplatz opfern, im Zuge einer Generalreinigung des Schloßplatzes außerdem den Musikpavillon und die beiden Brunnen.

30. März bis 9. April | Alle entbehrlichen Gegenstände aus Kupfer, Bronze, Messing, Nickel, Zink, Blei, Neusilber, Alpaka, Tombak und Rotguss müssen als »Metallspende« abgeliefert werden.

10. April | Einweihung des Robert-Bosch-Krankenhauses am Pragsattel. Die homöopathisch ausgerichtete Klinik verfügt über 300 Betten.

10. Mai | Die Westoffensive der Wehrmacht beginnt. »Der Führer bei seinen Truppen an der Front«, titelt der *»Stuttgarter NS-Kurier«* und versichert, deutsche Truppen hätten »den aktiven Schutz der Neutralität Hollands und Belgiens übernommen«.

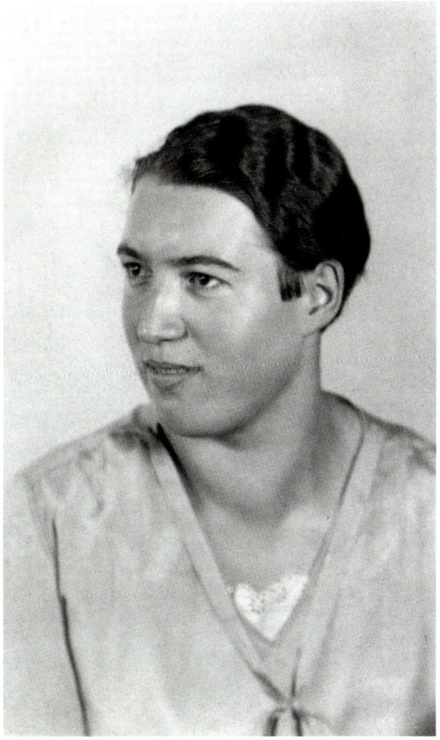

Zwei von mehr als 10 000 Patienten, die allein in Grafeneck dem NS-»Euthanasie«-Programm zum Opfer fallen: Im Sommer 1940 wurde Anna Lutz (links) im Gas erstickt. Gegen Ende des Jahres ereilte Klara-Luise Renz dasselbe Schicksal. Die beiden Stuttgarter Frauen sind nur 39 und 31 Jahre alt geworden.

Metallspende
Generalfeldmarschall Hermann Göring hatte zu einer großen nationalen Metallspende zum Geburtstag des Führers aufgerufen. Auch in Stuttgart sollten ab 30. März als »unmittelbare Antwort auf den heimtückischen Vernichtungswillen unserer Feinde« alle entbehrlichen Gegenstände aus Kupfer, Blei, Zink usw. zu den Sammelstellen des städtischen Wirtschaftsamts gebracht werden, denn zweierlei fürchtet der Feind, schreibt das *»Amtsblatt«*: »Unsere Waffen und unsere Volksgemeinschaft! Deshalb opfern wir unser Metall für die Waffen und beweisen damit zugleich unsere Volksgemeinschaft: Ein Opfer von uns – zwei Schläge für England!« Der Ministerrat für Reichsverteidigung hatte verordnet: Wer gesammeltes Altmaterial entwendet oder seiner Verwendung entzieht, wird mit dem Tode bestraft. *(»Amtsblatt der Stadt der Auslandsdeutschen«, Nr. 37 und Nr. 38, 1940)*

21. Mai | Bronzeglocken jeder Art, die mindestens zehn Kilogramm wiegen, sowie Bauteile aus Kupfer, insbeson-

Luftangriffe auf Stuttgart

Jahr	Tag	Nr.	hauptsächlich betroffen	Tote/ Verletzte	Vermisste/ Obdachlose
1940	25. August	1	Gaisburg und Untertürkheim	4 / 5	0 / 45
	8. November	2	Gaisburg-, Alexanderstraße	0 / 3	0 / 3
1941	2. Oktober	3	Solitude	0 / 0	0 / 0
	12./13. Oktober		»Scheinanlage« des Hauptbahnhofs in Lauffen, rund 40 Häuser brennen ab.		
1942	5. Mai	4	Zuffenhausen, Bad Cannstatt links des Neckars	13 / 37	0 / 78
	6. Mai	5	Kräherwald	0 / 0	0 / 0
	29. August	6	Ein einzelner britischer Bomber fügt der Brauerei Dinkelacker Schäden zu.	0 / 0	0 / 0
	22. November	7	Vaihingen, Rohr, Möhringen, Hauptbahnhof	28 / 71	0 / 1163
1943	11. März	8	Südliches Stadtgebiet, Vaihingen, Kaltental	112 / 386	0 / 4744
	15. April	9	Bad Cannstatt, Münster, Mühlhausen	619 / 703	0 / 8073
	17. April	10	Ein britischer Bomber wirft, bevor er abstürzt, seine Bombenlast über der Rosenbergstraße ab.	1 / 58	0 / 358
	6. September	11	Tagesangriff, Schäden in der Kanzlei-, Militär-, Falkert-, Rosenberg- und Reinsburgstraße	107 / 165	1 / 4447
	8. Oktober	12	Hegelplatz, Liederhalle, Tübinger Straße	101 / 300	3 / 8259
	26. November	13	Bad Cannstatt, Untertürkheim	31 / 156	0 / 1227
1944	21. Februar	14	Bad Cannstatt, Feuerbach	159 / 977	1 / 23 000
	25. Februar	15	Pragstraße	10 / 46	0/ 300
	2. März	16	Rosenberg-, Seiden-, Forststraße, Neues Schloss, Hindenburgbau, Hauptbahnhof, Bad Cannstatt, Eisenbahnviadukt	121 / 510	4 / 15 000
	15./16. März	17	Innenstadt, Vaihingen, Möhringen	88 / 203	0 / 4705
	28. April	18	Wilhelmsplatz, Lenbachstraße, Bad Cannstatt	0 / 9	0 / 162
	16. Juli	19	Bad Cannstatt, Winterhalde, Remstal- und Gäubahn	42 / 94	0 / ca. 2200
	21. Juli	20	Zuffenhausen: Hirth-Flugmotorenwerk	31 / 29	0 / 0
	25. Juli	21	Stadtmitte	Diese vier	Diese vier
	26. Juli	22	Innenstadt	Angriffe	Angriffe
	28. Juli	23	Die Gegend um den Nordbahnhof	zusammen:	zusammen:
	29. Juli	24	Innenstadt, Feuerbach, Botnang, Ostheim, Gablenberg	884 / 1916	14 / ca. 63 000
	5. September	25	Untertürkheim, Daimler-Benz, Wangen, Schlachthof	37 / 70	0 / 600
	10. September	26	Zuffenhausen, Feuerbach, Stammheim	28 / 113	0 / ca. 5000
	12. September	27	Westliche Innenstadt	957 / 1600	14 / ca. 50 000
	3. Oktober	28	Fasanengarten bei Weil im Dorf	0 / 0	0 / 0
	14. Oktober	29	Zuffenhausen	2 / 40	0 / 0
	19./20. Oktober	30/31	Doppelangriff auf Bad Cannstatt und Gaisburg (Nr. 30) sowie Bad Cannstatt und Feuerbach (Nr. 31)	338 / 872	38 / ca. 30 000
	5. November	32/33	Doppelangriff auf Bad Cannstatt und Münster	24 / 46	0 / ca. 500
	21. November	34	Südliches Stadtgebiet	1 / 1	0 / 0

Luftangriffe auf Stuttgart

Jahr	Tag	Nr.	hauptsächlich betroffen	Tote/ Verletzte	Vermisste/ Obdachlose
1944	26. November	35	Bad Cannstatt	0 / 10	0 / 60
	4. Dezember	36	Hofen	1 / 2	0 / 0
	9. Dezember	37	Bad Cannstatt: Bahnanlagen	24 / 55	0 / ca. 5000
	11. Dezember	38	Untertürkheim	3 / 11	0 / ca. 300
1945	7. Januar	39	Feuerbach, Bad Cannstatt: Bahnanlagen	0 / 0	0 / 0
	20. Januar	40	Bad Cannstatt	1 / 12	0 / ca. 400
	21. Januar	41	Münster, Hofen	0 / 0	0 / 0
	28. Januar	42/43	Doppelangriff auf Feuerbach (Nr. 42), Weil im Dorf und Botnang (Nr. 43)	119 / 78	4 / ca. 5500
	1. Februar	44	Bad Cannstatt, Zuffenhausen	0 / 13	0 / 0
	12. Februar	45	Schwarenbergstraße, Haußmannstraße, Bad Cannstatt: Brückenstraße	68 / 139	3 / ca. 800
	3. März	46	Panoramastraße, Jägerstraße, Feuerbach	1 / 1	0 / 0
	4. März	47	Westliche Stadtteile, Bad Cannstatt	50 / 135	3 / ca. 3000
	9. März	48	Bad Cannstatt. Bahnanlagen	0 / 4	0 / 10
	17. März	49	Feuerbach	6 / 11	0 / 0
	25. März	50	Weil im Dorf	0 / 0	0 / 0
		51	Zuffenhausen, Stammheim	3 / 4	0 / 0
	1. April	52	Weilimdorf, Vaihingen	10 / 16	0 / 0
	19. April	53	Pragstraße	1 / 7	0 / 0

dere Dächer, müssen gemeldet werden. Im Herbst 1941 werden sie zu Kriegszwecken beschlagnahmt.

30. Mai | Der *»Stuttgarter NS-Kurier«* verweist auf den ausgezeichneten Zustand der Schutzräume in Stuttgart, bei Luftangriffen bestehe keine Gefahr für die Bevölkerung.

5. bis 7. Juni | Anlässlich des Sieges in Flandern werden die Glocken geläutet und die Häuser beflaggt.

10. Juni | Italien hat England und Frankreich den Krieg erklärt: Vor dem Italienischen Konsulat in der Keplerstraße lauscht eine Menschenmenge der Übertragung einer Mussolini-Rede. Man schwenkt italienische und Hakenkreuzfahnen und skandiert »Duce, Duce«.

15. Juni | Das Kurbad Cannstatt erhält eine allerletzte Zuckerlieferung, die Limonade muss künftig mit Süßstoff hergestellt werden.

25. Juni | Nach dem Sieg über Frankreich läuten an sieben Tagen von 12 bis 12.15 Uhr die Glocken, zehn Tage ist die Stadt beflaggt.

30. Juni und 1. Juli | Erstmals reißt Fliegeralarm die Stuttgarter aus dem Schlaf, britische Bomber, die in den Luftraum eingedrungen sind, richten aber keinen Schaden an.

5. Juli | Die Stadt kauft von der Jüdischen Kultusvereinigung Württemberg e. V. den Platz der niedergebrannten Cannstatter Synagoge.

19. Juli | Die Ermordung von Anstaltspatienten in Grafeneck erreicht ihren Höhepunkt. Landesbischof Theophil Wurm protestiert brieflich beim Reichsminister des Inneren: Dass »das Leben Schwacher und Wehrloser vernichtet wird, nicht weil sie eine Gefahr für uns sind, sondern weil wir dessen überdrüssig sind, sie zu ernähren und zu pflegen – das ist gegen Gottes Gebot«.

Links: Mit Jubel und Begeisterung wurden die siegreich aus Frankreich heimkehrenden Truppen begrüßt. Hitler konnte sich der Zustimmung des deutschen Volkes sicher sein.

Rechts: Zu den im 2. Weltkrieg schwer getroffenen Stadtteilen gehörte auch Feuerbach. Dieser Blick in die Leobener Straße vermittelt einen Eindruck vom Ausmaß der Verwüstungen des Luftkrieges. Im Hintergrund der Turm von St. Josef in der Oswald-Hesse-Straße.

13. August | Die erste Stuttgarter Klärgas-Tankstelle geht in Betrieb. Die kommunalen Kraftfahrzeuge sind auf den Verbrauch von komprimiertem Klärgas umgestellt. Damit sollen jährlich rund zwei Millionen Liter Benzin eingespart und die Kosten halbiert werden.

---

25. August | Vier Tote beim ersten Luftangriff auf die Stadt. Die Daimler-Benz-Werke, denen der Angriff galt, werden nicht getroffen, doch schlagen Bomben in der Nähe ein. Am Wochenende machen sich Schaulustige in Gaisburg und Untertürkheim ein Bild von den Schäden.

---

30. August | Weil die Abreißfunken an den Oberleitungen der Straßenbahnen dem Feind Angriffsziele offenbaren könnten, wird die letzte Abfahrt auf 23 Uhr festgelegt.

---

26. September | Der antisemitische Film »Jud Süß« von Veit Harlan wird im Universum-Lichtspieltheater gezeigt und zieht in sieben Wochen rund 140 000 Besucher an. Ihn anzusehen wird allen Polizeibediensteten von Heinrich Himmler zur Pflicht gemacht.

---

30. September | Auf einer Südosteuropareise besucht OB Strölin Sofia, wo ihm die Frauenschaft der dortigen NSDAP-Ortsgruppe 60 000 bulgarische Zigaretten für Kriegsverwundete in den Stuttgarter Lazaretten schenkt.

---

3. Oktober | Abertausende Stuttgarter empfangen jubelnd die nach dem »Blitzsieg« über Frankreich zurückkehrenden Soldaten. Besondere Beutestücke der Wehrmacht können auf dem Schloßplatz bewundert werden.

---

26. Oktober | Geheimbefehl des Luftgaukommandos VII: Für gefährliche Arbeiten bei der Beseitigung von Bomben sollen KZ-Häftlinge des Lagers Dachau herangezogen werden.

---

6. November | Der Oberlandesgerichtspräsident an den Reichsminister für Justiz: Die englischen Bombenangriffe haben die Bevölkerung überrascht. Unruhe breitet sich wegen der »Ausmerzung« Geisteskranker in Grafeneck aus.

---

13. November | Uraufführung des Films »Friedrich Schiller, der Triumph eines Genies« im Universum-Lichtspieltheater. Lil Dagover (sie spielte die Franziska von Hohenheim) und Heinrich George (Herzog Carl Eugen) sind anwesend.

19. November | Beim Bau eines Großbunkers mit 5400 Liegeplätzen unter dem Marktplatz kommen die Fundamente mittelalterlicher Häuser zum Vorschein, die im 15. Jahrhundert bei der Vergrößerung des Platzes abgebrochen wurden. Eine Dokumentation dieser Zeugnisse der frühen Stadtgeschichte unterbleibt aus Zeitnot.

23. November | Die Stadt hat von der Hofkammer Württemberg den Fasanenhof erworben. Das Gelände soll im Sinne eines Führererlasses zum Wohnungsbau nach dem Kriege verwendet werden.

28. November | Die Stadt vergibt zahlreiche Aufträge für Luftschutzhochbauten. Prof. Paul Bonatz, als Gutachter zugezogen, sieht in der Gestaltung von Luftschutzhochbauten eine »architektonisch und städtebaulich dankbare Aufgabe«.

30. November | Der Stuttgarter Generalstaatsanwalt an den Reichsminister der Justiz: Es gehe die Redensart, wer sich politisch unbedacht äußere, müsse sich in Acht nehmen, »sonst werde er in Grafeneck verheizt«. Verbitterung und Verdrossenheit herrsche wegen der zunehmenden Teuerung bei gleichzeitiger Qualitätsminderung vieler Produkte.

11. Dezember | »Der Ewige Jude« läuft im Ufa-Filmpalast an. Der von Goebbels konzipierte Streifen wird der Hitlerjugend zur Pflicht gemacht und zur Schulung von Einsatztruppen, SS und Polizei eingesetzt.

16. Dezember | Eine Kinderschuhtauschstelle der NS-Frauenschaft beendet ihre Tätigkeit. Weil »das Bedürfnis, nicht mehr passendes Schuhwerk auszutauschen, sich auch bei Erwachsenen mehr und mehr als notwendig herausstellte«, hat das Wirtschaftsamt in der Friedrichstraße eine neue Schuhtauschstelle eingerichtet.

21. Dezember | Der *»Stuttgarter NS-Kurier«* berichtet über ein umfangreiches Wohnungsbauprogramm der Stadt, das nach dem Krieg Großsiedlungen in Bad Cannstatt und Mühlhausen, einen Rathausneubau sowie die verkehrsgerechte Umgestaltung der Innenstadt vorsieht.

25. Dezember | Der Neckar ist zugefroren, Schlittschuhlaufen ist erlaubt.

Zahlenspiegel | In Stuttgart werden 439666 Lebensmittelempfänger gezählt. Die Eheschließungen sind auf 5737 zurückgegangen, sehr hoch ist aber immer noch die Zahl 8711 Lebendgeborener. Die Straßenbahnen haben mit 388 Triebwagen und 460 Anhängern 145,1 Millionen Fahrgäste befördert. Das sind rund 10 Millionen mehr als im Vorjahr. Neben kriegsgefangenen und verschleppten Polinnen und Polen stellen französische Kriegsgefangene das größte Kontingent ausländischer Arbeiter.

1941

23. Januar | Im Vorjahr seien 1200 neue Wohnungen fertiggestellt werden, berichtet OB Strölin den Ratsherren, weitere 400 Wohnungen seien durch Zusammenlegung jüdischer Familien frei geworden. Der Wohnungsbau bleibe eine vordringliche Aufgabe der »künftigen Friedensarbeit der Stadt«.

1. Februar | »Künstler im feldgrauen Rock« und »Kunst der Front« werden im Kronprinzenpalais bzw. im Ausstellungsgebäude am Interimsplatz präsentiert.

11. Februar | Hans Knappertsbusch dirigiert die Wiener Philharmoniker in der Liederhalle.

14. Februar | Stuttgarter Erstaufführung des Propagandafilms »Sieg im Westen« im Universum-Lichtspieltheater.

27. Februar | Die Stadt soll bei erhöhter Luftgefahr vernebelt werden. Die Beiräte für Luftschutzfragen weisen jedoch auf Pflanzenschäden als Folge eines ersten Vernebelungsversuchs mit Chlorsulfonsäure hin.

Den gegen die Juden gerichteten Maßnahmen fügte Stuttgart mit dem »Judenladen« eine weitere Schikane hinzu.

14. März | Ein »Wichtiges Merkblatt für Fliegerschäden« informiert über erste Hilfsmaßnahmen und Entschädigungsansprüche.

28. März | Die Asche von 91 in Grafeneck und anderen Anstalten sowie in Dachau und Buchenwald umgebrachten Menschen wird auf dem Pragfriedhof beigesetzt.

1. bis 6. April | Hallenkampfspiele der HJ um die Deutschen Jugendmeisterschaften im Geräteturnen, Boxen, Schwimmen usw. Italien und Japan haben Delegationen entsandt. An die Bevölkerung ergeht die altbekannte Aufforderung: »Flaggen heraus!«

7. April | Den deutschen Einmarsch in Griechenland und Jugoslawien begründet der *»Stuttgarter NS-Kurier«* damit, »dass alle unsere Bemühungen um die Erhaltung des Friedens umsonst gewesen sind«.

Juden dürfen nur noch in einem besonderen Laden in der Seestraße einkaufen. Da ihnen die Nutzung öffentlicher Verkehrsmittel längst verboten ist, müssen viele Menschen lange Fußmärsche auf sich nehmen, um sich im »Judenladen« mit dem Nötigsten zu versorgen.

9. April | Der Film »Jud Süß«, als »staatspolitisch und künstlerisch besonders wertvoll« anerkannt, wird im Planetarium gezeigt und muss wegen reger Nachfrage verlängert werden.

19. April | »Eier-Hamster werden gewarnt«, titelt das *»Amtsblatt«*. Zwar erlaube »erhöhte Legetätigkeit der Hühner im Frühjahr« erhöhte Zuteilungen, wer sich damit jedoch nicht begnüge, müsse mit Ordnungsstrafen und Einzug der Eier rechnen.

Im Zeichen der Rationierung

Das *»Amtsblatt«* verrät auf Seite 1 mit folgenden Überschriften, wie die Dinge stehen: »Kleider und Lebensmittelkarten in den Luftschutzkoffer!« – »Aufforderung zur Anmeldung und Abgabe von kohlebeheizten Öfen« – »Vom Frost befallene Lebensmittel nicht wertlos!« – »Bestellscheine nicht vorzeitig abtrennen!« – »Schont die Ledersachen!« – »Männerhandschuhe nicht auf Frauenkarte!« – »Hausschuhe auf Bezugschein II« – Auch Beginn (17.55 Uhr) und Ende (9.12 Uhr) der Verdunkelungspflicht für diesen und die folgenden Tage wurden mitgeteilt. *(»Amtsblatt der Stadt der Auslandsdeutschen«, Nr. 8, 1941)*

13. Mai | Die Partei bedauert, schreibt der *»Stuttgarter NS-Kurier«* zum Englandflug des Führer-Stellvertreters Rudolf Heß, »dass dieser Idealist einer so verhängnisvollen Wahnvorstellung zum Opfer fiel«.

18. Mai | Mit Blumen zum Muttertag beglückwünscht OB Strölin eine 85-Jährige, deren acht Söhne Kriegsdienst leisten. Jeder von ihnen erhält ein Feldpostpäckchen.

21. Mai | Bei Weil im Dorf (heute Weilimdorf) wird eine Mastanlage für 1600 Schweine eröffnet, die zusammen mit einer kleineren Anlage in Zazenhausen den Fleischbedarf der Stadt auf Wochen hinaus decken soll.

31. Mai | Die Bevölkerung sei mit der Information über die politische und militärische Entwicklung unzufrieden, zunehmend würden Feindsender abgehört, berichtet der Stuttgarter Generalstaatsanwalt dem Reichsminister der Justiz.

1. Juni | Der *»Schwäbische Merkur«*, die *»Cannstatter Zeitung«* und andere Blätter stellen ihr Erscheinen ein, auch die kirchliche Presse bekommt aus »kriegswirtschaftlichen Gründen« auf Anordnung der Reichspressekammer kein Papier mehr zugeteilt.

8. und 9. Juni | Das Stuttgarter Regiment No. 119 muss an die russische Grenze ausrücken – es wird von einem bevorstehenden Krieg mit der Sowjetunion gemunkelt. Am 22. Juni beginnt dann tatsächlich mit 152 Divisionen ein Überraschungsangriff.

18. Juni | Erster Großversuch zur Tarnung Stuttgarts durch künstlichen Nebel: Zwar sind das Daimler-Werk und der Gaskessel von oben nicht mehr zu sehen, doch wird befürchtet, ein einzelner Nebelfleck könne die feindlichen Flugzeuge erst recht anziehen.

25. Juni | Die Bevölkerung klagt über Gemüsemangel. OB Strölin nennt gegenüber den Wirtschaftsbeiräten schlechtes Wetter und die von 500 auf 400 Gramm gekürzte Fleischration als Ursachen.

26. Juni | Die im Juli 1935 berufenen Ratsherren sollen bis Kriegsende im Amt bleiben. Sie werden darüber informiert, dass mit dem Bau einiger hundert Wohnungen im Hallschlag, in Luginsland und in Gaisburg begonnen wurde. Insgesamt fehlen der Stadt 10 000 bis 15 000 Wohnungen.

28. und 29. Juni | Mit Schlagzeilen wie »Jeder gibt doppelt« wurden die »Volksgenossinnen und Volksgenossen« auf die Reichsstraßensammlung für das Kriegshilfswerk vorbereitet.

6. Juli | Polnischen Arbeitern wurde die Teilnahme an Gemeindegottesdiensten bereits verboten. Jetzt wird ihnen der Besuch von Bädern untersagt, auch von öffentlichen Anlagen, Plätzen und Bahnhöfen sollen sie »rücksichtslos« ferngehalten werden.

15. Juli | In einem geheimen Lagebericht des Sicherheits-Leitabschnitts Stuttgart wird die Versorgungslage als katastrophal, die Stimmung in der Bevölkerung als bedenklich bezeichnet.

25. Juli | Verbot der anthroposophisch beeinflussten Christengemeinschaft, die Kirche an der Werfmershalde und ihre weiteren Liegenschaften werden konfisziert.

1. August | Kriegsverdrossenheit und Missstimmung sind nach Meinung des Stuttgarter Generalstaatsanwalts in zahlreichen Todesanzeigen für Gefallene, in Gerüchten über zerbombte Städte, durch Versorgungsmängel und die Beschlagnahme von Kloster Untermarchtal einschließlich des Marienhospitals begründet.

Deportationen

Datum	
1. Dezember 1941	1000 württembergische Juden werden nach Riga abgeschoben.
26. April 1942	278 Personen, darunter die letzten jüdischen Kinder, werden nach Izbica im Distrikt Lublin deportiert, niemand überlebt.
13. Juli 1942	Vom jüdischen Gemeindehaus in der Hospitalstraße, wohin sie befohlen wurden, werden 49 Personen nach Auschwitz deportiert.
22. August 1942	942 meist ältere Menschen werden vom Sammellager Killesberg aus nach Theresienstadt verbracht, viele müssen von dort aus den Weg nach Auschwitz antreten, vier von ihnen überleben.
1. März 1943	Vom jüdischen Gemeindehaus in der Hospitalstraße, wohin sie befohlen wurde, müssen 27 Personen den Weg nach Auschwitz antreten.
16. oder 17. April 1943	19 Juden werden von der Hospitalstraße aus nach Theresienstadt deportiert.
17. Juni 1943	9 Juden werden von der Hospitalstraße aus nach Theresienstadt deportiert.
10. oder 11. Januar 1944	35 Juden werden zur Gestapo ins Hotel »Silber« bestellt, verhaftet und nach Theresienstadt verbracht.
November 1944	44 Mischlinge und Mischehenpartner werden in ein KZ bei Wolfenbüttel verbracht, sie überleben alle.
12. Februar 1945	57 Juden werden nach Theresienstadt deportiert, bis auf zwei kehren sie alle zurück.

Drei von nahezu 1000 Juden, die mit dem ersten Stuttgarter Transport am 1. Dezember 1941 nach Riga deportiert wurden: Hermine Kahn (52), Buchhalterin (links), Julchen Gutmann (51) und ihr Mann, der Kaufmann Saly Gutmann (62). Die Mitteilung, es würden Kochkessel, Nähmaschinen, Baugerät und Werkzeuge aller Art mitgeführt, haben sie über den tödlichen Zweck ihrer Evakuierung getäuscht.

10. September | Eine Ausstellung mit Fossilien aus Holzmaden lockt in der ersten Woche schon 10 000 Besucher in den Höhenpark Killesberg.

---

16. September | Richtfest im Hallschlag für 500 städtische, im Rahmen des Kriegswohnungsbauprogramms erstellte Wohnungen. Als Drei- und Vierraumwohnungen mit Bad, Nebenräumen, Keller und Holzlege sollen sie 38 bis 47 Reichsmark Miete kosten.

---

26. September | Stuttgarter Erstaufführung des Films »Ich klage an«, der die Tötung Schwerstkranker rechtfertigt.

---

27. September | Frauen, die in der Öffentlichkeit Männerhosen tragen, droht das Innenministerium mit Geldstrafe oder Haft.

---

29. September | Den Beiräten für Luftschutzfragen wird bekannt gegeben, dass in Stuttgart 79 Flugabwehrkanonen (Flak) aufgestellt sind.

---

2. Oktober | Nach über 40 Jahren stellt das *»Amtsblatt der Stadt der Auslandsdeutschen«* (vormalig *»Amts- und Anzeigenblatt der Stadt Stuttgart«*) sein Erscheinen ein. Öffentliche Bekanntmachungen erscheinen fortan rechtswirksam im *»Stuttgarter NS-Kurier«*.

---

12. und 13. Oktober | Ein Luftangriff auf eine Scheinanlage des Stuttgarter Hauptbahnhofs in Lauffen am Neckar zerstört dort 40 Häuser. Über Stuttgart werden Leuchtbomben und Flugblätter abgeworfen.

---

25. Oktober | Der Leitabschnitt Stuttgart des Sicherheitsdienstes aktiviert alle V-Männer, um die Stimmung in der Bevölkerung zu erkunden.

---

29. Oktober | »Arische« Häuser sind jetzt »judenfrei«. Die in Stuttgart verbliebenen rund 1000 Juden wurden in Wohnungen jüdischer Besitzer zusammengedrängt.

---

27. November bis 1. Dezember | In einem Sammellager auf dem Killesberg treffen 1000 Juden aus ganz Württemberg ein. Nach drei Tagen und Nächten in qualvoller Enge werden sie im Rahmen der »gesamteuropäischen Entjudung« vom inneren Nordbahnhof aus nach Riga deportiert.

---

12. Dezember | Deutschland hat den Vereinigten Staaten den Krieg erklärt. Der *»Stuttgarter NS-Kurier«* sieht die »Abrechnung des Führers mit dem Kriegsverbrecher Roosevelt« gekommen.

---

25. Dezember | Die Stadt der Auslandsdeutschen grüßt zu Weihnachten die Deutschen in aller Welt per Kurzwellensender.

---

31. Dezember | Eine Denkschrift zur Neugestaltung Stuttgarts sieht ein »Gauforum« – Standort Bollwerk, Rosenstein oder Uhlandshöhe –, ferner ein Rundfunkgebäude auf der Karlshöhe und ein Stadtforum mit neuem Rathaus zwischen Leonhardskirche und Danziger Freiheit (heute Charlottenplatz) vor.

Zahlenspiegel | Die Zahl der Lebensmittelkartenempfänger hat sich um 7402 auf 432 264 verringert. Es wurden 4543 Ehen geschlossen, 1194 weniger als im Vorjahr. Die Zahl der Ehescheidungen hat sich um 11 auf 414 verringert. Anhaltend hoch ist die Zahl Lebendgeborener: 8711. Das Beherbergungsgewerbe hat 639 995 Übernachtungen gemeldet, den tiefsten Stand seit 1934. Mit unverändertem Wagenbestand hat die Straßenbahn knapp 159 Millionen Fahrgäste befördert, 13 Millionen mehr als im Vorjahr.

1942

6. Januar | Der Einzelhandel darf Waren und Schaupackungen nur in die Schaufenster stellen, wenn sie tatsächlich lieferbar sind.

---

7. Januar | Evangelische Frauen werden um Hilfe bei der Pelz- und Spinnstoffsammlung des Winterhilfswerks gebeten. Landesbischof Wurm schreibt an Goebbels, es sei »eine Unnatur« gewesen, die karitative Mitarbeit christlicher Kreise auszuschließen.

---

21. und 22. Januar | Der Kohlenvorrat des städtischen Gaswerks reicht noch für einen Tag, Haushalte dürfen Gas nur noch zu festgelegten »Kochzeiten« entnehmen.

Totales Tanzverbot mit Rücksicht auf schwere Abwehrkämpfe an der Ostfront.

---

26. Januar | Die Batterien stillgelegter Fahrzeuge werden für die Wehrmacht beschlagnahmt.

Wegen Kohlenmangels fällt der Schulunterricht aus.

---

31. Januar | Der Generalstaatsanwalt berichtet dem Reichsminister der Justiz über wachsendes Misstrauen gegenüber der Parteipropaganda. Trotz militärischer Rückschläge im Osten und in Nordafrika, ungeachtet auch der Teuerung und schlechten Versorgung bleibe die Bevölkerung jedoch »in ihrem wesentlichen Kern« zum Durchhalten entschlossen, »zumal niemand sich über die Folgen einer etwaigen Niederlage irgendwelchen Illusionen hingibt«.

---

1. Februar | Auf die neu eingeführte Raucherkarte erhalten Frauen halb so viel Tabakwaren wie Männer. Juden sind vom Bezug ausgeschlossen.

---

13. Februar | Auf dem Pragfriedhof werden 66 Opfer der Aktion »lebensunwertes Leben« und neun KZ-Häftlinge beigesetzt.

---

11. März | Die Stadt hat aufgrund ihres Bestandes von nunmehr 900 000 Obstbäumen als erste deutsche Großstadt ein Obstbauamt eingerichtet.

14. März | Am Heldengedenktag sollen kirchliche Feiern ausnahmslos auf den Nachmittag verlegt werden. Die Anordnung, protestiert Generalvikar Max Kottmann vom Bischöflichen Ordinariat, verletze »gröblich die feierlich garantierte freie Ausübung unserer Religion«.

---

18. März | Staatsbegräbnis und Ehrengrab auf dem Waldfriedhof für den am 12. März verstorbenen Ehrenbürger Robert Bosch. Weil so zahlreiche Blumen und Kränze geordert werden, stellen einige Blumengeschäfte den Ladenverkauf ein.

---

22. März | Die Reichsbahn ist mit kriegswichtigen Transporten überlastet. Wer zum Vergnügen reist, muss mit Strafen, bei schweren Verstößen sogar mit KZ-Haft rechnen.

---

28. und 29. März | Tag der Wehrmacht. Die Hauptattraktion, ein sowjetischer Panzer, trifft nicht rechtzeitig ein. Daher bestehen die Höhepunkte der Feierlichkeiten in einem Eintopfessen und einer Konservenversteigerung.

Unter großer Anteilnahme der Bevölkerung wurde der am 12. März 1942 verstorbene Robert Bosch auf dem Waldfriedhof begraben.

1. April | Stammheim, Vaihingen mit Rohr, Fasanenhof, Möhringen mit Sonnenberg, Plieningen mit Hohenheim, Birkach mit Riedenberg und die Markung Solitude sind nach Stuttgart eingemeindet. OB Strölin besucht die neuen Stadtteile.

10. April | Eine vom Luftgaukommando veranlasste zehnminütige Vernebelung des Neckartals bewirkt schwere Vegetationsschäden. Hunderte Obst- und Gemüsebauern beanspruchen Schadensersatz.

21. April | Das Verbot, Kinderwagen in die Markthalle mitzubringen, lässt sich nicht durchsetzen. Die Einkäufe dauern momentan sehr lange, und die Frauen können ihre Kinder währenddessen nicht alleine lassen.

25. April | Der südliche Stollen des Wagenburgtunnels wird als Großraum für den Luftschutz eingeweiht.

26. April | Deportation von 278 Juden aus Stuttgart.

30. April | Im Bericht des Generalstaatsanwalts an den Reichsminister der Justiz ist von Zunahme der »Sondergerichtssachen« die Rede.

1. Mai | Hitler hat Ferdinand Porsche und Ernst Heinkel zu Pionieren der Arbeit ernannt.

5. Mai | Die Royal Air Force versucht eine erste Angriffsserie auf Stuttgart. Die beabsichtigte Flächenbombardierung entlädt sich aber zum großen Teil über einer Scheinanlage des Hauptbahnhofes in Lauffen am Neckar oder über freiem Gelände. Dennoch kostet der Angriff auch in Stuttgart 13 Menschenleben.

16. Mai | Rund 40 Denkmäler und Bauten wie Thorvaldsens Schillerdenkmal, Stiftskirche, Hospitalkirche samt Kreuzigungsgruppe, Altes und Neues Schloss werden als wertvoll eingestuft. Hingegen werden zum Einschmelzen freigegeben: das Eugensdenkmal, weil »überflüssig«, das Hauffdenkmal, weil auf dem Hasenberg zu versteckt gelegen.

6. Juni | Den Haushalten wird empfohlen, Bestandslisten bereitzuhalten. Falls es zu Kriegsschäden komme, würden nicht die Kosten der Anschaffung, sondern die Wiederbeschaffung erstattet.

19. Juni | Die Schillerstatue wird am Schillerplatz demontiert und im Wagenburgtunnel in Sicherheit gebracht.

Links: Als Propagandamittel waren öffentliche Eintopfessen beliebt. Am ersten Sonntag im Monat sollten die Deutschen keinen Braten, sondern Eintopf essen und das so Ersparte dem Winterhilfswerk spenden.

Rechts: Ferry Porsche 1936 auf dem Tübinger Marktplatz am Steuer des zweiten Volkswagen-Prototypen mit der ersten Cabrio-Karosserie. Mit im Auto Frau Dorothea Porsche und Freunde.

Hinrichtungen im Jahr 1942

6. Februar: Der *»Stuttgarter NS-Kurier«* berichtet über einen zum Tode verurteilten »Gewohnheitsverbrecher«. Der 33-Jährige hatte nach verbüßter Zuchthausstrafe keine Arbeit aufgenommen und weitere Straftaten begangen.

10. Februar: Ein 44-Jähriger wird wegen Zersetzung der Wehrkraft, Vorbereitung zum Hochverrat und Abhörens ausländischer Sender hingerichtet.

18. Februar: Das Sondergericht Stuttgart verurteilt einen 27-jährigen Polen wegen versuchter Notzucht zum Tode.

20. Februar: Der Bibelforscher Gustav Stange, der Kriegsdienst und Eidesleistung auf Hitler verweigert hat, wird durch Erschießen hingerichtet.

30. Mai: Ein polnischer Landarbeiter wird vom Sondergericht Stuttgart wegen »Schädigung des deutschen Volkswohls« zum Tode verurteilt.

1. Juni: Der Stuttgarter Generalstaatsanwalt teilt mit, dass im April und Mai im Bereich des Oberlandesgerichts Stuttgart zehn Hinrichtungen stattgefunden haben und 26 zum Tode Verurteilte einsitzen.

23. Juni: Ein 35-Jähriger, vom Oberlandesgericht wegen hochverräterischer Betätigung gegen das Deutsche Reich verurteilt, wird hingerichtet.

16. Juli: Ein polnischer Arbeiter wird wegen »Beschimpfungen des deutschen Volkes« und Aufforderung zur Sabotage hingerichtet.

18. August: Ein 19-jähriger Pole wird wegen intimen Verkehrs mit einer »Deutschblütigen« vom Sondergericht zum Tode verurteilt.

2. Oktober: Eine 21-Jährige, wegen »landesverräterischer Feindbegünstigung« und Hetzpropaganda vom Volksgerichtshof zum Tode verurteilt, wird hingerichtet.

6. Oktober: Wegen Diebstählen, mehrheitlich vor dem 18. Lebensjahr begangen, wird ein nicht vorbestrafter Zigeuner vom Sondergericht zum Tode verurteilt.

8. Oktober: Laut *»Stuttgarter NS-Kurier«* wurden hingerichtet: ein Pole, der die Scheune seines Dienstherren in Brand gesteckt hatte, ein entwichener Sträfling, der die Verdunkelung zu Diebstählen ausgenutzt hatte, ein Mann, der seine Schwiegermutter heimtückisch ermordet hatte.

15. Oktober: Ein 47-Jähriger, vom Volksgerichtshof wegen Landesverrats verurteilt, wird hingerichtet.

22. Oktober: Zwei Polen werden vom Sondergericht wegen Diebstahls zum Tode verurteilt.

15. Dezember: Ein 60-Jähriger, der in großem Umfang »schwarz« geschlachtet hat, wird hingerichtet.

23. Dezember: Ein Schneidermeister und Textilwarengroßhändler wird vom Sondergericht wegen »Kriegswirtschaftsverbrechen« zum Tode verurteilt.

Zwischen 1933 und 1943 wurden insgesamt 430 Menschen im Gefängnis zwischen Urban- und Archivstraße ermordet.

Am 26. April 1942 wurden 278 Jüdinnen und Juden in die Ländliche Gaststätte am Killesberg befohlen, um nach Osten transportiert und ermordet zu werden. Drei dieser Opfer waren (von links nach rechts): Die Malerin Käthe Löwenthal (66), der Viehhändler Max Löwenthal (66) und seine Frau Hedwig (61).

23. Juni | Die NS-Gemeinschaft Kraft durch Freude und das Amt für Arbeitseinsatz der Deutschen Arbeitsfront veranstalten in der Liederhalle eine Revue mit Pariser Künstlern für französische Zivilarbeiterinnen und -arbeiter.

---

1. Juli | Uhren dürfen zur Reparatur nur noch angenommen werden, wenn der Besitzer als Angehöriger von Reichspost oder Reichsbahn einer Dringlichkeitsstufe angehört.

---

9. August | Zum 100. Geburtstag des Olgäle, des ältesten Stuttgarter Kinderkrankenhauses, stiftet die Stadt einen namhaften Betrag zur Wiedereinrichtung eines Freibettenfonds.

---

22. August | Über 900 meist betagte Juden, darunter 365 Stuttgarter, werden nach Theresienstadt deportiert. Für die Einweisung in dieses »Vorzugsghetto« muss jeder 2000 Reichsmark für einen Heimkaufsvertrag und für fünf Jahre im Voraus ein »Pflegegeld« von 180 Reichsmark pro Monat zahlen.

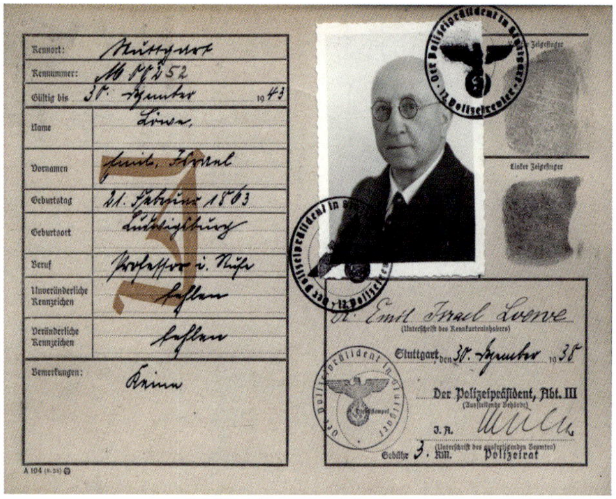

Über 900 betagte Juden aus Württemberg mussten am 22. August 1942 den Weg nach Theresienstadt antreten. Kaum jemand überlebte diese Deportation. Zu den Stuttgarter Opfern gehörten (von links nach rechts) der schwerkranke Arzt Dr. Robert Gutmann (69), Professor Dr. Emil Loewe (79), die Witwe Klara Kaufmann (63) und der einstige Viehändler Wilhelm Rothschild (83).

15. September | Schuhe außer Holzpantinen und Arbeitsschuhen gibt es nur noch auf Bezugsschein.

---

28. September | Ein neues Vernebelungsverfahren wird erprobt. Es soll aufgrund veränderter chemischer Zusammensetzung keine Vegetationsschäden verursachen und billiger als die Verneblerанlage Neckartal arbeiten.

---

16. Oktober | Beim Zusammenstoß zweier Züge in Bad Cannstatt sind zehn Tote und 40 Schwerverletzte zu beklagen.

---

18. Oktober | Der *»Stuttgarter NS-Kurier«* informiert über Gemeinschaftssammlungen der HJ und der Schulen zur restlosen Erfassung der Bucheckernernte. »Sonstige Sammler«, die mindestens fünf Kilogramm Bucheckern abliefern, erhalten zusätzliche Fett- oder Ölrationen zugeteilt.

---

1. November | Ein Fußballländerspiel in der Adolf-Hitler-Kampfbahn gewinnt Deutschland gegen Kroatien 5:1. Es bleibt bis weit nach Kriegsende die letzte Sportveranstaltung mit internationaler Beteiligung in Stuttgart.

---

15. November | Weihnachtskerzen dürfen nur an Kinderheime und Haushalte mit Kindern bis vier Jahre verkauft werden. Die Abgabe erfolgt gegen Vorlage von Reichskleider- und Kleinkinderkarten.

---

22. November | Der erste schwere Bombenangriff auf die Stadt trifft vor allem Vaihingen, Rohr und Möhringen. Zum ersten Mal wird auch der Hauptbahnhof getroffen. Da eine Sprengbombe die Wasserleitung zerstört, kann man die brennenden hölzernen Bahnsteigüberdachungen nicht retten.

---

29. November | Im Rahmen der »Löffelspende« soll etwas Zucker, Mehl, Grieß oder Fett abgegeben werden, damit Weihnachtsgebäck für Verwundete gebacken werden kann.

Anfang Dezember | Hans und Sophie Scholl kommen nach Stuttgart. Bald darauf kursieren Flugblätter der »Weißen Rose«, die zum Kampf gegen das faschistische Regime aufrufen.

---

2. Dezember | »Stuttgart prangt nächstes Jahr im Mohnblütenschmuck«, schreibt der *»Stuttgarter NS-Kurier«*, denn »einer möglichst großen Anzahl von Volksgenossen« soll »durch die Selbstversorgung mit Öl eine tatkräftige Unterstützung in der Fettfrage zuteil werden«.

---

20. Dezember | Die Nebelmaschinen bewähren sich: Britische Bomber im Anflug auf Stuttgart finden den Talkessel nicht.

Zahlenspiegel | In Stuttgart werden 433 393 Empfänger von Lebensmittelkarten gezählt. Mit der Eingemeindung von

Birkach/Kleinhohenheim, Riedenberg, Möhringen, Plieningen/Hohenheim, Stammheim, Vaihingen/Rohr und Solitude hat sich die städtische Markung um 5818,7 ha auf jetzt 21 058,4 ha vergrößert. Die Zahl der Straßenbahnpassagiere hat bei gleichbleibendem Wagenbestand um knapp 22 auf 180,5 Millionen zugenommen. 10 994 Viehhalter verfügen über 874 Pferde, 4270 Rinder, 2556 Schafe, 2925 Schweine, 77 529 Stück Geflügel und 4807 Bienenstöcke.

1943

1. Januar | Einheitstarif der Stuttgarter Straßenbahnen: Erwachsene bezahlen nun auf allen Strecken 20, Kinder 10 Pfennig.

7. Januar | Es ist bei Strafe verboten, mit dem kostenlos abgegebenen Löschsand bei Glatteis zu streuen.

13. Januar | Zum Schutz der Stadt wurden weitere Flakgeschütze in Stellung gebracht. Die Zahl der Vernebelungsmaschinen wurde auf 98 erhöht.

21. Januar | Es gibt 136 verschiedene Lebensmittelkarten und Berechtigungsscheine. OB Strölin weist in einem Jahresrückblick auf die entsprechend hohe Belastung des Ernährungs- und des Wirtschaftsamtes hin.

26. Januar | Da die Straßenbahngeleise stark abgenutzt sind, wegen Materialmangels aber nicht ersetzt werden können, müssen mehrere Haltestellen verlegt werden.

29. und 31. Januar | Wegen der verzweifelten Lage der 6. Armee in Russland wird der Appell zum 10. Jahrestag der Machtübernahme in der Liederhalle abgesagt. Zwei Tage später findet dann doch eine Morgenfeier der Partei statt, dazu müssen die Schaufenster geschmückt werden. Abends trifft die Nachricht vom bevorstehenden Fall Stalingrads ein.

1. Februar | Die Schlacht um Stalingrad ist verloren und endet für über 100 000 Soldaten in russischer Gefangenschaft. »Durch Übermacht bewältigt«, titelt das *»Stuttgarter Neue Tagblatt«*.

Das Brot besteht jetzt aus 75 Prozent Roggen- und 12 Prozent Gerstenmehl.

8. Februar | Die Schuhausbesserungswerkstätten müssen neue Kundenlisten erstellen und dürfen nur für eingetragene Kunden Reparaturen ausführen. Zur Kontrolle müssen sie die Kleiderkarte abstempeln.

9. Februar | Im Hindenburgbau informiert eine Lehrschau über das Umarbeiten getragener Kleidung.

Den Haushalten wird angeraten, schon Kohlen für den nächsten Winter zurückzulegen.

15. Februar | Ledige und verheiratete Frauen ohne Kinder werden aufgerufen, ihrer Meldepflicht für den Arbeitseinsatz nachzukommen.

16. Februar | Den Hitlerjungen der Oberschulen wird das Gelöbnis abverlangt, »als Luftwaffenhelfer allzeit ihre Pflicht zu tun, treu und gehorsam, tapfer und einsatzbereit zu sein«.

Ankündigung einer Propagandaveranstaltung mit dem Reichtagsabgeordneten Wilhelm Dreher, Regierungspräsident im Sigmaringen.

Von den aus Stuttgart 234 deportierten Sinti und Roma überlebten nur 27 den Holocaust. Friederike Reinhardt (links) aus Büsnau wurde im Alter von nur 17 Jahren im KZ Auschwitz-Birkenau ermordet, dort starb auch der Feuerbacher Franz Reinhardt (Mitte) an Hunger und Entkräftung. Der 21-jährige Albert Reinhardt (rechts) aus Zuffenhausen fiel einem medizinischen Versuch mit Kampfgas im KZ Natzweiler zum Opfer.

19. Februar | Am 18. Februar hat Goebbels den »Totalen Krieg« verkündet und zeigt den »Weg zur Rettung des Abendlandes«, lesen die Stuttgarter heute im *»Stuttgarter NS-Kurier«*. Daraufhin beginnt eine Versammlungswelle zum Thema »Durch Kampf und Not zum Sieg«.

---

15. März | Himmlers »Auschwitz-Erlass« vom 16. Dezember 1942 wird auch in Stuttgart umgesetzt: Ein Güterzug, in dessen Viehwaggons 234 Sinti aus Württemberg-Hohenzollern zusammengepfercht sind, verlässt in der Dunkelheit den Stuttgarter Güterbahnhof. Am 17. und 18. März erreicht der Transport Auschwitz-Birkenau.

---

18. März | Totenfeier für die Opfer eines Luftangriffs vom 11. März im Hof des Neuen Schlosses: Eingehüllt in Hakenkreuzfahnen stehen mehr als 100 Särge auf einem Teppich aus Tannenzweigen, flankiert von Ehrenformationen aus Wehrmacht, Polizei, SS, SA, HJ und NSKK (Nationalsozialistisches Kraftfahrkorps).

---

19. März | »Die Kluge« von Carl Orff wird im Staatstheater in Anwesenheit des Komponisten erstaufgeführt.

---

24. März | Der 1879 vom Ulmer Münsterbaumeister August Beyer entworfene Hasenbergturm wird gesprengt, damit er den alliierten Bombern nicht als Wegmarke dienen kann.

---

31. März | Das *»Stuttgarter Neue Tagblatt«*, schon seit 1936 »gleichgeschaltet«, stellt unter politischem Druck sein Erscheinen ein.

1. April | Die Stadt verliert mit der Gewerbesteuer eine ihrer bislang größten Einnahmequellen an das Reich.

---

2. bis 9. April | Im Rahmen der Sammlungen zum Winterhilfswerk zeigt die Camilla-Truppe Artistik auf einem zwischen dem Karlsplatz und dem Turm des Alten Schlosses gespannten Drahtseil.

---

8. April | Die Kohlenzuteilung wird um 25 Prozent gekürzt, 15 Prozent des verbleibenden Kontingents bestehen aus Braunkohle. Für »Kohlenklau« werden Gefängnisstrafen angedroht.

---

15. April | Bilanz des neunten Luftangriffs auf Stuttgart: 619 Tote, 703 Verletzte, allein 400 alliierte Kriegsgefangene kamen durch einen Volltreffer um.

Schwer Fliegergeschädigte erhalten bis zu fünf Quadratmeter Drahtrollglas und 60 Quadratmeter Dachpappe.

---

17. April | Ein britischer Bomber, auf dem Weg nach Pilsen, wird von der Flak getroffen und wirft seine Bomben über der Rosenbergstraße ab. Eine Person kommt ums Leben, 58 werden verwundet, 55 Gebäude werden zerstört. Die Maschine zerschellt auf dem Heukopf.

---

19. April | Die Stadtverwaltung richtet ein Kriegsschädenamt ein, das sich vorrangig mit der Schadenserfassung, der Reparatur von Gebäuden und der Obdachlosenbetreuung befassen soll.

---

21. April | Wer aus der Stadt wegzieht und damit eine Wohnung freigibt, erhält die Umzugskosten erstattet.

---

30. April | Sechs Tote und 30 Verletzte sind zu beklagen, als eine Straßenbahn zwischen Vaihingen und Kaltental entgleist.

---

7. und 8. Mai | Die ersten 90 Stuttgarter Kinder werden nach Freudenstadt und Calw evakuiert. Die »Kinderlandverschickung« findet zunächst wenig Anklang. Bis Juli haben nur 600 der 46 000 Kinder die Stadt verlassen.

---

13. Mai | Die Reste der »Heeresgruppe Afrika« haben kapituliert. OB Strölin telegrafiert an Generalfeldmarschall

Erwin Rommel, die Ratsherren hätten »der tapferen Truppen in Afrika mit tiefstem Dank und mit aufrichtiger Bewunderung gedacht«.

---

21. Mai | Bei gemeiner Gesinnung, schreibt der *»Stuttgarter NS-Kurier«*, müsse sogar der Hamsterer, der sich ein paar Eier beschafft hat, als »Volksschädling« betrachtet und ins Zuchthaus gesperrt werden. Das gelte zum Beispiel, wenn einer sich als Stalingradkämpfer ausgebe, um ein paar Eier zu ergattern.

»Ausverpackt!«, überschreibt der *»Stuttgarter NS-Kurier«* die Nachricht, dass nur noch wenige Waren in Papier oder Pappe eingepackt werden dürfen.

---

29. Mai | Latten- und Bretterverschläge auf den Dachböden müssen beseitigt, das frei werdende Holz samt Beschlägen und Nägeln zur Reparatur von Fliegerschäden bereitgestellt werden.

---

31. Mai | Wöchentlich werden nur noch 250 Gramm Fleisch- und Fleischwaren pro Normalverbraucher zugeteilt.

Der Generalstaatsanwalt verweist in seinem Bericht an den Reichsminister der Justiz auf Stalingrad, Rommels Niederlage in Afrika, U-Boot-Verluste und Fliegerangriffe. Dies alles habe bei einem Teil der Bevölkerung »die Siegeszuversicht und das Vertrauen in die Führung z.Zt. merkbar erschüttert«. In den Rüstungsbetrieben betrage die wöchentliche Arbeitszeit bis 72, ja sogar 84 Stunden.

---

1. Juni | 35 Menschen wurden heute exekutiert, darunter vier französische Widerstandskämpfer.

Alle hell gestrichenen Häuser, die mehr als 300 Meter über dem Meeresspiegel liegen, sind mittlerweile mit einem Tarnanstrich versehen worden.

---

12. Juni | 200 Tonnen Lumpen, 85 000 Paar Schuhe, 19 300 Kleidungsstücke, 4600 Wäschestücke und 60 Zentner sonstige Textilien kamen bei einer dreiwöchigen Spinnstoff- und Schuhsammlung zusammen.

---

17. Juni | Die Israelitische Kultusvereinigung Württemberg und Hohenzollern wird aufgelöst, ihre Räume in der Hospitalstraße werden für militärische Dienststellen beschlagnahmt.

1. Juli | Tabak wird immer knapper: Für zwei Tage gibt es sechs Zigaretten oder eine 12-Pfennig-Zigarre oder zwei Zigarren à 7 bis 11 Pfennig oder 3 Zigarren bis zu 6 Pfennig.

Juli | Da die meisten Eltern die sogenannte Kinderlandverschickung ablehnen, ordnet Reichsverteidigungskommissar Murr die geschlossene Verlegung der Stuttgarter Schulen an. Da verheimlicht wird, dass dies eine freiwillige Aktion ist, fügen sich viele Eltern, sodass bis Mitte Oktober fast 20 000, bis Mitte Dezember sogar 35 000 Schüler »verschickt« worden sind. Etwa 7000 Kinder bleiben aus (oft vorgeschobenen) gesundheitlichen oder familiären Gründen und werden in Sammelschulen unterrichtet, rund 300 Schüler leben ohne behördliche Erlaubnis in der Stadt.

---

7. August | Aus einer Bekanntmachung zum Luftschutz: »Zur Bekämpfung des Feuers gehört außer Sand, Wasser, einer gut instand gehaltenen Gasmaske und den anderen bekannten Hilfsmitteln vor allem Mut. (...) Wer sich vom ersten Eindruck einschüchtern lässt, hat von vornherein verloren.«

---

11. August | Reparaturen bombengeschädigter Häuser, die länger als vier Wochen dauern, hat Reichsstatthalter Murr verboten und der Errichtung von Luftschutzbauten Vorrang eingeräumt.

---

14. und 15. August | Lale Andersen singt an zwei Abenden in der Liederhalle.

---

23. August | Der leichte Strohschuh, dem man immer häufiger begegne, schreibt der *»Stuttgarter NS-Kurier«*, sei durch eine Sohle aus Espenholz dauerhafter und schöner geworden.

---

27. August | OB Strölin tritt Gerüchten entgegen: Weder bringe er sich abends in Murrhardt in Sicherheit noch werde die Stadtverwaltung dorthin verlagert.

August | Eine mit Carl Friedrich Goerdeler abgestimmte Denkschrift von OB Strölin an das Reichsinnenministerium fordert u.a. die Wiederherstellung des Rechtsstaats, ein Ende der Judenverfolgung und Überprüfung der Konzentrationslager.

6. September | Erstmals sind amerikanische Verbände an einem Luftangriff auf Stuttgart beteiligt: 107 Tote, 165 Verletzte, 1 Vermisster und 263 schwer getroffene Gebäude im westlichen Stadtbezirk. Das eigentliche Ziel dieses ersten bei Tageslicht auf Stuttgart geflogenen Angriffs, das Bosch-Werk an der Seidenstraße, wird nicht getroffen.

10. September | Todesstrafe droht, wenn von feindlichen Flugzeugen abgeworfene Lebensmittelkarten nicht umgehend abgeliefert werden.

17. September | Die Daimler-Benz AG präsentiert einen Pkw-Holzvergaser für 800 Reichsmark, der innerhalb eines Tages eingebaut werden kann und mit 24 Kilogramm Holzkohle Strecken bis zu 130 Kilometer schafft.

1. Oktober | Die Stadt ist zu einem Brennpunkt des Wohnungsbedarfs erklärt worden, über 15 500 Wohnungssuchende sind gemeldet. Zuzug ist nur noch mit OB-Genehmigung erlaubt.

In einer Tauschzentrale am Markt können Kleidung, Schuhe usw. gegen Kinderspielzeug für Weihnachten eingetauscht werden.

5. und 6. Oktober | »Punktschieberskandal«: Ein städtischer Aushilfsangestellter und Geschäftsleute haben sich mit gestohlenen Kleiderpunkten bereichert. Sie werden zum Tode bzw. zu hohen Freiheitsstrafen verurteilt.

10. Oktober | Die Geschäfte in den am 8. Oktober bombardierten Stadtteilen müssen am heutigen Sonntag öffnen, damit Fliegergeschädigte ihren dringenden Bedarf decken können.

13. Oktober | Der *»Stuttgarter NS-Kurier«* empfiehlt Frauen und Mädchen, bei Fliegeralarm einen Trainingsanzug oder Überziehhosen anzuziehen. Dies habe nichts damit zu tun, dass man in der Vergangenheit die »affige Unsitte mancher Damen, sich in Männerhosen mit scharfer Bügelfalte vorzuführen«, gerügt habe.

20. Oktober | Der Umgang mit Kriegsgefangenen ist verboten. Darauf weist der *»Stuttgarter NS-Kurier«* drohend hin. Jeder anständige Deutsche werde aber auch Kontakte mit so genannten Zivilgefangenen so weit als möglich meiden.

Nach dem großen Fliegerangriff vom 8. Oktober

Der *»Stuttgarter NS-Kurier«* schreibt: »Wer da geglaubt hätte, daß die Stuttgarter Bevölkerung nach diesem Terrorangriff fatalistisch die Hände in den Schoß legen würde, sah sich gründlich getäuscht. Lähmungserscheinungen, wie sie doch die Folge eines schweren Schocks sein können, waren überhaupt nicht zu beobachten. Im Gegenteil, es zeigte sich bei dieser Gelegenheit eine besondere Eigenart des Schwaben, seine Gründlichkeit. Kaum waren die Detonationen verhallt, da machten sich einzelne Hausbewohner, die auf der Straße nach dem Rechten sehen wollten, bereits daran, die Glasscherben, die es fast überall in Hülle und Fülle gab, vom Gehweg auf die Straße hinunterzukehren, eine Arbeit, mit der man sich natürlich auch noch einige Zeit hätte lassen können. Die Bergung der Habe aus den nicht ganz beschädigten, den brennenden oder vom Brand bedrohten Häusern war selbstverständlich eine Gemeinschaftsarbeit, bei der sich nicht nur die Nachbarschaftshilfe, sondern auch die Hilfsbereitschaft irgendwelcher Passanten im schönsten Licht gezeigt hat.« *(»Stuttgarter NS-Kurier«, 9. Oktober 1943)*

23. Oktober | Als erster Turnverein in Württemberg wurde vor 100 Jahren der Stuttgarter Männerturnverein gegründet.

29. Oktober | Die Reste zerstörter Gebäude werden beschlagnahmt, um für Luftschutzbauten oder zu Reparaturzwecken verfügbar zu sein.

4. Dezember | Rund um die Uhr werden nun im Planetarium im Hindenburgbau für Soldaten, die Wartezeiten am Bahnhof überbrücken müssen, zeitgeschichtliche Kurzfilme gezeigt. Auch die Bahnhofsbuchhandlungen sollen deshalb künftig nachts geöffnet bleiben.

10. Dezember | Die Reichsbahn kündigt eingeschränkte Reisemöglichkeiten zu Weihnachten an. Auch auswärts lebende Kinder müssten sich darauf einstellen, das Fest nicht mit ihrer Familie verbringen zu können.

16. Dezember | OB Strölin erklärt vor der Presse, die Stadtverwaltung sei immer weniger in der Lage, den Bedürfnissen der Bevölkerung zu entsprechen.

Zahlenspiegel | In Stuttgart werden 481637 Lebensmittelempfänger gezählt und mehr als 25000 ausländische Arbeitskräfte. Mit leicht verringertem Wagenbestand – 384 Triebwagen, 458 Anhänger – hat sich das Fahrgastaufkommen der Straßenbahn noch einmal um 7 Millionen auf 187,9 Millionen erhöht.

1944

25. Januar | OB Strölin fordert von den städtischen Bediensteten, ausgebombte Mitbürger in ihre Dienstwohnungen aufzunehmen. Je mehr Menschen auf Wohnbequemlichkeit verzichten müssten, desto mehr würden sie darauf achten, »wie sich die im Blickfeld der Öffentlichkeit stehenden Männer bei Umquartierungen verhalten«.

30. Januar | Jahrestag der Machtübernahme mit Sternmarsch von SS, Wehrmacht und Parteigliederungen zum Marktplatz. In den Schulen muss auf die gewaltigen Erfolge Deutschlands ebenso hingewiesen werden wie auf bevorstehende schwere Kämpfe und auf die Verpflichtung, »in unbedingter Treue zu Führer und Vaterland jedes Opfer zu bringen«.

22. Februar | Haushalte, die nach dem gestrigen Luftangriff ohne Elektrizität sind, können eine Kerze beziehen.

Der Luftschutzleiter gibt bekannt, dass Flakfeuer ab sofort Fliegeralarm bedeutet.

27. Februar | Wegen des Luftangriffs am 21. Februar sollen – »Abgabetermin noch offen« – Jugendliche 125 Gramm Süßwaren, Normalverbraucher eine halbe Flasche Trinkbranntwein und 50 Gramm Bohnenkaffee erhalten.

Februar | OB Strölin erörtert mit Feldmarschall Rommel die Lage und versucht ihn für den Widerstand zu gewinnen. Ungeklärt ist, ob Stuttgarts OB die Beseitigung des NS-Regimes oder nur dessen Reform anstrebte.

15. März | Die Besitzer stillgelegter Pkw sollen ihre Fahrzeuge dem Staat zum Kauf anbieten. Sie erhalten zehn Prozent mehr als den von der Automobil Treuhand GmbH geschätzten Wert ausbezahlt.

18. März | Die städtischen Grünflächen dürfen zum Kartoffelanbau genutzt werden. Kohlen sollen die Verbraucher selbst abholen, weil die Händler mangels Personal nicht ausliefern können. Wer mehr Gas verbraucht, als ihm zusteht, soll künftig namentlich in der Presse genannt werden.

20. April | Die Stadt der Auslandsdeutschen blicke »voll Zuversicht und gläubigen Herzens den kommenden Ereignissen entgegen«, versichert OB Strölin dem Führer zum Geburtstag.

1. Mai | Der »Nationale Feiertag des deutschen Volkes« geht ohne Beflaggung, Aufmärsche und Großveranstaltung vorüber.

Die Aufnahme zeigt das Trümmerfeld auf dem Marktplatz mit der Ruine des Rathauses, im Hintergrund die schwer beschädigte Stiftskirche.

5. Mai | Der *»Stuttgarter NS-Kurier«* führt die Verknappung von Medikamenten auf krankhafte Arzneimittelsucht und darauf zurück, dass markenfreie Arzneien als »Ausweichnahrungsmittel« verwendet werden.

23. Mai | OB Strölin weist auf rund 470 000 Luftschutzplätze und 4725 unterirdische Fluchtwege von insgesamt 26,7 Kilometer Länge hin, auch 80 Großlöschteiche und 350 Selbstschutzteiche stünden zur Verfügung.

6. Juni | Der *»Stuttgarter NS-Kurier«* kommentiert die Invasion der Alliierten an der Normandie-Küste mit: »Unsere Abwehr konnte an keiner Stelle überrascht werden«.

9. Juni | Die Kinos dürfen keine telefonischen Vorbestellungen mehr annehmen, damit die Fernsprechämter nicht unnötig belastet werden.

13. Juli | Die Frage »Warum Kinder im Kriege?« beantwortet ein Referent des Gesundheitsamts so: Auch wenn der Mann an der Front stehe, müsse der Wille zum Kind stark sein, um ihn fühlen zu lassen, wofür er kämpfe, oder das Kind als Vermächtnis zu haben, wenn es das Schicksal so wolle.

Carl Goerdeler, letztmals in Stuttgart, deutet gegenüber Ex-Oberpolizeidirektor Paul Hahn an, der Staatsstreich stehe unmittelbar bevor.

17. bis 29. Juli | Gegen Abgabe einer leeren Flasche erhält, wer Jahrgang 1880 oder älter ist, eine Flasche Traubengetränk.

20. Juli | Claus Schenk Graf von Stauffenbergs Attentat auf Hitler schlägt fehl. Der versuchte Staatsstreich zeigt in Stuttgart keine Auswirkungen: Die diensthabenden Of-

Das bis auf die Kuppel zerstörte Kunstgebäude wurde zwischen 1956 und 1961 nach Plänen von Paul Bonatz in veränderter und vereinfachender Form wieder aufgebaut. Bonatz verzichtete auf die Rekonstruktion der dem Schloßplatz abgewandten Bauteile und der plastischen und malerischen Ausstattung.

fiziere reagieren nicht auf die Befehle aus Berlin, keine Einheit wird alarmiert. Tags darauf hält Reichsstatthalter Murr bei einer NSDAP-Treuekundgebung auf dem Marktplatz eine pathetische Rede.

---

26. Juli | Die historische Altstadt versinkt großenteils im Feuersturm. Die Stiftskirche brennt aus, die Gewölbe stürzen ein. Das Rathaus muss geräumt werden und brennt weitgehend aus, die städtischen Akten werden größtenteils vernichtet. Auch die Bürger- und Geschäftshäuser am Marktplatz sind zerstört.

---

29. Juli | Der *»Stuttgarter NS-Kurier«* fordert »äußerste Sauerstoff-Disziplin« in überfüllten Luftschutzräumen: Wo man sich ruhig verhalten und nicht geredet habe, sei bis jetzt nur sehr selten Sauerstoffmangel eingetreten.

Ein Bild des Jammers

»Vom Schloßplatz bis zum Wilhelmsbau, von der Hauptstätter Straße bzw. schon von der Leonhardskirche und dem Sieglehaus bis über die Schloß- und Rosenbergstraße und zum Katharinenhospital ist eine einzige, fast totale Zerstörung. (...) Man hat freien Durchblick vom Wilhelmsbau bis zum Alten Schloß, vom Leonhardsplatz bis zur Königstraße. Einzelne Giebel oder Skelette von Häusern ragen aus den Trümmern hervor, über die man zum Teil nach Wochen wie über ein Felsenmeer klettern muß. (...) Die Königstraße fand man, die Commerzbank ausgenommen, bis oben zerstört, meist durch Brand. (...) Der Große Bazar, Stockgebäude, Mittnachtbau, Hanke & Kurz, Union, Märcklin, WMF und andere riesige Geschäftshäuser waren völlig ausgebrannt und eingestürzt. (...) Aber ebenso völlig zerstört war auch die abwärts sich anschließende älteste Stadt mit den alten Gassen des Rathausviertels, die schönen alten Bürgerhäuser am Marktplatz und in der Hirschstraße bis zum Bebenhäuser Hof, der Marktplatz und der Schillerplatz, weiter die Straßen der alten Leonhardsvorstadt, besonders die Hauptstätter Straße und ihre Querstraßen zur Eberhardstraße herüber. (...) Schlimm sind die drei Kirchen der alten Stadtteile zugerichtet; besonders die Leonhardskirche ist nur noch eine traurige, nicht einmal – wie die Stiftskirche – romantische Ruine. (...) Völlig ausgebrannt war mit Königsbau und Hotel Marquardt die Hauptpost. (...) Die Marienkirche ist diesmal schwer getroffen und vernichtet. (...) Das Alte Schloß war erneut durch schwere Sprengbomben getroffen und brannte zum Teil. (...) Das Wilhelmspalais wurde von Brandbomben getroffen und brannte aus. Besonders schmerzlich war die Zerstörung eines großen Teiles der für die württembergische Geschichte so bedeutsamen Akademie, der einstigen Karlsschule. (...) Die Eberhardskirche stürzte vollends ein. (...) Durch Feuer in seiner ganzen Ausdehnung zerstört ist der Marstall. (...) Auch die Staatstheater waren stark betroffen, besonders das Kleine Haus, dessen Vorderfront – von einer Sprengbombe getroffen – eingestürzt ist.« *(Bericht von Hermann Werner, Redakteur)*

Im Hotel »Silber« (rechts im Bild) hat seit 1936 die Geheime Staatspolizei verhört, gefoltert und gemordet, bis der Bombenkrieg das Gebäude schwer demolierte.

1. August | Weil der öffentliche Nahverkehr zusammengebrochen ist, werden Autofahrer verpflichtet, Fußgänger mitzunehmen. Ein Fuhrunternehmer wurde verhaftet, weil er dem Straßenverkehrsamt sein Fahrzeug nicht überlassen hat.

---

2. August | »Kinder zwischen Ruinen« hält der *»Stuttgarter NS-Kurier«* für eine unerträgliche Vorstellung und fordert deren Evakuierung aufs Land. Aber auch der Lebensabend von Alten und Gebrechlichen solle »nicht im Sturm der Terrornächte« enden.

4. August | Nach schweren Luftangriffen Ende Juli gibt es erstmals wieder Licht in weniger betroffenen Stadtteilen.

8. August | In beiden Häusern des Württembergischen Staatstheaters fällt an diesem Abend der letzte Vorhang.

9. August | Paul Hahn, bis 1922 Stuttgarter Oberpolizeidirektor, wird verhaftet und von der Gestapo im Hotel »Silber« mit dem Vorwurf konfrontiert, am Staatsstreich des 20. Juli beteiligt gewesen zu sein. Im März 1945 wird Hahn zu mehrjähriger Haft verurteilt.

Öffentliche Luftschutzräume darf nur noch benutzen, wer in Stuttgart zur Arbeit geht.

10. August | OB Strölin, zumindest am Rande in die Vorbereitung des Hitler-Attentats vom 20. Juli eingeweiht, spielt im Gemeinderat die Rolle des überzeugten Nationalsozialisten und hält eine pathetische Rede gegen den Umsturzversuch. Im Rückblick auf die Luftangriffe vom 29. Juli resümiert er: »Die Innenstadt ist vernichtet, zahlreiche Baudenkmäler sind zerstört, rund 1000 Menschen sind tot oder vermisst, etwa 100 000 sind obdachlos.«

Die Gestapo vermutet Goerdeler in der Wohnung Strölins und führt eine Hausdurchsuchung bei ihm durch, jedoch vergebens.

12. August | Der ehemalige Staatspräsident Eugen Bolz wird verhaftet und nach Berlin gebracht.

14. August | Ein Tagesangriff der feindlichen Luftwaffe verwandelt den Echterdinger Flughafen in ein Trümmerfeld.

26. August | Wer einen nächsten Angehörigen verloren hat, kann auf Antrag Trauerflor und schwarze Krawatte (Männer) bzw. ein Paar schwarze Strümpfe (Frauen) beziehen.

Ein Freilicht-Filmtheater wird am Rosenplatz eröffnet. Filme wie der »Mustergatte« mit Heinz Rühmann oder »Schicksal« mit Heinrich George werden gezeigt.

28. August | Kinder und Jugendliche, die die letzten Luftangriffe mitmachen mussten, erhalten eine Sonderzuteilung von 250 Gramm Süßwaren.

Ende August | Die bei den schweren Juliangriffen versengten Kastanien am Schloßplatz beginnen auszuschlagen und zu blühen.

12. September | Bei einem erneuten Bombenangriff, der die Firma Bosch an der Seidenstraße zum Ziel hat, wird die Innenstadt wieder schwer heimgesucht. Alte Kanzlei, Prinzenbau, Staatsgalerie, Hauptstaatsarchiv, Landesbibliothek, Landesgewerbemuseum, Russische Kirche, Lindenmuseum und Katharinenhospital werden getroffen oder ein Raub der Flammen. Die Stuttgarter Kirchen mit Ausnahme der Gaisburger Lutherhauskirche und der Heilandskirche am Metzplatz sind zerstört oder auf lange Sicht unbrauchbar geworden. Im Westen entsteht ein solcher Feuersturm, dass der Asphalt auf den Straßen lichterloh brennt. Nach diesem Angriff werden erstmals Lebensmittelgeschäfte geplündert.

Feuersturm im Stuttgarter Westen

»Am schlimmsten sind die Wirkungen der Katastrophe im westlichen Stadtteil, besonders in der Gegend um die Bosch-Werke. Vom Bahnhof an, in den Straßen am Kriegsberg entlang und an diesem empor, über die Gegend des Katharinenhospitals und die Anstalten der Diakonissen hinaus und hinüber bis zur Hospitalkirche ist fast völlige Zerstörung. Man findet kaum noch ein einigermaßen bewohnbares Haus. Auch die Straßen sind vom Schutt der eingestürzten Häuser und von Sprengtrichtern überschüttet und weithin gesperrt oder nur noch auf engen, schwierigen Pfaden zu begehen. (...) Man weiß hier überhaupt nicht mehr, wo man ist. So weit man sieht, ist alles Ruine, und der Blick in die Hegel-, Trauben-, Lerchen- und Falkertstraße ist trostlos. Eine wahre Flut von Sprengbomben muß es hier heruntergeregnet haben, und in die zerrissenen Häuser kamen dann die Brandbomben. Man versteht nicht, daß hier überhaupt noch Menschen aus den Häusern herausgekommen sind. Die Russische Kirche ist eine Ruine. Unbeschreibliche Szenen sollen sich hier abgespielt haben. Die Menschen mußten durch die Flammen fliehen und eilten in ihren Tod. (...) Auch die Gegend von den Bosch-Werken sieht schlimm aus, wenn schon die Hauptbauten von Bosch wenigstens im Skelett noch stehen. Die Liederhalle hat wieder gebrannt. Außer der Vorderfront steht nicht mehr viel. Die Garnisonskirche hat gebrannt und Dach und Turmspitzen verloren.« *(Bericht von Hermann Werner, Redakteur)*

15. September | Die Stadt ist nicht in der Lage, aus zerbombten Häusern gerettete Möbel abzutransportieren. Geschädigte werden aufgefordert, ihren Hausrat selbst irgendwo unterzustellen oder gegen die Witterung zu schützen.

Stuttgart ist von Post- und Bahnverbindungen weitgehend abgeschnitten.

17. September | Es wird zum »Generaleinsatz« der Bevölkerung« beim Freimachen der Straßen in den vom letzten Angriff betroffenen Stadtteilen aufgerufen. Lebensmittelhändler, Bäcker, Metzger und Tabakwarenverkäufer müssen am heutigen Sonntag ihre Geschäfte öffnen.

18. September | Weil die meisten Bekleidungsgeschäfte zerstört sind, soll der Hilfszug Hermann Göring »nach Maßgabe seiner Bestände« helfen. An die Bürger wird appelliert, Kleidung und Wäsche mit den Bombengeschädigten zu teilen.

19. September | Die Trinkwasserversorgung ist zusammengebrochen, Notversorgung erfolgt mit Wasserwagen. Zeitungen werden nicht mehr ausgetragen.

20. September | Die Post kann wieder zugestellt werden.

12. Oktober | »Der größte Teil der Wohn- und Geschäftsgebäude in unserer Stadt ist nunmehr zerstört oder beschädigt«, fasst OB Strölin die Lage der Stadt zusammen. Neue Richtlinien, heißt es sodann, seien »für die Bergung, die Kennzeichnung, den Abtransport und die Bestattung der Gefallenen aufgestellt. Alle zivilen Gefal-

Nicht nur das Bosch-Werk in der Seidenstraße wurde zu großen Teilen zerstört, sodass die Produktion zum Erliegen kam, auch die 1888 eröffnete städtische Reithalle an der Forststraße (links dahinter die Garnisonskirche) brannte aus.

lenen von Luftangriffen werden auf dem Hauptfriedhof Steinhaldenfeld und die Militärpersonen auf dem Kriegerehrenfeld des Waldfriedhofs beigesetzt (...). Die Beisetzung erfolgt nicht in Massengräbern, sondern in Reihen-Einzelgräbern, von denen jede einzelne Grabstelle mit dem Namen des Gefallenen gekennzeichnet ist.«

---

16. Oktober | Die Brotration für Normalverbraucher sinkt auf 2226 Gramm pro Woche.

---

19. Oktober | Aus den »waffenfähigen Männern« von 16 bis 60 Jahren wird der »Volkssturm« gebildet, verkünden rote Plakate. 35 000 Stuttgarter sind damit angesprochen – es melden sich aber sehr viel weniger.

---

24. Oktober | OB Strölin beziffert die Abwurfmittel des Doppelangriffs in der Nacht vom 19. zum 20. Oktober mit 4000 Sprengbomben, 100 Minenbomben und hunderttausenden Stabbrandbomben. Etwa 350 Menschen kamen zu Tode, rund 25 000 wurden obdachlos.

Da die Kühlhallen des Schlachthofs außer Funktion gesetzt sind, muss das dort lagernde Fleisch durch eine Sonderzuteilung von 250 Gramm pro Person verteilt werden. Große Teile der Stadt sind ohne Elektrizität und Gas. Wasserwagen und Standrohre als Entnahmestellen dienen der notdürftigen Wasserversorgung.

---

25. Oktober | Die aus 505 Häftlingen des Konzentrationslagers Auschwitz/Birkenau zusammengestellte »2. SS-Eisenbahnbaubrigade« muss in Stuttgart bis zum 1. April 1945 Erdarbeiten leisten. Im November werden auch Häftlinge aus Sachsenhausen zu Tunnel- und Reparaturarbeiten in die Stadt gebracht.

---

2. November | Ein Zusammenstoß zweier Züge zwischen Ober- und Untertürkheim fordert 40 Tote und zahlreiche Verletzte.

Erwachsene Verbraucher, ausgenommen ausländische Zivilarbeiter, erhalten gegen Abgabe einer leeren Flasche eine Flasche Wein zugeteilt.

---

12. November | Der Volkssturm wird vereidigt. Dieses »letzte Aufgebot« ist armselig bewaffnet und meist nur mit einer Armbinde ausgestattet.

---

24. November | Winterhandschuhe können nicht mehr gegen Kleiderkarten, sondern nur noch gegen Bezugsscheine abgegeben werden, die bei dringendem Bedarf ausgestellt werden.

---

29. November | Elf Tote und zahlreiche Verletzte fordert ein Zugunglück zwischen Feuerbach und Zuffenhausen.

---

30. November | Wegen Vorbereitung zum Hochverrat werden neun Antifaschisten der Stuttgarter Widerstandsgruppe um die Familie Schlotterbeck aus Untertürkeim hingerichtet.

In Echterdingen wird ein Außenlager des KZ Natzweiler eingerichtet, die Häftlinge sollen Bauarbeiten am Flughafen verrichten.

---

19. Dezember | Kohlenvorräte in zerstörten Häusern und in den Kellern von Evakuierten werden beschlagnahmt, soweit sie fünf Zentner übersteigen.

Zahlenspiegel | Die Zahl der Lebensmittelempfänger hat sich um 74 700 auf nur noch 406 937 verringert.

1945 (bis 22. April)

4. Januar | Im KZ Sachsenhausen wird Fritz Elsas ohne Verhandlung und Urteil hingerichtet. Der Sohn eines jüdischen Fabrikanten aus Cannstatt hat sich als Rechtsrat der Stadt, als Landtagsabgeordneter, als Vorstand des deutschen Städtetages und als Zweiter Bürgermeister von Berlin bis 1933 Verdienste erworben.

---

5. Januar | Montags von 8 bis 11 und 13 bis 16 Uhr gibt es keine Elektrizität. Luftalarm wird während dieser Zeit durch drei Flaksalven angezeigt.

---

23. Januar | Eugen Bolz, letzter württembergischer Staatspräsident, am 21. Dezember 1944 zum Tode verurteilt, wird in Plötzensee hingerichtet.

Es verkehren keine D- und Eilzüge mehr, Fahrten mit Personenzügen sind nur mit Sondergenehmigung erlaubt. Post kann nur noch eingeschränkt befördert werden.

24. Januar | Wegen eingeschränkter Stromversorgung fährt montags bis freitags am Nachmittag von 13 bis 17 Uhr und sonntags von 9 bis 17 Uhr keine Straßenbahn.

27. Januar | Im Austausch gegen feindliche Gefangene treffen erste Transporte schwerverletzter Kriegsgefangener und Angehöriger des Sanitätsdienstes ein.

Die meisten städtischen Ämter und Dienststellen bleiben mangels Kohle samstags und montags geschlossen.

28. Januar | Um 20.35 Uhr beginnt der letzte große Flächenangriff. Er fordert 119 Tote und 78 Verletzte; vier Personen werden vermisst.

31. Januar | Die SD-Hauptaußenstelle (Sicherheitsdienst der SS) Stuttgart hat ermittelt, es werde besonders im Großraum Stuttgart davon gesprochen, »daß Deutschland seine augenblickliche Lage selbst verschuldet habe und daß die Kriegsschuld auf unserer Seite liege«.

Anfang Februar | Ein äußerer und ein innerer Verteidigungsring sollen die Stadt schützen: Schützenlöcher, MG- und Pak-Stellungen sowie Panzersperren werden angelegt.

12. Februar | Die letzten jüdischen Mischlinge und Partner aus Mischehen werden nach Theresienstadt deportiert. Mit dabei ist Alfred Marx, der seit 1940 als Nachfolger Alfred Adlers die jüdische Mittelstelle geleitet hat.

23. Februar | Heinrich Baumann, seit 1932 KPD-Gemeinderat und seit Februar 1933 Vorsitzender des Waldheim-Vereins Sillenbuch, kommt im KZ Dachau unter ungeklärten Umständen zu Tode.

Kriegsschäden in Stuttgart

Bei den 53 Luftangriffen wurde die Stadt von rund 20 000 Spreng- und 1 300 000 Brandbomben getroffen. 4562 Menschen verloren ihr Leben und 8908 wurden verletzt – diese im Verhältnis zu anderen Städten geringe Zahl von rund 1 Prozent der Vorkriegsbevölkerung resultiert aus der topographischen Lage der Stadt mit ihren durch Wald vom Stadtkern getrennten Wohngebieten und den aufgelockert bebauten Hängen des Talkessels. Auch boten die vielen zum großen Teil auf private Initiative in die Hänge getriebenen Luftschutzstollen mehr Sicherheit als Keller. Letztere wurden, um die Fluchtmöglichkeiten zu erhöhen, zudem miteinander verbunden. Dennoch wurden 39 125 Gebäude (57,5 % des Vorkriegsbestandes) und 75 Prozent der industriellen und gewerblichen Anlagen zerstört oder schwer beschädigt. Mehr als ein Drittel der Wohnungen war nicht mehr zu benutzen. Daher verließen viele Stuttgarter ihre Stadt: Lebten am 17. Mai 1939 noch 458.429 Menschen in Stuttgart, so waren es am 30. April 1945 nur mehr 266.067. 4,9 Millionen Kubikmeter Schutt mussten nach dem Krieg geräumt und beseitigt werden. Einen beträchtlichen Teil hiervon brachte man zwischen 1953 und 1957 zur gesprengten Flakstellung auf dem Birkenkopf, der dadurch um mehr als 40 Meter höher wurde.

1. März | Gütertransporte der Straßenbahn ermöglichen Gärtnern aus Botnang und Sillenbuch die Belieferung des Stuttgarter Marktes.

21. März | Das Dampfkraftwerk Münster stellt den Betrieb ein.

22. März | Als »eiserne Ration« für den Fall feindlicher Besatzung bekommen die Stuttgarter je ein Kilogramm Fleisch und Butter sowie Mehl, Nährmittel, Sauerkraut und zwei Flaschen Wein zugeteilt.

27. März | Reichsstatthalter Murr gibt Hitlers »Nero-Befehl« an die Stadtverwaltung weiter: Beim Signal »Schwabentreue« müssen die Infrastruktur zerstört und die Einwohner evakuiert werden.

1. April | Führende Industrielle beraten mit OB Strölin, wie der »Nero-Befehl« unterlaufen werden kann.

Als »Organ einer Bewegung der nationalsozialistischen Freiheitskämpfer« kündigt sich im Rundfunk der »Werwolf« an und droht, Feinde und Verräter am eigenen Volk gleichermaßen zu richten.

3. April | »Kopfloser Dienstag«: Ein Ansturm auf die Geschäfte setzt ein, nachdem der Rundfunk gemeldet hat, feindliche Panzer seien durchgebrochen, Lebens-

Heinrich Baumanns tödlich endender Leidensweg hatte 1933 mit »Schutzhaft« begonnen. Es folgten Arbeitslosigkeit, Schikanen und am 22. August 1944 die Deportation nach Dachau.

Die in der Endphase des Kriegs gesprengte Eisenbahnbrücke über den Neckar unterhalb des Rosensteins.

mittel und Bekleidung würden deshalb markenfrei abgegeben. Eine erneute Meldung um 12 Uhr stoppt den freien Verkauf. Reichsstatthalter Murr ordnet »Schwabentreue« an, dem Nero-Befehl ist Folge zu leisten. Die Order kann jedoch aus Personalmangel nicht ausgeführt werden.

---

4. April | OB Strölin sucht gemeinsam mit Wehrmachtskommandant Eduard von Scholley zu erreichen, dass auf die Verteidigung der Stadt verzichtet wird. Reichsstatthalter Murr lehnt das ab.

---

5. und 6. April | Der »Reichssender Stuttgart« gibt die Einstellung seiner Sendungen bekannt. Die Sendeanlage in Mühlacker wird gesprengt.

---

6. April | Teilräumung von Behörden und Dienststellen: OB Strölin setzt eine Notverwaltung sowie eine Ausweichstelle in Isny (Allgäu) ein, die Kontakt mit den Stellen halten soll, mit denen das eingekreiste Stuttgart nicht mehr in Verbindung treten kann.

7. April | Oberst von Scholley wird durch Paul Marbach abgelöst. Ihm rät OB Strölin von der Verteidigung der Stadt ab.

---

8. April | Die später so genannte »Rettet-Stuttgart-Bewegung« um Arnulf Klett nimmt mit OB Strölin Kontakt auf, um die Bemühungen um Erhalt wichtiger Anlagen zu unterstützen.

---

9. bis 29. April | Noch 99 in Mischehen lebende Juden erhalten für die Versorgungsperiode vom 9. bis zum 29. April Lebensmittelkarten zugeteilt.

---

10. April | Durch einen elsässischen Vermittler signalisiert OB Strölin den alliierten Streitkräften die Bereitschaft zu kampfloser Übergabe.

---

13. April | Im Keller des Hotel »Silber« erhängt die Gestapo die Jüdin Else Josenhans und eine Anzahl namentlich unbekannter Opfer.

---

14. April | Der *»Stuttgarter NS-Kurier«* veröffentlicht eine letzte Anordnung von OB Strölin an die Bevölkerung: »Eiserne Rationen bilden«.

Letzte Drohungen

Wenige Tage, bevor er sich aus der Verantwortung stiehlt und flüchtet, macht Gauleiter und Reichsverteidigungskommissar Wilhelm Murr am 14. April 1945 im *»Stuttgarter NS-Kurier«* »mit allem Ernst darauf aufmerksam, dass jeder Versuch, die Schließung einer Panzersperre zu verhindern oder eine geschlossene Panzersperre wieder zu öffnen, auf der Stelle mit dem Tode bestraft wird. Ebenso wird mit dem Tode bestraft, wer eine weiße Fahne zeigt. Die Familie des Schuldigen hat außerdem noch drakonische Strafen zu erwarten.« *(»Stuttgarter NS-Kurier«, 14. April 1945)*

17. April | Die Stuttgarter hören Artilleriefeuer. Kinder erhalten zwei Beutel Vanillinzucker als Sonderzuteilung.

---

19. April | OB Strölin soll aufgrund seines Angebots kampfloser Übergabe verhaftet werden, jedoch vernichtet der aufnehmende Funker den Befehl. Französische Truppen, die den Neckarraum eigentlich den Amerikanern überlassen sollten, stoßen in Richtung Stuttgart vor.

Die letzten Züge verlassen den Hauptbahnhof.

---

19. und 20. April | Fast alle Häftlinge, die kurz zuvor aus Sicherheitsgründen vom KZ Vaihingen/Enz in das Gestapo-Gefängnis im Hotel »Silber« verlegt worden waren, kommen frei. Nur drei bleiben in Haft und müssen den Fluchtwagen der Geheimpolizisten beladen.

---

20. April | Die letzte Ausgabe des *»Stuttgarter NS-Kuriers«* erscheint mit der Schlagzeile »Im Unglück nicht feige, sondern trotzig werden« und bringt außer der Nachricht, dass Stuttgart eingekesselt ist, die Goebbelsrede zu Hitlers Geburtstag.

Hohe NS-Funktionäre – darunter Murr und Mergenthaler – verlassen die Stadt. Der öffentliche Personennahverkehr wird eingestellt.

Der Ring feindlicher Truppen um Stuttgart ist geschlossen.

Ein französischer Offizier will telefonisch mit OB Strölin die Übergabe der Stadt aushandeln. Weil der Anrufer Deutsch spricht, wittert Strölin eine Falle und verweist ihn an Stadtkommandant Marbach.

Am späten Nachmittag rücken französische Panzer in Plieningen und Möhringen ein und stoßen auf keinen Widerstand. Ein Volkssturmmann kommt ums Leben.

Von Norden rücken amerikanische Truppen in Richtung Stuttgart vor.

---

21. April | Frühmorgens sucht OB Strölin Stadtkommandant Marbach auf, um die Zerstörung der Brücken zu verhindern – vergebens. Um sechs Uhr werden die Neckarbrücken gesprengt. Erhalten bleiben nur der Voltasteg und der lebenswichtige Berger Steg, der die Leitungen der Neckarwasserversorgung trägt. Die Untertürkheimer Brücke wird erst gegen 18 Uhr zerstört, um den Rückzeug der im Kessel eingeschlossenen deutschen Soldaten zu ermöglichen.

Morgens wird der Volkssturm aufgelöst, mittags besetzen französische Truppen unter General Jean de Lattre de Tassigny Stuttgart.

Die Stromversorgung fällt aus, Post- und Fernmeldebetrieb kommen zum Erliegen, die Straßenbahn hat den Betrieb eingestellt, die Städtische Sparkasse schließt ihre Schalter.

---

22. April | OB Strölin übergibt im Degerlocher Gasthof »Ritter« die Stadt an den französischen General Jacques Schwartz.

Amerikanische Truppen besetzen die rechts des Neckars gelegenen Stadtteile.

Plünderungen und Brandschatzungen in der Innenstadt durch befreite zivile Ausländer, der Wilhelmsbau und andere Gebäude brennen aus.

Die französischen Besatzer erlassen erste Anordnungen: u.a. eine Ausgangssperre zwischen 20 und 6.30 Uhr, die Schließung der Gast- und Vergnügungsstätten sowie die Stilllegung von Wirtschaftsunternehmen, Post, Presse, Rundfunk und Verkehrsmitteln. Männer werden zu Arbeitseinsätzen zwangsrekrutiert, manche werden wochen- oder monatelang nach Frankreich gebracht.

Nachdem US-General Jacob Loucks Devers Berichte über systematische Plünderungen und zahlreiche Vergewaltigungen zu Ohren kommen, befiehlt er dem französischen General de Lattre de Tassigny die Übergabe der Stadt. Als dieser ablehnt, droht eine militärische Auseinandersetzung der beiden Siegermächte auf Stuttgarter Boden.

Oberbürgermeister Karl Strölin übergibt die Stadt

»Wir hielten vor dem Gasthof ›zum Ritter‹, dessen Umgebung in ein Heerlager verwandelt schien. Panzerwagen und Lastautos versperrten die Straße, Trupps gefangener deutscher Soldaten und Volkssturmleute wurden vorübergeführt. Auf den Tischen im großen Zimmer des Gasthofs, an denen sonst friedliche Bürger gesessen hatten, standen Schreibmaschinen, auf denen von französischen Soldaten eifrig geschrieben wurde. Ordonnanzen gingen ein und aus. Ich mußte kurze Zeit warten. Dann wurde ich zum Kommandierenden General geführt. In einem Hotelzimmer erwartete mich der französische General hinter einem Schreibtisch stehend. Als ich ihm gegenüberstand, erklärte ich: ›Oberbürgermeister von Stuttgart. Ich übergebe die Stadt.‹ Es war Sonntag, der 22. April 1945, elf Uhr vormittags. Die Tatsache der Übergabe der Stadt wurde um zwölf Uhr mittags durch Rundfunk bekannt gegeben.« *(Aus: Karl Strölin, »Stuttgart im Endstadium des Krieges«)*

4 | *Neubeginn am Punkt Null*

1945–1949

Nach der bedingungslosen Kapitulation am 7. Mai 1945 teilten die Alliierten Deutschland unter sich auf. Sie ließen zunächst keinen Zweifel daran, dass die Bevölkerung sich auf ein hartes Besatzungsregiment einzustellen hatte, bis Nationalismus und Militarismus völlig ausgerottet waren.

General Charles de Gaulle, Chef der provisorischen französischen Regierung, forderte ein weit größeres Besatzungsgebiet in West- und Süddeutschland, als die Amerikaner ihm zuzugestehen bereit waren. Diese zogen die Grenzen ihrer Zone entlang der Autobahnlinie Karlsruhe-Stuttgart-Ulm und wiesen den Franzosen nur die südlich davon gelegenen Landesteile Badens und Württembergs zu. De Gaulle wollte dies so nicht akzeptieren und wies General Jean de Lattre de Tassigny an, ein möglichst großes Gebiet, vor allem aber die Landeshauptstädte Karlsruhe und Stuttgart in seine Gewalt zu bringen. Tatsächlich gelang es den französischen Truppen, weite Teile Badens und Württembergs unter ihre Kontrolle zu bringen. Ungeachtet amerikanischer Proteste richteten sie eine Militärregierung in Stuttgart ein und begannen eine zivile deutsche Landesverwaltung für ganz Württemberg beziehungsweise für ganz Baden einzusetzen. Durch massiven politisch-wirtschaftlichen Druck zwangen die Amerikaner die Franzosen zur Preisgabe der nördlich der Autobahn gelegenen Gebiete und wählten ihrerseits Stuttgart zum Sitz der Militärregierung.

Die Besetzung durch Franzosen und Amerikaner führte zur politischen und wirtschaftlichen Spaltung der Länder Baden und Württemberg ohne Rücksicht auf die alten Landesgrenzen. Die Amerikaner bildeten in ihrer Zone aus Nordbaden und Nordwürttemberg das neue Land Württemberg-Baden. Im französischen Machtbereich entstanden die Länder Baden und Württemberg-Hohenzollern. Die Besatzer bemühten sich nach kurzer Zeit um den Aufbau demokratischer Strukturen, setzten neue Landesregierungen ein, ließen Gewerkschaften und politische Parteien zu und erlaubten 1946 Kommunal-, Kreis- und Landtagswahlen. Am 14. September 1945 bestätigte der amerikanische Militärgouverneur für Deutschland ein vom früheren württembergischen Wirtschaftsminister Reinhold Maier gebildetes Kabinett und rief fünf Tage später die Gründung von Württemberg-Baden aus. Im Gegenzug setzten die Franzosen am 16. Oktober 1945 das »Staatssekretariat für das französische Gebiet Württembergs und Hohenzollerns« ein. Die badische Landesverwaltung – die von den Amerikanern für ihre Besatzungszone nicht anerkannt wurde – verlegte ihren Sitz nach Freiburg. Den Parlamenten der drei neu gebildeten Länder fiel die Aufgabe zu, Verfassungen auszuarbeiten, die der Bevölkerung zur Abstimmung vorgelegt wurden und im November 1946 in Württemberg-Baden, im Mai 1947 in Baden und Württemberg-Hohenzollern in Kraft traten.

Jedoch waren die Menschen in der ersten Nachkriegszeit mehr mit Alltagssorgen und der großen materiellen Not beschäftigt als mit Gedanken an den Aufbau eines neuen politischen Systems. Nach dem Zusammenbruch fehlte es an allem Lebensnotwendigen. Viele Städte waren im Bombenkrieg in Schutt und Asche gesunken. Das Verkehrs- und Transportwesen war zusammengebrochen, Straßen, Brücken und Eisenbahnlinien zerstört oder beschädigt. Zudem strömten Millionen Flüchtlinge aus den ehemaligen deutschen Ostgebieten in die alliierten Besatzungszonen. Allein Württemberg-Baden mit seinen rund drei Millionen Einwohnern nahm bis Ende April 1947 fast 600 000 Heimatvertriebene auf, deren Unterbringung und Versorgung schier unlösbare Probleme aufwarf. Das ganze Leben war auf die Beschaffung von Lebensmitteln, Wohnraum, Kleidung, Brennstoff ausgerichtet. Eine Linderung der größten Not brachten Hilfsaktionen aus dem Ausland, vor allem die Care-Pakete mit hochwertigen Nahrungsmitteln und die nach dem ehemaligen amerikanischen Präsidenten benannte »Hoover-Speisung« für Kinder und Jugendliche. Eine Wende zum Besseren bedeuten 1947 der Marshallplan, ein europäisches Hilfs- und Aufbauprogramm sowie die Währungsreform am 20. Juni 1948. Sie schufen die Grundlage für den wirtschaftlichen Aufschwung, der in den Fünfziger- und Sechzigerjahren das Leben in Deutschland prägen sollte.

Mit Gründung der Bundesrepublik Deutschland – als deren Hauptstadt auch Stuttgart kurzfristig im Gespräch war – hatten im September 1949 die vier Jahre, in denen das Land unter alliierter Militärregierung stand, ein Ende. Zwar hatten die Amerikaner, Engländer und Franzosen immer noch weitreichende Befugnisse, vor allem in der Außenpolitik, die innerstaatlichen und gesellschaftlichen Belange konnten die Deutschen aber wieder weitgehend selbst gestalten.

Es sollte noch deutlich länger dauern, bis die politische Neuordnung des deutschen Südwestens abgeschlossen war. Im Juli 1948 forderten die Alliierten die südwestdeutschen Länderregierungen auf, Vorschläge für eine Korrektur der Grenzziehung von 1945 zu machen. Während die Regierungschefs der Länder Württemberg-Baden und Württemberg-Hohenzollern, Reinhold Maier und Gebhard Müller, einen aus allen drei Ländern gebildeten Südweststaat favorisierten, plädierte der badische Ministerpräsident Leo Wohleb für die Wiederherstellung der alten Länder Baden und Württemberg. Eine Volksabstimmung ebnete dann im Dezember 1951 den Weg zur Gründung des Landes Baden-Württemberg am 25. April 1952, dessen Hauptstadt Stuttgart werden sollte.

Weil Stuttgart zunächst den Franzosen in die Hand fiel und erst am 8. Juli 1945 den US-Truppen übergeben wurde, lernten die Stuttgarter Besatzer kennen, die sich den Deutschen gegenüber durchaus unterschiedlich verhielten. Das Verhalten der Franzosen war weit mehr von Rache- und Vergeltungsgedanken für die Terrorisierung und Besetzung ihrer Heimat durch die Deutschen geprägt. Sie nutzten die besetzten Gebiete als Ressource für den Wiederaufbau des eigenen Landes. Daher waren die Verschleppung von Deutschen als Zwangsarbeiter, Requisitionen von Lebensmitteln, Kleidung, Rohstoffen, Heizmaterial, Wertgegenständen, Krankenhauseinrichtungen, Geräten und Maschinen sowie Demontagen von Fabriken an der Tagesordnung. Es kam zudem auch zu Übergriffen der französischen Besatzungssoldaten gegenüber der deutschen Bevölkerung.

So wurden in Stuttgart fast 2000 Vergewaltigungen durch französische Soldaten gemeldet. Auch unter den Requisitionen hatten die Stuttgarter zu leiden. Insgesamt sollen Waren im Wert von rund 21 Millionen Reichsmark völkerrechtswidrig aus Stuttgart nach Frankreich transportiert worden sein. Die gesamten Besatzungskosten der Franzosenzeit beliefen sich auf 39,6 Millionen Reichsmark. Außerdem wurden gleich nach dem Einmarsch der Franzosen alle Firmen, Post, Presse und Rundfunk stillgelegt sowie sämtliche Verkehrsmittel bis hin zum Fahrrad verboten. Besonders bitter war es für die Stuttgarter, dass ihre täglichen Lebensmittelrationen auf 970 Kilokalorien gekürzt wurden – so viel hatten die Deutschen zuvor den Franzosen zugestanden. Proteste gegen die französischen Maßnahmen waren zwecklos. Wann immer die Stadtverwaltung sich beschwerte, wurden ihr die deutschen Übergriffe während der Besetzung Frankreichs entgegengehalten.

Inmitten völlig zerstörter Häuser bot ein Stuttgarter Kaufmann in einem mehr als notdürftig eingerichteten Laden seine wenigen Waren feil.

Die amerikanische Besatzungsmacht begegnete der deutschen Bevölkerung wenn auch nicht mit Hass, so doch zunächst mit Kälte und Härte. Da sie die Bildung einer Untergrundbewegung fürchtete, unternahm sie schneller und rigoroser als die Franzosen große Anstrengungen, die Nationalsozialisten zu erfassen, zu verhaften und aus ihren Ämtern zu entfernen. NSDAP-Mitgliedschaft beziehungsweise die Ausübung eines öffentlichen Amtes seit 1934 genügte für die Entlassung von Beamten aus dem Dienst. Schon im Oktober 1945 waren 3960 ehemalige Parteimitglieder aus der Stadtverwaltung und anderen städtischen Einrichtungen entfernt worden und hatten zugleich ihre Bezüge und Pensionsansprüche verloren. Infolge des im März 1946 erlassenen Gesetzes zur Befreiung von Nationalsozialismus und Militarismus wurden alle erwachsenen Deutschen in der amerikanischen Besatzungszone anhand von Fragebögen erfasst. Wer als unbelastet eingestuft wurde, erhielt einen entsprechenden Bescheid, während man bei Verdächtigen ein Spruchkammerverfahren einleitete. Die so genannten Entnazifizierungsausschüsse entschieden dann in gerichtlichen Verfahren über die politische Belastung als Haupttäter, Belastete, Minderbelastete, Mitläufer oder Entlastete. Allein in Stuttgart mussten bis zum November 1946 rund 360000 Menschen Meldebögen zum Entnazifizierungsverfahren ausfüllen – ohne die entsprechende Abgabequittung bekamen sie keine Lebensmittelmarken ausgehändigt. Im Januar 1948 war die Entnazifizierung in Württemberg weitgehend abgeschlossen: 95,8 Prozent der Bürger waren überprüft, davon 73,7 Prozent als »nicht betroffen« eingestuft. Doch wurde es von vielen als ungerecht empfunden, dass ein ganzes Volk auf die Anklagebank gesetzt wurde und zahlreiche nur nominelle Parteimitglieder durch lange Berufsverbote, teilweise auch durch Internierungen fast genauso stark bestraft wurden wie aktive Nationalsozialisten.

Schon bald aber begann sich das frostige Verhältnis zwischen Amerikanern und Deutschen zu wandeln. Mehr und mehr rückten nun Bestrebungen zu einem konstruktiven Miteinander in den Vordergrund. Ein von der Militärregierung eingesetzter Gemeindebeirat für Stuttgart trat am 12. Oktober 1945 zusammen. Für den 26. Mai 1946 wurde die erste freie Gemeinderatswahl seit 1933 angesetzt. Der von den Besatzern eingesetzte neue Oberbürgermeister Arnulf Klett hatte sich bereits große Verdienste erworben und wurde am 19. Juli 1946 vom Gemeinderat und am 7. März 1948 von der Bevölkerung in seinem Amt bestätigt. Das zunehmende Entgegenkommen kam deutlich in der Rede zum Ausdruck, die der US-Außenminister James F. Byrnes am 6. September 1946 im Großen Haus des Württembergischen Staatstheaters hielt. Darin bot er dem deutschen Volk Hilfe an, um »seinen Weg zurückzufinden zu einem ehrenvollen Platz unter den freien und friedliebenden Nationen der Welt«.

Die erste Nachkriegszeit stellte die Stuttgarter Stadtverwaltung vor schier unlösbare Probleme. Nicht nur dass viele Beamte aus dem Dienst entfernt waren und häufig ungeschulte Kräfte ihre Aufgaben übernehmen mussten, auch die Militärregierung schränkte die städtischen Befugnisse stark ein und stellte immer neue Forderungen. Für die Arbeit der Stadtverwaltung manchmal eher hinderlich waren auch die spontan schon Ende April 1945 hauptsächlich von ehemaligen KPD- und SPD-Mitgliedern gegründeten »Kampfkomitees gegen den Nationalsozialismus«. Diese antifaschistischen Stadtteilgruppen meldeten einen politischen Führungsanspruch an, verhängten Vergeltungsmaßnahmen gegen Nationalsozialisten und versuchten eine Verwaltung nach eigenen Vorstellungen aufzubauen, wurden aber Ende Mai weitgehend ausgeschaltet und unter der Bezeichnung »Arbeitsausschüsse« zu unpolitischen Hilfsorganisationen bei der Wohnungs-, Lebensmittel- und Brennholzbeschaffung degradiert.

Während die Wasserversorgung schon vom Sommer 1946 an gesichert war, gestaltete sich die Versorgung mit Strom und Gas in den ersten Nachkriegsjahren äußerst problematisch. Vor allem wegen Kohlenmangels konnten Strom und Gas nicht ausreichend produziert werden, sodass bis 1948 täglich für etliche Stunden der Verbrauch untersagt war. Kohle für private Heizzwecke stand im Winter 1945/46 überhaupt nicht zur Verfügung, und die Stuttgarter mussten sich mit ein wenig Holz aus den Trümmern der Stadt und aus den umliegenden Wäldern begnügen. Lebensmittel und alle anderen Waren waren wie schon während des Krieges knapp und nur gegen Bezugsscheine erhältlich. Da die Reichsmark zudem ihren Wert weitgehend verloren hatte, waren die Menschen vor allem auf Tauschhandel angewiesen, um ihre kargen Rationen aufzubessern. Hamstern und Schwarzhandel blühten trotz strenger Verbote. Für die meisten Stuttgarter hatte der Hunger erst nach der Währungsreform ein Ende, wenn auch manche Lebensmittel und Gebrauchsgüter weiterhin knapp waren und bis zum 1. März 1950 rationiert blieben.

Ein drängendes Problem, dem sich die Stadtverwaltung stellen musste, war die Beschaffung von Wohnraum, zumal immer mehr der aufs Land geflüchteten Stuttgarter sowie heimkehrende Soldaten und Flüchtlinge aus dem Osten in die Stadt strömten. So wuchs die Bevölkerung trotz mehrfach ausgesprochener Zuzugsverbote im Laufe des Jahres 1945 von

266 000 bei Kriegsende auf 367 000 Einwohner an. 1948 war mit 470 000 der ehemalige Höchststand von 498 000 Einwohnern im Jahr 1942 fast wieder erreicht. Demgegenüber war über die Hälfte des Wohnungsbestands im Bombenhagel vernichtet oder schwer beschädigt worden. So standen bei Kriegsende in Stuttgart nur 64 720 Wohnungen zur Verfügung. Der Mangel an Baustoffen ließ zunächst aber nur die Instandsetzung leicht zerstörter Wohnungen beziehungsweise den Ausbau von Dachkammern und Souterrains zu, an den Wiederaufbau schwer beschädigter oder den Bau neuer Häuser war nicht zu denken. Daher sah die Stadt sich gezwungen, auch den Wohnraum zu rationieren: Die Menschen mussten wohl oder übel noch enger zusammenrücken. Im Herbst 1945 führte das Wohnungsamt genaue Erhebungen zum Wohnungsbestand durch, um Besitzern beziehungsweise Mietern, die über zu viel Platz verfügten, zusätzliche Mitbewohner zuweisen zu können. Zunächst galt ein Raum pro Erwachsener beziehungsweise ein halber Raum pro Kind als angemessen, im September wurde der Bedarf dann auf acht Quadratmeter beziehungsweise vier Quadratmeter pro Person herabgesetzt. Um die Lage durch weiteren Zustrom von Evakuierten und Flüchtlingen nicht weiter eskalieren zu lassen, wurde Stuttgart im April/Mai 1946 von der amerikanischen Militärregierung zu einem für Zuzügler verbotenen Brennpunkt des Wohnungsbedarfs erklärt. Obwohl Baustoffe weiterhin Mangelware waren, konnten bis zum Herbst 1948 immerhin 18 900 Wohnungen in Stuttgart instand gesetzt werden – benötigt wurden zur gleichen Zeit aber noch weitere 70 000.

Auch die Unterbringung und Versorgung der Displaced Persons (DPs), das heißt Zivilisten, die sich durch den Krieg bedingt in Deutschland aufhielten, stellte die Stadt vor große Probleme. In Stuttgart lebten rund 15 000 DPs, vor allem Juden, polnische und russische Fremd- und Zwangsarbeiter. Etliche von ihnen rächten sich durch Diebstähle oder auch bewaffnete Übergriffe für die jahrelange Knechtschaft an den Einheimischen. Die Polizei war weitgehend machtlos, da unbewaffnet und durch die Entlassung zahlreicher ehemaliger NSDAP-Mitglieder personell unterbesetzt. Die Beschlagnahmung von Siedlungen und Privathäusern durch die US-Armee zwischen August und Oktober 1945 war bitter für die betroffenen Stuttgarter. Sie mussten ihr Heim innerhalb einer halben Stunde räumen und durften nur wenig persönliche Habe mitnehmen, da die Wohnungen für die neuen Bewohner eingerichtet bleiben sollten.

Weitere gewaltige Aufgaben waren die Beseitigung der ca. 4,9 Millionen Kubikmeter Trümmerschutt, den die alliierten Luftangriffe hinterlassen hatten, und die Instandsetzung der Straßen. Bereits 1946 kam die Straßenräumung zu einem vorläufigen Abschluss: Alle Hauptverkehrsstraßen waren wieder benutzbar. Im Jahr 1945 wurden vor allem von 1800 zwangsweise eingesetzten ehemaligen NSDAP-Mitgliedern etwas mehr als 100 000 Kubikmeter Schutt in der Stadt beseitigt. 1946/47 konnte das Pensum durch die Bildung einer Trümmerverwertungs-GmbH und den Einsatz einer Trümmerbahn gewaltig gesteigert werden, sodass Ende 1947 schon 700 000 Kubikmeter Schutt geräumt waren. Was davon verwertbar war, wurde für den Wiederaufbau der Stadt eingesetzt. Es sollte aber noch Jahre dauern, bis die Trümmerbeseitigung abgeschlossen war, wenn auch die Arbeit nach der Währungsreform durch den Einsatz von Lastkraftwagen einfacher und effektiver wurde. Mit großen Mengen des nicht verwertbaren Materials verfüllte man Kiesgruben im Neckartal, Steinbrüche, Schluchten und Talklingen rund um Stuttgart, einen anderen Teil der Trümmer schüttete man 1953 bis 1957 auf dem Birkenkopf auf, der dadurch um rund 40 Meter in die Höhe wuchs.

In den ersten Nachkriegsjahren kam der planmäßige Wiederaufbau der Stadt nur langsam in Gang. Zwar wurde im

Jüdische Flüchtlinge, die mit ihren Familien aus Polen und anderen osteuropäischen Ländern nach Westen strömten, fanden als Displaced Persons in Lagern Zuflucht, wo sie ihr soziales Leben zu organisieren begannen. So richtete man zum Beispiel im Lager in der Reinsburgstraße einen Kindergarten ein.

Links: In der Tübinger- und Fangelsbachstraße hatten die Bomben aus der Allgemeinen Rentenanstalt Lebens- und Rentenversicherung einen Trümmerhaufen gemacht.

Rechts: Die Aufgabe der Trümmerverwertung und -beseitigung wurde 1946 einer zu diesem Zweck gegründeten Gesellschaft übertragen. Sie verfügte über 20 Kilometer Gleise, 28 Lokomotiven, 446 Kipploren und 12 Bagger.

Mai 1946 die »Zentrale für den Aufbau der Stadt Stuttgart« (ZAS) gegründet. Doch dauerte es bis 1949, bis sie ein Planwerk, bestehend aus Verkehrsgerippe-, Generalbebauungs- und Teilbebauungsplan für den Stadtkern erarbeitet hatte. Kennzeichnend für diese wie für viele andere bundesdeutsche Nachkriegsplanungen ist der große Stellenwert, der dem Straßenverkehr auf Kosten der gewachsenen Stadtgestalt eingeräumt wurde.

Der öffentliche Nahverkehr in Stuttgart kam hingegen recht schnell wieder in Gang: Schon im Mai 1945 nahmen die Straßenbahnen teilweise den Betrieb wieder auf. Schon bald begannen auch die Arbeiten an den zerstörten Gleisanlagen und Brücken, sodass die Eisenbahn schon Anfang Mai 1945 wieder zwischen Mannheim und Ulm via Kornwestheim verkehren konnte. Der Regionalverkehr zwischen der Innenstadt und einigen Vororten wurde zwischen Juni und September 1945 aufgenommen. Der Hauptbahnhof konnte nach der Fertigstellung der Rosensteinbrücke Mitte Juni 1946 wieder direkt angefahren werden und erlangte seine Bedeutung als Verkehrsknotenpunkt für Südwestdeutschland zurück, zumal im Sommer 1946 auch die restlichen Eisenbahnbrücken in der Stadt und im näheren Umkreis wiederhergestellt waren. Durch den Mangel an funktionsfähigen Lokomotiven und Wagen kam es aber häufig zu drangvoller Enge, großen Verspätungen im Personenverkehr und Lieferschwierigkeiten bei Gütern und Rohstoffen. Auch der Straßenverkehr war bis zur Währungsreform durch das Fehlen von Pkw und Lkw sowie von Reifen und Treibstoff stark behindert. Selbst Fahrräder waren Mangelware und schwer zu beschaffen.

Auch das gesellschaftliche und kulturelle Leben regte sich bald wieder: Von Juni 1945 an konnten die Menschen – wenn auch nur gegen Lebensmittelmarken – die Cafés und Gaststätten besuchen. In Scharen strömten die Stuttgarter ab Herbst 1945 ins Kino, in Konzerte, Vorträge und in die Theater. Da die Menschen noch über reichlich Bargeld verfügten, für das sie weder Lebensmittel noch sonstige Waren kaufen konnten, setzte ein regelrechter Kulturboom ein. So waren zum Beispiel die Vorstellungen im Staatstheater in der Spielzeit 1946/47 stets ausverkauft. Nach der Währungsreform hatten diese jedoch schwer zu kämpfen, die Zuschauerränge blieben fast leer und etliche Bühnen mussten sogar aufgeben. Die Stuttgarter hatten einfach kein Geld mehr fürs Theater, sie gaben es lieber für die endlich wieder verfügbaren Konsumgüter aus.

Obwohl viele der Stuttgarter Kirchen vor allem in der Innenstadt im Bombenkrieg zerstört oder beschädigt worden waren und der Wiederaufbau Jahre dauern sollte, fanden sich die Menschen schon bald nach Kriegsende wieder zu Gottesdiensten zusammen. Die Evangelische Gesamtkirchengemeinde traf sich in der nur leicht beschädigten Markuskirche, und Anfang 1946 fand die Stiftskirchengemeinde ein neues Heim in der wiederhergestellten Kirche des Alten Schlosses. Veranstaltungen der katholischen Christen fanden im Gesellenhaus des Kolpingvereins und im Saal des Furtbachhauses statt, bis im Winter 1948 im Kuppelsaal des Kunstgebäudes am Schloßplatz eine Interimskirche eingerichtet war.

Von besonderer Bedeutung für die Auseinandersetzung mit der Rolle der Kirchen im »Dritten Reich« war das im Oktober 1945 auf der Sitzung des Rates der Evangelischen Kirche in Deutschland formulierte Stuttgarter Schuldbekenntnis: »Wir klagen uns an, dass wir nicht mutiger bekannt, nicht treuer gebetet, nicht fröhlicher geglaubt und nicht brennender geliebt haben.« Diese viel beachteten Worte machten den Weg zur mannigfachen Hilfe der Kirchen aus dem Ausland frei. Verdient machten sich die Kirchen und ihre Hilfsorganisationen auch bei der Aufnahme und Eingliederung der entlassenen Kriegsgefangenen sowie der vielen Flüchtlinge und Vertriebenen.

Für die Stuttgarter Schüler und Studenten begann erst einige Monate nach Ende des Krieges wieder der Unterrichtsbetrieb. Freilich war der Unterricht durch die Zerstörung, Beschädigung oder Zweckentfremdung der Schulbauten, den Kohlemangel sowie durch das Fehlen politisch unbelasteter Lehrer und Schulbücher erschwert. Für rund 26 000 Schüler standen nur noch 430 der einst über 1000 Schulräume zur Verfügung. Obwohl in Schichten über den ganzen Tag verteilt unterrichtet wurde, waren Klassenstärken von 70 Kindern keine Seltenheit. In Württemberg wurden auf Druck der Amerikaner 70 bis 80 Prozent der Lehrkräfte entlassen. Erst 1950 waren alle Planstellen wieder mit examinierten Fachkräften besetzt.

Erst in den Fünfzigerjahren sollte sich die Raumnot durch etliche Schulneubauten bessern. Auch das akademische Leben kam bald nach Kriegsende wieder in Gang: Die Landwirtschaftliche Hochschule in Hohenheim nahm schon im Dezember 1945, die schwer beschädigte Technische Hochschule im Januar, die Musikhochschule im Februar und die Akademie der Bildenden Künste im November 1946 ihren Lehrbetrieb wieder auf.

Der extrem kalte Winter 1946/1947 brachte noch einmal einen Rückschlag. Kohlenmangel lähmte das öffentliche Leben: Schulen mussten Zwangsferien anberaumen, Badeanstalten zeitweise schließen, Theater und Kinos ihre Vorstellungen absagen. Für viele Stuttgarter waren die städtischen Wärmestuben zeitweise die einzige Möglichkeit für kurze Zeit der Kälte zu entkommen.

Wenn auch die Stuttgarter Industrie weiterhin durch fehlende Rohstoffe, Kohle, Maschinen und Fabrikationsstätten stark behindert war und die hungernden Arbeiter durch Streiks gegen ihre Lage protestierten, konnten doch auch wieder beachtliche Erfolge erzielt werden. Von Juni 1945 an nahmen Banken und kleine Firmen ihre Geschäfte auf. Im Handwerk arbeiteten Ende des Jahres etwa 75 Prozent der einst rund 10 000 Betriebe. Zu dieser Zeit hatten die Amerikaner alle Branchen – mit Ausnahme der Rüstungs- und Kriegsgüterindustrie – wieder zugelassen. Ende 1945 wurde in rund 15 Prozent der Industrieanlagen (wenn auch meist nur mit geringer Auslastung) gearbeitet. Dabei konnten die

Links: Die Wiederaufnahme des Zugverkehrs war von enormer Bedeutung für die Stuttgarter und die heimische Wirtschaft. Hier eine der 1946 errichteten Eisenbahnnotbrücken über den Neckar.

Rechts: Lehrer waren gefallen, kriegsgefangen oder als Parteigenossen entlassen. Mit Aushilfen wurde ohne Bücher und Lernmittel versucht, in notdürftig hergerichteten, kaum beheizten Räumen ein Schulwesen wieder aufzubauen.

für Stuttgart so wichtigen Großunternehmen Daimler-Benz und Bosch zunächst nur wenig produzieren. Zuerst mussten die Anlagen nach den schweren Kriegszerstörungen instand gesetzt werden. Als besonders hemmend für die Wirtschaft erwies sich der große Rohstoffmangel, viele Betriebe mussten ihre Vorräte und Bestände restlos aufbrauchen, Nachschublieferungen blieben aber aus. Richtig in Schwung kam die Industrie erst 1948 mit der Währungsreform. In der ersten Jahreshälfte 1949 war das Produktionsniveau von 1936 bereits leicht überschritten. Mit der Einführung der D-Mark sanken auch die Arbeitslosenzahlen, und Baustoffe für den Wohnungs- und Städtebau waren nun verfügbar, sodass der Wiederaufbau der zerstörten Stadt mit Macht betrieben werden konnte. Auch die Schaufenster füllten sich wieder mit Waren. Der größte Hunger und die Verzweiflung vieler Menschen hatten ein Ende.

Andere mussten noch Jahre warten, bis sie wieder ein normales Leben führen konnten: 1950 wurden in Stuttgart noch Tausende Männer und Frauen gesucht, die sich als Gefangene in russischen Lagern befanden, und 1954 waren immer noch nicht alle von ihnen heimgekehrt. Nachdem Konrad Adenauer bei seinem Moskaubesuch im September 1955 die Freilassung der letzten deutschen Kriegsgefangenen erwirken konnte, empfing eine große Menschenmenge am 11. Oktober den ersten größeren Transport mit 44 Heimkehrern auf dem Stuttgarter Hauptbahnhof.

1949 fand erstmals wieder ein Rummelplatz auf dem Schillerplatz statt. Im Hintergrund die ausgebrannten Ruinen von Prinzenbau und Alter Kanzlei.

1945 (ab 23. April)

23. April | Arnulf Klett, vom französischen General Jacques Schwartz als Oberbürgermeister eingesetzt, nimmt seine Tätigkeit auf. An Kletts Seite bilden »Regimekritiker der letzten Stunde« aus der »Rettet-Stuttgart-Bewegung« und minderbelastete NSDAP-Mitglieder mit Verwaltungserfahrung eine Interims-Stadtverwaltung.

Massenrazzien der französischen Truppen auf »arbeitsunwillige« deutsche Männer. Zahlreiche Stuttgarter wurden zu Einsätzen in der Stadt herangezogen, andere wurden oft für Monate zur Zwangsarbeit nach Frankreich deportiert.

Oberbürgermeister Arnulf Klett

Klett trat am 23. April 1945 sein Amt an. Er berichtet, wie er in der Villa Reitzenstein dem französischen Stadtkommandanten Mercadier vorgeführt wurde: »In dem Verhör war es allen Beteiligten klar geworden, daß ich politisch unbelastet war. Auf die Frage der französischen Offiziere, ob ich bereit sei, Oberbürgermeister in Stuttgart zu werden, sagte ich erneut ja. Die französischen Offiziere entfernten sich mit der Erklärung, sie würden in einiger Zeit wiederkommen. (...) Die französischen Offiziere überreichten mir mit wenigen Worten einen Zettel, auf dem zu lesen stand, daß ich Oberbürgermeister von Stuttgart sei. Am nächsten Morgen in der Frühe begann ich im Entbindungsheim Sophie Mayer in der Schönleinstraße 11 mit meiner Arbeit. An meiner sogenannten Amtszimmertür stand geschrieben: ›1 Kind, 1 Bett‹. Im Zimmer war auch noch die Wickelkommode vorhanden.«
(Aus: Harald Schukraft, »Wie Stuttgart wurde, was es ist«)

24. April | Der amtsenthobene OB Strölin wird verhaftet und nach Kitzingen ins Gefängnis verbracht.

General Schwartz fordert von OB Klett, Arbeitskräfte bereitzustellen, Straßennamen zu ändern, das nächtliche Ausgehverbot durchzusetzen und Geiseln zu benennen, die exekutiert werden sollen, falls auf französische Soldaten geschossen würde.

25. April | Die französischen Truppen, die den Abzug bis 6 Uhr früh versprochen hatten, sind immer noch in der Stadt. Trotzdem beginnen die US-Soldaten mit dem Aufbau ihrer eigenen Infrastruktur.

Das Orchester des Staatstheaters gibt ein Mozart-Konzert für die französischen Besatzer.

26. April | Die für Stuttgart vorgesehene US-Militärregierung bezieht ihren Dienstsitz, obwohl die Franzosen immer noch da sind.

OB Klett ruft die leitenden Beamten der Stadtverwaltung zu einer ersten Dienstbesprechung zusammen.

27. April | Der für Württemberg vorgesehene US-Militärgouverneur Oberst William W. Dawson und General Jacob L. Devers treffen ein. Als Devers erkennt, dass die Berichte über die Gräueltaten in der Stadt übertrieben sind, überlässt er Stuttgart wieder den französischen Truppen.

Alle Stuttgarter über 18 müssen auf Befehl der Franzosen eine komplette Herrenausstattung beim nächsten Polizeirevier abliefern – so kommen 50 000 Anzüge zusammen. Schon in den ersten Tagen der Besatzung waren Textilien und 110 000 Paar Schuhe im Wert von fast 5 Millionen Reichsmark requiriert worden.

29. April | Ein französischer Soldat wird in Weil im Dorf (heute Weilimdorf) von einem Kameraden erschossen, die Tat wird den Einwohnern zur Last gelegt, 20 Geiseln werden genommen und wochenlang inhaftiert, den Bürgern wird eine Strafe von einer Million Reichsmark auferlegt.

Die US-Militärregierung um Oberst Dawson ist aufgebracht, dass sie auf Befehl von General Devers Stuttgart verlassen und ihr Hauptquartier an einem anderen Ort aufschlagen muss.

In der Brenzkirche kann der erste Gottesdienst seit Kriegsende gefeiert werden.

Aufmarsch französischer Truppen vor den Ruinen von Wilhelmspalais und Hauptstaatsarchiv in der Neckarstraße. Mit diesen Paraden wollten sowohl Franzosen als auch Amerikaner ihre Macht und Überlegenheit demonstrieren.

1. Mai | Bei einer Parade in der Neckarstraße werden die 3. Algerische Infanterie-Division, die 2. Marokkanische Infanterie-Division und die 5. Panzerdivision dem Oberkommandierenden der französischen Armee »Rhin et Danube« General de Lattre de Tassigny vorgestellt.

2. Mai | Zwei Vertreter des »Kampfkomitees gegen den Nationalsozialismus« überreichen OB Klett ein Flugblatt, das die Volksernährung als vordringliche Aufgabe und ein »demokratisches, sozialistisches Deutschland« als politisches Ziel nennt.

Sechs Tote und vier Verletzte bei Ausschreitungen polnischer Fremdarbeiter im Bereich der Funkerkaserne (heute Theodor-Heuss-Kaserne in Bad Cannstatt).

4. Mai | Die Amerikaner verlassen Cannstatt und die Vororte rechts des Neckars, Franzosen rücken ein.

7. Mai | Die Militärregierung hat den Druck einer ersten Nummer von *»Der Stuttgarter Aufbau, Mitteilungsblatt des Kampfkomitees gegen den Nationalsozialismus«* gestoppt. Kommunistische Mitglieder des Komitees verteilen die bereits fertigen 10 000 Exemplare illegal.

8. und 9. Mai | Jubel und Freudenschüsse der Besatzungssoldaten tun nachts das Kriegsende kund. 4562 Stuttgarter sind im Bombenkrieg umgekommen, 14 370 Gebäude sind zerstört, 9620 beschädigt. Millionen Kubikmeter Trümmerschutt müssen beseitigt werden.

---

9. Mai | Auf der Suche nach dem ehemaligen NSDAP-Ortsgruppenleiter von Münster umstellen die Franzosen den Stadtbezirk, treiben alle Männer zwischen 16 und 65 zusammen und nehmen alle Parteimitglieder monatelang in Haft.

Amerikanische Pioniere und deutsche Arbeiter haben die Rosensteinbehelfsbrücke fertiggestellt.

Ein stadteigenes Ruderboot nimmt den Fährbetrieb nach Hofen und Mühlhausen auf. Eine Fahrt kostet für Erwachsene 20 und für Kinder 10 Pfennige.

---

10. Mai | Ein Festgottesdienst mit Landesbischof Wurm im Großen Haus findet so starken Zuspruch, dass er mit Lautsprechern ins Freie übertragen werden muss.

Der Bahnverkehr auf der Strecke von Kornwestheim nach Ulm via Stuttgart wird wieder aufgenommen – vorerst allerdings nur für militärische Zwecke. Der Stuttgarter Hauptbahnhof kann aufgrund starker Zerstörungen noch nicht angefahren werden, die Züge verkehren daher über Bad Cannstatt.

---

11. Mai | Die Straßenbahn nimmt den Verkehr links, zwei Tage später auch rechts des Neckars wieder auf, jedoch besteht zunächst keine Verbindung über den Fluss hinweg.

---

17. Mai | Alle Mitglieder der Stadtverwaltung, die vor dem 1. April 1933 in die NSDAP eingetreten waren, sollen auf Erlass von OB Klett bis auf weiteres dem Dienst fernbleiben.

In der Markthalle kann wieder Gemüse verkauft werden.

---

19. Mai | General de Gaulle beehrt eine der vier großen Siegerparaden mit seiner Anwesenheit. Die Stuttgarter Bürger müssen 200 Meter Abstand zum Paradeweg halten.

---

24. Mai | OB Klett benennt erstmals Straßen um, seitdem gibt es die Goerdeler-, die Bolz-, die Witzlebenstraße u. a.

25. Mai | Den schon vor Kriegsende gegründeten und danach stillschweigend geduldeten Antifaschistischen Kampfkomitees gegen den Nationalsozialismus wird die Verwendung ihres Namens und jede politische Betätigung untersagt. Nur als unselbstständige Hilfsorgane der Stadtverwaltung dürfen sie unter der Bezeichnung »Arbeitsausschüsse« weiterhin bei der Beschaffung von Lebensmitteln, Brennholz oder Wohnraum mitwirken. Damit sind die überwiegend aus ehemaligen SPD- und KPD-Mitgliedern bestehenden Kampfkomitees von politischer Einflussnahme auf die Stadtregierung ausgeschlossen.

---

26. Mai | Die jüdische Religionszentrale und soziale Hilfsstelle bekommt für ihre Arbeit das Haus Reinsburgstraße 26 zugewiesen.

---

28. Mai | Die berühmte Tänzerin Josephine Baker gibt ein Gastspiel für die französischen Soldaten im Großen Haus, das ansonsten als Club für die Besatzer dient.

Mai | Ein erwachsener Stuttgarter muss im Mai mit nur 793 Kalorien auskommen – benötigen würde er etwa 2700 Kalorien. So revanchiert sich die französische Militärregierung für ähnlich niedrige Lebensmittelzuteilungen während der deutschen Besetzung ihrer Heimat.

Hunger

Bis 1938 wurden pro Tag durchschnittlich Lebensmittel im Wert von 3800 Kalorien verbraucht. Mit Beginn der Rationierung im August 1939 fiel dieser Wert von zunächst 1885 auf 1689 Kalorien im Jahre 1944. Als die Franzosen sich 1945 dafür revanchierten, was ihnen unter deutscher Beatzungsmacht zugemutet worden war, sank die Zuteilung im Mai 1945 vorübergehend auf 793 Kalorien täglich! Auch unter amerikanischer Besatzung trat keine Besserung ein. Im August 1946 mussten Schwerstarbeiter mit weniger als 2500 Kalorien täglich auskommen! Die große Not verdeutlichen folgende Jahresdurchschnittswerte: Sie betrugen 1301 (1945), 1377 (1946), 1299 (1947) 1582 (1948) und 1908 (1949) Kalorien täglich. Die Wende trat 1948 erst nach der Währungsreform am 21. Juni ein, während im ersten Halbjahr der Mangel kaum geringer als 1947 war.

1. Juni | In Nummer 1 der *»Mitteilungen der Militärregierung für den Stadtkreis Stuttgart«* kündigt General Dwight D. Eisenhower, Oberster Befehlshaber der amerikanischen Besatzungsmacht, an, man werde »den Nationalsozialismus und den deutschen Militarismus vernichten«. Arnulf Klett stellt sich als neuer Oberbürgermeister vor und schließt mit dem Appell: »Unsere Arbeit gilt nicht mehr der Vernichtung, sondern dem Aufbau. Helft mit!« Der Zivilbevölkerung wird mitgeteilt, sie habe »Generale und Dienstwagen, die mit dem Zeichen der Generale versehen sind, zu grüßen, Männer durch Hutabnahme.«

Banken und kleinere Betriebe mit nicht mehr als 12 Angestellten dürfen ihre Geschäfte wieder aufnehmen.

3. Juni | »Radio Stuttgart«, ein Sender der amerikanischen Militärregierung, nimmt um 17.45 Uhr mit dem Hinweis »This is radio Stuttgart, a station of Military Government« den Sendebetrieb auf.

8. Juni | Mit einem Empfang im Großen Haus begrüßt die Stadt aus Konzentrationslagern zurückkehrende Juden und politische Gefangene.

12. Juni | OB Klett gibt eine Dienstanweisung zur Entnazifizierung der Stadtverwaltung heraus. Für ihn ist nicht Parteimitgliedschaft, sondern die Einstellung zum Regime ausschlaggebend für eine Entlassung aus dem Dienst. Vor allem Denunzianten und Beteiligten an den so genannten Judenaktionen droht die Entlassung.

Bis heute müssen alle Hausvorstände Meldebögen für sich, ihre Familie, Untermieter und Flüchtlinge ausgefüllt haben.

19. Juni | Gaststätten und Cafés sind wieder geöffnet, Essen wird nur gegen Marken ausgegeben, Wein, Schnaps und Tanzen sind verboten, musikalische Darbietungen sind erlaubt.

22. Juni | Zwei städtische Omnibusse mit Anhängern fahren in die Tschechoslowakei, um überlebende jüdische Bürger aus dem KZ Theresienstadt zurückzuholen.

Das Abkommen über die Zonengrenzen teilt Stuttgart der amerikanischen Besatzungszone zu. Die Franzosen reagieren auf ihren bevorstehenden Abzug mit Plünderungen und Demontagen, zudem tauschen ihre Soldaten Essensvorräte gegen Schmuck und Uhren ein.

Zunächst gestaltete sich die Trümmerbergung sehr schwierig, denn Maschinen standen kaum zur Verfügung.

23. Juni | Der Vorortverkehr nach Ludwigsburg wird, vorerst im 70-Minuten-Takt, wieder aufgenommen.

24. Juni | Als erste Kinos nehmen den Betrieb wieder auf: Union-Theater, Tübinger Straße 6; Tobi-Lichtspiele, Eberhardstraße 16; Ostend-Lichtspiele, Ostendstraße 68; Bad-Lichtspiele, Bad Cannstatt, Badstraße 8.

26. Juni | In Stuttgart wird die »Vereinigung der politischen Gefangenen und Verfolgten des Nazi-Systems« gegründet. Nur Personen, die Gefangenschaft oder Verfolgung erlitten haben, werden aufgenommen.

27. Juni | Auf Befehl der französischen Militärregierung müssen alle NS-Druckwerke aus Schulen, Bibliotheken und Verlagen zur Städtischen Handelsschule in der Rotebühlstraße gebracht werden.

Über 550 Mitarbeiter, darunter sieben hauptamtliche Stadträte, sind aufgrund ihrer NS-Vergangenheit bis jetzt aus dem Dienst der Stadt entlassen worden. Die Säuberung soll fortgeführt werden.

Um der katastrophalen Wohnungsnot zu begegnen, werden die Hausbesitzer verpflichtet, nicht oder nur teilweise genutzte Wohnräume zu melden.

---

1. Juli | Die Banken und Sparkassen öffnen erstmals seit Kriegsende ihre Schalter und nehmen den Bargeld- und Überweisungsverkehr wieder auf.

---

4. Juli | Die polizeiliche Preisbehörde betrachtet »die Kontrolle des Schwarzen Marktes und die Bekämpfung des Schleich- und Tauschhandels« als vordringlich. Händler und Kunden betreiben täglich am Marktplatz und den umliegenden Straßen einen schwunghaften Tausch mit Zigaretten, Bekleidung, Lebensmitteln, Schmuck, Seife, aber auch gestohlenen Lebensmittelkarten.

---

5. Juli | Die Bevölkerung wird aufgerufen, Wohngebäude aus eigener Kraft und mit eigenen Mitteln zu reparieren. Dachdecker-, Gipser-, Schlosser-, Glaser- und Malerarbeiten dürfen deshalb vorläufig ohne Genehmigung ausgeführt werden.

Passierscheine für dringende und unaufschiebbare Reisen müssen beim zuständigen Polizeirevier beantragt und von der Militärregierung genehmigt werden.

---

8. Juli | Amerikanische Truppen übernehmen die Stadt von der französischen Besatzungsmacht. Oberst Dawson, Gouverneur der amerikanischen Militärregierung, wendet sich über »Radio Stuttgart« an die Bevölkerung. Eine Hungersnot im Spätjahr, sagt er unter anderem, sei »nur dann zu vermeiden, wenn alle Verbraucher und alle Behörden die Anweisungen des Landesernährungsamtes befolgen«.

Auf dem Schloßplatz gibt die neue Stadtkapelle von 12 bis 13 Uhr ihr erstes Platzkonzert.

---

11. Juli | Auf einer nicht genehmigten Versammlung früherer Parteifunktionäre wird im Beisein von Kurt Schumacher die SPD neu begründet.

---

12. Juli | Die amerikanische Militärregierung erlaubt Gewerkschaften, untersagt ihnen jedoch politische Aktivitäten.

---

15. Juli | Die Stuttgarter Polizei wird entstaatlicht und wieder der Gemeinde unterstellt.

---

19. Juli | Angehörige der Wehrmacht und militärähnlicher Organisationen müssen sich zur Registrierung und Vorbereitung ihrer Entlassung bei den Polizeirevieren melden.

Um Transporte, besonders von Lebensmitteln, zu ermöglichen, ist ein Güterverkehr mit Straßenbahnwagen eingerichtet worden, die vom Karlsplatz in die äußeren Stadtbezirke fahren.

---

26. Juli | »Radio Stuttgart« sendet von nun an im »Echo des Tages« Beiträge zur »öffentlichen Meinung«, die zur »Reeducation« der Bürger beitragen sollen.

---

31. Juli | Der Straßenverkehr auf dem Schloßplatz muss ruhen, wenn dort um 17 Uhr das Sternenbanner eingeholt wird.

---

1. August | Den Behörden wurden bisher 1951 Vergewaltigungen von Stuttgarter Frauen durch Besatzungssoldaten gemeldet. Die Dunkelziffer dürfte deutlich höher sein.

---

3. August | Die *»Stuttgarter Stimme«* erscheint erstmals als Organ der amerikanischen Militärregierung.

---

3. und 4. August | Das Württembergische Staatstheater nimmt mit einem Sinfoniekonzert und einer Vorstellung von Hofmannsthals »Jedermann« seinen Spielbetrieb im Großen Haus wieder auf.

---

8. August | Die abendliche Ausgehzeit ist bis 22.30 Uhr verlängert worden.

Nachdem die Straßen geräumt sind, sollen jetzt Bauplätze freigemacht werden. Fünf Millionen Kubikmeter Trümmerschutt müssen beseitigt und so weit als möglich wiederverwertet werden. Zwei Tage später werden bei der Liederhalle und der Gewerbehalle erste Trümmerverwertungsanlagen errichtet.

---

11. August | OB Klett verfügt wegen der Wohnungsnot erneut eine Zuzugssperre. Lebensmittelkarten erhält nur, wer eine Zuzugserlaubnis des OB vorweisen kann.

---

14. August | In einer Radioansprache gibt OB Klett einen ersten Rechenschaftsbericht und bezeichnet die Sicherung von Wohnraum, Ernährung und Heizung als vordringliche Aufgaben der Stadtverwaltung.

15. August | Eine vom Wirtschaftsamt überwachte Tauschzentrale soll dafür sorgen, dass Gebrauchsgüter, die irgendwo ungenutzt herumliegen, dorthin gelangen, wo sie gebraucht werden.

Für rund 120 000 Haushaltungen stehen in der Stadt nur etwa 70 000 Wohnungen zur Verfügung.

20. August | In der amerikanischen Besatzungszone von Württemberg und Baden wird der Postverkehr wieder aufgenommen, bleibt jedoch auf den jeweiligen Kreis beschränkt. Die Allgemeinheit darf vorerst nur Postkarten verwenden.

27. August bis 15. September | Das Wohnungsamt führt eine »scharfe« Wohnraumerhebung durch. Ergebnis ist eine Kartei über alle Stuttgarter Wohnräume, ihre Belegung und ihren baulichen Zustand.

31. August | Die amerikanische Militärregierung erlaubt die Bildung politischer Parteien im Stadtkreis Stuttgart.

5. September | Die neu aufgebaute »Deutsche Polizei der Stadt Stuttgart« beschäftigt rund 1400 Mitarbeiter, bis Kriegsende betrug die Sollstärke der Polizei 6375 Mann. Eine ihrer vordringlichen Aufgaben besteht in der Preisüberwachung.

8. September | Oberbürgermeister Klett informiert in »Radio Stuttgart« über prekären Brennstoffmangel. Haushalten könne keine Kohle und nur sehr wenig Holz zugeteilt werden.

10. September | Mit politisch überprüftem Personal werden Landgericht und Staatsanwaltschaft Stuttgart sowie die Amtsgerichte Stuttgart und Bad Cannstatt wiedereröffnet.

11. und 12. September | OB Klett meldet der Militärregierung, wie unzufrieden die Bevölkerung mit ihrer Lage im Allgemeinen und der Entnazifizierung im Besonderen sei. Z.B. kursiere der Spruch: »Lieber Ami, gib uns was zu essen, sonst können wir unseren Führer nicht vergessen.«

24. September | Eine Regierung von Württemberg-Baden unter Ministerpräsident Reinhold Maier wird vereidigt.

18. September | Mit der Schlagzeile »Die Weltsicherheit wird vorbereitet« kommt als erste deutsche Tageszeitung in der amerikanischen Zone Württembergs die *»Stuttgarter Zeitung«* heraus. Das vierseitige Blatt erscheint zunächst zweimal wöchentlich.

Im Saal des Furtbachhauses debütiert das Stuttgarter Kammerorchester unter Karl Münchinger mit Werken von Händel, Vivaldi und Johann Hermann Schein.

22. September | Die Besatzungsmacht setzt die Entfernung aller NSDAP-Mitglieder aus dem öffentlichen Dienst durch. Stadtkommandant Charles L. Jackson gibt im Radio die Entlassung von bisher 2532 städtischen Mitarbeitern bekannt. Gravierende Engpässe im Gesundheitswesen und bei der Feuerwehr sind die Folge.

Im Großen Haus wurden erste Richter, Staatsanwälte, Rechtsanwälte und Notare vereidigt. Oberst Dawson, Gouverneur der amerikanischen Militärregierung, gab ihnen das Bibelwort »Gott der Herr verlangt von Dir, übe Gerechtigkeit, Liebe und Barmherzigkeit« mit auf den Weg.

25. September | Dr. Karl Lautenschlager, am 21. September vom Gemeinderat zum Ehrenbürger ernannt, teilt über »Radio Stuttgart« mit, dass er OB Klett beratend zur Seite steht. Dessen Zusammenarbeit mit der Militärregierung sei vorbildlich.

---

26. September | Gesetz Nr. 8 verbietet die Beschäftigung von NS-Parteigenossen und Mitgliedern anderer NS-Organisationen in jeder anderen Stellung als der des gewöhnlichen Arbeiters.

---

1. Oktober | Die Volks-, Haupt- und Mittelschulen nehmen den Unterricht wieder auf. Hilfskräfte zu vorübergehender Verwendung werden gesucht. Groß ist die Raumnot: Vor dem Krieg standen 1077 Räume zur Verfügung, jetzt sind es noch 430.

---

2. Oktober | Frühmorgens weht, von Unbekannten angebracht, die Hakenkreuzfahne auf dem Turm des Hauptbahnhofs.

---

4. Oktober | In der oberen Reinsburgstraße müssen rund 100 Familien innerhalb einer halben Stunde ihre Wohnungen verlassen. Im Krieg verschleppte Juden werden dort einquartiert.

---

12. Oktober | Ein berufener Gemeindebeirat tritt in der Kantine der Technischen Werke zu einer ersten Sitzung zusammen. OB Klett berichtet über 3960 im Zuge der politischen Säuberung Entlassene der Stadtverwaltung oder aus deren Umfeld.

---

18. und 19. Oktober | Der Rat der Evangelischen Kirche Deutschlands formuliert in der Markuskirche das »Stuttgarter Schuldbekenntnis«, d. h. die Mitschuld der Kirche am Nationalsozialismus.

---

19. Oktober | Am Gebäude der Spruchkammer in der Stafflenbergstraße und am amerikanischen Gefängnis Ecke Weimar- und Jobststraße explodieren am Abend Sprengsätze. Es wird vermutet, dass rechtsradikale Kreise ihrem Protest gegen die Verhaftung des NS-Bankiers Hjalmar Schacht Ausdruck verleihen wollen.

23. Oktober | Eine Versammlung von Betriebsratsvorsitzenden, Gewerkschafts- und Parteivertretern beschließt »als ernste Warnung an die offenen und geheimen Gegner« einen viertelstündigen Proteststreik in den Betrieben und Behörden.

---

27. Oktober | »Figaros Hochzeit« von Mozart wird als erste Oper der Nachkriegszeit im Großen Haus gegeben.

---

31. Oktober | Wegen Mangels an technischen Fetten ordnet das Landeswirtschaftsamt die Sammlung und Verwertung von Spülwasser- und Abfallfetten an.

---

3. November | Erste Kundgebung der Demokratischen Volkspartei mit Theodor Heuss und Karl Lautenschlager im Großen Haus.

---

5. November | Die Stuttgarter Börse für Wertpapiere nimmt ihre Geschäfte wieder auf.

---

10. November | Die Christlich-Soziale Volkspartei (ab Januar 1947 CDU), in der *»Stuttgarter Zeitung«* bereits vorgestellt, tritt im Furtbachhaus erstmals öffentlich in Erscheinung.

Das Schillerdenkmal kehrt aus dem Wagenburgtunnel an seinen angestammten Platz zurück.

---

15. November | Die Technischen Werke geben bekannt, welche Stadtteile an welchen Tagen von 8 bis 17.30 Uhr von der Stromversorgung abgeschnitten bleiben.

---

19. November | Die Stadt richtet öffentliche Wärmestuben ein.

---

25. November | Die Stadt lobt einen Wettbewerb für den Wiederaufbau der Altstadt aus. Sie soll wieder einen der schwäbischen Hauptstadt angemessenen Charakter erhalten.

November | In der Neckarstraße hat eine kleine Bibliothek mit englischsprachigen Zeitungsausschnitten und Army Books für Journalisten und Wissenschaftler eröffnet. Um 1000 Bücher und etliche Zeitschriften erweitert, wird sie wenig später als »US-Information Center« allen Bürgern zugänglich.

1. Dezember | Wiedereröffnung des Oberlandesgerichts Stuttgart als oberstem Gerichtshof für Nordwürttemberg und Nordbaden.

6. Dezember | Als erstes württembergisches Dampfkraftwerk erzeugt das Kraftwerk in Münster wieder Strom.

8. Dezember | Die Daimlerbrücke ist wiederhergestellt und wird dem Verkehr übergeben. Damit können zumindest geringere Mengen Versorgungsgüter per Bahn über den Neckar gebracht werden.

14. Dezember | In »Radio Stuttgart« diskutieren freitagabends Vertreter der Parteien CDU, SPD, FDP/DVP und KPD über aktuelle politische Probleme.

15. Dezember | Um die Besatzungskosten zu verringern, hat Generalgouverneur Lucius D. Clay am 5. Oktober den Übergang von einer befehlenden zu einer überwachenden Militäradministration angeordnet. Folglich müssen US-Offiziere jetzt den deutschen Dienstweg einhalten, und die Stadtverwaltung untersteht der Landesregierung.

31. Dezember | Finanzreferent Josef Hirn beziffert die durch Luftangriffe verursachten Schäden in der Stadt auf 12 Milliarden Reichsmark, die bislang angefallenen Besatzungskosten auf 17, den Fehlbetrag für das Rechnungsjahr 1945 auf 40 Millionen Reichsmark.

Zahlenspiegel | Von nur noch 282 353 Lebensmittelkarten wurden 58,5 Prozent an Bezieher weiblichen und lediglich 41,5 Prozent an Bezieher männlichen Geschlechts ausgegeben (Stichtag 8. Januar). Im zurückliegenden Jahr ist die Zahl der Eheschließungen (2240) ebenso auf den tiefsten Stand seit mehr als 40 Jahren gefallen wie die Zahl der Lebendgeborenen (2923). 175 Ehen wurden geschieden. Mit nur noch 183 Triebwagen und 242 Anhängern hat die Straßenbahn 96,8 Millionen Fahrgäste befördert. 9268 Viehhalter verfügen über 957 Pferde, 3576 Rinder, 1786 Schafe, 1381 Schweine, 40 110 Stück Geflügel und 1497 Bienenstöcke.

1946

7. Januar | In den Neckarvororten setzt die Gasversorgung der Haushalte wieder ein, bis August wird das ganze Stadtgebiet einbezogen. Gas darf jedoch nur zum Kochen verwendet werden.

14. Januar | Der erste Schnellzug in Richtung München kann den Hauptbahnhof verlassen. Er benötigt fünf Stunden, um sein Ziel zu erreichen.

16. Januar | Die Vorläufige Volksvertretung für Württemberg-Baden – 124 vom Ministerpräsidenten berufene Abgeordnete – tritt im Großen Haus zu ihrer Eröffnungssitzung zusammen.

19. Januar | Wiedereröffnung der Technischen Hochschule, die am 1. Februar den Lehrbetrieb aufnimmt. Größtes Problem ist die Raumnot, denn weite Teile des Gebäudebestandes sind im Krieg zerstört worden.

Januar | Im Januar sind in der Stadt Pro-Hitler-Plakate aufgetaucht.

Auf der Kundgebung der SPD am 30. Juni 1946 auf dem Marktplatz sprach u. a. der lange Jahre inhaftierte Kurt Schumacher.

1. Februar | Auf die Abschnitte 84 und 84/85 der Seifenkarte erhalten Normalverbraucher ein Stück Einheitsseife und ein Normalpaket Waschpulver.

Auf drei großen Versammlungen bitten rund 5000 Stuttgarterinnen die Alliierten um die Entlassung ihrer Männer, Väter und Söhne aus der Kriegsgefangenschaft.

Die Staatliche Hochschule für Musik nimmt den Lehrbetrieb auf. Der Unterricht findet an 47 verschiedenen Stellen statt.

7. Februar | Mit einer »Dachkammeraktion« soll Platz für zurückkehrende Evakuierte und Kriegsgefangene gewonnen werden.

Die Militärregierung gestattet bei nur formaler Parteizugehörigkeit die Wiedereinstellung städtischer Mitarbeiter.

21. Februar | Die württembergische Landesbibliothek wird feierlich wiedereröffnet.

28. Februar | Personen mit vorläufiger Arbeitsgenehmigung dürfen monatlich nicht mehr als 300 Reichsmark netto verdienen. Für Ärzte soll eine Sonderregelung getroffen werden.

5. März | Das »Gesetz zur Befreiung von Nationalsozialismus und Militarismus« tritt in Kraft, die Entnazifizierung obliegt fortan deutschen Stellen.

Die amerikanische Bibliothek in der Neckarstraße ist als »US-Information Center« nun für alle Stuttgarter Bürger geöffnet.

7. bis 9. März | Familien, deren Haushaltsvorstand Parteimitglied war, müssen zwei Wolldecken, eine Matratze und eine Glühbirne zugunsten der Displaced Persons abgeben, sofern sie dieser Verpflichtung bisher noch nicht nachgekommen sind.

14. März | Das *»Nachrichtenblatt der Militärregierung«* heißt jetzt *»Amtsblatt für den Stadtkreis Stuttgart«*.

19. März | Im Bemühen um Unterbindung des Schwarzmarktes findet im jüdischen DP-Lager Reinsburgstraße eine Razzia statt. Es kommt zu Tumulten, dabei wird ein Auschwitz-Überlebender erschossen, der hier am Vortag seine Familie wiedergefunden hatte.

15. April | Der Koordinator der US-Lebensmittelhilfe und Ex-US-Präsident Herbert Hoover kommt nach Stuttgart, um mit den süddeutschen Ministerpräsidenten die Ernährungslage zu diskutieren.

26. April | Im Großen Haus gibt OB Klett ein Jahr nach dem Zusammenbruch Rechenschaft über die bisher geleistete Arbeit.

27. April | Die Volkshochschule nimmt im Rosenberggemeindehaus ihre Arbeit wieder auf. Bis 1949 nehmen 65 000 Stuttgarter das breit gefächerte Vortrags- und Kursangebot wahr.

1. Mai | Eine »Zentrale für den Aufbau der Stadt Stuttgart« (ZAS) ist gegründet. Die Leitung übernehmen der Architekt und Stadtplaner Richard Döcker und Prof. Walter Hoß als Stellvertreter.

26. Mai | An der ersten Gemeinderatswahl nach dem Krieg nehmen 78,8 Prozent der Stimmberechtigten teil. Es erringen: SPD 17, CDU 12, DVP/FDP 10, KPD 6, Freie Wähler 3 Sitze. Unter den Gewählten sind 21 Mitglieder des Gemeindebeirats, der seine Tätigkeit im Mai beendet hat.

1. Juni | An die Stelle der bisherigen US-Militärregierung tritt ein Verbindungs- und Sicherheitsbüro mit ausschließlich überwachender und beratender Funktion gegenüber der Stadtverwaltung.

14. Juni | Ein von Obertürkheimern errichteter Steg über den Neckar wird vom Hochwasser weggerissen, dabei kommt ein Mensch ums Leben.

15. Juni | Der Hauptbahnhof kann über die eingleisig wiederhergestellte Rosenstein-Eisenbahnbrücke wieder angefahren werden.

21. Juni | Der neugewählte Gemeinderat hält seine konstituierende Sitzung ab und zeigt sich entschlossen, »die Schmach der nazistischen Zeit für immer auszulöschen«.

Links: James F. Byrnes bei seiner berühmten »Rede der Hoffnung« im Großen Haus, in der er die Grundsätze der zukünftigen amerikanischen Besatzungspolitik erläuterte und einen wirtschaftlichen Zusammenschluss der amerikanischen und britischen Besatzungszonen andeutete.

Rechts: Einzig der Tausch- und Schwarzhandel blühte in der von Not und Hunger heimgesuchten Stadt. Bei Polizeikontrollen boten Ruinen den fliegenden Händlern Versteck und Unterschlupf.

22. Juni | Das Schauspielhaus in der Kleinen Königstraße wird mit Schillers »Die Räuber« wiedereröffnet.

---

26. Juni | Personen über 70 Jahre erhalten pro Tag zusätzlich $1/4$ Liter entrahmte Frischmilch, ersatzweise pro Woche eine Dose evaporierte Dosenmilch.

---

30. Juni | Erste Kundgebung der SPD nach dem Krieg.

---

6. Juli | Der Schwabtunnel, während des Krieges als Luftschutzraum genutzt, kann wieder befahren werden.

---

25. Juli | »Es gibt wieder zwei Eier«, gibt das Ernährungsamt im *»Amtsblatt«* bekannt. Sie werden ohne besondere Vorbestellung abgegeben.

---

29. Juli | Die erste Stuttgarter Spruchkammer zur Entnazifizierung wird eröffnet. Ihre Aufgabe besteht in der Einstufung Betroffener in fünf Kategorien zwischen »hauptschuldig« und »entlastet«.

---

5. August | Auf einstimmigen Beschluss des Gemeinderats wird Adolf Hitler posthum und dem als Kriegsverbrecher verurteilten Konstantin von Neurath das Ehrenbürgerrecht aberkannt.

17. August | Eine Dauerbehelfsbrücke oberhalb der zerstörten König-Karls-Brücke ermöglicht, dass Straßenbahnen wieder nach Fellbach und zur Oberen Ziegelei fahren.

Nach Fertigstellung des Nesenbachviadukts bei Vaihingen und der Eisenbahnbrücke in Stuttgart-Nord kann der Bahnverkehr nach Böblingen wieder aufgenommen werden.

---

22. August | Groß-Stuttgart könne wieder mit Gas versorgt werden, geben die Technischen Werke bekannt.

---

1. September | Erstmals gelangen CARE-Pakete nach Stuttgart. Rund 20 Kilogramm schwer, enthalten sie Lebensmittel im Wert von rund 40 000 Kalorien.

---

5. und 10. September | Straßennamen, die an Krieg, Militär oder koloniale Bestrebungen erinnern, werden auf Beschluss des Gemeinderats umbenannt, z. B. wird aus der Moltke- die Bebelstraße und aus dem Hindenburg- der Bahnhofsplatz.

---

6. September | Der amerikanische Außenminister James F. Byrnes leitet mit einer Rede im Großen Haus die amerikanische Versöhnungspolitik gegenüber Deutschland ein.

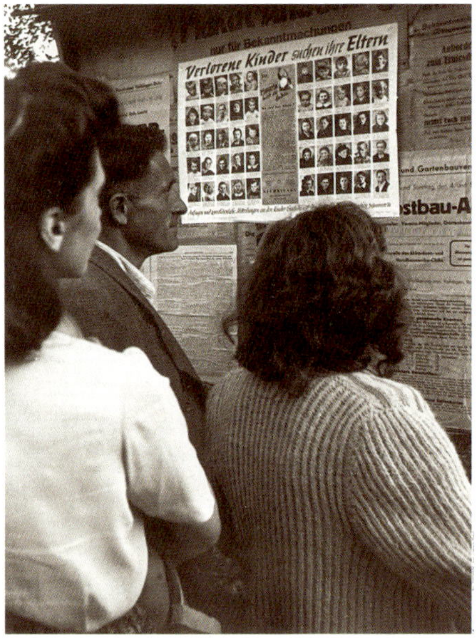

Links: Ein Meilenstein für Meinungsfreiheit und Meinungsvielfalt: Oberst Dawson und die Herausgeber Erwin Schoettle und Henry Bernhard begutachten die erste Ausgabe der zunächst zweimal wöchentlich erscheinenden *»Stuttgarter Nachrichten«*.

Rechts: Die Zeitschrift *»Pinguin«* und der Journalist Hilmar Pabel riefen unterstützt vom Bayerischen Roten Kreuz eine Kindersuchaktion ins Leben und hängten auch in Stuttgart Plakate auf, um in den Kriegswirren verloren gegangene Kinder wieder mit ihren Angehörigen zusammenzuführen.

15. September | Der erste Kirchenbau in der Diözese Rottenburg seit Kriegsende – die Heilig-Kreuz-Kirche im Sommerrain – wird eingeweiht.

2. Oktober | Die Polizei richtet eine Dienststelle zur Bekämpfung von Wucher-, Schwarz- und Schleichhandel ein.

6. Oktober | Zum ersten Mal seit der Zerstörung der Stiftskirche wird wieder der tägliche Posaunenchoral geblasen – allerdings vorerst vom Tagblatt-Turm aus.

19. Oktober | Eine Organisation angeblich ehemaliger SS-Angehöriger – »Kennwort Odessa« – verübt als Reaktion auf die Urteile im Nürnberger Kriegsverbrecherprozess Sprengstoffanschläge auf die Geschäftsstelle der Spruchkammer in der Stafflenbergstraße und das Militärgefängnis in der Weimarstraße. Die Gerichtsverhandlung ergab, dass der geistig kaum zurechnungsfähige Hauptangeklagte keineswegs der SS angehört hatte.

24. Oktober | Im vom Krieg verschonten Furtbachhaus an der gleichnamigen Straße verabschiedet der Landtag eine Verfassung für Württemberg-Baden.

12. November | Als zweite Tageszeitung erscheinen, von Erwin Schoettle, Henry Bernhard und Otto Färber mit amerikanischer Lizenz herausgegeben, die *»Stuttgarter Nachrichten«*.

16. November | Die Stuttgarter Konsumgesellschaft gründet sich neu.

25. November | Am Tag nach der Wahl des ersten Württemberg-Badischen Landtags wehen erstmals schwarz-rot-goldene Deutschlandfahnen in der Stadt.

Ein schweres Straßenbahnunglück am Hegelplatz fordert eine Tote, sechs Schwer- und 31 Leichtverletzte.

19. Dezember | Dank einer Spende des Papstes erhalten die Kinder der drei untersten Volksschulklassen zu Weihnachten eine Tafel Schokolade.

Mit der Frage »Wie soll Stuttgart aufgebaut werden?« wendet sich die »Zentrale für den Aufbau der Stadt Stuttgart« an die Bürger und stellt Geldpreise in Gesamthöhe von 5000 Reichsmark für die besten Arbeiten in Aussicht.

24. bis 31. Dezember | Die städtischen Ämter und Betriebe sowie die öffentlichen Bäder bleiben aufgrund ungenügender Beheizung geschlossen. Die ausgefallene Arbeitszeit wird im Januar nachgeholt.

Zahlenspiegel | Stuttgart hat in 127 271 Haushalten jetzt 414 072 Einwohner, 229 280 (55,4 %) sind weiblichen, 184 792 (44,6 %) männlichen Geschlechts. Unbeschäftigt und verfügbar sind 15 937 Personen, dem stehen 14 754 offene Stellen gegenüber. 7923 ausländische Mitbürger wurden gezählt (Stichtag 29. Oktober). Der Kraftfahrzeugbestand ist von 30 605 im Jahre 1938 auf 10 389 Fahrzeuge zurückgegangen, darunter 4287 Pkw, 4149 Lkw und 1674 Motorräder. Die Straßenbahn hat mit nur noch 179 Triebwagen und 239 Anhängern auf 132 Kilometern Bahnlänge 188,1 Millionen Fahrgäste befördert. 15 978 Viehhalter verfügen über 1174 Pferde, 4173 Rinder, 1690 Schafe, 2946 Schweine, 50 453 Stück Geflügel und 1995 Bienenstöcke.

1947

6. Januar | Der Brennstoffmangel hat im strengsten Winter seit 50 Jahren bedrohliche Formen angenommen. Seit 20. Dezember 1946 erreichte nur ein einziger Waggon mit Kohle die Stadt. In nächster Zeit muss u. a. der Schulunterricht ausfallen, Theaterbesucher müssen Brennholz mitbringen.

23. Januar | Der Luftschutzbunker am Hauptbahnhof soll als Kino für die Besatzungstruppen eingerichtet werden. Dafür steht das Große Haus der Württembergischen Staatstheater an zwei Abenden der Bevölkerung zur Verfügung.

6. Februar | Wegen Kohlenmangels verfügt der Gemeinderat den Notstand. Private Verfügungsrechte über Brennmaterial werden aufgehoben, soweit es »zur Eindämmung der Katastrophe zweckdienlich erscheint«.

7. Februar | Tanzvergnügen und andere Lustbarkeiten zur Fastnacht sind verboten.

Kälte

Während die Kohlenzufuhr stockte, brach im Winter 1946/47 über Deutschland der seit Jahrzehnten längste und kälteste Winter herein. Schon im Dezember sank die Temperatur bei 20 Frost- und 10 Eistagen auf durchschnittlich –1 °C. Im Januar wurden 26 Frost- und 15 Eistage bei –3,2 °C, im Februar 27 Frost- und 15 Eistage bei –2,4 °C Durchschnittstemperatur registriert. Die städtischen Bäder und die Schulen mussten geschlossen werden, Krankenhäuser blieben ungeheizt, Bäckereien konnten nicht backen, Industriebetriebe standen still. General Lucius D. Clay, Militärgouverneur der amerikanischen Zone, ersuchte den Kongress der Vereinigten Staaten um Hilfe.

13. Februar | Trauerfeier in der Markuskirche für den am 10. Februar verstorbenen Oberst Dawson, der sich als Gouverneur der Militärregierung großes Ansehen erworben hat.

24. Februar | Die Gasverbrauchszeit wird verlängert und dauert jetzt von 16.30 bis 20.30 Uhr. Unbefugte Entnahme von Strom, Gas und Wasser wird bestraft, besondere Fälle werden der Militärregierung gemeldet.

1. März | Eine Satzung über die Verwaltung der äußeren Stadtbezirke tritt in Kraft: 15 von Bezirksvorstehern geleitete Bezirksämter werden von Bezirksbeiräten unterstützt. Mindestens einmal im Jahr soll eine Bürgerversammlung abgehalten werden.

11. März | Kommunistische Kundgebung im Zirkusbau Althoff unweit der Neckarstraße mit den SED-Funktionären Wilhelm Pieck und Otto Grotewohl.

28. März | 4000 Arbeiter der Firma Bosch treten in Streik, um gegen die Kürzung der Fett- und Fleischrationen zu protestieren.

5. bis 15. April | Auf dem Cannstatter Wasen findet erstmals wieder ein Frühlingsfest statt.

14. April | OB Klett wirbt für die »Lotterie zum Wiederaufbau«: »Wen selbst die Aussicht, das Große Los von 100 000 RM zu gewinnen, nicht reizen kann, möge be-

Nicht nur für die stets hungrigen Stuttgarter Schulkinder war die »Hoover-Speisung« ein Segen. Jeden Mittag wurde das mitgebrachte Geschirr mit Suppe, Brei, Eintopf oder Pudding gefüllt.

Links: Im Mai 1947 konnten die Stuttgarter sich in der Ausstellung »Baustoffe aus Trümmern« von den Leistungen der Trümmeraufbereitung und den hergestellten Baustoffen überzeugen.

Rechts: Der Stuttgarter Kunstverein organisierte im April 1947 eine Ausstellung, die unter dem Titel »Extreme Kunst« Gemälde zeigte, die von den Nationalsozialisten als »entartet« gebrandmarkt worden waren.

denken, dass der Reingewinn der Lotterie anteilmäßig auch unserer zerstörten Heimatstadt zufließt und mit zu ihrem Wiederaufbau beiträgt.«

---

12. Mai | Rund 50 000 Kinder erhalten ein jetzt »Hoover-Speisung« genanntes Schulessen, auch wenn die Eltern 25 Pfennig je Mahlzeit nicht aufbringen können. In diesem Monat hat die Lebensmittelversorgung der Erwachsenen mit knapp 920 Kalorien einen neuen Tiefstand erreicht.

---

15. Mai | Eine Neubürgermesse informiert über wirtschaftliche, kulturelle und soziale Leistungen der Heimatvertriebenen. 120 000 Besucher machen die in einem Cannstatter Hochbunker gezeigte Schau zu einem großen Erfolg.

---

22. Mai | Rasierklingen gelten ab sofort als »bewirtschaftete Verbrauchsgüter«. Der Bezug des Handels erfolgt mittels Rasierklingenschecks. In die erste Verteilung werden Messerschmiede, Galanteriewarengeschäfte und Friseure eingeschaltet.

30. Mai | Die Volkshochschule startet im Festsaal der Mörike-Oberschule die Vortragsreihe »Unsere Stadt«. Erster Referent ist OB Klett.

---

31. Mai | Eine Ausstellung in der Ruine des Marstalls an der Königstraße informiert die Stuttgarter über »Baustoffe aus Trümmern«.

---

3. Juli | Der Umfang des *»Amtsblatts«* ist auf zwei Seiten reduziert, weil die Papierzuteilung auf Anordnung der Militärregierung gekürzt wurde.

---

12. Juli | Von 7209 Kriegsgefangenen, die noch nicht in die Stadt zurückgekehrt sind, befinden sich 3403 in der Sowjetunion, wo außerdem 6399 von insgesamt 7611 Stuttgartern vermisst werden.

---

29. Juli | Der Gemeinderat billigt den von der »Zentrale für den Wiederaufbau der Stadt Stuttgart« vorgelegten Verkehrswegeplan, der grundlegende Änderungen im innerstädtischen Straßen- und Schienennetz vorsieht. Der Hauptbahnhof soll als Durchgangsbahnhof in den Süden des Rosensteinparks verlegt werden. Außerdem sind eine Untergrundschnellbahn vom Hauptbahnhof nach Vaihingen, mehrere Tunnel und zwei große Verkehrsschneisen im Verlauf von Heilbronner-, Friedrich-, Rote- (heutige Theodor-Heuss-Straße) und Paulinenstraße sowie von Cannstatter-, Neckar- und Hauptstätter Straße vorgesehen.

---

5. September | Aus Protest gegen die katastrophale Ernährungslage legt die Feuerbacher Bosch-Belegschaft die Arbeit nieder. Hiergegen schreitet die Militärregierung ein.

---

2. Oktober | Eröffnung der in Selbsthilfe aus den Trümmern des Kunstgebäudes errichteten Kamera-Lichtspiele; auf dem Programm stehen vor allem amerikanische Western.

---

22. Oktober | Der Züricher Stadtpräsident Adolf Lüchinger hat zur Unterstützung des Stuttgarter Wiederaufbaus aufgerufen und bereits erste Zusagen erhalten.

30. Oktober | Im Hinblick auf Ermittlungen gegen Personen, die an der Durchführung des Euthanasie-Programms beteiligt waren, erbittet der öffentliche Kläger zweckdienliche Angaben.

---

9. November | Auf dem Friedhof in Feuerbach wird ein Ehrenmal für 11 Widerstandskämpfer eingeweiht. Ebenso erhalten die Stuttgarter Juden ein Mahnmal auf dem Pragfriedhof.

---

27. November | Rechtsanwalt Franz Karl Maier löst eine heftige Entnazifizierungsdebatte aus: Er vergleicht in der *»Stuttgarter Zeitung«* das Schicksal eines unbedeutenden, jetzt zu Zwangsarbeit verurteilten Parteigenossen mit Wilhelm Simpfendörfer, Präsident der Verfassunggebenden Versammlung, und Ministerpräsident Reinhold Maier, die beide Hitlers Ermächtigungsgesetz zugestimmt haben.

---

1. Dezember | Bei einer Feier im Staatstheater danken Stuttgarter Displaced Persons im Namen der 18 000 in Württemberg lebenden Juden den Vereinten Nationen, den USA, der Sowjetunion und der Jewish Agency für ihre Haltung in der Palästinafrage.

---

7. Dezember | Nur noch 58,3 Prozent der Berechtigten geben bei der Wahl eines auf nunmehr 60 Mitglieder erweiterten Gemeinderats ihre Stimme ab. Folgende Sitzverteilung ergibt sich: SPD 21 (34,6 %), DVP 17 (27,3 %), CDU 13 (21 %), KPD 7 (11,3 %), Neue Partei 2 (4,2 %).

---

26. Dezember | Das Büble des Cannstatter Erbsenbrunnens, ein Werk des Bildhauers Fritz von Graevenitz, ist über Nacht vom Sockel gestoßen und entzweigeschlagen worden.

Zahlenspiegel | Die Einwohnerzahl ist auf 443 095 gestiegen. Die Zahl der verfügbaren beschäftigungslosen Arbeitskräfte beträgt 9699, dem stehen 30 344 offene Stellen gegenüber. Mit 206,7 Millionen Fahrgästen hat die Straßenbahn eine seitdem nicht übertroffene Leistung erzielt. Eine Viehzählung des Statistischen Amtes ergibt: 18 662 Viehhalter verfügen über 1224 Pferde, 5194 Rinder, 1825 Schafe, 2859 Schweine, 50 436 Stück Geflügel und 2873 Bienenstöcke.

1948

4. Januar | 1947 erhielten nach Ermittlungen des Statistischen Amts Erwachsene über 20 Jahre zwischen 920 und 1546 Kalorien zugeteilt, durchschnittlich 1315 pro Tag. Bei angenommenem Mindestbedarf von ca. 3000 Kalorien fehlten damit durchschnittlich 1685 Kalorien pro Tag.

---

7. Januar | Wer von der Spruchkammer nicht als hauptschuldig, belastet oder minderbelastet eingestuft wurde, erhält seit heute den Stempel »politisch überprüft« in die Kennkarte.

---

20. Januar | Fastnachtstreiben auf öffentlichen Straßen und Plätzen ist verboten, Gesichtsmasken sind selbst bei geschlossenen Veranstaltungen untersagt.

---

3. Februar | Der Gewerkschaftsbund Württemberg-Baden hat aus Protest »gegen den ungleich gedeckten Tisch« und weil »insbesondere in den bizonalen Ämtern zahlreiche hohe Beamte sitzen, deren Tätigkeit im Nazireich

Bei einer der größten Kundgebungen seit Kriegsende marschierten zahlreiche Stuttgarter am 1. Mai zum Schloßplatz, um gegen den Generalkriegsvertrag zu demonstrieren und einen Friedensvertrag einzufordern.

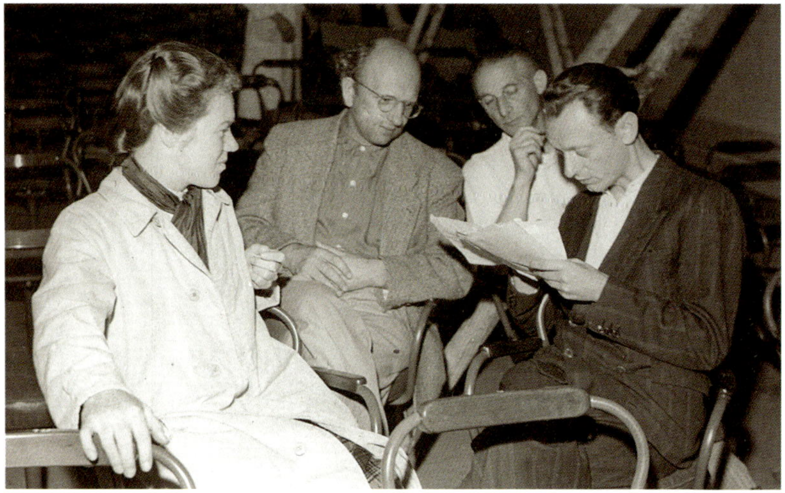

Links: »Wir sind wieder so weit« spielten Werner Finck und sein Ensemble im Sommer 1948 in der »Mausefalle« (Tübinger Straße 17 B) und brachten das literarische Kabarett in Stuttgart zur Blüte.

Rechts: Unter dem Motto »Studenten helfen sich selbst« fand am 23. Juli 1948 ein Bazar statt, auf dem u.a. Handarbeiten verkauft wurden.

mit zu dem heutigen Elend beigetragen hat«, zum eintägigen Generalstreik aufgerufen.

12. Februar | Der Gemeinderat liquidiert die Arbeitsausschüsse, deren Aufgaben zunehmend von der Stadtverwaltung wahrgenommen wurden.

24. Februar | Bei einem bewaffneten Überfall werden 3000 Lebensmittelkarten erbeutet.

4. März | Die Technischen Werke (TWS) warnen dringend davor, durch Eingriffe in die Leitungen zusätzlich Gas oder Strom zu entnehmen. Hiergegen werde mit »schärfsten Maßnahmen« vorgegangen.

Von der Lebensmittelüberwachung

Das Amt für öffentliche Ordnung gibt bekannt, dass gegen 43 Lebensmittelbetriebe Strafanzeige erstattet wurde. »Unter anderem handelte es sich um einen Wasserzusatz bei Vollmilch von 10 Prozent und bei Magermilch von 8 Prozent. Ein Schnitzbrot wurde in den Handel gebracht, das diese Bezeichnung nicht verdient. Wurst musste beanstandet werden, zu deren Herstellung verdorbenes Material oder Stärkemittel verwendet wurden. Verdorbenheit wurde bei Tee, Nährmitteln, Dauergebäck und Gewürzen festgestellt. Der Fettaufstrich auf Brezeln wies wiederum in einem Fall Abmängel von 50–60 Prozent auf. Bei Gaststättenmahlzeiten ergab die Untersuchung in einem Fall ein Mindergewicht an Fleisch von 17 Prozent und an Fett von 57 Prozent. (...) Daß Pünktlichkeit und Reinlichkeit zu wünschen übrig lassen, zeigt die Feststellung einer mumifizierten Maus in einer Sprudel- und von Lockenwickeln in einer Bierflasche. Es geht natürlich über den schlechten Scherz, wenn Arbeitskameraden einen nichts Böses ahnenden Mitarbeiter mit einer Flasche Wein beschenken, deren Inhalt nach Öffnung als Urin festgestellt wird.« *(»Amtsblatt für den Stadtkreis Stuttgart«, Nr. 7, 19 Februar 1948)*

7. März | Aus der ersten Volkswahl des Oberbürgermeisters nach dem Krieg geht der parteilose Arnulf Klett (53,9 %) vor dem SPD-Kandidat Josef Hirn (46,1 %) als Sieger hervor.

14. Mai | Die Arbeiter der Firma Bosch beschließen, bis zur Besserung der Lebensmittelversorgung nur noch vier Tage in der Woche zu arbeiten.

18. Mai | Das Hotel »Ketterer« in der Marienstraße wird als das erste Devisenhotel in Baden-Württemberg eröffnet – nur mit ausländischer Währung kann bezahlt werden.

10. Juni | Wegen Kohlenmangels werden erneut Gassperrstunden eingeführt, von 14.30 bis 17.30 Uhr und von 20 bis 5.30 Uhr darf kein Gas entnommen werden.

Die Stuttgarter Straßenbahnen geben am 17. Juni bekannt
»1. Die 4-Fahrtenblätter zu 80 Rpf. verlieren am zweiten Tag nach Inkrafttreten einer Währungsreform mit Betriebsschluss ihre Gültigkeit.

2. Die Sammelkarten zu 2,- RM verlieren am 4. Tag nach Inkrafttreten einer Währungsreform mit Betriebsschluss ihre Gültigkeit.

3. Tritt eine Währungsreform vor dem 15. eines Monats in Kraft, so verlieren die Monatskarten am darauffolgenden Samstag ihre Gültigkeit.« *(»Amtsblatt für den Stadtkreis Stuttgart«, Nr. 24, 17. Juni 1948)*

20. Juni | Die Kreuzigungsgruppe von Hans Seyffer, durch Bildhauer Paul Gerdes restauriert, wird wieder vor dem Chor der Leonhardskirche aufgestellt.

---

21. Juni | Währungsreform: Die Deutsche Mark ersetzt die Reichsmark, die im Verhältnis 1:10 abgewertet wird. Zuvor gibt es für 60 Reichsmark zunächst pro Kopf 40 D-Mark. In Stuttgart werden 27 488 460 Reichsmark in 18 325 460 D-Mark umgetauscht. Den ganzen Tag stehen die Menschen vor den Auszahlungsstellen Schlange.

---

25. Juni | Sparherde, elektrische Raumheizgeräte, elektrische Heizkissen, Bratpfannen bis 28 Zentimeter und elektrische Bügeleisen sind aus der Bewirtschaftung herausgenommen worden. Auch Rasierklingen und Behelfsöfen dürfen frei abgegeben werden. Andererseits werden »Abgabe und Annahme bewirtschafteter Lebensmittel *ohne* Bezugsberechtigung nach wie vor bestraft«. Dem Straßenverkehrsamt ist es »beim besten Willen nicht möglich, die zahlreichen Wünsche auf umgehende Zuteilung eines Kraftfahrzeugs« aus der Neuproduktion zu erfüllen.

---

26. Juni | Die Stadt hat als erste große öffentliche Verwaltung seit der Währungsreform ihren Arbeitern die vollen Löhne ausbezahlt. Am 1. und 15. Juli erhalten die Angestellten und Beamten ihre Gehälter je zur Hälfte.

---

8. Juli | Die Städtische Pfandleihanstalt hat ihren Betrieb wieder aufgenommen. Als gemeinnützige Anstalt will sie Bürgern dienen, die auf Faustpfandkredite angewiesen sind.

23. bis 26. Juli | Zum Auftakt der vom Gemeinderat unterstützten Aktion »Stuttgart hilft Berlin« spricht Berlins OB Ernst Reuter im Großen Haus. Rund 40 000 D-Mark werden für die von den Sowjets von der Versorgung abgeschnittene Stadt gespendet.

---

31. August | Als erstes Zivilflugzeug nach dem Zweiten Weltkrieg landet in Echterdingen eine Swissair-Maschine mit Spenden für den Wiederaufbau von Schulen und Krankenhäusern.

---

27. August bis 4. September | Zu einer »Mission des guten Willens« kommt Walther Marshall, Oberbürgermeister der britischen Stadt St. Helens, nach Stuttgart. Die damit angebahnten Beziehungen münden in Stuttgarts erste Städtepartnerschaft.

---

16. September | Wiedereröffnung der Staatsgalerie.

---

20. September | Spruchkammerverfahren gegen Karl Strölin. Der ehemalige Oberbürgermeister wird als »minderbelastet« eingestuft, 500 D-Mark Geldsühne und eine Bewährungsfrist von sechs Monaten werden ihm auferlegt.

---

27. September | Seit Kriegsende wurden 18 900 Wohnungen mit 55 400 vorher unbewohnbaren Räumen und mehr als 4600 Arbeits- und Ladenräume wiederhergestellt sowie über 27 800 leichter beschädigte Wohnungen winter- und wetterfest gemacht.

Die wiederhergestellte König-Karls-Brücke wird dem Verkehr übergeben.

---

1. Oktober | Der Flughafen Stuttgart-Echterdingen ist für den zivilen Flugverkehr freigegeben, der Linienverkehr bleibt jedoch zunächst ausländischen Fluggesellschaften vorbehalten.

---

10. Oktober | Im Neckarstadion findet das erste internationale Sportereignis seit Kriegsende statt. Vor rund 70 000 Zuschauern tragen Zürich und Stuttgart ein Fußballspiel aus. Die Stuttgarter Stadtelf siegt mit 6:1 Toren.

---

16. und 17. Oktober | Beim 51. Deutschen Ärztetag in Stuttgart versichert der Leiter des Städtischen Gesundheits-

Links: OB Arnulf Klett begrüßt Eleanor Roosevelt, die Witwe des verstorbenen US-Präsidenten, bei ihrer Ankunft auf dem Army Airfield Echterdingen.

Rechts: Nach einer Demonstration gegen Preissteigerungen machte sich große Erregung breit, die sich auch in Gewalt gegen die amerikanische Militärpolizei entlud. Es kam zu Verhaftungen und in der Folge zu Ausgangssperre und Versammlungsverbot.

amtes, das »Gros der deutschen Ärzteschaft« habe in der NS-Zeit »das ärztliche Ethos hochgehalten«.

23. Oktober | Eleanor Roosevelt, US-Delegierte bei den Vereinten Nationen, besucht Stuttgart, macht sich ein Bild von der Lage der Flüchtlinge und spricht im Großen Haus über Demokratie und die Rolle der Frau im öffentlichen Leben.

28. Oktober | Rund 100 000 Teilnehmer an einer gewerkschaftlich organisierten Demonstration gegen die Folgen der Währungsreform auf dem Karlsplatz. Bei anschließenden Tumulten werden einige Militärpolizisten verletzt. Die Militärregierung verhängt daraufhin eine nächtliche Ausgangssperre und ein Versammlungsverbot. Die Fehlinformation, dass es einen gefährlichen Aufruhr gebe, führt zum Einmarsch von US-Sicherheitskräften in die Stadt.

6. November | Da eine Kommission zu dem Schluss kommt, dass sich die deutschen Sicherheitskräfte beim Krawall vom 28. Oktober richtig verhalten haben, wird die Ausgangssperre wieder aufgehoben.

7. November | Anstelle der kriegszerstörten Eberhardskirche wird im Kuppelsaal des Kunstgebäudes ein vorläufiger Gottesdienstraum eingerichtet und vom Rottenburger Bischof Sproll geweiht.

12. November | Aufgrund des Versammlungsverbotes können die Stuttgarter nicht an dem Generalstreik teilnehmen, mit dem neun Millionen Arbeitnehmer in der britisch-amerikanischen Bizone gegen Geldmangel und »Preiswucher« protestieren.

7. Dezember | Gründung der Gesellschaft für Christlich-Jüdische Zusammenarbeit e.V. Stuttgart. Der Landesvorstand wird mit je einem evangelischen, einem katholischen und einem jüdischen Vorstandsmitglied besetzt.

8. Dezember | Im Durchgangslager Malmsheim wird als hunderttausendster Rückkehrer ein 23-jähriger Mechaniker aus Stuttgart-Vaihingen begrüßt. Er war vier Jahre in französischer Gefangenschaft.

10. Dezember | Das Landesgewerbemuseum zeigt zur Hundertjahrfeier des Landesgewerbeamts die Ausstellung »100 Jahre Gewerbeförderung in Württemberg«.

Zahlenspiegel | Stuttgart hat mit 465 794 Einwohnern den Vorkriegsstand überschritten, 214 074 (46 %) Einwohner sind männlichen, 251 720 (54 %) weiblichen

Geschlechts. Die Eheschließungen haben sich gegenüber 1945 auf 4866 mehr als verdoppelt, 1053 Ehescheidungen bedeuten bisherigen Höchststand. Die Zahl ausländischer Mitbürger beträgt 8870, darunter 2100 Polen, 1010 Österreicher, 527 Italiener, 510 Jugoslawen und 390 Schweizer. Die Zahl der verfügbaren beschäftigungslosen Arbeitskräfte beträgt 6464, dem stehen 13 496 offene Stellen gegenüber. Mit mehr Triebwagen (+23) und Anhängern (+16) hat die Straßenbahn 202,5 Millionen Fahrgäste befördert. 16 000 Viehhalter verfügen über 1106 Pferde, 4185 Rinder, 1939 Schafe, 2852 Schweine, 77 250 Stück Geflügel und 3743 Bienenstöcke.

1949

1. Januar | Der zunehmenden Bedeutung des Fremdenverkehrs trägt ein städtisches Werbe- und Verkehrsamt Rechnung.

---

14. Januar | In Baracken auf dem Schloßplatz wird unter dem Titel »Wir bleiben gesund« eine vielbesuchte Hygiene-Ausstellung eröffnet.

---

19. Januar | In der Markuskirche führt Landesbischof Wurm mit einem festlichen Gottesdienst Martin Haug als seinen Nachfolger ein.

---

26. Januar | Die Abendnachrichten überraschen mit der Meldung, die Stadt habe dem Parlamentarischen Rat ihre Bereitschaft erklärt, die künftige Bundesregierung aufzunehmen.

---

31. Januar | Pressekonferenz zur Frage »Stuttgart als Bundeshauptstadt«. Die Stadt könne sich, sagt OB Klett, »im Hinblick auf das gesamtdeutsche Problem, die demokratischen Aufgaben und unter Berücksichtigung aller wirtschaftlichen, politischen, kulturellen und historischen Fragen« der Verantwortung nicht entziehen.

1. Februar | Pressekonferenz des Ministerpräsidenten: Reinhold Maier sieht in »Stuttgart als Bundeshauptstadt« nur Nachteile für die Entwicklung der Stadt.

---

3. Februar | Die *»Stuttgarter Nachrichten«* melden als Ergebnis ihrer Umfrage zum Thema Stuttgart als Bundeshauptstadt: »Stuttgarts Bürger sind fast alle dagegen«.

---

7. Februar | Gegenüber Verwaltungsrat und Technischer Abteilung des Gemeinderats bringt OB Klett zum Ausdruck, dass Stuttgart sich nicht um den Sitz der Bundesbehörden bewerben, sich aber bereithalten solle.

---

9. Februar | Eine Kommission des Parlamentarischen Rates prüft, wie die Bundesbehörden in der Stadt unterkommen könnten. Sie hat den Aufbau der Seitenflügel des Neuen Schlosses und anstelle des Mittelbaus einen Stahlskelettbau mit einem in den Akademiegarten

Mit dem wirtschaftlichen Aufschwung nach der Währungsreform kam auch der Export wieder in Gang. Die Wilhelm Bleyle KG warb in Frankreich mit ihrem alten Renommee.

ausgreifenden Plenarsaal vorgeschlagen. Eingeräumt werden große Probleme bei der Bereitstellung von Wohnraum.

14. Februar | Ärzte des dänischen Roten Kreuzes beginnen mit der Tuberkulose-Schutzimpfung von rund 40 000 Stuttgarter Kindern.

14. März | In der Sozialabteilung des Gemeinderates wird berichtet, dass die Säuglingssterblichkeit in Stuttgart stark zurückgegangen ist. Sorgen bereiten weiterhin die mangelhafte Zahngesundheit der Kinder und die auf dem Vormarsch begriffene Tuberkulose.

19. März | Die Wilhelma wird wiedereröffnet und zeigt schon im Juni eine große Aquarienschau.

23. März | Der Gemeinderat schließt sich dem Oberbürgermeister an: Keine Bewerbung um den Sitz der Bundesorgane, aber die Aufgabe übernehmen, wenn die Wahl auf Stuttgart fällt.

Ein neuer »Baedeker« für Stuttgart
»Als offizieller Führer des Verkehrs- und Werbeamts der Stadt Stuttgart ist soeben ein Baedeker für Stuttgart erschienen. Der Leipziger Verlag Karl Baedeker hat den umfangreichen Führer mit einem amtlichen Stadtplan im Maßstab 1 : 14 000 zusammen mit der hiesigen Franck'schen Verlagshandlung geschaffen als den ersten Baedeker, der seit Kriegsende in den Westzonen erscheint. Daß gerade Stuttgart den Stoff für den ersten Nachkriegs-Baedeker bietet, ist ein Zeichen dafür, daß der Aufbau in Stuttgart den Verlag Baedeker zu einer neuen Darstellung verlockte. Das Handbuch ist heute von besonderer Bedeutung nicht nur für den Fremden, sondern auch für den Stuttgarter selbst, der in dem Buch eine Art Rechenschaftsbericht findet, was wir an kulturellen Werten aus dem Zusammenbruch gerettet oder seither wieder neu aufgebaut haben. Auch der Einheimische muss sich heute über die vielen Änderungen, die sich nach dem Kriege im Stadtbild ergeben haben, beraten lassen. Es war ein besonders glücklicher Gedanke, zu einer Werbung für Stuttgart sich gerade des Baedekers zu bedienen, der überall auf der Welt bekannt ist und gelesen wird. Wenn der Verlag Baedeker der Stadt Stuttgart als erster Stadt nach dem Kriege seine berühmten Sterne verleiht, wird dies im Inland und im Ausland als besondere Auszeichnung unserer Stadt betrachtet.« *(»Amtsblatt für den Stadtkreis Stuttgart«, Nr. 20, 1949)*

7. April | Bei einer Kunstauktion finden viele Stücke – darunter eine mit nur 10 000 D-Mark angesetzte Landschaft von Auguste Renoir – keinen Käufer.

Zwei im Krieg ausgelagerte Glocken der Stiftskirche – die Torglocke von 1285 und die Salveglocke von 1520 – kehren zurück.

9. bis 24. April | Neben anderen Unternehmen können auch Stuttgarter Firmen wie Benger, Bleyle, Vollmöller, Zeiss Ikon und Mix & Genest ihre Waren im New Yorker Rockefeller-Museum präsentieren und alte Geschäftsbeziehungen reaktivieren.

20. April | An Bürger, die vor dem 30. Juni 1869 geboren sind, werden 3000 Dosen Schmalz à 455 Gramm verteilt. Es handelt sich um eine Spende des Schwabenvereins der Stadt Chicago. »Wer bereits vom Ausland mit Liebesgaben bedacht oder auf andere Weise mit Fett versorgt ist, wird gebeten, von der Spende keinen Gebrauch zu machen.«

22. April | Mit schwäbischer Kunst von der Romanik bis zur Renaissance wird das Württembergische Landesmuseum im Alten Schloss eröffnet.

23. April | Industrie, Handwerk, Gewerbe und Landwirtschaft präsentieren sich in der »Stuttgarter Frühjahrsschau« auf dem Wasen. Es ist die erste derartige Veranstaltung der Stuttgarter Ausstellungs-GmbH seit Kriegsende.

Beginn der Kulturwoche »Die Schweiz in Stuttgart«: Das Zürcher Schauspielhaus gastiert mit Max Frischs »Als der Krieg zu Ende war«, das Stadttheater Basel zeigt »Romulus der Große« von Friedrich Dürrenmatt.

29. April | Eine Verkehrszählung ergibt, dass von 11 bis 12 Uhr mehr als 1000 Fahrzeuge die Untere Königstraße passieren.

April | Die Angestelltenverbände der drei westlichen Besatzungszonen schließen sich im Cannstatter Kursaal zur Deutschen Angestellten-Gewerkschaft DAG zusammen.

Links: Bei der Wahl zum ersten deutschen Bundestag eroberten Clara Döring und Erwin Schoettle Direktmandate für die SPD. Das beschmierte Wahlplakat zeugt von heftigen politischen Auseinandersetzungen.

Rechts: Hauptthema im Bundestagswahlkampf war die Wirtschafts- und Sozialpolitik. Während die SPD auf Planung setzte, favorisierte die CDU die soziale Marktwirtschaft. Auf den Plakaten ging es aber auch um den dringend benötigten Wohnraum.

Nach wie vor ist Schaufensterbeleuchtung nur während der Verkaufszeiten erlaubt, Reklamebeleuchtung bleibt gesetzlich verboten.

Die allerwenigsten Hausfrauen können Treibhauserdbeeren kaufen, die für 3 D-Mark pro 100 g angeboten werden.

---

1. Mai | *»Stuttgarter Zeitung«* und *»Stuttgarter Nachrichten«* können wieder jeden Werktag erscheinen.

---

5. Mai | Das städtische Kriegsschädenamt hat die Gebäude- und Fahrnisschäden in Stuttgart auf 5,82 Milliarden D-Mark berechnet.

---

15. Mai | Mit Einführung des Sommerfahrplans verkehren die Züge auf den Vorortstrecken im Berufsverkehr wieder im 20-Minuten-Takt.

---

16. Mai | Die Swissair nimmt den regelmäßigen Luftverkehr auf der Strecke Zürich–Stuttgart–Frankfurt wieder auf.

27. Mai | Zum Auftakt der ersten Bundestagswahl spricht Konrad Adenauer, Präsident des Parlamentarischen Rates, im Althoff-Bau vor rund 3000 Zuhörern.

---

30. Juni | Nach Kriegszerstörung, nachfolgender Beanspruchung für Gemüseanbau und durch die Trümmerverwertung ist der Stadtgarten als Park wiederhergestellt und täglich von 10 bis 20 Uhr geöffnet.

---

5. Juli | Das 1917 gegründete, im Nazireich gleichgeschaltete Deutsche Ausland-Institut wird als »Institut für Auslandsbeziehungen, Anstalt des öffentlichen Rechts« neu begründet.

---

10. Juli | In Stuttgart wird der Deutsche Fußballbund wiederbegründet und das Endspiel um die Deutsche Fußballmeisterschaft ausgetragen. Der VfR Mannheim schlägt Borussia Dortmund nach Verlängerung 3:2.

---

12. Juli | Nachdem der Gemeinderat ein Bauvorhaben mit 250 Wohnungen in Wohnblöcken auf dem Haigst gegen den Widerstand der Anwohner genehmigt hat, wird der erste Spatenstich getan.

21. Juli | Auf dem Hallschlag wurden in kürzester Zeit 95 Wohnungen im Rohbau fertiggestellt. Es sind mit neuen Baustoffen und Arbeitsmethoden errichtete Versuchsbauten.

22. Juli | Die amerikanische Militärverwaltung übergibt »Radio Stuttgart« in deutsche Hände – damit ist der »Süddeutsche Rundfunk« geboren.

25. Juli bis 6. August | Großer Andrang beim ersten Sommerschlussverkauf seit 1939.

26. Juli | In Zuffenhausen wird der Grundstein für ein neues Bezirksrathaus gelegt, den ersten öffentlichen Neubau in Stuttgart seit Ende des Krieges.

30. Juli | Mit einer großen Blumenschau wird der Höhenpark Killesberg wiedereröffnet.

1. August | Das »Metropol« an der Bolzstraße mit seinem 1300 Zuschauer fassenden Kino- und Varietésaal wird feierlich eröffnet. Auf seiner Bühne werden Stars der Fünfzigerjahre wie Errol Flynn, Hans Albers und Marika Rökk auftreten und die Premieren ihrer Filme feiern, aber auch die Wiener Philharmoniker und Zauberer Kalanag treten im Metropol auf.

8. August | Rund 8000 Zuhörer bei einer SPD-Wahlkundgebung mit Kurt Schumacher und Erwin Schoettle auf dem Marktplatz.

9. August | Scharfer Protest einer gewerkschaftlichen Vollversammlung der Betriebsräte gegen die von Militärgouverneur Clay suspendierten Bestimmungen über die Beteiligung des Betriebsrates in wirtschaftlichen Angelegenheiten.

14. August | Bei der ersten Bundestagswahl werden in Stuttgart Clara Döhring und Erwin Schoettle, beide SPD, direkt gewählt. Die Wahlbeteiligung in den Wahlkreisen I und II betrug 67,2 Prozent und 69,1 Prozent. Aufgrund politischer Vorbehalte waren 2098 Personen nicht wahlberechtigt.

24. August | Mit der Ausstellung »Goethe in Stuttgart« erinnert die Württembergische Landesbibliothek an den 200. Geburtstag des Dichters.

29. August | Die Wilhelmsbrücke ist wiederhergestellt und wird dem Verkehr übergeben.

1. September | Die Stadtverwaltung appelliert an die Arbeitgeber, bei unvermeidlichen Entlassungen besonders auf Flüchtlinge Rücksicht zu nehmen.

3. September | Der Große Kursaal in Bad Cannstatt, durch Bomben schwer beschädigt, wird unter Mitwirkung des Stuttgarter Kammerorchesters unter Karl Münchinger wiedereröffnet. Die Kur- und Badestadt Cannstatt soll einen neuen Aufschwung nehmen.

17. September bis 2. Oktober | Das erste Cannstatter Volksfest nach dem Krieg gibt sich bescheiden als »Herbstfest«, da nur ein Teil des Wasens zur Verfügung steht.

18. September | Zur ersten Motorsportveranstaltung auf der Solitude seit 1937 wurde die Strecke ausgebaut, das Spektakel lockt rund 300 000 Besucher an.

21. September | Die Militärregierungen in den westlichen Besatzungszonen stellen ihre Arbeit ein; aus dem Stuttgarter Verbindungs- und Sicherheitsbüro wird das zivile US Resident's Office, dessen Aufgaben in Bildung und demokratischer Umerziehung bestehen.

24. September | Das unweit der Villa Berg gelegene Parkhotel »Haus der Wirtschaft« öffnet seine Pforten.

Die Württembergische Landesbibliothek ehrt mit der Ausstellung »Deutsche Bücher 1933-1945« Autoren und Verleger, die dem Zeitgeist widerstanden haben.

25. September | Die in den Grünanlagen des Leipziger Platzes aus Trümmern der im Krieg zerstörten Pauluskirche errichtete kleine Paulusnotkirche wird als erster Kirchenneubau der evangelischen Kirchengemeinde nach dem Krieg eingeweiht.

1. Oktober | Theodor Heuss, am 12. September zum ersten Bundespräsidenten gewählt, besucht Stuttgart. In einer Feierstunde des Landtags werden er und Elly Heuss-Knapp als ehemalige Abgeordnete verabschiedet.

Zwischen Bad Cannstatt und Waiblingen, der ersten seit Kriegsende in Deutschland elektrifizierten Eisenbahnstrecke, verkehren die ersten Züge.

14. Oktober | Bei einer Bürgerversammlung in Feuerbach tritt Bürgermeister Hirn dem Anspruch Karlsruhes entgegen, Hauptstadt eines künftigen Südweststaates zu werden.

Lebensmittelrationierung

Noch immer nahmen die Bekanntmachungen des Ernährungsamtes im *»Amtsblatt«* großen Raum ein. Am 20. Oktober wurde beispielsweise bekanntgegeben:
»Vollmilch für Personen über 70 Jahre. Die zum Bezug von einem Viertelliter Vollmilch je Tag berechtigende Zulagekarte 79 für Personen über 70 Jahre wird aus Vereinfachungsgründen vom 1. November an nicht mehr ausgegeben. An ihrer Stelle erhalten Personen über 70 Jahre künftig die Karten 11 (13) bzw. 31 (33) mit dem Aufdruck »Jgl«, da sie die gleichen Rationen erhalten wie die Kinder von 6 bis 16 Jahren.
Sonderaufruf von 100 Gramm Schaffleisch. Über 1 Jahr alte Versorgungsberechtigte können sofort auf den Fleischabschnitt 25 der Karten 11, 14, 21 und 24 mit dem Aufdruck »Okt.« zusätzlich 100 Gramm Schaffleisch beziehen.
Schokolade-Bezugscheine abholen! Wie bereits in der Tagespresse bekanntgegeben wurde, haben die Zollbehörden größere Mengen widerrechtlich eingeführter Schokolade beschlagnahmt. Aus diesen Beständen erhalten die Stuttgarter Kinder bis zu 16 Jahren demnächst je zwei Tafeln ausländische Schokolade. Der Ausgabepreis beträgt je Tafel (100 Gramm) 80 Pfennig. Zur Belieferung des Handels (…) werden Bezugscheine ausgestellt.« *(»Amtsblatt für den Stadtkreis Stuttgart«, Nr. 48, 20. Oktober 1949)*

15. bis 24. Oktober | Die Stadt veranstaltet im Hallschlag eine Möbelausstellung. In zehn Wohnungen mit 25 Räumen präsentieren Stuttgarter Firmen Möbel und Wohnungsausstattungen.

18. Oktober | Die »Bunker-Kommission« des Gemeinderates besichtigt die neun Stuttgarter Tiefbunker, in denen noch rund 1100 Menschen leben, weitere 650 sind in sieben Hochbunkern untergebracht.

28. Oktober | Die Stuttgarter Brauereien brauen wieder in Friedensqualität. Bald gibt es auch das erste Weihnachtsbier seit Jahren zu kaufen.

Oktober | Trockenfrüchte, Zitrusfrüchte, manche Milchprodukte und Nährmittel dürfen jetzt ohne Bezugschein abgegeben werden. Erstmals seit langen Jahren gibt es auch wieder Kokosnüsse.

2. November | Die Technischen Werke (TWS) nehmen den wiederhergestellten Gaskessel in Gaisburg in Betrieb.

7. November | Wirtschafts- und Sozialabteilung des Gemeinderats beschließen in öffentlicher Sitzung, die Tiefbunker, in erster Linie den Sonnenbunker in Cannstatt, zu schließen, um das schlimmste Wohnungselend zu beseitigen. Für die Menschen, die dort unter gesundheitsgefährdenden Bedingungen hausen, sollen andere Unterkünfte bereitgestellt werden.

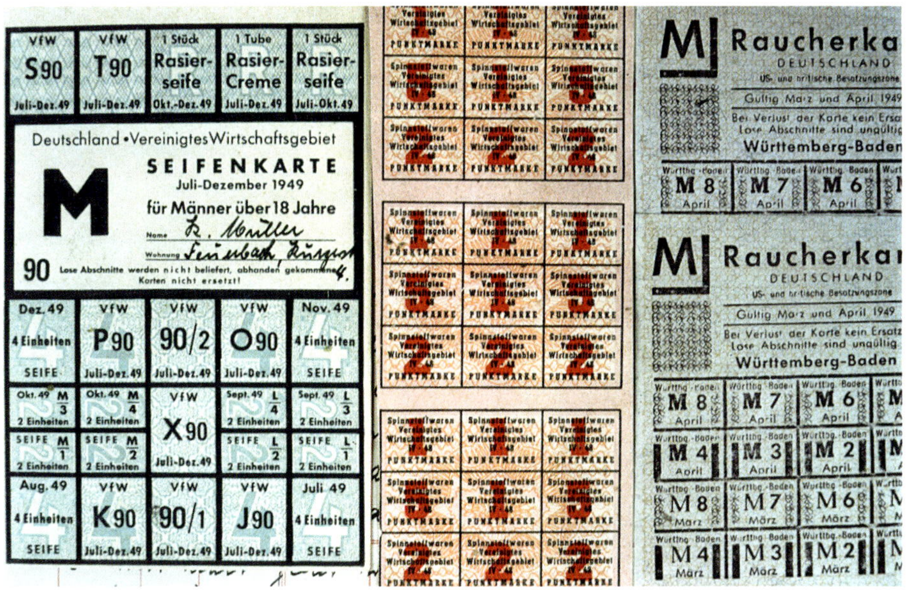

Noch gab es »Marken« für Artikel des täglichen Bedarfs und Lebensmittel, aber mit Einführung der D-Mark und ihrer zunehmenden Kaufkraft verlor die Rationierung rasch an praktischer Bedeutung.

Weihnachten
»Wieder steht die Stuttgarter Innenstadt im Zeichen des Advents. Die alten und die vielen neuerstandenen Geschäftshäuser mit ihren modernen Ladenbauten bieten den schenkfreudigen und gabenwilligen Käufern aus Stadt und Land nahezu alles an, was, verdienter- oder unverdientermaßen, etwa auf den Gabentisch gelegt werden kann. Namentlich in den Abendstunden herrscht in den von überquellender Lichtfülle der Schaufenster wahrhaft verzauberten Straßen rechte Vorweihnachtsstimmung. Ob nun die moderne Technik diese Stimmung verbreiten hilft, oder ob sie uns an sich schon im Gemüte liegt und aus den Erinnerungen an unsere Kindheit aufsteigt, gleichwohl, sie hat uns auch heuer wieder erfasst und wir fragen nicht nach dem Wieso und Warum. Höchstens besinnen wir uns gelegentlich einmal kurz an die Zeit der Öllampe und der Gasbeleuchtung und ziehen dann etwas irritiert einen Vergleich mit dem bizarren und doch auch wieder märchenhaften Zauber dieser Zeit der buntfarbigen Neon-Leuchtröhren, die uns in des Wortes wahrster Bedeutung den Fortschritt der Technik ›ins Auge fallen‹ lässt. Doch stört das unsere Stimmung nicht, sie bleibt, und wenn das Geld nicht gar so rar wäre, man wüsste schon, wie man sich ihr in Gebelaune und damit Kauffreudigkeit hingeben würde.«
(»Amtsblatt für den Stadtkreis Stuttgart«, Nr. 50, 1949)

21. November | Seit Beginn der »Hoover-Speisung« am 12. Mai 1947 sind bis 30. September 1949 insgesamt 31 Millionen Portionen ausgegeben worden. Für viele Schüler ist die Speisung die erste Mahlzeit des Tages. Ein Drittel der Stuttgarter Studenten lebt ausschließlich davon.

3. Dezember | Die ersten Bewohner, besonders viele Heimatvertriebene aus Jugoslawien, beziehen die Rotweg-Siedlung bei Zuffenhausen.

---

17. Dezember | Das Stadtbad Cannstatt eröffnet seine neue Schwimmhalle mit 20-Meter-Bahn und ist damit zum größten überdachten und beheizten Mineralschwimmbad in Deutschland geworden.

Zahlenspiegel | Stuttgart hat 484 016 Einwohner. Im Arbeitsamtsbezirk Stuttgart sind 5171 Arbeitslose gemeldet, dem stehen 3541 offene Stellen gegenüber. Beim Wohnungsamt sind 12 535 wohnungssuchende Familien registriert. Besatzungsmacht und International Refugee Organization belegen noch 614 Wohngebäude und 1226 Wohnungen. Die Zahl der bei den städtischen Pfandleihanstalten hinterlegten Pfänder hat sich aufgrund des herrschenden Geldmangels im Lauf des Jahres nahezu verdreifacht, ihr Wert übersteigt das Doppelte. 495 328 Kubikmeter Trümmerschutt wurden 1949 beseitigt. Damit sind die Straßen und Plätze der Stadt weitgehend freigeräumt, jedoch harren noch knapp drei Millionen Kubikmeter Trümmerschutt ihrer Verwertung. Wie das Statistische Amt ermittelt hat, gibt es im Stadtkreis Stuttgart 911 Pferde, 16 Esel und Maultiere, 3745 Rinder, 2248 Schafe, 3788 Ziegen, 3875 Schweine, 113 084 Hühner und 6181 Bienenstöcke. Gegenüber 1938 ist die Zahl der Pferde und Rinder deutlich zurückgegangen, dagegen werden wesentlich mehr Hühner gehalten. Die Zahl der Schweine liegt leicht über dem Stand von 1938.

Personenregister

Sach- und Ortsregister

Literaturhinweise (Auswahl)

Zeitungen

Amtsblatt

»Amts- und Anzeigenblatt der Stadt Stuttgart«, 1901–1936.

»Amtsblatt der Stadt der Auslandsdeutschen«, 1936–1941.

»Nachrichtenblatt der Militärregierung für den Stadtkreis Stuttgart«, 1945–1946.

»Amtsblatt für den Stadtkreis Stuttgart«, 1946–1949.

»Amtsblatt der Stadt Stuttgart«, 1949–1985.

NS-Kurier

»NS-Kurier«. Südwestdeutsche Tageszeitung für Politik, Wirtschaft, Kultur, 1930–1934.

»Stuttgarter NS-Kurier«. Südwestdeutsche Tageszeitung für Politik, Wirtschaft, Kultur, 1934–1945.

»Schwäbischer Merkur«, 1900–1941.

Chroniken

»Chronik der Kgl. Haupt- und Residenzstadt Stuttgart.« Herausgegeben vom Gemeinderat. Bände 1900–1912. Stuttgart 1901–1913.

»Chronik der Stadt Stuttgart«

Band 1913–1918. Bearbeitung Wilhelm Kohlhaas. Stuttgart 1964.

Band 1933–1945. Bearbeitung Kurt Leipner. Stuttgart 1983.

Band 1945–1948. Bearbeitung Hermann Vietzen. Stuttgart 1972.

Band 1949–1953. Bearbeitung Kurt Leipner. Stuttgart 1977.

Sekundärliteratur

Ausstellungsreihe »Stuttgart im Dritten Reich«. Eine Ausstellung des Projektes »Zeitgeschichte«

Band 1: Fuchs, Karlheinz: Prolog. Politische Plakate der späten Weimarer Republik. Stuttgart 1982.

Band 2: Genuneit, Jürgen: Völkische Radikale in Stuttgart. Zur Vorgeschichte und Frühphase der NSDAP 1890–1925. Stuttgart 1982.

Band 3: Fuchs, Karlheinz: Die Machtergreifung. Von der republikanischen zur braunen Stadt. Stuttgart 1983.

Band 4: Kienzle, Michael / Mende, Dirk: Friedrich Wolf. Die Jahre in Stuttgart 1927–1933. Ein Beispiel. Stuttgart 1983.

Band 5: Fuchs, Karlheinz: Anpassung, Widerstand, Verfolgung. Die Jahre von 1933 bis 1939. Stuttgart 1984.

Bardua, Heinz | *Stuttgart im Luftkrieg 1939–1945. Stuttgart 1985.*

Bohn, Willi | *Stuttgart / Geheim! Widerstand und Verfolgung 1933–1945. Ein dokumentarischer Bericht. Frankfurt am Main 1969.*

Borst, Otto | *Stuttgart. Die Geschichte der Stadt. Stuttgart 1986.*

Brandstätter, Horst / Holwein, Jürgen | *Stuttgart. Dichter sehen eine Stadt. Texte und Bilder aus 250 Jahren. Stuttgart 1989.*

Brunold, Andreas | *Stuttgart – Stadt im Wandel. Vom 19. ins 21. Jahrhundert. Tübingen 1997.*

Brunold, Andreas / Sterra, Bernhard | *Stuttgart. Von der Residenz zur modernen Großstadt. Architektur und Städtebau im Wandel der Zeiten. Stuttgart 1994.*

Elsas, Fritz (Hrsg.) | *Stuttgart. Das Buch der Stadt 1925/1926. Stuttgart 1926.*

Ferchl, Irene | *Stuttgart. Literarische Wegmarken in der Bücherstadt. Stuttgart 2000.*

Förschler, Andreas | *Stuttgart 1945 / Kriegsende und Neubeginn. Gudensberg-Gleichen 2004.*

Förschler, Andreas | *Stuttgart lebt. Eine Stadt vor dem Wiederaufbau. Gudensberg-Gleichen 1999.*

Förschler, Andreas | *Unser Stuttgart geht unter. Die Bombenangriffe im Juli und September 1944. Gudensberg-Gleichen 2004.*

Frank, Sigrid | *»Schon Vatis Opa war dabei …«. 100 Jahre Arbeiter-Maifeiern in Stuttgart. Stuttgart 1990.*

25 Jahre Oberbürgermeister. Festschrift für Dr. Arnulf Klett. Stuttgart 1971.

Hiller, Marlene (Hrsg.) | *Stuttgart im Zweiten Weltkrieg. Gerlingen 1989.*

Holoch, Helmut | *Stuttgart im Wandel der letzten 80 Jahre. Stuttgart 1987.*

Hopfenzitz, Egon | *Chronik Stuttgart Hauptbahnhof / 1846–1994. Karlsruhe 1994.*

Klegraf, Jupp | *Der Stuttgarter »Judenladen«. Dokumentation eines fast vergessenen Stücks der Stuttgarter Stadtgeschichte. Stuttgart 2007.*

Kotzurek, Annegret / Redies, Rainer | *Stuttgart von Tag zu Tag. Die Königszeit 1806 bis 1918. Stuttgart 2006.*

Leipner, Kurt | *Stuttgart 1945 bis heute. Frankfurt am Main 1973.*

Lersch, Edgar (Hrsg.) | *Stuttgart in den ersten Nachkriegsjahren. Stuttgart 1995.*

Lucius, Wulf D. von (Hrsg.) | *Stuttgart 1945. Anfang nach dem Ende. Stuttgart 1995.*

Markelin, Antero / Müller, Rainer | *Stadtbaugeschichte Stuttgart. Stuttgart 1991.*

Müller, Roland | *Stuttgart zur Zeit des Nationalsozialismus. Stuttgart 1988.*

Müller, Ulrich | *Fremde in der Nachkriegszeit. Displaced Persons – zwangsverschleppte Personen in Stuttgart und Württemberg-Baden 1945–1951. Stuttgart 1990.*

Sauer, Paul | *Arnulf Klett. Ein Leben für Stuttgart. Gerlingen 2001.*

Sauer, Paul | *Kleine Geschichte Stuttgarts. Von der Reichsgründung bis heute. Stuttgart 1991.*

Sauer, Paul | *Kriegsende, Besatzungsherrschaft, demokratischer Neubeginn. Südwestdeutschland in den Jahren 1945 bis 1947. Stuttgart 1995.*
Sauer, Paul | *Stuttgart in den zwanziger Jahren. Würzburg 1989.*
Sauer, Paul | *Das Werden einer Großstadt. Stuttgart zwischen Reichsgründung und Erstem Weltkrieg; 1871–1914. Stuttgart 1988.*
Sauer, Paul | *Württemberg in der Zeit des Nationalsozialismus. Ulm 1975.*
Sauer, Paul | *Württembergs letzter König. Das Leben Wilhelms II. Stuttgart 1994.*
Sauer, Paul / Hosseinzadeh, Sonja | *Jüdisches Leben im Wandel der Zeit. 170 Jahre Israelitische Religionsgemeinschaft. 50 Jahre neue Synagoge in Stuttgart. Gerlingen 2002.*
Schukraft, Harald | *Stuttgarter Straßen-Geschichte(n). Stuttgart 1986.*
Strohecker, Otto | *Festschrift zum 150. Cannstatter Volksfest. Stuttgart 1995.*
Zelzer, Maria | *Stuttgart unterm Hakenkreuz. Chronik aus Stuttgart 1933–1945. Stuttgart 1984.*
Zelzer, Maria | *Weg und Schicksal der Stuttgarter Juden. Stuttgart 1964.*

Bildnachweis

Archiv Annegret Kotzurek | *Umschlagvorderseite rechts, S. 7 links, 8 links u. rechts, 9 links, 11 links oben, 12 links, 15, 16 links u. rechts, 19, 21 links, 22, 25 rechts, 26, 27 links u. rechts, 28, 31, 33 links u. rechts, 35, 36, 37, 38 links, 39, 41, 42, 43, 50, 62, 63, 64, 66, 67, 69, 71, 72 links, 73 links u. rechts, 76 links u. rechts, 77 links u. rechts, 78, 79, 81 links u. rechts, 86 links u. rechts, 95 links u. rechts, 106 links u. Mitte, 108, 111, 125, 135 rechts, 136, 139, 158.*
Archiv Olaf Schulze | *S. 7 rechts, 10 rechts, 12 rechts, 13, 21 rechts, 75 links, 94 rechts, 128, 132, 153, 164, 171 links.*
Archiv Silberburg Verlag | *S. 94 links, 117, 144 links.*
Bildarchiv der Bayerischen Staatsbibliothek – Fotoarchiv Heinrich Hoffmann | *S. 75 rechts, 90, 92, 106 rechts, 107, 126 links, 127, 129, 130 rechts, 137, 138, 186 rechts.*
Bildarchiv Preußischer Kulturbesitz | *S. 98, 100, 112, 115, 116, 119, 122, 123, 124 links, 133, 167, 172, 182 rechts, 184 rechts.*
Bundesarchiv – Bildarchiv | *S. 25 links, 154 links, Mitte u. rechts, 185.*
Chronik der kgl. Haupt- und Residenzstadt Stuttgart, 1900 ff | *S. 9 rechts, 10 links, 18, 33 Mitte, 38 rechts.*
Friedrich Ebert Stiftung – Archiv der sozialen Demokratie | *S. 179, 186 links, 188 rechts.*
Hauptstaatsarchiv Stuttgart, alle Rechte vorbehalten | *S. 191 rechts.*
Historisches Archiv der Porsche AG | *S. 150 rechts.*
Landesmedienzentrum Baden-Württemberg | *S. 45, 56, 59, 85 links u. rechts, 89, 93, 97, 99 links u. rechts, 101, 105, 130 links, 157, 159, 170 rechts, 171 rechts, 173, 175, 177, 181 links u. rechts, 182 links, 183, 184 links, 188 links, 191 links.*
Mercedes-Benz Archive & Sammlung | *S. 11 links oben, 40, 70, 72 rechts, 83, 135 links.*
Nikolauspflege | *S. 96 rechts.*
Privat | *S. 120, 141 links und rechts, 152 links, 152 links und rechts, 163.*
Sammlung Rieker | *Umschlagvorderseite links, S. 11 oben Mitte, 29 links u. rechts, 47, 54, 60, 91, 96 links, 104 links u. rechts, 118, 126 rechts, 144 rechts, 150 links, 193.*
Staatsarchiv Ludwigsburg | *103, 148 links, Mitte u. rechts, 151 links, Mitte u. rechts, 152 Mitte rechts.*
Stadtarchiv Stuttgart | *S. 146.*
United States Holocaust Memorial Museum | *S. 169.*
Unternehmensarchiv der Robert Bosch GmbH | *S. 11 unten, 23, 58, 124 rechts, 140, 149 unten, 161.*
VVN-Archiv | *S. 121 rechts.*
Wirtschaftsarchiv Baden-Württemberg | *S. 34, 48, 74, 114, 170 links, 189.*
Württembergische Landesbibliothek | *S. 121 links.*

Stuttgarts beste Seiten

In Ihrer Buchhandlung

Stuttgart

Fotos von Niels Schubert
Texte von Torsten Schöll

Der große Farbbildband über Stuttgart, prall gefüllt mit wundervollen Augenblicken aus dem Stadtleben. Ein opulentes Geschenk für alle Stuttgarter und ihre Gäste. »Eine vielfältige Liebeserklärung des Fotografen Niels Schubert an seine Stadt.« (Stuttgarter Zeitung)

Deutsch, englisch, französisch. 176 Seiten, 216 Farbaufnahmen, Großformat, fester Einband mit Schutzumschlag.
ISBN 978-3-87407-700-2

Bernd Möbs

Zu Fuß zu Stuttgarts Dichtern

Literarische Spaziergänge

Berühmte und unbekannte, lebende und längst verstorbene Dichter und Dichterinnen kreuzen den Weg dieser sechs literarischen Spaziergänge durch Stuttgarts Vororte. Es sind die wenig begangenen Pfade der Literatur zwischen Stadt- und Kesselrand, auf denen hier Geschichte und Geschichten, Vorder- und Hintergründiges erzählt werden.

180 Seiten, 129 Abbildungen, Klappenbroschur.
ISBN 978-3-87407-780-4

Stuttgart zu Fuß

20 Stadtteil-Streifzüge durch Geschichte und Gegenwart

Die 20 Rundgänge führen nicht in erster Linie zu den bekannten Sehenswürdigkeiten, sondern beispielsweise zu Stätten und Personen der Arbeiterbewegung und -kultur, des jüdischen Lebens, der NS-Zeit und des Widerstands.

Herausgegeben von Werner Skrentny, Rolf Schwenker, Sybille Weitz und Ulrich Weitz. Aktualisierte Neuausgabe, 4. Auflage. 504 Seiten, 473 Abbildungen, Klappenbroschur.
ISBN 978-3-87407-813-9

Silberburg-Verlag
www.silberburg.de

1918

1900 1919

19